전략적 원가관리

/ 윤금상 저

도서출판 두남

머리말

이 책은 그 동안 저자가 대학에서 원가/관리회계를 강의/연구하면서 주로 시간제약상 강의시간에 다루기 어려웠던 분야만을 정리한 원가/관리회계 분야의 전문서적이다.

최근의 원가/관리회계 교재의 내용을 보면 의사결정회계 분야나 성과평가회계 분야와 관련한 관리회계의 내용뿐만 아니라 (제품이나 서비스) 원가계산 분야도 다룬 원가회계의 내용을 포함하고 있는 것이 많다. 이것은 원가/관리회계가 경영자의 관리적 의사결정을 위한 목적이 아닌 수단에 해당되는 내용이므로, 궁극적으로 원가/관리회계정보를 활용한 (제품이나 서비스) 원가계산은 물론 의사결정이나 성과평가에 대한 이해가 필요하기 때문일 것이다. 이러한 추세에 따라 이 책의 내용도 원가/관리회계 분야에 속하는 의사결정이나 성과평가의 내용뿐만 아니라 (제품이나 서비스) 원가계산의 내용도 일부 다루었으나, 그 주요 내용은 주로 최근의 원가/관리회계 교재에서 다루기 어려운 내용만을 대상으로 하였다.

일반적으로 대학에서 원가/관리회계를 수강하는 학생들은 원가/관리회계가 다루는 내용이 다소 어렵다는 선입감을 갖고 있는 것 같다. 이것은 원가/관리회계에서 사용되는 용어가 다소 생소하고 너무 계산 중심으로 설명되었기 때문일 것이다. 따라서 이 책에서는 기존의 난해한 용어를 이해하기 쉬운 보편적인 용어로 대체하려고 노력하였으며, 계산 위주가 아닌 원가/관리회계 전반에 관한 흐름을 이해하는데 도움이 되도록 그 설명에 중점을 두었다.

그러나 이 책은 어디까지나 원가/관리회계 정보를 활용한 원가계산 분야와 의사결정회계 분야, 그리고 성과평가회계 분야를 주로 다룬 “원가/관리회계” 전문서적이므로, 전통적인 원가회계 분야 중 원가계산에 해당하는 개별원가계산(job-order costing), 종합원가계산(process costing), 결합원가계산(joint product costing), 표준원가계산(standard costing), 혼합원가계산(hybrid costing), JIT원가계산(just-in-time costing) 등은 이 책에서 다루지 않았으며, 또한 전통적으로 흔히 다루는 관리회계의 의사결정회계 분야와 성과평가회계 분야인 CVP분석의 기초, 성과평가(원가중심점, 이익중심점, 투자중심점의 성과평가), 자본예산, 이전가격 등도 다루지 않았다. 한 마디로 이 책은 일반적으로 종전의 원가/관리회계에서 다룬 기초개념은 제외하고 주로 원가/관리회계 중 중급 또는 고급에 속하는 원가/관리회계의 내용만을 다루고 있다.

이 책은 주로 대학원 등에서 한 학기 동안 강의 또는 학습할 수 있는 내용으로 총 10장으로 구성하였다. 각 장의 내용을 살펴보면 제1장에서는 원가함수(선형 및 비선형 원가함수)의 추정을, 제2장에서는 전통적 활동중심원가계산(활동기준원가계산, Activity-Based Costing; ABC) 뿐만 아니라 최근에 등장한 시간동인 활동중심원가계산(Time-Based Activity-Based Costing; TDABC)과 활동중심경영(활동기준경영, Activity-Based Management; ABM)을, 제3장에서는 변동원가계산과 최근에 등장한 초변동원가계산을 전부원가계산과 비교하여 설명하였으며, 제4장에서는 전통적 CVP분석의 확장으로서 기본적 CVP분석의 확장 내용(예컨대, 활동중심원가계산 하의 CVP분석, 전부원가계산 하의 CVP분석, 비선형 하의 CVP분석, 현금흐름분석, 불확실성 하의 CVP분석 등)을, 제5장과 제6장에서는 성과평가회계 영역에 해당하는 종합예산(활동중심예산 편성과 카이젠예산 편성 포함)과 균형성과표(균형잡힌 성과표, Balanced Scorecard; BSC)를, 제7장과 제8장에서는 의사결정회계 영역에 해당하는 내용을 '경영의사결정'과 '가격의사결정'으로 나누어 설명하였으며, 제9장에서는 품질원가계산, 제10장에서는 시간관리와 제약이론을 다루었다.

이 책의 특징은 가능한 한 혼자서도 충분히 공부할 수 있도록, 또한 딱딱한 이론 중심의 설명을 완화하기 위하여 풍부한 [사례]를 통해 상세한 설명을 하도록 노력하였으며, 최근에 등장한 다수의 원가/관리회계 이론들도 포함시켰다는 점이다.

따라서 이 책은 대학/대학원에서 공부하는 학생들은 물론 기업 실무자들이 원가/관리회계에 대한 개념을 이해하며, 자기의 업무능력을 제고하는 데도 일조할 것으로 기대한다.

이 책을 출간하면서 저자가 갖고 있는 조그마한 소망은 이 책을 통해 학생이나 기업 실무자들이 원가/관리회계를 이해하는데 조금이라도 도움이 되었으면 하는 것이다. 이 책의 내용 중 서술과정에서 발견하지 못했던 잘못된 설명이나 표현의 미숙 등 여러 가지 부족한 점도 있을 것으로 생각된다. 이것은 이 책을 사용하시는 분들의 지속적인 관심과 질책을 통해 점진적으로 개선되고, 수정될 것이다.

이 책이 나오기까지 여러 분들의 도움을 받았다. 우선 항상 염려해 주시고 격려를 아끼지 않으시는 인하대학교 경영대학 회계학전공 교수님들께 감사를 드린다. 또한 이 책을 출판해 주신 도서출판 두남의 사장님을 비롯하여 이 책의 편집과 제작에 수고를 아끼지 않으신 도서출판 두남 직원 여러분들께도 감사를 드린다. 아울러『이 저서는 인하대학교의 지원에 의하여 연구되었음.』을 밝혀둡니다.

2016년 2월

저자

차 례

제1장

원가함수의 추정

경영자가 미래 경영활동에 대해 계획, 통제 및 의사결정을 하기 위해서는 미래의 원가함수를 추정하는 것이 필요하다. 즉 과거에 발생한 원가인 역사적 원가는 미래의 의사결정 등에 활용할 수 없기 때문이다. 물론 미래에 발생할 원가함수를 추정하기 위해서는 역사적 원가의 분석을 통해 이루어진다. 그러므로 원가함수의 추정에서는 역사적 원가의 행태가 미래에도 반복된다는 가정 하에 원가함수를 추정하게 된다. 본 장에서는 원가함수를 추정하기 위해 사용되는 개념과 그 추정 방법 등에 대해서 설명한다.

제1절 원가함수의 추정

1. 원가함수 추정의 의의

원가함수의 추정이란 역사적 원가에 근거하여 미래에 발생할 원가함수를 추정하는 것을 말한다.

경영자가 경영활동을 효율적으로 수행하기 위해서는 과거에 발생한 원가정보도 필요하지만, 또한 미래에 원가가 얼마나 발생할 것인가를 예측한 미래의 원가도 필요로 한다. 즉, 올해 목표생산량을 100,000단위로 설정했을 때 재료원가와 노무원가가 얼마나 발생할 것인지, 또한 총제조원가는 얼마나 발생한 것인지에 대한 정보가 필요하다. 이러한 정보로 경영자는 예산을 합리적으로 편성할 수 있기 때문이다.

미래에 발생할 원가를 예측하는 것을 **원가함수의 추정(cost function estimate)**이라고 하며, 이것은 역사적 원가 즉, 과거원가를 분석함으로써 수행된다. 원가함수를 추정하기 위해서 사용되는 역사적 원가는 원가행태에 따른 원가정보로 제공되어야 한다.

원가행태(cost behavior pattern)란 원가동인(원가요인, cost driver), 즉 조업도가 변화함에 따라 원가가 어떻게 변화하는가 하는 것으로, 이 원가행태에 따라 원가는 변동원가, 고정원가, 준변동원가, 준고정원가 등으로 분류된다. 이 원가행태는 원가함수를 통해 파악할 수 있다. 여기서 **원가함수(cost function)**란 원가동인과 원가의 변화를 수학적으로 표현한 것이다. 즉 생산량이나 직접작업시간, 기계시간 등과 같은 원가동인이 변화할 때 원가가 어떻게 변화하는가를 보여주는 것이다.

일반적으로 원가/관리회계에서는 원가의 행태를 **선형(linearity)**으로 가정한다. 그러나 이 선형의 원가행태는 모든 구간에 유효한 것이 아니고 관련범위(relevant range) 내에서만 유지된다. 관련범위 내에서 선형적으로 표시되는 모든 원가는 어떤 종류라도 $y = ax + b$ 라는 등식으로 표현될 수 있는데, 이를 **선형 원가함수(linear cost function)**라고 한다.

선형 원가함수에서 y는 총원가, a는 단위당 변동원가, b는 고정원가, 그리고 x는 원가동인(조업도)을 의미한다. 가령 원가함수에서 변동원가는 $b = 0$인 경우이고, 고정원가는 $a = 0$인 경우이며, 준변동원가는 a값과 b값이 모두 0이 아닌 경우이다.

그리고 준고정원가는 관련범위 내에서는 조업도와 관계없이 일정한 값을 갖게 되므로 고정원가와 마찬가지로 표시된다.

따라서 원가함수의 추정이란 궁극적으로 역사적 원가자료를 이용하여 선형 원가함수인 y = ax+b 에서 a와 b의 값을 구하는 것을 의미한다.

기업 실무조사 : 원가분류의 국제적 비교

회사마다 개별원가를 분류하는 것이 다르다. 특정 회사의 변동원가 항목은 다른 회사에서 고정원가가 될 수 있다. 예컨대, 노무원가를 생각해 보자. 주택/건설회사는 노무원가를 변동원가로 분류한다. 이들 회사는 주택/건설수요에 맞추어 빠르게 노동력을 변화시킨다. 이와 다르게 석유정제회사는 노무원가를 고정원가로 분류한다. 노동력은 정제한 석유제품의 양과 유형에서 변화가 있다 할지라도 안정적이기 때문이다.

조사결과 개별원가 항목들을 변동원가, 고정원가, 혼합원가로 구분하는 비율이 국가별로 매우 다르다는 점을 알 수 있다. 미국이나 호주의 기업은 일본의 기업과 비교해서 노무원가를 고정원가로 분류하는 비율이 낮다.

	미국기업			일본기업			호주기업		
원가항목	변동	혼합	고정	변동	혼합	고정	변동	혼합	고정
직접노무원가	86%	6%	8%	52%	5%	43%	70%	20%	10%
작업준비 노무원가	60	25	15	44	6	50	45	33	22
재료취급 노무원가	48	34	18	23	16	61	40	30	30
품질관리원가	34	36	30	13	12	75	21	27	52
공작기계 노무원가	32	35	33	31	26	43	25	28	47
에너지	26	45	29	42	31	27	—	—	—
건물점유	1	6	93	0	0	100	—	—	—
감가상각비	1	7	92	0	0	100	—	—	—

제2절 선형 원가함수의 추정

원가함수를 추정하기 위해서는 원가행태별로 구분된 과거의 원가자료를 이용하여 원가함수의 a와 b의 값을 구해야 한다. 원가함수를 추정하는 방법에는 산업공학적 방법, 회의법, 계정분석법, 계량적 부석법(고저점법, 산포도법 및 회귀분석법 등) 등이 있다.

1. 산업공학적 방법

> 산업공학적 방법은 투입물(input)과 산출물(output)의 관계를 물량적으로 분석하여 원가를 추정하는 방법이다.

산업공학적 방법(industrial engineering method)은 다른 방법과 달리 과거의 원가자료를 이용하지 않고 효율적인 상태에서 투입물과 산출물의 관계를 물량적으로 파악하여 원가를 추정하는 방법으로서, 이것은 흔히 **작업측정법**(work-measurement method)이라고도 한다. 그러므로 이 방법은 생산방법, 원재료, 작업시간, 설비, 생산효율, 동작 등에 대한 산업공학(시간연구, 동작연구 등)의 평가를 기초로 원가함수를 추정하는 방법이다.

이 방법은 투입물과 산출물의 기술적(공학적) 관계를 기초로 원가를 추정하기 때문에 투입물과 산출물 간의 물리적 관계를 쉽게 파악할 수 있는 직접원가(직접재료원가, 직접노무원가 등)의 추정에 주로 활용하며, 간접원가 항목에 대해서는 투입물과 산출물 간의 관계를 물량적으로 파악하는 것이 어려우므로 잘 활용하지 않는다.

예를 들어 직접노무원가를 추정하는 경우 시간연구와 동작연구 등을 사용하여 제조공정의 각 활동을 수행하는데 소요되는 시간을 결정한다. 이것을 토대로 각 제품을 생산하는데 요구되는 표준시간을 결정하고, 표준시간에 표준임률을 곱하여 제품단위당 직접노무원가를 추정한다. 그러나 투입물과 산출물 간의 물리적 관계를 파악하기 어려운 제조간접원가의 추정 시에는 사용하기가 어렵다. 즉, 제조간접원가 추정 시에는 과거 원가자료의 분석이나 순수한 주관적 측정에 의한다.

이 방법은 과거 원가자료가 없어도 원가를 추정할 수 있다는 장점이 있으나, 표준시간 및 표준임률을 결정하기 위해 제조공정을 분석하여 공정별로 시간연구 및 동작연구를 해야 하기 때문에 시간과 비용이 많이 든다는 단점이 있다.

2. 회의법

> 회의법은 조직 내의 전문가들의 의견을 기초로 원가를 추정하는 방법이다.

회의법(conference method)이란 회사 내의 여러 부문(구매부문, 제조부문 등)

으로부터 수집한 원가 및 원가동인에 대한 분석과 의견을 기초로 원가함수를 추정하는 방법을 말한다.

이 방법은 부문 간의 상호협력을 꾀할 수 있다는 장점이 있고, 각 부문의 전문적 지식을 활용할 수 있으므로 신뢰할 수 있는 방법이며 상세한 자료분석이 필요 없으므로 원가추정을 쉽게 할 수 있으나, 참여자가 누구냐에 따라 그 정확성이 달라질 수 있다는 한계를 갖고 있다.

3. 계정분석법

계정분석법은 회계담당자가 각 계정의 원가를 변동원가와 고정원가로 구분하여 원가를 추정하는 방법이다.

계정분석법(account analysis method)은 계정분류법(account classification method)이라고도 하는 것으로, 회계담당자가 전문지식을 활용하여 모든 계정에 기록된 원가를 변동원가와 고정원가로 분류하는 방법을 말한다. 이렇게 모든 원가를 변동원가와 고정원가로 구분한 뒤 총고정원가는 $y = ax+b$ 에서 b 의 추정치로 사용하고, 총변동원가는 조업도로 나누어 단위당 변동원가인 a의 추정치로 사용한다.

이 방법은 계정을 식별된 원가동인에 따라 변동원가, 고정원가, 혼합원가 등으로 분류하는 질적 분석방법으로 실무에서도 널리 사용하고 있는 방법이다. 이 방법도 분석자의 경험과 판단에 주로 의존하므로 회의법과 함께 활용하면 매우 유용하게 사용할 수 있다.

계정분석법은 추정방법이 간단하고 원가추정에도 많은 시간과 비용이 들지 않는다는 장점이 있다. 반면에 각 계정을 고정원가와 변동원가로 분류할 때 회계담당자의 주관적 판단이 개입될 수 있다는 단점이 있다. 특히 준변동원가를 고정원가와 변동원가로 분류하는 명확한 기준이 없기 때문에 회계담당자 마다 다르게 분류할 수 있어 객관성이 부족하게 된다.

사례 1

대한제조(주)는 2015년 7월 한 달 동안 1,080단위의 인형을 생산하였는데, 그 때 발생한 총 제조간접원가는 ₩14,800,000이었다. 다음은 이 회사의 회계담당자가 원가추정을 위해 제조간접원가의 각 계정을 고정원가와 변동원가로 분류한 것이다.

(단위 : ₩1,000)

계정과목	금액	고정원가	변동원가
간접재료원가	₩2,000	₩500	₩1,500
간접노무원가	2,500	500	2,000
수도광열비	8,000	1,500	6,500
소모품비	800	300	500
재산세	500	200	300
감가상각비	1,000	1,000	−
합계	₩14,800	₩4,000	₩10,800

요구사항

1. 계정분석법을 이용하여 원가함수를 추정하시오.

2. 대한제조(주)는 2015년 8월에 2,000단위의 인형을 생산할 예정이다. 2015년 8월에 발생할 제조간접원가를 추정하시오.

해설

1. 총고정원가(b의 추정치) = ₩4,000,000
   단위당 변동원가(a의 추정치) = 총변동원가/생산량 = ₩10,800,000/1,080개
   = ₩10,000
   따라서 총제조간접원가를 y, 생산량을 x라 할 때
   원가함수는 y = 10,000x + 4,000,000이 된다.

2. 원가함수 y = 10,000x + 4,000,000에서 x에 2,000단위를 대입하면
   ₩10,000 × 2,000단위 + ₩4,000,000 = ₩24,000,000
   따라서 2015년 8월 중에 2,000단위의 인형을 생산할 경우 제조간접원가는 ₩24,000,000이 발생할 것으로 추정된다.

4. 계량적 분석방법

계량적 분석방법(quantitative analysis methods)은 과거의 관찰자료를 이용하여 원가함수를 추정하는 수학적 방법을 의미한다.

이 방법 하에서는 다음의 절차에 따라 원가함수를 추정한다.

1단계 : 종속변수를 선정한다.

2단계 : 독립변수 혹은 원가동인을 확인한다. 여기서 독립변수 혹은 원가동인은 원가배분기준(cost-allocation base)이라고도 하며, 이것은 ① 종속변수와 경제적 타당성(economic plausibility)을 가져야 하며, ② 측정할 수 있어야(measurable)한다는 두 가지 속성을 지녀야 한다.

3단계 : 종속변수 및 독립변수(원가동인)에 관한 자료를 수집한다. 이 자료는 시계열 자료(time-series data)이거나 횡적 자료(cross-sectional data)일 것이다.

4단계 : 자료를 그래프로 나타낸다. 자료를 그래프로 나타내면 비정상적 자료를 파악할 수 있으며, 대략적이나마 원가함수가 관련범위 내에서 선형관계를 이루고 있는가를 파악할 수도 있다.

5단계 : 원가함수를 추정한다. 예컨대, 이하에서 설명할 고저점법이나 회귀분석법 등으로 원가함수를 추정하게 된다.

6단계 : 추정 원가함수의 원가동인을 평가한다. 원가동인, 즉 독립변수가 종속변수를 얼마나 잘 설명하고 있는가를 평가하고, 경우에 따라서 종속변수를 보다 잘 설명할 수 있는 새로운 원가동인을 선정한다.

1) 고저점법

> 고저점법은 원가자료 중 가장 높은 조업도와
> 가장 낮은 조업도를 연결하여 원가함수를 추정하는 방법을 말한다.

고저점법(high-low method)은 과거의 원가자료 중 최고조업도의 원가자료와 최저조업도의 원가자료를 직선으로 연결하여 변동원가와 고정원가를 추정하는 방법이다. 이 방법은 최고조업도와 최저조업도의 고정원가가 동일하다고 가정함으로써 두 조업도 간의 총원가 차이는 변동원가의 차이에 의한 것으로 간주한다. 따라서 최고조업도와 최저조업도를 잇는 직선의 기울기는 단위당 변동원가를 나타낸다.

$$\text{단위당 변동원가} = \frac{\text{최고조업도의 총원가} - \text{최저조업도의 총원가}}{\text{최고조업도} - \text{최저조업도}}$$

$$\begin{aligned}\text{총고정원가} &= \text{최고(최저)조업도의 총원가} - \text{최고(최저)조업도 총변동원가} \\ &= \text{최고(최저)조업도의 총원가} - \text{최고(최저)조업도} \times \text{단위당 변동원가}\end{aligned}$$

고저점법은 원가를 고정원가와 변동원가로 구분하는데 계정분석법과는 달리 주관적 판단이 개입되지 않기 때문에 객관적인 방법이라고 할 수 있다. 즉, 서로 다른 사람이 고저점법으로 원가를 추정하더라도 동일한 결과가 나타난다. 그러나 이 방법은 단지 두 개의 점만을 사용한다는데 문제가 있다. 만일 두 개의 점이 모든 점을 대표하지 못하고 비정상적인 상황에서 나타난 '비정상적 관찰치들(outliers)'이라면 이것을 이용하여 원가추정을 하는 것은 바람직하지 않다.

이와 같이 고저점법은 최고조업도와 최저조업도의 원가자료만을 이용해서 원가를 추정하므로 다른 조업도에 포함된 원가자료를 전혀 고려하지 않는다는 단점이 있다. 즉 오직 두 개의 관찰치를 이용하고 다른 관찰자료를 무시(예컨대, 40개의 관찰자료로 원가함수를 추정하는 경우 38개의 관찰자료는 무시하고, 오직 2개의 관찰자료만 사용)하므로 두 개의 관찰자료가 선형을 이루고 있는 경우에만 유용하다고 할 수 있다. 따라서 고저점법에 의한 원가추정은 모든 원가자료를 대표한다고 볼 수 없다. 이러한 이유로 고저점법은 원가추정의 지침 정도로만 사용하는 것이 바람직하다.

따라서 이러한 문제를 해결하기 위해서 최고조업도와 최저조업도를 이용하지 않고 두 번째나 세 번째 위치에 있는 조업도를 이용할 수도 있는데 이러한 방법을 **대표고저점법(representative high-low method)**이라고 한다.[1] 그러나 대표고저점법에서도 원가자료의 대표성을 유지하지 못한다면 고저점법은 객관성을 유지하지 못하게 된다.

고저점법에서 원가함수 $y = ax + b$를 추정할 때 고정원가를 의미하는 b가 (−)값을 갖는 경우가 있다. 이러한 경우는 비선형인 원가함수를 선형으로 추정하거나, 조업도가 0인 점이 관련범위 밖에 있기 때문이다. 일반적으로 조업도가 0인 상태에서 고정원가가 (−)값을 갖는 경우는 없으므로 이 경우에는 앞에서 배운 공학적 방법이나 계정분석법 등을 이용하여 고정원가를 추정하는 것이 바람직하다.[2]

---

1) 이에 반해 앞에서 설명한 방법은 흔히 **순수고저점법(pure high-low method)**이라고 하며, 이러한 순수고저점법과 대표고저점법 이외에도 여러 개의 최고 조업도군과 최저 조업도군의 평균을 이용하여 원가함수를 구하는 평균고저점법도 있다.

2) 추정된 원가함수의 상수가 (−)인 경우는 위에서 설명한 바와 같이 비선형 원가함수를 선형으로

사례 2

다음은 KS제조(주)의 2015년도의 조업도와 원가에 관한 자료이다.

	기계시간	제조간접원가
1월	68시간	₩1,190,000
2월	88	1,211,000
3월	62	1,004,000
4월	72	917,000
5월	60	770,000
6월	96	1,456,000
7월	78	1,180,000
8월	46	710,000
9월	82	1,316,000
10월	94	1,032,000
11월	68	752,000
12월	48	963,000

요구사항

위 자료를 이용하여 고저점법에 의한 원가함수를 추정하시오.

해설

최고조업도는 6월의 96시간이고, 최저조업도는 8월의 46시간이므로

단위당 변동원가 = 총제조원가의 차이/조업도의 차이

$$= \frac{₩1,456,000 - ₩710,000}{96\text{시간} - 46\text{시간}}$$

$$= \frac{₩746,000}{50\text{시간}} = ₩14,920/\text{시간}$$

고정원가 = ₩1,456,000 − ₩14,920×96시간 = ₩23,680

추정하거나 조업도가 0인 점이 관련범위 밖에 있기 때문이다. 따라서 원가함수의 상수가 (−)인 경우는 종속변수(예컨대, 제조간접원가) 중 고정원가를 나타내지 못하므로 다른 원가함수 추정 방법을 이용하여 고정원가를 추정하는 것이 바람직하다.

따라서 추정총원가를 y, 생산량을 x라고 할 때 추정된 원가함수는 다음과 같다.

$$y = 14,920x + ₩23,680$$

---

2) 산포도법

산포도법은 조업도와 원가를 두 축으로 하는 좌표 위에 과거의 원가자료를 표시하고, 이들 점들을 대표하는 직선을 구하여 원가를 추정하는 방법이다.

산포도법(scatter diagram method)은 조업도와 원가를 두 축으로 하는 좌표상에 과거의 원가자료를 각 조업도에서 발생한 원가를 점으로 나타내고, 이러한 점들을 대표하는 직선을 구하여 원가를 추정하는 방법이다. 산포도법에서 구한 직선이 y 축과 만나는 점은 고정원가(b의 추정치)가 되고, 직선의 기울기는 단위당 변동원가(a의 추정치)가 된다.

산포도법은 최고조업도와 최저조업도만을 이용하여 원가추정을 하는 고저점법보다 더 많은 원가자료를 고려하기 때문에 고저점법보다 더 정확한 원가추정이 가능하다. 그리고 산포도법은 전체 자료가 선형관계에 있는지의 여부를 파악하는데 도움을 줄 수 있으며, 비정상적 관찰치들(outliers)인지를 판단하는데도 편리한 방법이다.

산포도법은 좌표상의 점들을 대표하는 직선을 회계담당자가 눈대중으로 그리기 때문에 회계담당자에 따라 다르게 직선이 표시될 수 있다는 단점이 있다. 따라서 산포도법은 원가함수를 정확히 추정하는 방법이라기보다 다른 정교한 원가추정 방법을 이용하기에 앞서 원가추정의 예비분석 단계로 많이 사용된다.

[그림 1] 산포도법

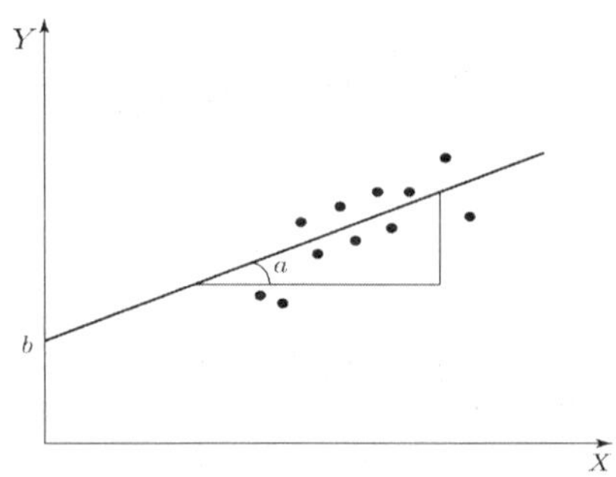

3) 회귀분석법

> 회귀분석법이란 통계적 기법을 사용하여 과거의 모든 원가자료에
> 가장 적절한 직선을 구하여 원가를 추정하는 방법이다.

회귀분석법(regression analysis method)이란 하나 이상 독립변수의 단위당 변화와 관련된 종속변수의 평균변화량을 측정하는 통계적 방법을 말한다. 그러므로 원가 및 조업도관계를 측정함에 있어 통계적 회귀분석을 사용하면 어떠한 원가추정 방법보다 정밀한 원가예측이 가능하다.

회귀분석은 크게 독립변수가 하나인 **단순회귀분석**(simple regression analysis)과 독립변수가 둘 이상인 **다중회귀분석**(multiple regression analysis)으로 나눌 수 있다.

단순회귀분석 : $Y = \alpha + \beta X + \varepsilon$

다중회귀분석 : $Y = \alpha + \beta X_1 + \beta X_2 + \cdots\cdots + \varepsilon$

여기서

Y = 종속변수

X_1, X_2 = 독립변수 또는 원가동인

α = 절편(상수)

β = 기울기(독립변수 한 단위 변동이 종속변수에 미치는 영향)

ε = 잔차항(error term, 독립변수 X에 의해 설명하지 못하는 종속변수 Y의 변동)

독립변수와 종속변수 간의 관계를 산포도법으로 나타냈을 때 점의 수가 적고 모든 점들이 하나의 직선 근처에 분포되어 있다면 눈대중으로도 쉽게 직선을 그릴 수 있어 독립변수와 종속변수 간의 관계를 파악할 수 있다. 그러나 점의 수가 많고 점들의 분포상태가 직선형으로 나타나지 않을 경우에는 눈대중으로 쉽게 직선을 구할 수 없고, 회계담당자마다 직선을 다르게 표시할 가능성이 높다. 이러한 경우에는 객관적인 회귀선을 찾아야 하는데 이때 적합한 방법이 **회귀분석법**(regression analysis method)이다.

회귀분석법 중 단순회귀분석에서는 일반적으로 최소자승법이라는 수학적 방법을 사용하여 회귀선을 구한다. 그러나 원가자료가 많아 좌표 상에 점들이 많이 존재하

는 경우에는 복잡하여 수작업으로는 회귀선을 구할 수가 없고 SAS나 SPSS와 같은 통계적 프로그램을 이용하여 회귀선을 구해야 한다.

여기서 **최소자승법(least square method)**이란 [그림 2]에서 보는 것과 같이 특정 직선(추정선)과 실제값과의 잔차(ei)의 제곱의 합이 최소화되는 회귀선을 도출하는 방법을 말한다. 이를 식으로 나타내면 다음과 같다.

[그림 2] 회귀선

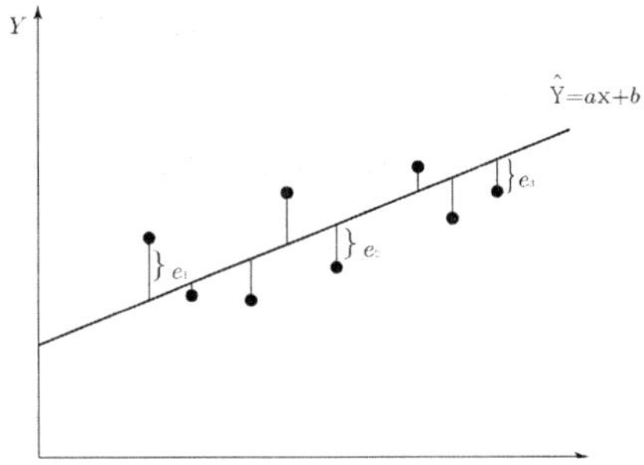

최소화 $\sum(\hat{Y}i - yi)^2$

여기서 yi : 관찰조업도 i의 실제원가

$\hat{Y}$i : 관찰조업도 i의 추정원가

여기서 잔차제곱의 합을 최소화하는 a와 b는 다음과 같이 두 개의 방정식에 의해 구하게 된다.

$$\sum y = a\sum x + nb \qquad \text{\_\_\_\_\_\_\_\_(1)}$$

$$\sum xy = a\sum x^2 + b\sum x \qquad \text{\_\_\_\_\_\_\_\_(2)}$$

(n = 관찰회수)

위의 두 식을 연립방정식으로 a와 b에 대하여 풀면 잔차제곱의 합을 최소화하는 a와 b의 값을 구할 수 있다. 여기서 y = ax+b가 되므로 a, b를 구하여 도출된 회귀선은 반드시 실제값의 평균을 통과하며, 추정치의 평균과 실제값의 평균이 일치하고 잔차의 평균은 0이 된다.

고저점법은 두 조업도의 원가자료만을 이용하고, 산포도법에서는 모든 원가자료를 고려하지만 목측(目測)으로 직선을 구하고 있어 두 방법 모두 정확한 원가추정을 기대할 수 없다. 그러나 회귀분석법은 모든 원가자료를 고려하여 객관적으로 원가함수를 추정하기 때문에 가장 정확한 원가추정방법이라고 할 수 있다. 그러나 어떠한 원가추정방법을 선택할 것인가는 각 방법이 갖는 비용－효익을 고려하여 결정하여야 할 것이다.

사례 3

다음은 KS제조(주)의 2015년도의 조업도와 원가에 관한 자료이다.

	기계시간	제조간접원가
1월	68시간	₩1,190,000
2월	88	1,211,000
3월	62	1,004,000
4월	72	917,000
5월	60	770,000
6월	96	1,456,000
7월	78	1,180,000
8월	46	710,000
9월	82	1,316,000
10월	94	1,032,000
11월	68	752,000
12월	48	963,000

요구사항

회귀분석법을 이용하여 원가방정식을 추정하시오.

해설

기간	기계시간(x)	제조간접원가(y)	xy	x^2
1월	68시간	₩1,190,000	80,920,000	4,624
2월	88	1,211,000	106,568,000	7,744
3월	62	1,004,000	62,248,000	3,844
4월	72	917,000	66,024,000	5,184
5월	60	770,000	46,200,000	3,600
6월	96	1,456,000	139,776,000	9,216
7월	78	1,180,000	92,040,000	6,084
8월	46	710,000	32,660,000	2,116

9월	82	1,316,000	107,912,000	6,724
10월	94	1,032,000	97,008,000	8,836
11월	68	752,000	51,136,000	4,624
12월	48	963,000	46,224,000	2,304
총계	862시간	₩12,501,000	928,716,000	64,900

12,501,000 = 862a + 12b

928,716,000 = 64,900a + 862b

위 방정식을 계산하여 a, b값을 구하면

$a = 10,312$　　$b = 300,978$

따라서 원가함수는 다음과 같이 추정된다.

$y = 300,978 + 10,312x$

---

4) 계량적 분석방법의 고려사항

원가함수를 추정하기 위하여 계량적 분석방법을 사용하는 경우는 다음과 같은 이상적인 데이터베이스(ideal database)의 특성이 요구된다.

① 그 데이터베이스는 신뢰성 있게 측정된 원가동인(독립변수)과 원가(종속변수)의 관찰자료를 갖고 있어야 한다. 원가와 원가동인을 측정할 때 발생하는 오류는 부정확한 원가추정을 유발시킨다.

② 그 데이터베이스는 넓은 범위에 걸친 원가동인의 값을 고려하여야 한다. 몇 개의 원가동인의 값만을 사용하면 관련범위의 일부를 고려하는 것이 되므로 추정치의 신뢰도를 떨어뜨리게 된다.

그러나 일반적으로 원가분석가들이 이러한 두 가지 특성을 가진 데이터베이스를 갖고 원가함수를 추정하는 경우란 쉽지 않다. 따라서 이하에서는 원가함수를 추정하는 데 직면하는 문제점과 해결책을 모색해보고자 한다.

첫째, 종속변수(원가, 예컨대 기계 소모품비)를 측정하는 기간과 독립변수(원가동인, 예컨대 기계시간)를 측정하는 기간이 적절히 대응되지 않고 있다는 점이다. 이러한 문제는 회계기록이 발생주의(accrual basis)에 의해 이루어지지 않을 때 자주 발생한다. 예를 들어 기계 소모품비(예 : 윤활유비)가 종속변수이고 기계시간이 독립변수(원가동인)인 경우의 원가함수를 가정해보자. 윤활유를 수시로 구입하여, 저장한 후 나중에 소비하는 경우 회계기록을 현금주의(case basis)로 기록한다면 특정한 달에는 그것을 하나도 사용하지 않은 것으로 나타날 수 있다. 이와 같은 문제를 해결하기 위하여 원가분석가들은 종속변수(원가)와 독립변수(원가동인)를 잘 대응시키기 위해 발생주의 회계(accrual accounting)를 사용하여야 한다. 그 경우 윤활유의 소비를 보다 잘 추정할 수 있을 것이다.

둘째, 고정원가가 마치 변동원가처럼 배분된다는 점이다. 예컨대, 감가상각비나 보험료, 임차료와 같은 고정원가들을 단위원가를 계산하기 위해 제품에 배분하는 경우 등이다. 이와 같은 경우 이들 원가들은 고정원가라고 하기 보다는 변동원가로 간주될 수 있다. 그 고정원가들은 사용되는 배분방법 때문에 변동원가처럼 보인다. 이와 같은 문제점을 피하기 위하여 원가분석가들은 고정원가와 변동원가를 세심하게 구분하고 단위당 배분된 고정원가를 변동원가처럼 취급해서는 안 된다.

셋째, 모든 관찰자료를 이용할 수 없으며, 신뢰성 또한 동일하지 않다는 점이다. 원가를 기록하지 못하였거나 원가를 잘못 분류하여 누락되는 관찰자료가 있다. 예컨대, 상품을 판매하기 위해 고객을 방문하는 경우에 발생하는 원가가 상품판매 후 발생하는 고객서비스원가로 분류되어 기록되기도 한다. 또한 수작업으로 자료를 기록하는 경우 컴퓨터작업으로 자료를 기록하는 경우보다 자료가 누락되는 경우가 많고, 부정확한 자료가 기록될 수 있다. 이러한 문제점을 최소화하기 위해서 원가분석가는 정기적이고 일상적으로 필요한 자료를 수집하는 자료수집보고서(data collection reports)를 작성하여야 하며, 자료가 누락되는 경우 즉시 보완하여야 한다.

넷째, 비정상적인 관찰자료가 발생한다는 점이다. 이것은 ① 원가를 기록하는 과정(예컨대, 소수점을 잘못 찍음으로 인해)에, ② 대표성없는 기간(예컨대, 작업시간이 아닌 기계고장시간)에, ③ 관련범위 밖의 관찰자료 등으로부터 발생한다. 원가분석가는 원가관계를 추정하기 전에 이러한 비정상적 관찰자료를 조정하거나 제거하여야 한다.

다섯 번째, 종속변수 원가집합(cost pool)에 있는 개별원가 항목과 원가동인 사이에 동질적인 관계가 존재하지 않는 점이다. 종속변수에 포함된 각 활동원가가 동일한 원가동인을 갖는다면 동질적인 관계가 존재한다. 이 경우 단일 원가함수가 추정될 수 있다. 앞에서도 설명한 바와 같이 각 활동별 원가동인이 다른 경우 각 원가동인을 가진 별개의 원가함수가 각 활동별로 추정되어야 한다.

여섯 번째, 원가와 원가동인 간의 관계가 안정적이지 않다는 점이다. 즉 관찰자료가 만들어지는 과정이 안정적이지 않다. 예컨대, 기계시간 수와 제조간접원가의 관계는 새로운 기술이 도입되는 기간에는 안정적이지 않을 것이다. 이러한 경우 그 관계가 안정적인가를 보기 위해서는 표본을 기술이 도입되기 이전과 기술이 도입된 이후로 나누어 별개의 원가관계를 추정하여야 한다. 이와 같이 하여 두 기간의 추정계수(estimated coefficients)가 유사하다면 모든 자료를 하나로 합쳐 단일의 원가관계를 추정할 수 있다. 이 경우 자료를 합치면 추정을 위한 자료의 수도 증가하고, 원가예측의 신뢰성도 높아지게 될 것이다.

마지막으로, 인플레이션이 원가나 원가동인, 혹은 그 두 가지 모두에 영향을 준다는 점이다. 예컨대, 인플레이션이 비록 원가동인에는 아무런 영향을 미치지 않았지만 원가에 영향을 미칠 수 있다. 원가동인과 원가 사이에 존재하는 인과관계를 연구하기 위해서는 자료로부터 각 원가를 원가가 발생한 시점의 가격지수(price index)로 나누어 순수한 인플레이션 가격효과를 제거하여야 한다.

이상에서 언급한 바와 같이 원가분석가들은 과거의 자료를 기초로 원가함수를 추정하기 전에 이러한 문제점들을 개선하기 위하여 많은 노력을 기울여야 할 것이다.

제3절 활동중심원가계산에서 원가함수의 추정

1. 원가함수의 추정

앞에서 회귀분석은 크게 독립변수가 하나인 단순회귀분석과 독립변수가 둘 이상인 다중회귀분석으로 나눈다고 설명하였다.

단순회귀분석에서의 원가추정은 원가(종속변수)에 영향을 미치는 독립변수(원가동인)는 하나라고 가정하는 것이다. 그러나 활동중심원가계산에서는 원가에 영향을 미치는 원가동인이 활동별로 다양하게 존재하므로 원가의 변동을 설명하는 독립변수가 다수 존재하게 된다. 따라서 활동중심원가계산을 도입하여 사용하는 기업에서 원가를 추정하기 위해서는 다양한 원가동인을 독립변수로 설정하는 **다중회귀분석(multiple regression analysis)**이 필요하다. 이 다중회귀분석은 하나의 독립변수를 사용하는 단순회귀분석의 확장으로, 두 개 이상의 독립변수를 사용하여 종속변수의 변화를 추정하는 방법이다. 따라서 두 개 이상의 원가동인이 원가에 영향을 미치는 상황에서는 이 다중회귀분석이 매우 유용한 원가추정 기법이 될 수 있다. 다중회귀분석은 계산과정이 복잡하기 때문에 보통 SAS나 SPSS와 같은 컴퓨터 프로그램으로 수행한다.

다중회귀분석의 모형을 나타내면 다음과 같다.

$$Y = \alpha + \beta X_1 + \beta X_2 + \cdots\cdots + \varepsilon$$

여기서

Y = 종속변수

X_1, X_2 = 독립변수 또는 원가동인

α = 절편(상수)

β = 기울기(독립변수 한 단위 변동이 종속변수에 미치는 영향)

ε = 잔차항(error term, 독립변수에 의해 설명하지 못하는 종속변수의 변동)

사례 4

다음은 KS제조(주)의 2015년도의 원가동인과 제조간접원가에 관한 자료이다. 이 회사의 경우 한 묶음생산(배치생산)이 완료된 후 새로운 묶음생산이 시작될 때 기계작업준비활동과 생산교체활동이 수행되므로 제조간접원가는 기계시간 뿐만 아니라 생산묶음의 수에 의해서도 영향을 받는 것으로 분석되었다.

	기계시간(X_1)	생산묶음 수(X_2)	제조간접원가
1월	68시간	12	₩1,190,000
2월	88	15	1,211,000
3월	62	13	1,004,000
4월	72	11	917,000
5월	60	10	770,000
6월	96	12	1,456,000
7월	78	17	1,180,000
8월	46	7	710,000
9월	82	14	1,316,000
10월	94	12	1,032,000
11월	68	7	752,000
12월	48	14	963,000

요구사항

위 자료로 다중회귀분석법을 이용하여 원가함수를 추정하시오.

해설

컴퓨터 프로그램에 의한 다중회귀분석 결과 제조간접원가는 다음과 같이 추정되었다.

$$y = 42,580 + 7,600X_1 + 37,770X_2$$

2. 원가함수의 검증

단순회귀분석법이나 다중회귀분석법을 이용하여 회귀방정식을 추정한 경우는 일반적으로 다음의 방법으로 회귀식을 검증한다.

1) 적합도(goodness of fit)의 검증

적합도는 원가동인(독립변수, 예로서 기계작업시간)을 사용하여 추정한 종속변수(예로서 제조간접원가)의 추정치가 실제로 관찰된 원가인 제조간접원가를 얼마나 잘 추정하는지를 측정하는 통계량이다. 즉 원가동인에 기초한 예측치 y가 실제의 원가 관측치 Y와 잘 맞는가를 측정하기 위해 적합도를 검증한다. 적합도는 흔히 결정계수(coefficient of determination)와 회귀식의 표준오차(standard error of regression)로 검증한다.

(1) 결정계수

일반적으로 적합도는 결정계수(coefficient of determination, r^2)를 산정하여 측정한다. 여기서 결정계수는 다음과 같이 산출한다.

$$r^2 = 1 - \text{설명되지 않는 변동(분산)} / \text{총변동(총분산)}$$

일반적으로 결정계수(r^2)가 높을수록 독립변수의 종속변수에 대한 설명력이 높다고 판단되며, $r^2 > 0.3$인 경우 적합도의 검증을 합격으로 간주한다. 그러나 결정계수에만 의지해서는 안 될 경우도 있다. 그 이유는 의미없는 독립변수의 수를 추가하여도 결정계수가 높아질 수 있기 때문이다.

(2) 표준오차

결정계수 외에 적합도를 평가할 수 있는 통계량으로 회귀식의 표준오차(standard

error of regression)가 사용되기도 한다. 일반적으로 회귀모형의 표준오차가 작을수록 적합도가 높다고 평가할 수 있다.

2) 독립변수의 유의수준 검증

추정된 회귀선을 평가하는 하나의 기준으로서 독립변수 계수 값의 유의수준을 검증하는 것이다. 즉 논리적으로 타당성이 있는 독립변수의 변화가 종속변수를 유의하게 변화시킬 수 있는지를 평가해야 한다. 따라서 종속변수의 변화가 유의적인지를 판단하기 위해서는 독립변수의 기울기 계수가 통계적으로 유의적인지를 평가하여야 한다. 계수 값이 통계적으로 유의적이라는 것은 계수 값이 0과 다르다는 것을 의미한다. 이것은 일반적으로 추정계수의 표준오차(standard error of the estimated coefficient)로 측정한다. 즉 이것은 경제적으로 타당한 독립변수의 변화는 종속변수에 중요한 영향을 주는지, 또는 회귀선의 기울기 b는 통계적으로 유의적인지 등 독립변수의 유의성 검증에 관한 것이다.

이 경우 회귀계수 b의 유의성을 측정하기 위하여, 즉 독립변수의 계수가 0이 아닌지를 판단하기 위하여 t값을 구한다. 일반적으로 t 〉 2이면 통계적으로 유의적인 것으로 판단한다.

$$t = b / \text{표준오차}$$

3) 추정 원가함수의 모형 적정성 분석(specification analysis)

이것은 회귀분석의 가정 즉 추정된 원가함수에 대해 검증하는 것이다. 추정된 원가함수(선형 회귀모형)는 다음의 네 가지 가정을 기초하고 있다. 회귀선이 이런 가정을 잘 충족하고 있다면 그 회귀선의 적합도는 높고 독립변수의 종속변수에 대한 원가 예측력은 높다고 할 수 있다. 회귀선이 이런 가정을 잘 충족시키지 못하면 더 나은 회귀모형 예컨대, 비선형 회귀모형 등을 추정해야 할 것이다. 검증하여야 할 네 가지 일반적인 선형회귀선의 가정은 다음과 같다.

(1) 관련범위 내에서의 선형성 검증(linearity within the relevant range)

가장 일반적인 가정 중의 하나는 관련범위(relevant range) 내에서 독립변수와 종속변수 사이에 선형관계가 존재한다는 것이다. 독립변수가 하나인 경우 즉 단순회귀의 경우 가장 일반적인 방법은 산포도를 분석하는 것이다. 이와 같이 단순회귀의 경우 산포도법에 의한 선형성 검증이 여기에 속한다. 그러나 비선형 함수인 학습곡선 모형과 같은 경우는 조업도가 증가하면 원가도 증가하지만 선형 함수와는 다르므로 그 경우에는 학습효과를 고려한 비선형 원가함수를 추정하여야 한다.

(2) 잔차의 일정한 분산 검증(constant variance of residuals)

잔차의 동분산(homoscedasticity) 즉 일정한 잔차의 분산이 유지되고 있는지를 검증하는 것이다. 실제 관찰치와 회귀 추정치 사이의 수직적 편차를 잔차항 또는 오차항이라고 한다. 잔차의 동분산 또는 잔차의 일정한 분산은 잔차의 크기가 독립변수의 수준에 따라 달라지지 않는 동시에 실제 관찰치들이 회귀 추정치를 중심으로 균등하게 분포되어 있다는 것을 의미한다. 이러한 경우 선형회귀함수가 적합하다. 즉 독립변수가 증가할수록 잔차의 크기가 증가하거나 감소하면 잔차의 동분산 가정이 충족되지 않는다. 이러한 현상을 잔차의 이분산(heteroscedasticity)이라 한다.

이 잔차의 이분산은 추정된 회귀계수의 정확성에는 영향을 미치지 않으나, 이것이 존재하면 추정된 표준오차의 신뢰성이 낮아지게 된다. 그러므로 잔차의 동분산(즉 회귀선을 중심으로 자료의 산포도가 일정한 경우)인 쪽이 잔차의 이분산(즉 회귀선을 중심으로 자료의 산포도가 일정하지 않은 경우)인 쪽 보다 회귀식을 더 신뢰할 수 있다.

(3) 잔차의 독립성(independence of residuals)

잔차의 독립성은 어느 한 관찰치의 잔차항이 그 밖의 다른 관찰치의 잔차항과 아무런 관련이 없다는 것을 의미(예컨대, 잔차의 산포도를 그릴 때 체계적인 형태가 나타나지 않으면 잔차는 독립성이 있다는 것)한다. 그러므로 잔차가 일정한 체계적인 형태를 나타내게 되면 잔차의 독립성이 없으며, 자기상관(autocorrelation) 또는 계열상관(serial correlation)의 문제가 발생하게 된다.

자기상관이 존재하면 추정된 회귀계수의 표준오차에 편의가 발생하게 된다. 그러므로 잔차 간 자기상관이 존재하지 않아야 한다. 이것은 보통 Durbin-Watson 통계량으로 측정하며, 이것은 관찰치의 수와 독립변수의 수에 따라 변동되나 표본의 수가 대략 10 - 20개인 경우는 1.1에서 2.9 사이인 경우이면 잔차는 상호 독립적이라고 판단한다. 잔차의 이분산의 경우처럼 잔차의 자기상관도 회귀계수 추정 값에는 영향을 미치지 않으나, 자기상관이 존재하면 추정된 계수의 표준오차에 영향을 미치게 되어 회귀함수의 추정 결과로부터 도출된 모집단의 계수에 대한 추론에 영향을 미친다.

4) 잔차의 정규성(normality of residuals)

잔차의 정규성 가정은 잔차가 회귀선을 중심으로 정규분포되어 있다는 것이다. 이 가정이 충족되지 않는다고 해도 추정된 회귀식에 근거하여 산출된 종속변수의 값의 정확성에는 문제가 없으나, 추정 값의 표준오차에 편의가 존재하므로 추정 값의 신뢰구간이 부정확해지는 문제가 발생한다[3].

제4절 비선형 원가함수의 추정

1. 비선형 원가함수

본 장의 앞 절에서는 원가함수를 선형함수로 가정하여 설명하였다. 그러나 실제로 원가함수의 상당부분은 선형함수가 아닌 비선형 원가함수라고 할 수 있다. **비선형 원가함수(nonlinear cost function)**란 관련범위 내에서 독립변수(원가동인)와 종속변수(총원가)의 관계가 직선이 아닌 원가함수를 말한다. 비선형 원가함수는 규모의 경제, 수량할인, 계단식 원가함수, 학습효과 등으로 인해 주로 발생한다.

예컨대, 기업에서 광고활동을 하는 경우 규모의 경제로 인하여 광고횟수를 두 배로 늘리는 경우 광고비용은 두 배로 증가하지 않을 것이다. 또한 직접재료원가의 경우도 항상 선형 변동원가는 아니다. 직접재료를 구입하는 경우 수량할인을 받게 되면 비선형의 원가행태가 나타날 것이다. 이 밖에도 계단식 원가함수(step cost functions)와 학습효과도 비선형 원가함수의 행태를 나타낸다. 여기서 계단식 원가함수란 원가동인이 한 범위에서 다음 범위로 증가하는 경우 원가가 불연속적(계단식)으로 증가하는 경우를 말한다. 이하에서는 비선형 원가함수의 전형이라고 할 수 있는 학습곡선의 모형을 설명하고자 한다.

2. 학습곡선

학습곡선도 비선형 원가함수의 한 예이다. **학습곡선(learning curve)**이란 작업

---

3) 한편 다중회귀의 경우는 다중공선성(multicollinearity)을 검증하여야 한다. 이는 둘 이상의 독립변수들이 서로 높은 상관관계를 가질 때 존재한다. 일반적으로 상관계수가 0.7 이상이면 다중공선성이 존재한다고 본다. 다중공선성은 각 변수의 계수의 표준오차를 증가시킨다. 따라서 각 독립변수의 계수들의 값에 대한 불확실성이 더 커진다.

자의 학습결과 생산량의 증가에 따라 단위당 작업시간(또는 노무원가)이 어떻게 감소하는가를 나타내는 함수를 말한다. 따라서 경영자들은 생산량이 증가할 때 작업시간(또는 노무원가)이 어떻게 변화할 수 있는가를 예측하는데 학습곡선을 활용한다.

일반적으로 항공기 조립에 있어서는 학습에 따라 효율이 증대되는 것으로 알려져 있다. 이에 따라 최근에는 이와 같은 학습현상을 마케팅, 유통, 고객서비스 등과 같은 가치사슬(value chain) 상의 다른 원가영역까지 확장하여 적용하고 있다. 학습곡선을 때로는 경험곡선(experience curve)이라는 용어로 사용하기도 하나, 이 경험곡선은 학습곡선을 보다 광범위하게 적용할 때 사용하는 용어라고 할 수 있다. 이 경험곡선은 산출단위가 증가함에 따라 마케팅, 유통 등과 같은 가치사슬에서 단위당 원가가 감소하는 것을 말한다.

3. 학습곡선의 모형

학습곡선은 크게 두 가지의 모형으로 설명한다. 그 하나는 누적평균시간 학습모형이며, 다른 하나는 증분단위시간 학습모형이다.

1) 누적평균시간 학습모형

누적평균시간 학습모형(cumulative average-time learning model)에서는 누적생산량이 두 배가 될 때마다 단위당 누적평균시간이 일정한 비율로 감소한다. [그림 3]은 80% 학습곡선의 누적평균시간 학습모형을 나타내고 있다. 여기서 80%란 생산량이 X에서 2X로 두 배가 될 때 2X에 대한 단위당 누적평균시간이 X개 단위에 대한 단위당 누적평균시간의 80%임을 의미한다. 즉 달리 표현하면 생산량이 두 배로 증가할 때마다 단위당 평균시간이 20%씩 감소한다는 것이다.

[그림 3]은 누적평균시간 학습모형을 예시한 것이다. 이 누적평균시간 학습모형에 따르면 생산량이 1에서 2로 두 배 증가함에 따라 단위당 누적평균시간은 100시간에서 80시간(100시간×80%)으로 감소하며, 생산량이 2에서 4로 두 배 증가함에 따라 단위당 누적평균시간은 다시 64시간(80시간×80%)으로 감소한다. 이 때 총누적시간은 단위당 누적평균시간에 누적생산량을 곱하여 산출하며, X번째의 개별단위(증분)시간은 누적생산량의 증가에 따른 총누적시간의 증분시간을 의미한다.

[그림 3] 누적평균시간 학습모형

학습율 = 80%

(1) 누적생산량	(2) 단위당 누적평균시간	(3)=(1)×(2) 총누적시간	(4) X번째의 개별단위시간(증분시간)
1	100	100.00	100.00
2	80(100×0.8)	160.00	60.00
3	70.21	210.63	50.63
4	64.00(80×0.8)	256.00	45.37
5	59.57	297.85	41.85
6	56.17	337.02	39.17
7	53.45	374.15	37.13
8	51.20(64×0.8)	409.60	35.45
· ·	· ·	· ·	· ·
16	40.96(51.2×0.8)	655.36	28.06

y = aX^b
y = 단위당 누적평균시간 혹은 누적평균변동원가, 즉 총누적시간 ÷ 누적생산량
a = 첫 단위 생산에 필요한 시간(혹은 변동원가)
X = 누적생산량
b = 학습율

여기서 b의 값은 다음과 같이 계산된다.

b = ln(학습율) / ln 2
80%의 학습곡선에서 b = ln 0.8 / ln 2 = −0.2231 / 0.6931 = −0.3219
예를 들어 X = 3, a = 100, b = −0.3219인 경우 y = 100 × $3^{-0.3219}$ = 70.21시간
따라서 X = 3일 때 총누적시간은 70.21시간×3단위 = 210.63시간이다.

2) 증분단위시간 학습모형

증분단위시간 학습모형(incremental unit-time learning model)에서는 누적생산량이 두 배가 될 때마다 단위당 증분단위시간(마지막단위를 생산하는데 필요한 시간)이 일정한 비율로 감소한다.

[그림 4]는 80%의 학습곡선을 가진 증분단위시간 학습모형을 보여주고 있다. 여기서 80%란 생산량이 X에서 2X로 두 배가 될 때 2X의 생산수준에서 마지막 단위를 생산하는데 필요한 시간은 X의 생산수준에서 마지막 단위를 생산하는데 소요되는 시간의 80%가 된다는 것을 의미한다. 이 증분단위시간 학습모형에 따르면 생산량이 2에서 4로 두 배 증가할 때 4단위를 생산하는 시간(마지막 4단위 생산 시)은 64시간

인데 이것은 2단위를 생산하는데 필요한 80시간의 80%(마지막 2단위 생산 시)에 해당한다. 따라서 총누적시간은 개별단위시간(증분시간)을 합한 것이다. 예컨대, 누적하여 4단위를 생산하기 위해서는 314.21시간(100.00시간 + 80.00시간 + 70.21시간 + 64.00시간)이 필요하다.

[그림 4] 증분단위시간 학습모형

학습율 = 80%

(1)	(2)	(3)	(4)=(3)/(1)
누적생산량	X번째의 개별단위시간(증분시간)	총누적시간	단위당 누적평균시간
1	100	100.00	100.00
2	80(100×0.8)	180.00	90.00
3	70.21	250.21	83.40
4	64.00(80×0.8)	314.21	78.55
5	59.57	373.78	78.55
6	56.17	429.95	71.66
7	53.45	483.40	69.06
8	51.20(64×0.8)	534.60	66.82
· ·	· ·		· ·
16	40.96(51.2×0.8)	892.00	55.75

y = aX^b
y = 마지막 한 단위를 생산하는데 걸리는 시간(혹은 변동원가)
a = 첫 단위 생산에 필요한 시간(혹은 변동원가)
X = 누적생산량
b = 학습율

여기서 b의 값은 다음과 같이 계산된다.

b = ln(학습율) / ln 2

80%의 학습곡선에서 b = ln 0.8 / ln 2 = −0.2231 / 0.6931 = −0.3219
예를 들어 X = 3, a = 100, b = −0.3219인 경우 y = 100 × $3^{-0.3219}$ = 70.21시간
따라서 X = 3일 때 총누적시간은 100시간 + 80시간 + 70.21시간 = 250.21시간이다.

위 두 가지 학습모형을 동일한 학습율(예 : 80% 학습율)을 가정하여 비교해보면 증분단위시간 학습모형이 누적평균시간 학습모형 보다 2단위 이상을 생산할 때 총누적시간이 더 많이 소요된다는 것을 알 수 있다. 예로서, 위의 두 모형의 결과를 비교해보면 4단위를 생산하는 경우 증분단위시간 학습모형에 의하면 314.21시간이

예상되는데 반해, 누적평균시간 학습모형에 의하면 256.00시간이 예상된다.

그러면 어떠한 학습모형이 우수하다고 할 수 있는가? 그것은 상황에 따라 다르다고 할 수 있다. 예컨대, 생산량의 증감에 따라 작업시간이 누적평균시간 학습모형의 패턴을 따르는 경우라면 그 모형이 더 유용할 것이다. 엔지니어나 공장관리자, 작업자들이야말로 작업에서 발생하는 학습의 형태나 학습율에 대한 중요한 정보원이라고 할 수 있다. 그들로부터 얻은 정보를 도표화한다면 적절한 모형을 선택하는데 큰 도움이 될 것이다.

사례 5

KS항공제조(주)의 헬기사업부는 ABC항공(주)로부터 헬기콥터 8대를 주문받고, 헬리콥터의 조립원가를 검토한 결과 다음과 같은 자료를 수집하였다. KS항공제조(주)는 다음의 두 가지 방법 중 하나를 선택하여 헬리콥터를 생산할 수 있다.

	노동집약적 조립방법	자본집약적 조립방법
단위당 직접재료원가	40,000,000원	36,000,000원
첫 단위 생산 시 직접작업시간	2,000시간	800시간
작업시간 학습율	85%*	90%**
시간당 직접노무원가	30,000원	30,000원
제조간접원가 :		
직접작업시간당 설비관련원가	12,000원	45,000원
재료처리원가	직접재료원가의 50%	좌 동

단, 노동집약적 조립방법은 누적평균시간 학습모형(학습율 85%), 자본집약적 조립방법은 증분단위시간 학습모형(학습율 90%)을 따른다고 가정한다.

* 누적평균시간 학습모형; b = − 0.234465, ** 증분단위시간 학습모형; b = − 0.152004

요구사항

1. 양 방법에 의한 헬리콥터 8대에 소요되는 직접작업시간을 산정하시오.

2. 양 방법에 의한 헬리콥터 8대에 소요되는 조립원가의 총액을 산정하고, 어떤 방법에 의한 경우가 어느 만큼의 원가가 적게 발생하는지를 산정하시오.

해설

1.

1) 누적평균시간 학습모형

누적생산량	단위당 누적평균시간	총누적시간	X번째의 개별단위 증분시간
1	2,000	2,000	2,000
2	1,700(2,000×85%)	3,400	1,400
3	1,546*	4,638	1,238
4	1,445(1,700×85%)	5,780	1,142
5	1,371	6,855	1,075
6	1,314	7,884	1,029
7	1,267	8,869	985
8	1228.25(1,445×85%)	9,826	957

* 식 $y = aX^b$에서 X = 3, a = 2,000, b = −0.234465인 경우

$y = 2{,}000 \times 3^{-0.234465} = 1{,}546$시간

누적평균시간 학습모형(학습율 85%)을 따른다고 가정할 때 헬리콥터 8대에 소요되는 직접작업시간은 9,826시간이 소요된다.

2) 증분단위시간 학습모형

누적생산량	X번째의 개별단위 증분시간	총누적시간	단위당 누적평균시간
1	800	800	800
2	720(800×90%)	1,520	760
3	677*	2,197	732
4	648(720×90%)	2,845	711
5	626	3,471	694
6	609	4,080	680
7	595	4,675	668
8	583(648×90%)	5,258	657

* 식 $y = aX^b$에서 X = 3, a = 800, b = − 0.152004인 경우

$y = 800 \times 3^{-0.152004} = 677$시간

증분단위시간 학습모형(학습율 90%)을 따른다고 가정할 때 헬리콥터 8대에 소요되는 직접작업시간은 5,258시간이 소요된다.

2.

	노동집약적 조립방법	자본집약적 조립방법
직접재료원가	320,000,000원	288,000,000원
(8×40,000,000원; 36,000,000원)		
직접노무원가	294,780,000	157,740,000
(30,000원×9,826시간; 5,258시간)		
제조간접원가		
설비관련	117,912,000	236,610,000
(9,826시간×12,000원; 5,258시간×45,000원)		
재료처리	160,000,000	144,000,000
(50%×320,000,000원; 288,000,000원)		
총조립원가	892,692,000원	826,350,000원

따라서 자본집약적 조립방법에 의한 경우가 66,342,000원 만큼 원가가 적게 발생한다.

3) 학습곡선의 적용

학습곡선모형은 원가의 예측은 물론 표준이나 예산의 설정, 가격의 결정 등에 활용할 수 있다.

(1) 학습곡선모형을 활용한 원가예측

작업을 진행함에 따라 학습효과가 나타나는 경우 학습곡선모형을 적용하여 원가를 예측하는 것이 가능하다. 즉 학습효과에 따라 생산량이 증대하면 처음의 생산원가와는 비교할 수 없는 낮은 원가로 제품을 생산할 수 있으며, 이를 토대로 가격결정 의사결정(신제품의 개발, 입찰가격의 결정 등)에도 활용할 수 있다.

(2) 자가제조 또는 외부구입 의사결정

자가제조의 경우 학습효과가 존재한다면 단위당 평균원가를 지속적으로 절감시킬 수 있으나, 외부구입의 경우는 구입단가가 변동되지 않는다면 단기적으로는 비록 자가제조원가가 외부구입원가 보다 높을지라도 장기적으로는 학습현상으로 낮아질 수도 있다.

(3) 표준의 설정 등

많은 회사들은 성과를 평가할 때 학습효과를 반영한다. 예컨대, Nissan 자동차의 경우 지속적인 생산으로 인하여 발생하는 학습효과를 감안한 이후 신모델 자동차의 조립노동력에 대한 능률표준(노무원가 능률표준)을 설정한다. 이와 같이 학습곡선 모형은 원가의 예측, 표준원가의 설정 및 이를 통한 성과평가, 재고자산의 평가 등에 활용할 수 있다.

물론 학습효과는 동일한 작업을 반복할 경우 단위당 작업시간(노무원가)이 감소하는 것이므로 원칙적으로 직접작업시간과 관련이 있는 원가와 관련되므로 직접노무원가나 변동제조간접원가는 학습효과가 나타나지만 이와 관계없는 직접재료원가, 고정제조간접원가, 판매비와 관리비 등은 학습효과가 나타나지 않는다. 이 밖에도 최근 생산설비의 자동화로 인하여 직접작업시간이 감소되고 있으며, 생산형태도 소품종 대량생산방식에서 다품종 소량생산방식으로 전환되고 있어 종전과 같은 반복적인 생산이 줄어듦에 따라 학습곡선모형의 효과도 점차 퇴색되고 있는 것도 사실이다.

사례 6

K사는 신제품을 개발하여 처음 25단위를 생산한바 다음과 같은 원가가 발생하였다.

직접재료원가	₩500,000
직접노무원가(500시간, @₩2,500)	1,250,000
변동제조간접원가(직접노무원가의 20%)	250,000
고정제조간접원가	312,500
합 계	₩2,312,500(@₩92,500)

K사는 직접작업시간이 90%의 학습곡선에 따라 움직이는 것으로 가정하고 있다.

요구사항

1. K사가 추가로 75단위를 생산할 경우 예상되는 제조원가는 얼마인가? 단, 추가생산의 경우 고정제조간접원가는 발생하지 않는 것으로 가정한다.
2. 이웃의 Y사에 이 신제품 100단위를 판매할 수 있다고 할 때 단위당 얼마에 팔 수 있는가? 단, 판매가격은 제조원가에 40%의 이익을 더하여 판매한다고 가정한다.

해설

1.

(1) 누적생산량	(2) 단위당 누적평균작업시간	(3) 총작업시간	(4) 증분작업시간
25	20시간(500시간/25단위)	500시간	-
50	18(20시간×90%)	900(18시간×50)	400시간
100	16.2(18시간×90%	1,620(16.2시간×100)	720

이상에서 보는 바와 같이 추가로 75단위 생산시 1,120시간(400시간 + 720시간, 또는 1,620시간 – 500시간)이 소요되므로 추가로 예상되는 제조원가는 다음과 같다.

직접재료원가(₩500,000×3)	₩1,500,000
직접노무원가(1,120시간, @₩2,500)	2,800,000
변동제조간접원가(직접노무원가의 20%)	560,000
고정제조간접원가	0
합 계	₩4,860,000(@₩64,800)

2.

총제조원가 = ₩2,312,500 + ₩4,860,000 = ₩7,172,500
단위당 제조원가 = ₩7,172,500/100단위 = @₩71,725
단위당 판매가격 = @₩71,725 × 1.4 = @₩100,415

사례 7

KS조선(주)는 관광용 유람선 3척을 수주하기 위하여 공개입찰에 응하고자 한다. 이 회사는 유람선 한 척을 이미 건조하였는데 다음의 원가가 발생하였다.

직접재료원가	₩200,000,000
직접노무원가	1,500,000,000
변동제조간접원가	300,000,000
기타원가	120,000,000
합 계	₩2,120,000,000

변동제조간접원가는 직접노무원가에 비례하여 발생한다. 기타원가는 첫 번째 유람선 건조

시에만 발생하며, 이후에는 발생하지 않는다. KS조선(주)는 변동원가에 30%의 이익을 가산하여 입찰에 응하고자 하며, 배의 건조에는 80%의 학습효과가 있을 것으로 예상하고 있다.

요구사항

이상의 자료로 KS조선(주)가 제시할 입찰가격을 계산하시오.

해설

(단위: ₩1,000)

(1) 누적생산량	(2) 단위당 누적평균원가	(3) 총누적원가	(4) X번째의 개별단위원가
1	1,500,000	1,500,000	1,500,000
2	1,200,000(1,500,000×0.8)	2,400,000	900,000
3	960,000(1,200,000×0.8)	3,840,000	1,440,000

따라서 3척의 생산에 대한 노무원가 = ₩3,840,000,000 − ₩1,500,000,000
= ₩2,340,000,000

직접재료원가 ₩200,000,000×3	₩600,000,000
직접노무원가	2,340,000,000
변동제조원가	
₩2,340,000,000×300,000,000/1,500,000,000	468,000,000
기타원가	0
변동원가 총액	₩3,408,000,000

따라서 입찰가격은 다음과 같이 계산할 수 있다.
입찰가격 = ₩3,408,000,000 × 1.3 = ₩4,430,400,000

사례 8

KS반도체장비(주)는 고객으로부터 반도체장비 8대를 구입하겠다는 주문을 받았다. 주문가격은 ₩80,000,000이며, 이 주문으로 추가적인 고정원가는 발생하지 않을 것으로 예상된다.

그러나 이 주문을 받아들일 경우 각 장비당 ₩3,500,000의 원재료 및 부품이 필요하며, 직접노무원가 및 노무관련 변동제조간접원가는 최초의 1대 생산 시는 ₩3,000,000이 예상되며, 경험상 80%의 학습효과가 있을 것으로 예상된다.

KS반도체장비(주)는 기대되는 공헌이익이 ₩35,000,000이상이 되지 않으면 이 주문을 수락하지 않을 계획이다. KS반도체장비(주)의 경영자로서 이 주문수락 여부를 의사결정하시오.

해설

총수익		₩80,000,000
변동원가 :		
직접재료 및 부품원가(@₩3,500,000, 8대)	₩28,000,000	
직접노무원가 및 노무관련 제조간접원가	12,288,000*	40,288,000
공헌이익		₩39,712,000

따라서 공헌이익 ₩39,712,000은 예상되는 공헌이익 ₩35,000,000을 초과하므로 이 주문을 수락하여야 한다.

*(1) 누적생산량	(2) 단위당 누적평균원가	(3) 총누적원가	(4) X번째의 개별단위원가
1	3,000,000	3,000,000	3,000,000
2	2,400,000(3,000,000×0.8)	4,800,000	1,800,000
3	1,920,000(2,400,000×0.8)	7,680,000	2,880,000
4	1,536,000(1,920,000×0.8)	12,288,000	4,608,000

제2장

활동중심원가계산과 활동중심경영

최근 제조간접원가를 배분하기 위한 유용한 원가계산인 활동중심원가계산(Activity-Based Costing; ABC)이 등장하였다. 본 장에서는 먼저 최근 등장한 활동중심원가계산과 이 ABC를 더욱 확장하여 새롭게 등장한 시간동인 활동중심원가계산(Time-Driven Activity-Based Costing; TDABC)에 대해 설명하고, 또한 이 ABC를 통해 얻어진 활동원가정보를 활용한 효율적 원가관리 즉 이와 같은 ABC를 활용한 원가관리인 활동중심경영(Activity-Based Management; ABM)을 설명한다. 이 ABM에서는 활동원가정보를 활용한 각 세그먼트(segment)별 수익성 분석(profitability analysis)인 고객수익성 분석, 제품수익성 분석 등을 설명한다.

제1절 활동중심원가계산

1. 활동중심원가계산의 의의

최근 기업을 둘러싸고 있는 환경들은 급변하고 있는 실정이다. 산업사회가 고도화하고 있으며 고객의 욕구 등도 다양화하여 생산방식도 소품종 대량생산방식에서 다품종 소량생산방식으로 변화하고 있다. 이에 따라 기업에서는 전략적 의사결정에 필요한 정확한 원가정보의 생성이 점차 필요하게 되었으며, 또한 전통적인 노동집약적인 생산방식에 대신하여 새로운 자본집약적인 생산방식이 등장하게 되었다.

이러한 새로운 생산방식의 등장은 대규모의 설비투자를 요구하게 되었으며 이것은 결국 원가 구성요소를 변화시켜 제조간접원가의 비중이 증대되게 되었다. 따라서 직접노무원가나 직접노동시간, 기계시간 등과 같은 전통적인 조업도 관련 배분기준으로 제조간접원가를 배분하는 전통적인 원가계산방법으로는 결국 제품원가의 왜곡을 초래하게 되어, 새로운 원가계산방법의 도입이 요구되게 되었는데 이것이 이른바 **활동중심원가계산(활동기준원가계산; Activity－Based Costing; ABC, 이하 ABC로 약칭함.)**이다.

이 새로운 원가계산방법인 ABC는 전통적인 원가계산방법과는 달리 제조간접원가를 활동(activity)별로 집계하고 활동별로 집계한 원가를 그 원가를 발생시킨 **원가동인(원가요인, cost driver)**[1]을 기초로 배분하는 방법을 말한다. 즉 전통적인 원가계산방법에서는 제조간접원가를 공장 전체나 부문별로 집계하여 제조간접원가를 발생시키는 원인과 관계가 없는 제품의 제조관련 조업도를 기준으로 배분함으로써 원가가 왜곡되었다. 따라서 ABC는 제품원가를 정확히 계산하기 위하여 자원을 소비하는 활동별로 제조간접원가를 집계하고, 그 원가를 발생시킨 원가동인을 기준으로 제조간접원가를 배분하는 새로운 원가계산방법이라고 말할 수 있다.

2. 활동중심원가계산의 목적

ABC의 목적은 다음과 같이 두 가지로 요약할 수 있다.

첫째, ABC는 정확한 원가정보를 제공해 준다. 전통적인 원가계산은 제조간접원

---

1) 원가동인 또는 원가요인(원가작용요인이라고도 함)이란 원가를 발생시키는 요인, 혹은 그 요인의 수량을 반영하는 물량적 척도를 말한다.

가의 배분에 있어서 원가의 발생과 인과관계가 낮은 조업도를 배분기준으로 계속 사용함으로써 원가정보의 왜곡을 초래하였다.

제조환경의 변화로 제조간접원가가 차지하는 비중이 증가하였으며 그 중에는 조업도와 관계없이 발생하는 원가가 상당부분을 차지함에도 불구하고 조업도를 기준으로 원가를 배분하는 것은 결국 원가의 왜곡현상을 초래하게 되었다.

이와 같이 전통적인 원가계산은 제조간접원가의 배분에 있어서 원가의 발생과 인과관계가 낮은 조업도를 배분기준으로 사용함으로써 원가정보의 왜곡을 초래하나, ABC는 제조간접원가를 활동별로 집계하고, 활동별로 집계한 원가를 그 원가를 발생시킨 원가동인을 기초로 배분하므로 정확한 원가계산이 가능하다.

둘째, ABC는 효율적 원가관리를 위한 정보를 제공해 준다. 전통적 원가계산은 단지 제품의 단위당 원가계산만을 위한 것이었으므로 효율적 원가관리를 위한 정보는 제공할 수 없었다. 그러나 ABC는 제품원가의 정확한 산정뿐만 아니라 활동분석 등을 통해 원가의 절감 등 효율적 원가관리를 위한 정보를 제공할 수 있다.

3. 활동중심원가계산의 모형

[그림 1] 활동중심원가계산의 모형

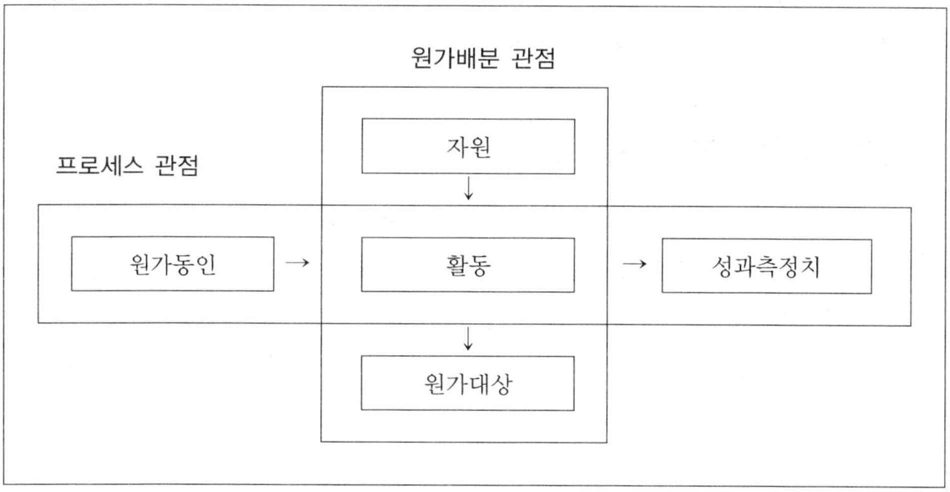

위에서 보는 바와 같이 ABC는 원가배분 관점[2](cost assignment view, 또는 원가계산과정)과 프로세스 관점[3] (process view, 또는 활동관리과정)으로 나누어 볼 수 있다.

우선 원가배분 관점(또는 원가계산과정)에서 보면 ABC의 중요한 목적 중의 하나는 정확한 원가를 계산하는 것이라고 할 수 있다. 이러한 목적을 달성하기 위하여 ABC에서 중요한 요소는 자원(resources)과 활동(activities), 그리고 원가대상(cost objects)이다. 즉 활동은 자원을 소비하고, 원가대상은 활동을 필요로 한다. 그러므로 ABC에서는 자원으로부터 활동을 거쳐 원가대상으로의 원가의 흐름을 인과관계에 의해 파악하여 정확한 원가를 산정하고자 하는 것이다(ABC).

한편 프로세스 관점(또는 활동관리과정)에서 보면 활동중심원가계산은 기업에서 수행하고 있는 활동에 관한 정보를 제공한다. 이 경우는 원가동인(cost drivers)과 활동(activities), 그리고 성과측정치(performance measures)가 중요한 요소가 된다. 활동중심원가계산을 수행하기 위해서는 당해 기업이 수행하는 활동을 분석하여야 하는데 이 활동분석(activity analysis)을 통해 활동에 관한 정보를 얻게 된다. 즉 체계적인 활동분석을 통해 활동을 부가가치활동(value added activity)과 비부가가치활동(non-value added activity)으로 구분하고, 비부가가치활동을 가능한 한 줄이거나 제거하기 위하여 그 활동을 유발시키는 원가동인(process drivers)을 줄이거나 제거하여야 한다. 또한 비부가가치활동을 줄이거나 제거하기 위해서는 성과측정치의 올바른 선택이 요구된다(ABM).

4. 활동중심원가계산의 계산절차

ABC는 전통적인 원가계산과는 달리 원가를 활동별로 집계한다. 활동은 자원을 소비하고 원가대상은 활동을 필요로 한다. 그러므로 ABC는 자원으로부터 활동을 거쳐 원가대상으로의 원가의 흐름을 파악하여 정확한 원가를 산정하고자 하는 것이므로 활동분석이 필요하며, 각 활동별로 원가를 집계하여 원가를 배분하는 계산절차를 따르고 있다.

---

2) 여기서 **원가배분 관점**이란 자원을 소비하는 활동과 활동을 소비하는 원가대상 간의 인과관계에 근거하여 이를 반영하는 자원, 활동을 파악함으로써 원가대상의 원가를 정확히 파악하고자 하는 관점을 말한다.

3) 여기서 **프로세스 관점**이란 ABC을 통하여 효과적인 활동수행 여부와 개선의 기회를 제공한다는 데 초점을 맞추는 관점을 말한다.

1) 활동분석

활동은 자원을 소비하는 단위이므로 원가를 집계하기 위하여 기업 내의 활동을 분석하여 활동의 종류와 수를 결정한다. 이 과정에서 특정의 활동이 제품의 가치를 증가시키는 활동인 **부가가치활동(value added activity)**인지 아니면 제품의 가치를 증가시키지 못하고 단지 자원만 소비하는 활동인 **비부가가치활동(non-value-added activity)**인지를 구별할 수 있으므로 효율적인 원가관리가 가능해진다.

ABC에서는 활동을 일반적으로 다음과 같이 나누어 분석한다.

① 단위수준활동

단위수준활동(output unit-level activities ; 단위관련활동)이란 각 제품의 생산량(또는 기계시간, 직접작업시간 등)에 비례하여 발생하는 활동을 말한다. 예컨대, 직접재료원가나 직접노무원가를 발생시키는 활동이나 기계시간 등에 비례하여 소비되는 공장소모품의 소비활동(예 : 기계 윤활유의 소비) 등이 여기에 속한다.

② 묶음수준활동

묶음수준활동(batch-level activities ; 묶음관련활동)이란 생산을 위하여 작업준비를 하는 것과 같이 묶음생산이 이루어질 때마다 수행되는 활동을 말한다. 즉 제품의 개별단위가 아닌 묶음단위와 관련된 활동으로 작업준비활동, 주문활동 등이 여기에 속한다.

③ 제품유지활동

제품유지활동(product-sustaining activities)이란 생산된 제품의 단위수준이나 묶음수준과 관계없이 특정제품을 지원하기 위한 활동을 말한다. 예컨대, 특정제품의 설계활동, 연구개발활동 등이 여기에 속한다.

④ 설비유지활동

설비유지활동(facility-sustaining activities)이란 특정제품의 생산과는 관계없이 조직 전체를 지원하는 활동을 말한다. 설비유지활동과 관련하여 발생하는 원가에는 공장관리비, 재산세 등이 있다. 일반적으로 이러한 원가와 원가배분기준 사이에 적절한 인과관계를 찾는 것이 어려우므로 이러한 원가는 제품에 배분하기보다는 영업이익에서 차감하는 것이 바람직하다.

사례 1

KS양복(주)는 고객의 요구에 부응하는 맞춤양복을 만들어 판매하고 있다. 지난달 이 회사는 양복 500벌을 생산하여 판매하였다. 다음은 지난달 발생한 원가들이다.

양복을 만드는데 사용된 옷감의 재료원가	₩60,000,000
양복을 만든 직원의 인건비	5,000,000
양복 디자인 직원의 인건비	4,000,000
양복 판매원의 인건비	1,000,000
신소재 및 디자인연구를 위한 직원의 인건비	3,000,000
양복을 만드는 기계 수선공의 인건비	2,000,000
사장 보조원의 인건비	1,200,000
양복 진열원가	400,000
양복제조와 관련하여 발생한 수도광열비	200,000
양복제조 기계에 대한 감가상각비	10,000,000
지방매스컴을 통한 광고비	800,000
광고선전을 위한 경비행기 임차비용	1,400,000
제조직원을 위한 보험료	2,000,000
건물임차료*	6,000,000

* 2층을 임차하여 그 중 1층의 1/2은 사무실로, 나머지 1/2은 판매부서로 사용하며, 2층은 모두 제조 및 원재료 보관장소로서 사용하고 있다.

요구사항

1. 이상의 자료를 토대로 다음의 각 범주의 하나로 분류하고, 각 범주별 원가를 구하시오.

직접재료원가 :
직접노무원가 :
제조간접원가 :

판매비 :
마케팅비용 :
연구개발비 :
관리비 :

2. 이상의 자료를 토대로 다음의 각 범주의 하나로 분류하고, 각 범주별 원가를 구하시오.

단위수준활동원가 :

묶음수준활동원가 :
제품유지활동원가 :
설비유지활동원가 :

해설

1.

직접재료원가 :		
양복을 만드는데 사용된 옷감의 재료원가		₩60,000,000
직접노무원가 :		
양복을 만든 직원의 인건비	5,000,000	
양복 디자인 직원의 인건비	4,000,000	9,000,000
제조간접원가 :		
양복을 만드는 기계 수선공의 인건비	2,000,000	
양복제조와 관련하여 발생한 수도광열비	200,000	
양복제조 기계에 대한 감가상각비	10,000,000	
제조직원을 위한 보험료	2,000,000	
건물임차료(₩6,000,000×1/2)	3,000,000	17,200,000
판매비 :		
양복 판매원의 인건비	1,000,000	
건물임차료(₩6,000,000×1/4)	1,500,000	2,500,000
마케팅비용 :		
양복 진열원가	400,000	
지방매스컴을 통한 광고비	800,000	
광고선전을 위한 경비행기 임차비용	1,400,000	2,600,000
연구개발비 :		
신소재 및 디자인연구를 위한 직원의 인건비		3,000,000
관리비 :		
사장 보조원의 인건비	1,200,000	
건물임차료(₩6,000,000×1/4)	1,500,000	2,700,000
총원가		₩97,000,000

2.

단위수준활동원가 :		
양복을 만드는데 사용된 옷감의 재료원가	₩60,000,000	
양복을 만든 직원의 인건비	5,000,000	
양복 디자인 직원의 인건비	4,000,000	
양복제조 기계에 대한 감가상각비	10,000,000	79,000,000
묶음수준활동원가 :		
양복 판매원의 인건비*		1,000,000
제품유지활동원가 :		
신소재 및 디자인연구를 위한 직원의 인건비	3,000,000	
양복제조와 관련하여 발생한 수도광열비	200,000	32,000,000
설비유지활동원가 :		
양복을 만드는 기계 수선공의 인건비	2,000,000	
사장 보조원의 인건비	1,200,000	
양복 진열원가	400,000	
지방매스컴을 통한 광고비	800,000	
광고선전을 위한 경비행기 임차비용	1,400,000	
제조직원을 위한 보험료	2,000,000	
건물임차료	6,000,000	13,800,000
총원가		₩97,000,000

* 만일 고객에게 한 번에 한 벌씩만 판매한다면 단위수준활동원가로 분류할 수 있다.

2) 활동별 원가집계

활동분석을 토대로 각 활동별로 원가를 집계한다. 즉 각 활동별로 자원의 소비를 파악하여 발생한 원가를 집계한다.

3) 원가동인의 결정

원가의 발생과 직접적인 관계가 있는 요인(동인; driver)을 파악한다. 이것은 곧 활동별 원가 배분기준이 된다. 예컨대, 주문활동의 경우 주문횟수 등이 여기에 해당한다[4].

4) ABC시스템을 설계하기 위해서는 다음의 3가지 활동 원가동인인 거래동인(transaction drivers), 시간동인(duration drivers), 포괄동인(intensity drivers) 중 하나를 선택하여야 한

4) 활동별 원가동인율의 산출

각 활동별로 집계된 제조간접원가를 활동별 원가동인 수로 나누어 활동별 원가동인율, 즉 각 활동별 제조간접원가 배분율을 구한다.

활동별 원가동인율 = 활동별 제조간접원가 / 활동별 원가동인 수

5) 활동원가의 계산

각 원가대상이 사용한 활동 수에 각 활동별 동인율을 곱하여 활동원가를 계산한다.

활동원가 = 활동 수 × 활동별 원가동인율

다. 그러나 이 셋 중 하나를 선택할 때는 그것에 대한 측정 원가(cost of measurement)와 그것을 얻을 수 있는 정확성(accuracy)을 고려하여야 한다.
거래동인(transaction drivers)은 그 예로서 '작업준비횟수(numbers of setups)'를 들 수 있는데 이것은 활동을 위해 어떤 원가동인이 얼마나 자주 수행되느냐 하는 것이다. 이 거래동인은 어떤 활동에 대해 항상 동일한 수요 즉 동일한 시간과 노력을 나타낼 때 사용될 수 있는 원가동인으로, 가장 적은 비용으로 구할 수 있으나 반면 가장 정확성이 떨어지는 원가동인이라고 할 수 있다. 한편 시간동인(duration drivers)은 그 활동을 수행하는데 요구되는 시간의 양으로 나타낼 수 있는 원가동인을 말한다. 이 시간동인은 활동을 수행하는데 요구되는 시간의 차이가 크게 다를 때 사용할 수 있다. 예컨대 단순한 제품을 생산하기 위해서는 30분의 작업준비시간이 필요하지만, 복잡하고 정교한 제품을 생산하기 위해서는 3시간의 작업준비시간이 필요한 경우 작업준비횟수와 같은 거래동인을 사용하게 되면 단순한 제품 준비에는 원가가 과대하게 배분될 것이며, 복잡하고 정교한 제품 준비에는 원가가 과소하게 배분될 것이다. 이러한 경우 ABC설계자는 작업준비원가를 개별 제품에 배분하기 위해서는 '작업준비시간(setup hours)'과 같은 시간동인을 사용할 필요가 있다. 이 시간동인의 예로는 작업준비시간, 검사시간, 직접작업시간 등을 들 수 있다. 그 밖에 원재료 이동의 경우 '이동거리'도 이 시간동인의 하나로 간주될 수 있을 것이다. 이 경우 '이동거리'는 원재료 이동을 시간의 대용치로 사용할 수 있기 때문이다. 일반적으로 시간동인은 거래동인 보다는 더 정확할 수 있으나 비용 또한 더 드는 문제가 있다. 한편 포괄동인(intensity drivers)은 시간동인으로 충분히 정확하지 않을 때 사용할 수 있다. 이 포괄동인은 활동을 수행할 때마다 사용되는 자원의 양이 상이할 때, 즉 시간동인을 사용하는 것이 쉽지 않을 때 그 자원의 양을 활동에 직접 부과하는 것이다. 예컨대 어떤 복잡하고 정교한 제품을 생산하기 위해 작업준비활동을 하는 경우 특별한 작업준비 및 기술자, 고급 장비가 필요할 수 있다. 시간당 작업준비원가와 같은 시간동인은 모든 시간의 원가가 동일하다고 가정하므로 숙련공이나 고급 장비와 같은 요인은 고려하지 않고 있으므로 정확한 원가동인이라고 할 수 없다. 이와 같은 복잡하고 정교한 제품을 만들기 위해 숙련공이나 고급 장비 등이 필요한 경우는 포괄동인이 더 적합할 것이다. 그러나 이 원가동인은 다른 원가동인에 비해 정확성은 있으나 비용도 더 많이 발생하는 문제점이 있을 수 있다.

5. 활동중심원가계산의 예

사례 2

KS가구제조(주)는 가구를 제조하는 회사로서 고급형과 일반형을 생산하고 있다. KS가구제조(주)는 처음에는 일반형 가구만 만들었으나 최근에는 소비자들의 주문에 의해 고급형 가구도 생산하고 있다. 그런데 최근 고급형 가구를 생산한 이후 고급형 가구의 수요는 꾸준히 증가하고 있으나 오히려 회사전체의 이익은 감소하고 있는 실정이다. 다음은 KS가구제조(주)의 원가관련 자료이다.

	고급형	일반형
예상생산량	2,500단위	20,000단위
단위당 직접노동시간	4시간	2시간
단위당 직접재료원가	180원	127.5원
단위당 직접노무원가	19.2	9.6
총제조간접원가	2,400,000원	

또한 ABC을 위한 자료는 다음과 같다.

활 동	원가동인	활동별원가	제품별 원가동인 수		
			고급형	일반형	합 계
매입주문활동	주문횟수	100,800원	10회	20회	30회
재작업지시활동	지시횟수	259,200	60	120	180
품질검사활동	검사횟수	540,000	8	22	30
기계관련활동	기계시간	1,500,000	40시간	60시간	100시간
합 계		2,400,000원			

이상의 자료로 요구사항에 답하시오.

요구사항

1. KS가구제조(주)는 전통적으로 직접재료원가를 기준으로 제조간접원가를 배분하였다고 할 때의 제조간접원가 배분율과 각 제품의 단위당 제조원가를 구하시오.

2. KS가구제조(주)는 이제 제조간접원가의 배분을 위해 ABC를 도입하고자 한다. 이 원가계산 방법에 의한 각 제품의 단위당 제조원가를 구하시오.

3. 요구사항 1.에 의하면 KS가구제조(주)는 전통적으로 제조간접원가를 직접재료원가를 기준으로 배분하였다고 하였다. 이 배분기준방법에 대한 당신의 견해는 어떠한가?

4. 위의 자료를 이용하여 당신은 KS가구제조(주)의 이익감소를 어떻게 설명하겠는가?

해설

1.

1) 제조간접원가 배분율 = ₩2,400,000/(2,500단위×@₩180 + 20,000단위 × @₩127.5) = @₩0.8/직접재료원가

고급형에 대한 제조간접원가 배분액	=	2,500단위×@₩180×@₩0.8
	=	₩360,000
일반형에 대한 제조간접원가 배분액	=	20,000단위×@₩127.5×@₩0.8
	=	₩2,040,000
합 계	=	₩2,400,000

2) 단위당 제조원가

	고급형	일반형
직접재료원가	₩180.0	₩127.5
직접노무원가	19.2	9.6
제조간접원가	144*	102**
제조원가	₩343.2	₩239.1

* ₩360,000/2,500단위　　** ₩2,040,000/20,000단위

2.

1) 원가동인율

매입주문활동	₩100,800/30회	= @₩3,360/회
재작업지시활동	₩259,200/180회	= @₩1,440/회
품질검사활동	₩540,000/30회	= @₩18,000/회
기계관련활동	₩1,500,000/100시간	= @₩15,000/시간

2) 단위당 제조간접원가 배분액

	고급형		일반형	
매입주문활동	@₩3,360×10회 =	₩33,600	@₩3,360× 20회=	₩67,200
재작업지시활동	1,440×60회 =	86,400	1,440×120회=	172,800
품질검사활동	18,000×8회 =	144,000	18,000×22회=	396,000
기계관련활동	15,000×40시간 =	600,000	15,000×60시간=	900,000
합 계		₩864,000		₩1,536,000
생산수량		2,500단위		20,000단위
단위당 제조간접원가 배분액		@₩345.6		@₩76.8

3) 단위당 원가

	고급형	일반형
직접재료원가	₩180.0	₩127.5
직접노무원가	19.2	9.6
제조간접원가	345.6	76.8
제조원가	₩544.8	₩213.9

3. KS가구제조(주)의 경우 가구를 제조하는 업체이며 제조원가 중 직접재료원가의 비중이 크므로 직접재료원가를 기준으로 제조간접원가를 배분하는 것이 다른 원가배분기준 예컨대, 직접노무원가나 직접노동시간을 기준으로 배분하는 방법보다 더 타당하다고 주장할 수 있으나, 이하에서 보는 바와 같이 다른 배분기준보다 더 타당하다고 주장하는 것이 어렵다. 그 증거로서 다음과 같이 여러 가지 배분기준에 따른 제조간접원가 배분액을 산정해 볼 수 있다.

	고급형	일반형	합 계
직접재료원가 기준	₩360,000	₩2,040,000	₩2,400,000
직접노동시간 기준	480,000	1,920,000	2,400,000
직접노무원가 기준	480,000	1,920,000	2,400,000
활동별 원가동인 기준	864,000	1,536,000	2,400,000

일반적으로 활동별 원가동인에 의한 제조간접원가의 배분이 보다 합리적이라고 한다면 직접재료원가를 기준으로 배분하는 것 보다 직접노동시간이나 직접노무원가를 기준으로 배분하는 것이 위에서 보는 바와 같이 더 나은 방법이라고 할 수 있을 것이다.

4. 전통적인 방법에 의하면 제조간접원가는 직접재료원가를 기준으로 배분하였으므로 제조간접원가의 15%(₩360,000/₩2,400,000)만이 고급형에 배분되었다. 그러나 고급형은 전체 매입주문활동과 재작업지시활동의 1/3을 소비하며, 품질검사활동의 26.7%, 기계관련활동

의 40%를 소비한다. 그럼에도 불구하고 전체 제조간접원가의 15%만 배분되므로 단위당 원가가 ₩343.2이 되어 이를 기준으로 가격결정(원가가산 가격결정; cost plus pricing)이 이루어진다면 고급형의 판매가격이 너무 낮게 설정되게 된다. 이것이 과거 몇 년 동안의 KS가구제조(주)의 이익감소의 원인 중의 하나라고 할 수 있다.

제2절 시간동인 활동중심원가계산

1. 전통적 활동중심원가계산

1980년 후반부터 소개된 ABC는 전통적 원가계산의 오류를 바로 잡아주는데 큰 기여를 하였다. 전통적 원가시스템에서는 일반적으로 원가를 직접재료원가, 직접노무원가, 제조간접원가의 3가지 범주로만 사용하였으며, 직접재료원가나 직접노무원가와 같은 직접원가는 개별제품별로 직접 추적할 수 있으므로 문제가 없었으나, 생산지원부서의 경비 등 제조간접원가는 개별 제품별로 직접 추적할 수 없어 직접작업시간이나 직접노무원가 등과 같은 조업도를 기준으로 개별제품에 배분하여 왔다.

물론 이와 같은 전통적 원가계산에서 제조간접원가가 차지하는 비중이 적은 경우는 큰 문제가 되지 않았으나, 자동화 등의 영향으로 직접노무원가의 비중은 점차 감소하고 제조간접원가의 비중은 지속적으로 증가하며 다양하게 발생하는 현실에서는 그 배분에 어려움이 발생하게 되었고, 이로 인해 정확한 제품원가를 산정할 수 없게 되었다.

이와 같은 전통적 원가계산의 어려움을 극복하기 위하여 간접원가를 조직의 고유자원에 의해 수행되는 활동별로 추적하여, 그 활동원가를 각 조직의 활동소비량(자원소비량)을 기초로 주문, 제품, 고객별로 배분하는 원가시스템이 바로 (전통적) 활동중심원가계산(ABC)이다. 이와 같은 ABC는 경영자들로 하여금 보다 정확한 ABC와 수익성 정보를 기초로 프로세스의 개선, 주문의 수락 및 거부, 가격책정, 고객관계 등과 관련된 기업의 의사결정을 좀 더 효율적으로 할 수 있게 되었고, 이러한 의사결정능력의 향상을 통해 회사들은 제품과 고객 수익성 등을 단기적으로 그리고 지속적으로 개선할 수 있었다. 그러나 이러한 ABC의 유용성에도 불구하고 다음과 같은 (전통적) ABC의 한계를 지적하는 목소리가 있어왔던 것이 사실이다.

① 낮은 도입비율과 높은 구축비용

이러한 전통적 ABC는 제품, 프로세스, 서비스, 고객 등의 원가 및 수익성에 관한 정보를 제공하는 유일한 경영관리시스템임에도 불구하고 도입한 조직은 전 세계적으로 50%에 불과한 것으로 드러났다. 이는 일부 기업들이 ABC를 도입하는데 따른 행동적 또는 조직적 저항 때문에 ABC를 도입하는데 실패하였거나 포기한 결과라고 할 수 있으나, 그 보다는 이 ABC가 구축에 많은 비용이 들고 유지하기가 복잡하며, 수정이 용이하지 않다는 단점을 갖고 있기 때문일 것이다.

② 주관적인 자료

ABC의 경우 개인의 다양한 활동별 소비시간을 전적으로 각자의 주관적인 판단(즉 개인별 면접과 설문조사 등)에 의존하므로 각자의 주관적인 추정에 근거한 원가배분이 얼마나 정확한 것인지에 대해 의문을 제기하고 있다. 특히 개인은 총 캐퍼시티(완전조업도; full capacity)를 전제로 소요시간 측정치를 보고할 것이므로 이를 기초로 산정한 원가동인율(cost driver rate)로 간접원가를 배분하는 경우 문제가 발생할 수밖에 없게 된다. 사실상 원가동인율은 실질적 캐퍼시티(실질적 조업도; practical capacity)[5)]를 기초로 산정되는 것이 바람직할 것이기 때문이다.

③ 운영의 복잡성

ABC모형에 포함된 많은 활동들에도 불구하고 그것이 실제적인 운영의 복잡성을 파악하기에는 정확성이나 세밀성 측면에서 크게 부족할 수 있다는 것이다. 예컨대, 고객에 대한 주문 선적(ship order to customer)s의 경우 회사들은 선적된 주문별

---

5) 조업도(capacity)는 크게 다음과 같이 4가지로 나눌 수 있다. ① 이론적 조업도(theoretical capacity) : 이것은 최고의 능률로 기계의 고장 등에 의한 조업중단이 전혀 허용되지 않는 이상적 상태에서만 달성할 수 있는 이상적 조업도수준으로서, 이론상으로만 달성 가능한 연간 최대조업도(총 캐퍼시티 또는 완전조업도)수준을 말한다. 이 이론적 조업도는 제조간접원가 등을 예정배분하기 위한 기준조업도로서 선택하는 경우보다는 후술하는 실질적 조업도(실제 최대조업도)를 측정하기 위한 출발점으로서 의미가 있다고 할 수 있다. ② 실질적 조업도(실제 최대조업도, practical capacity) : 이것은 기계의 고장, 작업대기, 작업자의 결근, 휴가 등 불가피한 작업정지에 의한 감소분을 허용하면서 달성할 수 있는 연간 최대조업도를 말한다. 따라서 이 조업도는 특정 공장이나 부문이 실제로 달성할 수 있는 최대수준의 조업도이나, 판매가능성을 고려하지 않고 오로지 생산기술적 관점에서 측정한 것이라고 할 수 있다. ③ 평균조업도(average capacity) : 이것은 수요의 계절적 및 경기변동의 영향에 의한 생산량의 증감을 장기적으로 평균한 조업도로서, 평균화하는 기간은 보통 3-5년이다. 따라서 이 조업도는 장기적인 생산 및 판매능력을 나타내는 것이라고 할 수 있다. ④ 연간기대조업도(expected annual capacity) : 이것은 경영자가 기대하는 다음 해의 예상조업도로서 일반적으로 종합예산 편성의 기초가 되는 예산조업도(budgeted volume)를 의미한다.

로 동일한 원가를 적용하기 보다는 최저적재량을 충족해서 운임요율을 할인받는 경우와 그렇지 않은 경우의 원가차이를 알고 싶어 할 것이며, 급행 배송업체를 이용한 경우와 일반 배송업체를 이용한 경우의 원가차이를 알고 싶을 것이다. 이러한 다양한 배송에 따른 각기 다른 자원소비의 편차를 반영하기 위해서는 기존의 모형에 새로운 활동을 추가하여야 하고, 이로 인해 ABC모형은 더욱 복잡해질 것이다. 이런 식으로 더 광범위하고 복잡해진 활동들을 기초로 종업원들의 소요시간 배분에 관한 면접조사가 다시 이루어진다면 원가배분의 주관성과 부정확성은 이전보다 더 심화될 수도 있다는 것이다.

- 요약하자면 전통적인 ABC는 다음과 같은 실행상의 문제에 직면하게 된다.

  첫째, 면접 및 설문조사에 너무 많은 시간과 비용이 소요된다.
  둘째, ABC모형의 자료가 주관적이고 실제적 검증이 어렵다.
  셋째, 자료의 저장, 처리, 보고에 많은 비용이 든다.
  넷째, 대부분의 ABC모형은 지엽적이므로 전사적으로 수익성을 향상시킬 수 있는 기회에 대한 통합적인 관점을 제시해주지 못한다.
  다섯째, ABC모형은 상황변화에 따른 업데이트가 용이하지 않다.
  여섯째, ABC모형은 미사용 캐퍼시티(미사용 조업도; unused capacity)의 존재가능성을 무시하게 되므로 이론적으로 올바르지 않다고 할 수 있다.

2. 시간동인 활동중심원가계산(TDABC)[6)]

위와 같은 전통적 ABC의 문제점을 해결하기 등장한 것이 바로 **시간동인 활동중심원가계산(Time-Driven Activity-Based Costing; TDABC, 이하 TDABC로 약칭함.)**이다[7)]. 이 TDABC는 종래의 ABC보다 간단하고 비용이 적게 들며 효능 면에서는 더 우수하다고 할 수 있다.

TDABC에서는 원가계산 과정을 대폭 단순화시켰다. 종전의 ABC모형에서 자원원가를 주문이나 제품, 고객 등 원가대상에 배분하기 전에 활동별로 배분하기 위해 실

---

6) 위 시간동인 활동중심원가계산의 내용은 주로 Robert S. Kaplan and Steven R. Anderson의 "Time-Driven Activity-Based Costing(Harvard Business School Press, 2007)"을 인용하였음을 밝혀둡니다.
7) 2001년까지 Anderson과 Acorn은 '시간동인 활동중심원가계산(Time-Driven Activity-Based Costing)'이라는 용어를 사용하지 않고 '거래중심 ABC(Transaction-Based ABC)'라는 용어를 사용한 바 있다.

시하던 종업원들을 위한 면접조사나 설문조사 과정을 완전히 생략한 것이다.

이 새로운 TDABC모형에서는 다음의 두 가지 방법으로 자원원가를 직접 원가대상에 배분한다. 1) 자원 캐퍼시티 공급원가(cost of supplying resource capacity)를 산정한다. 예컨대, 고객의 주문을 처리하는 부서 또는 프로세스에 대해 생각해보자. TDABC에서는 이 부서 또는 프로세스에 공급하는 모든 자원인 투입 인원, 감독자, 점유 면적, 장비 등의 원가를 산정한다. 그리고 이 총원가를 그 부서의 캐퍼시티 -그 업무를 실질적으로 수행한 종업원들의 이용가능시간-로 나누어 캐퍼시티 원가율(capacity cost rate)을 산정한다[8]. 2) 이 캐퍼시티 원가에 자원 캐퍼시티에 대한 수요(일반적으로 '시간'을 사용)를 곱하여 부서의 자원원가를 원가대상에 배분한다. 예컨대, 고객의 주문을 처리하는 부서의 경우 TDABC가 필요로 하는 자료는 오직 특정 고객의 주문을 처리하는데 소요되는 시간추정치(time estimate)이다. 그러나 TDABC의 경우 모든 고객의 주문이 모두 동일하다고 가정하지 않는다. 수작업 주문, 자동화된 주문, 급한 주문, 국제 주문, 위험물에 대한 주문, 신규고객의 주문 등 그 주문의 요구에 따라 시간추정치를 다양하게 산정할 수 있으며, 업무 수행에 필요한 실제적인 과정들을 전사적으로 시뮬레이션하는 것이 가능하다. 그러므로 TDABC는 자료의 예측, 저장, 처리능력을 크게 확장하지 않고도 종전의 ABC 보다 훨씬 더 많은 변이와 복잡성을 수용하여 소위 시간방정식(time equations)으로 파악할 수 있다.

3. ABC와 TDABC의 비교

다음은 ABC와 TDABC를 비교하기 위한 예이다. 고객서비스부서의 분기별 총 운영비는 56,700,000원이며, 업무량과 관계없이 불변이라고 가정하자. 이 부서의 활동은 다음과 같다.

직원 수는 총28명이고, 한 달 평균 20일(분기당 60일)근무하며, 1일 근무시간은 7.5시간으로 보통 하루에 75분 정도를 휴식, 훈련, 교육 등에 소비한다.

---

8) 일반적으로 전통적 ABC에서 사용하는 시간동인(duration drivers)과 TDABC에서 사용하는 시간동인(time-driven)은 본원적으로 활동시간을 기준으로 한다는 점에서는 같다고 할 수 있으나, 전통적 ABC에서의 시간동인은 앞에서 본 바와 같이 세 가지 동인(transaction drivers, duration drivers, intensity drivers) 중 하나이며, TDABC에서의 시간동인은 경영활동을 위한 인적 자원, 물적 자원 대부분을 시간이라는 하나의 동인을 사용하여 측정한다는 점에서 차이가 있다고 할 수 있다.

1) ABC 방식

ABC 방식에서는 다음의 절차에 따라 원가를 배분한다.

① 고객서비스부서의 업무활동을 파악한다.

ABC의 경우 우선 그들의 다양한 업무량을 파악하기 위해서 모든 감독자와 부서 직원들을 대상으로 면접과 설문조사를 실시한다. 설명을 단순화하기 위해 ABC팀은 이 부서의 업무를 다음과 같이 세 가지 활동으로 파악하였다고 가정한다.

업무활동
고객주문 처리 활동
고객문의 처리 활동
고객신용조사 수행 활동

② 면접 및 설문조사를 통해 활동별로 소비한 시간 자료를 수집한다.

활동이 정해지면 면접 및 설문조사를 통해 활동별로 소비한 시간 자료를 수집한다. ABC의 경우 보통 이 단계에서 많은 시간이 소요되며, 정확한 자료의 수집이 용이하지 않게 된다. 일단 면접 및 설문조사의 결과 각 활동에 다음의 시간배분이 결정되었다고 가정하자.

고객주문 처리 활동	70%
고객문의 처리 활동	10%
고객신용조사 수행 활동	20%
	100%

③ 시간 자료를 활용하여 부서 원가를 각 활동별로 배분하고 각 활동별로 수행된 활동량에 관한 자료를 수집한다.

이 경우 분석을 단순화하기 위해 모든 고객주문 처리, 고객문의 처리, 고객신용조사 수행에 거의 동일한 양(시간)과 노력이 소요된다고 가정한다.

활동별 수행된 활동량
49,000건의 고객주문 처리
1,400건의 고객문의 처리
2,500회의 고객신용조사 수행

④ 활동별로 배분된 원가를 활동별 활동의 양(원가동인)으로 나누어 다음과 같이 평균 원가동인율을 산정한다.

활 동	소요 시간(%)	배분 원가(원)	원가동인량	원가동인율(원)
고객주문 처리	70	39,690,000	49,000	주문당 810
고객문의 처리	10	5,770,000	1,400	문의당 4,050
고객신용조사 수행	20	11,340,000	2,50	신용조사 수행당 4,536
합 계	100%	56,700,000		

⑤ 최종적으로 원가동인율과 고객의 활동별 활동의 양(원가동인)을 활용하여 비용을 고객별로 배분한다.

2) TDABC 방식

TDABC는 우선 활동을 정의하는 단계를 생략하므로 부서의 원가를 그 부서에서 수행한 활동별로 배분할 필요가 없다. 즉 TDABC에서는 시간과 비용이 많이 들고 객관성이 결여되어 있는 종래 ABC에서 사용하는 활동 관련 설문방식이나 인터뷰 과정을 모두 생략한다. 그 대신 TDABC에서는 독창적인 시간방정식(time equations)을 사용하여 자원원가를 수행한 활동과 처리된 거래에 직접 자동적으로 배분한다. 그러므로 TDABC에서는 1) 부서의 캐퍼시티 원가율(capacity cost rate)과 2) 부서에서 처리한 거래별 캐퍼시티 사용량(capacity usage)만이 필요하다. 그리고 이 두 가지는 모두 객관적으로 쉽게 추정할 수 있다.

TDABC 방식에서는 다음의 절차에 따라 원가를 배분한다.

① 캐퍼시티 원가율을 산정한다.

우선 캐퍼시티 원가율은 다음과 같이 정의한다.

캐터시티 원가율 = 캐퍼시티 원가/사용된 자원의 실질적 캐퍼시티

여기서 업무수행에 사용된 캐퍼시티 원가는 56,700,000원이다. 그리고 사용된 자원의 실질적 캐퍼시티를 측정하기 위해서는 실제로 업무를 수행한 자원(일반적으로 인원 또는 장비)의 양을 파악해야 한다. 이 부서의 직원 수는 총28명(감독자나 지원인원은 이 인원에서 제외)이고, 한 달 평균 20일(분기당 60일)근무하며, 매일 근무시간은 7.5시간이므로 각 직원은 1분기당 약 450시간(27,000분)의 업무를 수

행한다. 그러나 고객서비스부서의 직원들은 보통 하루에 75분 정도를 휴식, 훈련, 교육 등에 소비하므로 각 직원들의 실질적 캐퍼시티(practical capacity)는 분기당 22,500분[(7.5시간×60분−75분)×60일]이 된다. 그리고 이 부서의 직원은 28명이므로 부서 전체의 실질적 캐퍼시티는 630,000분(22,500분×28명)이 된다. 이에 따라 다음과 같이 캐퍼시티 원가율을 산출할 수 있다.

캐퍼시티 원가율 = 56,700,000원/630,000분 = 90원/분

실제로 종업원 1인당 또는 장비 1대당 실질적 캐퍼시티를 산정하는 일은 매우 직접적이고 간단하다. 이것은 종업원과 기계가 한 달(또는 한 분기)에 평균적으로 얼마나 작업을 하는지, 그리고 예정된 휴식, 교육훈련, 회의, 유지활동 등을 제외하고 얼마나 작업하는지를 계산하는 것이다. 그러므로 캐퍼시티 원가율은 실제로 업무를 수행하는 자원의 양인 실질적 캐퍼시티를 파악하여 캐퍼시티당 원가율을 산정하는 것이다.

② 각 활동을 수행하는 데 소요되는 캐퍼시티의 양(소요시간)을 산정한다.

일반적으로 ABC에서는 작업준비횟수나 주문횟수 등과 같은 각 활동별 거래동인(transaction driver)을 사용한다. 그러나 TDABC에서는 이러한 거래동인의 개념을 사용하지 않고 단순히 이 거래활동 각각에 소요되는 캐퍼시티 즉 소요시간을 추정한다. 이 시간추정치는 직접적인 관찰이나 면접조사 등을 통해 확보할 수 있다. 실질적 캐퍼시티를 추정하는 경우와 마찬가지로 이 시간추정치도 완전히 정확할 필요가 없으며, 어느 정도의 정확성만 갖추면 충분하다. 그리고 종업원들의 주관적 추정에 의존하는 ABC와는 달리 TDABC의 캐퍼시티 소비량(소요시간) 추정치는 단순한 관찰만으로도 그 유효성을 쉽게 검증할 수 있다.

TDABC의 경우 고객서비스부서의 3가지 활동에 대해 직접적인 관찰을 통해 다음과 같은 평균 단위시간 추정치를 파악하였다고 가정하자.

고객주문 처리 : 8분
고객문의 처리 : 44분
고객신용조사 수행: 50분

③ 원가동인율을 산정한다.

캐퍼시티 원가율을 산정하고 각 활동을 수행하는데 각 활동에 소요되는 캐퍼시티

의 양(소요시간)을 산정하였다면 이를 곱하여 다음과 같이 각 활동별 원가동인율을 산정할 수 있다.

활 동	단위시간(분)	원가동인율(분당 90원)
고객주문 처리	8	720원
고객문의 처리	44	3,960원
고객신용조사 수행	50	4,500원

한편 ABC모형의 3가지 고객서비스활동을 다음과 같은 하나의 시간방정식으로 간략히 표현할 수 있다.

고객서비스 시간(분) = 8분×고객주문 처리횟수+44분×고객문의 처리횟수
+50분×고객신용조사 수행횟수

4. TDABC의 유용성

1) 미사용 캐퍼시티의 양과 원가

일반적으로 TDABC의 원가동인율은 ABC의 원가동인율 보다 더 낮게 나온다. 그 이유는 TDABC의 경우 미사용 캐퍼시티가 존재하기 때문이며, 각 활동에 대한 원가를 다시 산정해보면 명확히 알 수 있다.

활 동	ABC 원가동인율	TDABC 원가동인율
고객주문 처리	810원	720원
고객문의 처리	4,050원	3,960원
고객신용조사 수행	4,536원	4,500원

활 동	단위시간(분)	원가동인량	소요시간(분)	총원가(원)*
고객주문 처리	8	49,000	392,000	35,280,000
고객문의 처리	44	1400	61,600	5,544,000
고객신용조사 수행	50	2500	125,000	11,250,000
사용 캐퍼시티			278,600	52,074,000
미사용 캐퍼시티(8.2%)			51,400	4,626,000
합 계			630,000	56,700,000

* 원가 동인량×TDABC 원가동인율(예컨대, 고객주문 처리활동의 총원가는 90원×392,000분(또는 49,000건×720원)으로 산정한다.

위 표에서 보는 바와 같이 이 기간 동안 사용된 자원의 실질적 캐퍼시티의 약 92%(578,600분/630,000분) 정도만이 생산적인 업무에 사용되었음을 알 수 있다. 그러므로 이 기간 동안 총비용 56,700,000원 중 약 92%만이 고객에게 사용된 것이다. 그러나 ABC에서는 56,700,000원 모두가 사용된 것으로 가정하므로 결국 활동수행원가가 과대계산되는 결과를 낳게 된다. 이는 결론적으로 TDABC를 사용하는 경우 각 활동별 원가뿐만 아니라 그 효율성을 평가하는데도 유용하다는 것을 의미한다.

2) 미래 예측 능력

또한 TDABC는 과거의 자료를 토대로 측정하지만 그 주된 효용은 미래를 예측하는데도 도움이 될 것이다. 예컨대, 다음 기간에 다음과 같은 활동이 예상된다고 가정해보자.

활동별 예정된 활동양
51,000건의 고객주문 처리
1,150건의 고객문의 처리
2,700회의 고객신용조사 수행

이 경우 실질적 캐퍼시티를 통해 산정한 표준(고객주문당 720원, 고객문의당 3,960원, 고객신용조사 수행당 4,500원)을 토대로 원가를 주문과 고객에게 배분할 수 있다. 또한 이 표준원가율은 신규 사업을 받아들이거나 가격을 책정할 때도 유용하게 활용할 수 있다. 그리고 그 기간이 끝날 때 실제로 수행된 자원의 양이 예정하였던 것과 동일하다면 곧바로 다음과 같은 보고서도 작성할 수 있을 것이다.

활 동	단위시간(분)	원가동인량	소요시간(분)	총원가(원)*
고객주문 처리	8	51,000	408,000	36,720,000
고객문의 처리	44	1,150	50,600	4,554,000
고객신용조사 수행	50	2,700	135,000	12,150,000
사용 캐퍼시티			593,600	53,424,000
미사용 캐퍼시티(5.8%)			36,400	3,276,000
합 계			630,000	56,700,000

위 표에서 보는 바와 같이 회사는 이 보고서를 통해 3가지 활동을 수행하는데 필요한 시간과 그 자원원가를 알 수 있으며, 또한 사용 캐퍼시티와 미사용 캐퍼시티의

양과 원가를 파악할 수 있다. 따라서 경영자들은 3,276,000원의 미사용 캐퍼시티 원가를 검토하여 차기의 미사용자원에 대한 원가의 절감여부도 사전에 파악할 수 있을 것이다.

이와 같이 ABC에서는 활동별로 원가를 배분하고, 이것을 원가동인(cost driver)을 기준으로 배분하기 때문에 발생원가 전액이 배분되지만, TDABC에서는 부서의 가용시간인 실질적 캐퍼시티(practical capacity)를 기준으로 원가율을 산정한 다음에 캐퍼시티 소비량을 기준으로 원가를 배분하기 때문에 미사용 캐퍼시티(unused capacity)가 존재하는 경우 ABC가 TDABC보다 활동수행원가를 과대평가하게 된다. 그러므로 TDABC는 각 활동의 수행에 필요한 단위시간을 명확히 적시함으로서 조직은 활동 수행을 위해 사용가능한 자원 중 사용되지 않은 캐퍼시티의 양과 원가는 물론이고, 각 활동별 원가와 효율성에 관해서도 좀 더 유효한 시그널을 얻게 된다.

3) 시간방정식을 통한 자원수요 파악

TDABC에서는 거래 유형에 따른 시간수요(time demand)의 차이를 쉽게 반영할 수 있다. 그러므로 TDABC에서는 ABC와는 달리 가정을 단순화할 필요가 없다. 즉 TDABC에서는 ABC와 달리 모든 주문이나 거래가 동일하고 그 처리에도 동일한 시간이 소용된다고 가정할 필요가 없으므로 단위시간 추정치는 주문과 활동의 특성에 따라 자유자재로 변화시킬 수 있다. 예컨대, 주문품을 선적하기 위해 포장을 하는 부서의 경우를 생각해보자. 표준품의 포장에 0.5분의 시간이 소요되며, 특별한 포장의 경우 추가로 6.5분이 더 소요되며, 제품을 항공편으로 보내야 하는 경우 비닐 포장으로 인해 추가로 0.2분이 더 소요되고, 위험물질 포장에 30분이 더 소요된다고 가정하자. 이 경우 TDABC에 의하면 선적 특성에 따라 여러 가지 조합이 가능한 모든 활동들을 하나씩 개별적으로 정의하거나 그 거래를 일일이 측정하는 번거로움 없이 이 부서의 자원수요를 다음과 같은 간단한 시간방정식(time equations)으로 나타낼 수 있다.

포장시간 = 0.5분+6.5분(**특별한 포장**)+0.2분(**항공편 포장**)+30분(**위험물질 포장**)

대부분의 회사들의 경우 ERP시스템에 주문, 포장, 유통, 기타 특성에 관한 자료들이 이미 저장되어 있으므로 시간방정식을 도출하는 것은 어렵지 않을 것이다. 따라서 회사들은 자원 사용에 영향을 미치는 각각의 특성을 반영한 간단한 알고리즘을 사용하여 각 주문별 시간수요를 신속히 계산해 낼 수 있으며, 시간방정식에 조건을 추가함으로써 다양한 변화를 반영하여 선형적으로 확장해 나갈 수 있다. 이에 반해 ABC에서는 동일한 상황에서 복잡성의 증가를 반영하기 위해서는 기하급수적인 확장을 해야 한다. 위 부서의 경우 다음과 같은 4가지 활동으로 분류해보자.

표준품의 포장 활동	특별한 포장 활동	항공편 포장 활동	위험물질 포장 활동

이 경우 ABC에서는 매 기간(예컨대, 매월) 각 활동별 시간 비율을 측정하기 위해 직원들을 대상으로 설문조사를 해야 하며, 이를 위해 많은 시간과 비용을 낭비하게 될 것이다.

이에 비해 TDABC에서는 이 모든 활동들을 하나의 시간방정식에 포함시킬 수 있다. 이 시간방정식의 수는 일반적으로 ABC에서 사용하는 활동의 수보다 더 적지만 주문, 제품, 고객 등에 대해 훨씬 더 높은 수준의 다양성과 복잡성을 나타낼 수 있다. 이런 특성 때문에 TDABC에서는 추가적인 비용과 노력을 거의 들이지 않고도 높은 수준의 정확성을 구현해 낼 수 있다.

이와 같이 특수한 작업과 포장 및 운송 등이 필요한 경우 TDABC에서는 시간방정식에 조건을 추가하면서 다양한 변화를 반영할 수 있지만, ABC에서는 활동을 확장하고 원가동인을 추가하여야 하기 때문에 많은 시간과 비용을 낭비하게 된다. 그러므로 인터뷰와 시간조사 등을 통해 각 프로세스별 시간방정식이 구축되면, TDABC에서는 각 기간에 수행된 실제 활동을 역동적으로 반영할 수 있다. 그리고 더 나아가 TDABC에서의 시간방정식은 관리자들에게 미래에 대한 시뮬레이션 능력을 제공해 줄 수도 있다. 예컨대, 관리자들은 시간방정식을 통해 프로세스 캐퍼시티(process capacity)의 수요를 유발하는 주요 요소들의 추세와 동향도 파악할 수 있다. 뿐만 아니라 TDABC에서는 미래 기간 동안의 판매 및 생산계획을 완수하기 위해 필요한 자원 캐퍼시티의 공급과 소비를 분석적으로 계산하는 새로운 개념의 예산수립 프로세스와도 쉽게 통합될 수 있다.

4) 모형 업데이트

앞의 시간방정식에서도 설명한 바와 같이 TDABC에서는 프로세스, 주문, 공급자, 고객의 다양성과 복잡성에 대해 관리자가 추가적으로 얻은 지식을 쉽게 반영할 수 있기 때문에 모형의 업데이트가 쉽게 가능해진다. 따라서 TDABC에서는 원가동인율을 변화시키는 요인인 자원에 공급되는 원가의 변화와 캐퍼시티의 양의 변화를 간단하게 반영할 수 있다.

사례 3

KS사는 다음의 자료에 의거하여 고객서비스원가 ₩600,000,000을 전통적 ABC에 의해 배분하고 있다.

활 동	시간(%)	추정 원가동인량
고객주문 처리	75	8,000번의 고객주문 처리수
고객문의 처리	10	400번의 고객문의 처리수
고객신용 조사	15	450번의 신용조사 건수
	100%	

이상의 자료로 요구사항에 답하시오.

요구사항

1. 전통적인 ABC를 사용하여 활동원가동인율을 산출하시오.

2. KS사는 새로운 ABC 방식인 시간을 중심으로 한 ABC 방식인 TDABC 방식으로 고객서비스원가 ₩600,000,000을 배분하고자 한다. 서비스 가능시간 10,000시간과 다음의 단위당 시간추정치를 가정하여 활동원가동인율을 산출하시오.

활 동	단위시간(시간수)
고객주문 처리	0.75
고객문의 처리	3.50
고객신용 조사	3.00

3. 같은 기간 동안의 실제 활동량은 고객주문 횟수 8,000번, 고객문의 횟수 400번, 신용조사 건수 450번이라고 가정하여 요구사항 2.에서 산출한 활동원가동인율을 사용하여 각 활동에 배분된 원가와 사용하지 못한 시간과 그 원가를 산출하시오.

4. 차기에 활동량이 고객주문 횟수 8,500번, 고객문의 횟수 350번, 신용조사 건수 500번으로 변경할 것이라고 가정하여 요구사항 2.에서 산출한 활동원가동인율을 사용하여 각 활동에 배분된 원가와 사용하지 못한 시간과 그 원가를 산출하시오.

5. 요구사항 1.에서 산출한 활동원가동인율과 요구사항 2.에서 산출한 활동원가동인율이 차이가 나는 이유를 설명하시오.

해설

1.

활 동	%	배분원가	추정 원가동인량	활동원가 동인율
고객주문처리	75%	₩450,000,000	8,000	@₩56,250/주문 횟수
고객문의처리	10	60,000,000	400	150,000/문의처리 횟수
고객신용조사	15	90,000,000	450	200,000/신용조사 건수
		₩600,000,000		

2. 서비스 가능시간당 원가 = ₩600,000,000/10,000시간
= @₩60,000/시간

활 동	단위시간(시간수)	활동원가 동인율
고객주문처리	0.75	₩45,000
고객문의처리	3.50	210,000
고객신용조사	3.00	180,000

3.

활 동	단위시간(시간수)	원가동인량	총시간	배분원가
고객주문처리	0.75	8,000번	6,000시간	₩360,000,000*
고객문의처리	3.50	400	1,400	84,000,000
고객신용조사	3.00	450	1,350	81,000,000
총 계			8,750시간	₩525,000,000

* @₩60,000/시간×6,000시간

실제로 서비스를 제공한 시간 = 8,750시간/10,000시간
= 87.5%

실제로 서비스를 제공하지 못한 시간(미사용 시간) = 10,000시간 − 8,750시간
= 1,250시간

배분되지 않은 원가 = ₩600,000,000 − ₩525,000,000
= ₩75,000,000

4.

활 동	단위시간(시간수)	원가동인량	총시간	배분원가
고객주문처리	0.75	8,500번	6,375시간	₩382,000,000*
고객문의처리	3.50	350	1,225	73,500,000
고객신용조사	3.00	500	1,500	90,000,000
총 계			9,100시간	₩546,000,000

*@₩60,000/시간×6,375시간

실제로 서비스를 제공한 시간 = 9,100시간/10,000시간
= 91.0%

실제로 서비스를 제공하지 못한 시간(미사용 시간) = 10,000시간 – 9,100시간
= 900시간

배분되지 않은 원가 = ₩600,000,000 – ₩546,000,000
= ₩54,000,000

5. 그 이유는 요구사항 **3.**과 요구사항 **4.**에서 본 바와 같이 서비스 가능시간을 모두 사용하지 못하였기 때문이다. 즉 전통적인 ABC에서는 모든 고객서비스원가를 세 활동에 배분함으로써 활동별원가를 과대 계상하고 있다(일반적으로 전통적인 ABC에서는 자원소비량을 측정함에 있어서 주로 면담(interview)이나 서면조사(survey) 등을 활용하는데 그것은 많은 시간과 비용이 소요될 뿐만 아니라, 다소 주관적이며, 부정확한 면이 있다. 예를 들어 각 개인은 자기업무를 행함에 있어서 발생하는 유휴시간(idle time)이나 사용하지 않는 시간은 보고하지 않는 것이 일반적이므로 자원(시간)을 100% 사용하는 것으로 가정한다.) 따라서 ABC에서는 사용하지 못한 자원원가도 사용한 자원원가와 함께 배분한다. 그러나 새로운 ABC인 TDABC에서는 각 활동별 필요한 자원과 사용하지 못한 자원에 대한 정보도 제공한다.

제3절 활동중심경영

1. 활동중심경영의 의의

Cooper와 Kaplan에 의하면 ABC는 개별제품별, 서비스별, 고객별, 유통경로별 자원원가에 대한 정확한 정보를 제공하기 위해 탄생하였으며, 실제로 제조간접원가 등을 활동별로 추적한 후 제품이나 서비스, 고객별로 집계하는데 활용하고 있어 경영자들에게 유용한 정보를 제공하고 있다고 한다. 이와 같이 ABC는 활동분석을 통

해 프로세스 개선활동의 우선순위 결정 등에 유용한 정보를 제공하고 있지만, 기업에서 행해지고 있는 단기적 업무의사결정이나 통제활동 및 전략적 의사결정 등에는 아직도 유용한 정보를 제공하고 있지 못하고 있다.

이에 따라 기업에서는 ABC정보를 업무적 의사결정 및 전략적 의사결정에 활용할 필요가 생겼는데 이와 같은 "ABC정보를 활용할 수 있는 일련의 행위(set of actions)"를 **활동중심경영(Activity-Based Management ; ABM, 이하 ABM으로 약칭함.)**이라고 정의하고 있다[9].

다음은 ABC와 ABM의 관계를 모형화한 것이다. ABM은 기업의 모든 활동, 즉 제품의 설계단계로부터 고객으로부터 대금을 회수할 때까지의 모든 활동을 관리함으로써 프로세스의 개선을 도모하자는 것이다. 그러므로 ABM은 자원을 소비하는 활동을 분석하여, 가치를 창출하는 부가가치활동(value added activity)과 가치를 창출하지 못하는 비부가가치활동(non-value added activity)으로 구분하고, 그 중 비부가가치활동을 최소화하고 부가가치활동은 효율화하자는 것이다.

[그림 2] ABC와 ABM의 관계

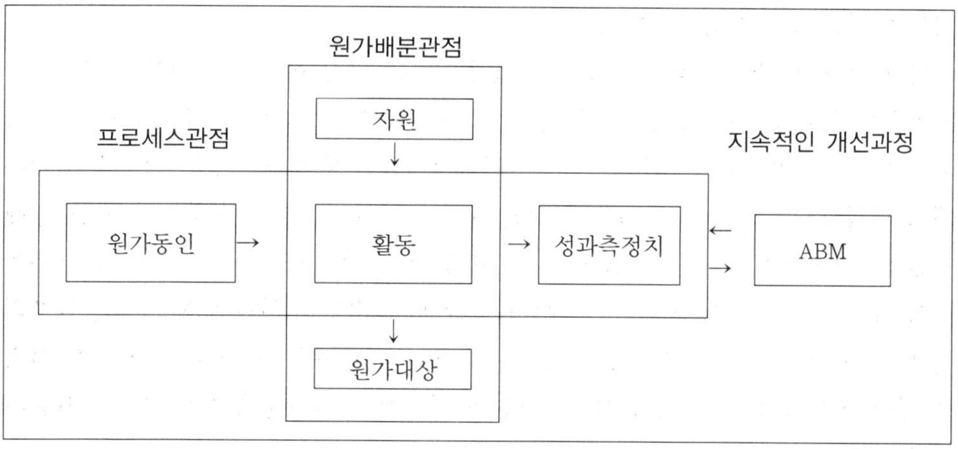

9) Turney도 "ABM이란 고객에 의해 받아들여진 가치 및 이러한 가치를 제공함으로써 달성된 이익을 개선하기 위한 경로로서 활동분석, 원가동인분석, 그리고 성과분석을 포함하여 활동경영을 하기 위해 ABC정보를 이용하는 것"이라고 정의하고 있다. 이와 같이 ABM을 이익을 향상시키기 위한 활동경영(활동관리, activity management)에 초점을 두는 기법으로 이해하고 있으며, 이 활동업무의 개선이나 최적화를 위한 기법으로서의 ABM은 일반적으로 다음과 같이 세 가지로 구분하고 있다. 첫째, 개선의 기회를 확인하기 위하여 활동분석(activity analysis)을 한다. 둘째, 원가동인(cost driver)을 확정한다. 셋째, 기업의 성공이나 고객에게 대한 유익한 서비스 제공에 활동이 공헌한다면 그 성과(시간, 품질 등)를 측정 및 평가한다.

ABC는 ABM의 프로세스의 지속적인 개선에 기초가 되고 있으며, 이들 모두 활동분석이 중심이 되고 있어 원가와 같은 재무적 측정치뿐만 아니라 비재무적 측정치도 활용함으로써 활동을 직접 관리하게 된다. 그러므로 광의의 ABM에는 ABC에 기초한 예산편성(Activity-Based Budgeting; ABB), ABC에 기초한 협의의 활동중심경영(Activity-Based Management; ABM), 그리고 ABC에 기초한 성과평가(Activity-Based Evaluation; ABE) 등이 포함된다고 할 수 있다.

이와 같이 ABC으로부터 ABM으로 확장됨에 따라 업무적 ABM(Operational ABM)과 전략적 ABM(Strategic ABM)으로 구분할 수 있게 되었으며, 기업들은 ABM을 통해 적은 비용으로 보다 나은 성과를 달성할 수 있다. 그러므로 기업들은 업무적 ABM과 전략적 ABM을 통해 소기의 목적을 달성하게 된다. 여기서 업무적 ABM의 목적은 적은 비용과 자산의 효율적 활용으로 능률을 향상시키는 것이다. 예컨대, 기업들은 기계고장시간을 줄이며, 비부가가치활동을 향상시키거나 제거함으로써, 그리고 조직의 자원을 효율적으로 사용함으로써 기업의 목표를 달성할 수 있다. 그러므로 이 업무적 ABM으로부터의 효익은 원가 절감액, 자원의 효율적 사용으로 인한 수익 증가액, 현행 설비의 효율적 활용에 따른 투자원가의 회피액 등으로 측정될 수 있다.

한편 전략적 ABM은 활동의 능률이 일정하다는 가정 하에 수익성을 증가시키는 활동으로 전환하는 것 등이 포함된다. 만약 어느 기업의 경우 특정의 제품, 서비스, 고객으로부터 획득하는 수익이 그 수익획득과정에서 발생하는 원가보다 적은 경우에도 경영활동을 수행하는 경우가 있을 것이다. 이러한 경우 전략적 ABM을 통해 기업은 활동구성(activity mix)을 변경하지 않으면 안 된다. 즉 경영자는 보다 수익력이 있는 쪽으로 활동구성을 변경하여야 한다. 그러므로 전략적 ABM에는 제품의 설계나 개발에 관한 의사결정, 제품 및 고객구성에 관한 의사결정, 공급자 선정에 관한 의사결정, 수익성 분석 등 기업의 전략적 의사결정에 ABC정보를 활용하게 된다[10).

---

10) Horngren은 활동중심경영을 고객의 만족 및 수익성을 향상시키기 위하여 ABC정보를 활용한 경영의사결정방법으로 정의하고, ① 가격 및 제품구성 의사결정(Pricing and Product-Mix Decisions), ② 원가 절감 및 프로세스 개선 의사결정(Cost Reduction and Process Improvement Decisions), ③ 설계 의사결정(Design Decisions), ④ 활동 계획 및 관리(Planning and Managing Activities) 등을 ABM의 주요 내용으로 삼고 있다.

[그림 3] ABC의 확장 : ABM

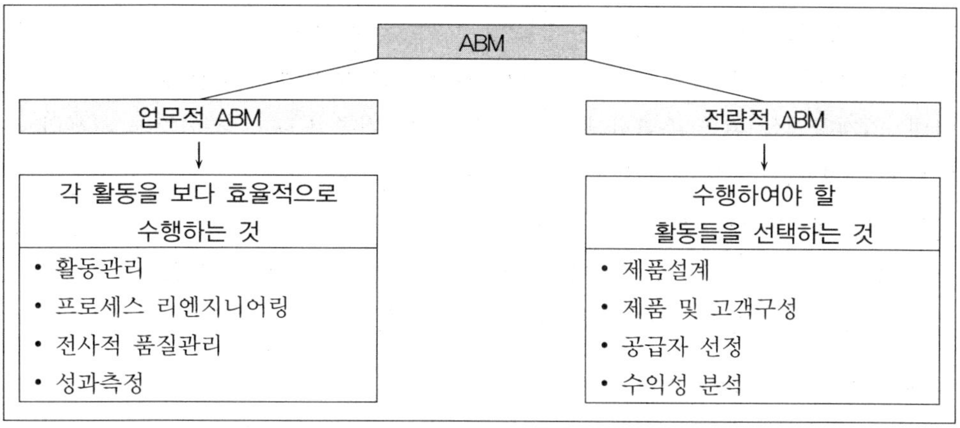

2. 활동중심경영의 내용

1) 업무적 활동중심경영

기업들은 기존 제품이나 서비스의 '지속적인 개선'과 '프로세스 리엔지니어링'을 통해 제품이나 서비스의 가치를 향상시키며 원가를 절감시킬 필요가 있다. 여기서 **'지속적인 개선(continuous improvement)'**이란 현재의 제품이나 서비스, 프로세스 등을 평가하여 더 나은 방법을 추구하는 것을 말한다. 예컨대, 프로세스표(process map)를 통해 현재의 프로세스를 개선하여 작업자와 기계의 효율을 향상시키는 것을 말한다. 한편 **'프로세스 리엔지니어링'(process reengineering)**이란 현재의 프로세스를 재설계 또는 재배치하여 원가의 절감이나 품질 및 서비스를 향상시키는 것이다.

따라서 기업들은 이와 같은 '지속적인 개선'활동과 '프로세스 리엔지니어링'활동을 통해 비부가가치활동(non-value added activity)을 최소화하거나 제거함으로써 원가를 절감하는데 역점을 두게 된다. 비부가치활동의 전형적인 예로는 이동활동(movement activity; 작업장 간 제품의 이동이나 병원에서 진료부서 간 환자의 이동 등), 대기활동(waiting activity), 작업준비활동(set-up activity), 검사활동(inspection activity) 등이 있다. 이와 같이 업무적 활동중심경영을 통해 원가절감을 위한 가장 바람직한 방법은 활동을 경영(관리)함에 의해 활동들이 수행하고 있는 방법을 변경하거나 자원을 재배치하는 것이다.

활동을 경영(관리)함으로써 원가를 절감하기 위해서는 다음의 방법 등이 요구된다.

① 시간과 노력을 줄인다.

즉 개선을 위해서는 무엇보다도 활동을 수행하는데 필요한 시간과 노력을 줄이는 것이다. 이 시간과 노력의 절감은 프로세스 개선 및 제품 개선을 통해 가능하다. 예컨대, 기계작업을 위한 준비시간은 교육훈련이나 각종 도구를 용이하게 사용할 수 있도록 배치하는 것 등을 통해 줄일 수 있다. 이 밖에도 준비시간은 제품설계의 변경을 통한 제품명세를 변경시킴으로서도 줄일 수 있다. 시간과 노력의 절감은 해당 활동(프로세스)뿐만 아니라 앞 활동(프로세스)에서의 질을 개선함으로써, 그리고 이를 통해 원가동인의 수를 줄임으로써도 가능하다.

② 불필요한 활동들을 제거한다.

고객에 대해 가치를 창출해 주지 못하는 활동과 조직관리에 불필요한 활동은 제거하여야 한다. 예컨대, 프로세스나 제품의 변경을 통해 원재료 취급활동을 제거하는 것 등이 여기에 속한다. 원재료나 부품을 직접 사용부문으로 공급받게 되면 이 활동은 불필요하게 되며, 결과적으로 원가가 절감되게 된다.

③ 적은 원가를 발생시키는 활동들(low-cost activities)을 선택한다.

제품이나 프로세스를 설계하는 설계담당자는 여러 활동 중에서 가장 낮은 원가를 발생시키는 활동을 선택함으로써 원가를 절감할 수 있다. 예컨대, 전자부품을 조립하는 경우 수작업과 자동화작업이 모두 가능하다고 할 때 수작업의 경우는 직접작업 활동이 필요하지만, 자동화작업의 경우는 설비, 소프트웨어, 작업준비 등 여러 활동이 필요하게 된다. 이에 따라 각 활동에 따라 요구되는 자원도 상이하며 원가도 상이하게 되어, 제품설계 담당자의 선택 의사결정이 원가에 중요한 영향을 미치게 된다. 물론 프로세스 설계 담당자도 이와 유사한 선택을 하게 된다.

④ 가능한 경우 활동들을 공유한다.

만일 특정 고객이 특별한 요구를 하면 그 고객에게 필요한 활동을 수행하여야 하지만 고객들이 공통의 요구를 하면 동일한 활동으로 그들의 요구를 수행하면 된다. 예컨대, 제품설계 담당자는 신제품 설계에 몇 개의 제품에 동일한 기능을 수행할 수 있는 공통부품을 사용할 수 있다. 공통부품 관련활동들은 그것을 사용하는 모든 제품에 의해 공유될 수 있다. 이와 같이 활동을 공유함으로써 소비되는 부품 수가 증가하면 부품 단위당 원가도 절감되게 된다. 또한 프로세스 설계 담당자도 제품을 작업 셀(work cell)과 결합시킴으로써 원가를 절감할 수 있다. 유사하게 설계된 제품들을 결합시켜 활동을 공유함으로써 원가를 절감할 수 있다.

⑤ 미사용자원을 재배치한다.

기업에 따라서는 자원을 재배치함으로써도 원가를 절감할 수 있다. 그러므로 경영자는 미사용자원을 다른 활동으로 재배치하거나 기업에서 그것들을 제거함으로써 원가를 절감할 수 있는 의사결정을 할 필요가 있다.

2) 전략적 활동중심경영

기업들은 특정의 제품, 서비스, 고객으로부터 획득하는 수익이 그 수익획득과정에서 발생하는 원가보다 적은 경우 ABC정보를 활용하여 보다 수익성이 높은 쪽으로 활동구성(activity mix)을 변경하는 등 ABC정보를 ① 제품의 설계나 개발(product design and development), ② 제품구성 및 가격결정(product mix and pricing), ③ 공급자 관계(supplier selection and relationships), ④ 수익성 분석(profitability analysis) 등 기업의 전략적 의사결정에 활용할 수 있다. 이하에서는 전략적 활동중심경영의 일부인 제품구성 및 가격결정, 수익성 분석에 관해 살펴보고자 한다.

3. 활동중심경영의 예

1) 활동분석에 따른 비부가가치원가의 절감

앞의 업무적 활동중심경영에서 본 바와 같이 기업들은 현존 제품이나 서비스의 '지속적인 개신(continuous improvement)'과 '프로세스 리엔지니어링(process reengineering)'을 통해 제품이나 서비스의 가치를 향상시키며 원가를 절감시킬 필요가 있다.

따라서 기업들은 이와 같은 '지속적인 개선'활동과 '프로세스 리엔지니어링'활동을 통해 비부가가치활동(non-value added activity)을 최소화하거나 제거함으로써 원가를 절감하는데 역점을 두게 된다. 비부가치활동의 전형적인 예로는 이동활동(movement activity; 작업장 간 제품의 이동이나 병원에서 진료부서 간 환자의 이동 등), 대기활동(waiting activity), 작업준비활동(set-up activity), 검사활동(inspection activity) 등이 있다. 이와 같이 업무적 활동중심경영을 통해 원가절감을 위한 가장 바람직한 방법은 활동을 관리함에 의해 활동들이 수행하고 있는 방법을 변경하거나 자원을 재배치하는 것이다.

사례 4

KS제조(주)는 공작기계를 수선하는 회사이다. 다음은 이 회사의 2015년 활동별 원가를 요약한 자료이다.

1) **수선을 위한 재료원가 및 노무원가**	80,000,000원
2) **재작업원가**	7,500,000
3) **작업지연에 따른 긴급처리원가**	6,000,000
4) **원재료처리원가**	5,000,000
5) **재료조달 및 검사원가**	3,500,000
6) **설비에 대한 사전 정비원가**	1,500,000
7) **설비 고장에 따른 수선유지비**	5,500,000

요구사항

1. 위 활동별 원가를 부가가치원가, 비부가가치원가, 그리고 어느 한 쪽으로 분류하는 것이 곤란한 원가로 분류하시오.

2. 어느 한 쪽으로 분류하는 것이 곤란한 원가 중 65%는 부가가치원가이며, 나머지 35%는 비부가가치원가라고 가정할 때 위 활동별 총원가 중 부가가치원가와 비부가가치원가는 각 각 얼마씩으로 계산될까?

3. 이 회사는 다음과 같은 내부 혁신을 검토하고 있다.

1) 품질향상 프로그램을 도입하여 재작업원가와 긴급처리원가를 75%, 공작기계 수선을 위한 재료원가 및 노무원가를 5% 줄인다.
2) 공급업체와 협조하여 재료조달 및 검사원가를 20%, 원재료처리원가를 25% 줄인다.
3) 설비에 대한 사전 정비원가를 50% 증가시켜 설비 고장에 따른 수선유지비를 40% 줄인다.
위 1), 2), 3)과 같은 내부 혁신을 통한 부가가치원가, 비부가가치원가, 총원가에 미치는 효과를 나타내시오.

해설

1.

분 류	활동별 원가	금 액
부가가치원가	수선을 위한 재료원가 및 노무원가	80,000,000원
비부가가치원가	재작업원가	7,500,000원

	작업지연에 따른 긴급처리원가	6,000,000
	설비 고장에 따른 수선유지비	5,500,000
		19,000,000원
분류가 어려운 원가	원재료처리원가	5,000,000원
	재료조달 및 검사원가	3,500,000
	설비에 대한 사전 정비원가	1,500,000
		10,000,000원

솔직히 위와 같은 분류는 명확하다고 할 수 없다. 따라서 논자에 따라 위 활동원가들을 다르게 분류하는 것도 가능할 것이다. 그러므로 위 원가 중 원재료처리원가, 재료조달 및 검사원가, 설비에 대한 사전 정비원가 등은 논자에 따라 좋은 수선서비스에 필요한 것으로 인식된다면 부가가치원가로도 분류할 수도 있을 것이다. 예컨대, 설비에 대한 사전 정비원가의 경우 비부가가치에 해당하는 설비고장을 방지할 수 있다는 면에서 부가가치원가로 분류할 수도 있을 것이다.

2. 부가가치원가와 비부가가치원가로 분류하기 어려운 원가 총액은 10,000,000원이다. 이 중 65%(6,500,000원)를 부가가치원가로, 35%(3,500,000원)를 비부가가치원가로 분류하면 부가가치원가와 비부가가치원가의 총액은 다음과 같다.

총부가가치원가 : 80,000,000원 + 6,500,000원 =	86,500,000원
총비부가가치원가 = 19,000,000원 + 3,500,000원 =	22,500,000
총원가:	109,000,000원

따라서 부가가치원가율은 79.36% (86,500,000원/109,000,000원)이며, 비부가가치원가율은 20.64% (22,500,000원/109,000,000원)이다.

3.

	부가가치원가	비부가가치원가	분류 곤란한 원가
1) **재작업원가**(7,500,000원×0.75)		−5,625,000원	
긴급처리원가(6,000,000원×0.75)		−4,500,000	
수선을 위한 재료원가 및 노무원가 (80,000,000원×0.05)	−4,000,000원		
총 효과	−4,000,000원	−10,125,000원	
2) **재료조달 및 검사원가** (3,500,000원×0.20)			−700,000원
원재료처리원가(5,000,000×0.25)			−1,250,000
총 효과			−1,950,000원
분류 곤란한 원가를 부가가치원가와 비부가가치원가로 분류한 경우 (−1,950,000원×0.65)	−1,267,500원		

(−1,950,000원×0.35)		−682,500원	+1,950,000원
부가가치원가 및 비부가가치원가에 대한 효과	−1,267,500원	−682,500원	0원
3) 설비에 대한 사전 정비원가			
(1500000원×0.50)			+750,000원
설비 고장에 따른 수선유지비			
(5,500,000원×0.40)		−2,200,000원	
총 효과		−2,200,000원	
분류 곤란한 원가(750,000원)를 재분류한 경우(750,000원×0.65;0.35)	+487,500원	+262,500원	−750,000원
부가가치원가 및 비부가가치원가에 대한 효과	+487,500원	−1,937,500원	0원
위 1), 2), 3)의 총 효과	−4,780,000원	−12,745,000원	
원래의 부가가치원가와 비부가가치원가(위 2. 참조)	86,500,000원	22,500,000원	
내부 혁신 프로그램(위 3.) 실시 결과 후 기대되는 부가가치원가와 비부가가치원가	81,720,000원	9,755,000원	

이와 같이 내부 혁신 프로그램들을 실행하면 총원가는 109,000,000원에서 91,475,000원(81,720,000원+9,755,000원)으로 감소할 것이며, 비부가가치원가율도 20.64%(위 2.)에서 10.66%(9,755,000원/91,475,000원)으로 감소할 것이다. 이로 인해 KS제조(주)의 성과는 크게 향상될 것이다.

사례 5

KS제조(주)는 A제품과 B제품을 생산하고 있다. 작업준비원가는 작업준비횟수에 따라 변동하며, 설비 및 유지원가는 기계시간에 따라 증가하며, 임차료는 점유면적에 따라 증가한다. 공장의 총 면적은 1,200평이며, 현재 이 회사는 이 면적의 70%만 사용하고 있다. 이 회사는 미사용 캐퍼시티를 제품원가에 포함시키지 않고 있으며, 별도의 항목으로 처리하고 있다. 이 회사의 예산자료 등은 다음과 같다.

	예산 원가 및 활동
직접재료원가	
A제품	209,750,000원
B제품	358,290,000
직접노무원가	

A제품	107,333,000
B제품	102,969,000
작업준비원가	143,500,000
설비 및 유지원가	109,900,000
임차료	216,000,000
총 계	1,247,742,000원

	A제품	B제품
생산량	66,000개	100,000개
기계시간	11,000시간	12,500시간
작업준비횟수	300회	400회
점유 면적	336평	504평

요구사항

1. 원가동인당 제조간접원가율을 산정하시오.

2. 미사용 캐퍼시티원가를 산정하시오.

3. 제품을 생산하기 위해 사용한 자원의 단위당 예산원가와 총예산원가를 산정하시오.

4. 만일 이 회사가 C제품을 생산할 기회가 있을 때 고려하여할 요인은 무엇인가?

해설

1.

	A제품	B제품	합 계
기계시간	11.000시간	12,500시간	23,500시간
작업준비횟수	300회	400회	700회

작업준비원가(1회당) = 205,000원(143,500,000원/700회)
설비 및 유지원가(1시간당) = 4,676.6원(109,900,000원/23,500시간)
임차료(1평당) = 180,000원(216,000,000원/1,200평)

2.

미사용 캐퍼시티 = 총 캐퍼시티-(A제품 사용 캐퍼시티+B제품 사용 캐퍼시티)
= 1,200평-(336평+504평)
= 360평

미사용 캐퍼시티원가 = 180,000원/평×360평
= 64,800,000원

3.

	A제품	B제품	합 계
직접재료원가	209,750,000원	358,290,000원	568,040,000원
직접노무원가	107,333,000	102,969,000	210,302,000
작업준비원가(@205,000원, 300;400)	61,500,000	82,000,000	143,500,000
설비 및 유지원가(@4,676.6원, 11,000;12,500)	51,442,550	58,457,450	109,900,000
임차료(@180,000원, 336;504)	60,480,000	90,720,000	151,200,000
총원가	490,505,550원	692,436,450원	1,182,942,000원
생산량	66,000개	100,000개	
단위원가	7,432원	6,924원	

4. 현재 이 회사의 경우 70% 자원을 사용하고 있다. 따라서 경영자는 C제품을 생산할 수 있는 유휴시설이 있는지와 그 제품에 대한 수요가 있는지, 경쟁력이 있는지, 설비투자액이 있는지, 가용 인적자원이 있는지도 고려하여야 할 것이다.

---

2) 제품구성 및 가격결정(Product Mix and Pricing Decision)

사례 6

KS제조(주)는 가정용 제품을 제조하는 회사로서 고급형과 일반형을 생산하고 있다. KS제조(주)는 처음에는 일반형 제품만 만들었으나 최근에는 소비자들의 주문에 의해 고급형 제품도 생산하고 있다. 다음은 KS제조(주)의 원가관련 자료이다.

	일반형	고급형
1) **예상생산량**	1,000단위	250단위
2) **단위당 직접재료원가**	₩400	₩500
3) **단위당 직접노무원가(직접작업시간×임률)**		

제1제조부문	120(0.8시간×@₩150)	120(0.8시간×@₩150)
제2제조부문	105(0.7시간×@₩150)	180(1.2시간×@₩150)

4) 총제조간접원가예산　₩700,000

(제1제조부문원가 ₩200,000, 제2제조부문원가 ₩500,000)

5) 제조간접원가 배분기준 : 직접작업시간

6) 제품의 판매가격　₩1,300　₩2,000

또한 활동중심원가계산을 위한 자료는 다음과 같다.

활 동	원가동인	활동별원가	제품별 원가동인 수 일반형	고급형	합계
설계활동	설계시간	₩200,000	50시간	200시간	250시간
준비작업활동	준비횟수	20,000	2회	6회	8회
품질검사활동	검사횟수	30,000	5	25	30
기계관련활동	기계운전시간	450,000	2,600시간	1,000시간	3,600시간
합 계		₩700,000			

요구사항

1. KS제조(주)는 전통적으로 직접작업시간을 기준으로 제조간접원가를 배분하였다고 할 때의 제조간접원가 배분율(총괄배분법과 부문별 배분법)과 각 제품의 단위당 제조원가를 구하시오.

2. KS제조(주)는 이제 제조간접원가의 배분을 위해 ABC을 도입하고자 한다. 이 원가계산방법에 의한 각 제품의 단위당 제조원가를 구하시오.

3. 전통적 원가계산과 ABC를 비교하여 설명하시오.

해설

1. 전통적 원가계산에 의한 제품원가의 계산

가. 총괄배분법에 의한 경우

KS제조(주)의 경우 총괄배분법에 의해 제품단위당 제조간접원가를 산출한 결과 일반형은 ₩525이며, 고급형은 ₩700이다. 이것을 토대로 제품단위당 원가를 산출하면 다음과 같이 일반형은 ₩1,150이며, 고급형은 ₩1,500이다.

	일반형	고급형
직접재료원가	₩400,000(@₩400)	₩125,000(@₩500)
직접노무원가	225,000(@₩225)	75,000(@₩300)
제조간접원가	525,000(@₩525)	175,000(@₩700)
제조원가 계	₩1,150,000(@₩1,150)	₩375,000(@₩1,500)

나. 부문별 배분법에 의한 경우

KS제조(주)의 경우 부문별 배분법에 의해 제품단위당 제조간접원가를 산출한 결과 일반형은 ₩510이며, 고급형은 ₩760이다. 이것을 토대로 제품단위당 원가를 산출하면 다음과 같이 일반형은 ₩1,135이며, 고급형은 ₩1,560이다.

		일반형		고급형
직접재료원가		₩400,000(@₩400)		₩125,000(@₩500)
직접노무원가		225,000(@₩225)		75,000 (@₩300)
제조간접원가				
제1제조부문원가	₩160,000		40,000	
제2제조부문원가	350,000	510,000(@₩510)	150,000	190,000(@₩760)
제조원가 계		₩1,135,000(@₩1,135)		₩390,000(@₩1,560)

2. ABC에 의한 제품원가의 계산

KS제조(주)의 경우 ABC에 의해 제품단위당 제조간접원가를 산출한 결과 일반형은 ₩375이며, 고급형은 ₩1,300이다. 이것을 토대로 제품단위당 원가를 산출하면 다음과 같이 일반형은 ₩1,000이며, 고급형은 ₩2,100이다.

		일반형		고급형
직접재료원가		₩400,000(@₩400)		₩125,000(@₩500)
직접노무원가		225,000(@₩225)		75,000 (@₩300)
제조간접원가				
설계작업활동	₩40,000		₩160,000	
준비작업활동	5,000		15,000	
품질검사활동	5,000		25,000	
기계작업활동	325,000	375,000(@₩375)	125,000	325,000(@₩1,300)
제조원가 계		₩1,000,000(@₩1,000)		₩525,000(@₩2,100)

.3. 이상의 자료를 토대로 전통적인 원가계산(총괄배분법과 부문별 배분법) 및 ABC에 의한 원가계산에 의한 제품단위당 제조원가와 이익을 나타내면 다음과 같다.

[전통적 방법과 ABC에 의한 이익의 비교]

	총괄배분법		부문별 배분법		ABC	
	일반형	고급형	일반형	고급형	일반형	고급형
판매가격	₩1,300	₩2,000	₩1,300	₩2,000	₩1,300	₩2,000
제조원가	1,150	1,500	1,135	1,560	1,000	2,100
이익	₩150	₩500	₩165	₩440	₩300	(₩100)

전통적인 원가계산에 의하면 총괄배분법이나 부문별 배분법 모두 소량 생산하는 고급형 제품의 이익이 대량 생산하는 일반형 제품의 이익보다 높다는 것을 알 수 있다. 회사가 ABC정보를 갖고 있지 않은 경우 이 자료를 토대로 제품구성 의사결정(product-mix decision)을 한다면 회사는 고급형 제품의 제조 및 판매에 중점을 두고, 일반형 제품은 제조 및 판매를 축소하거나 중지함으로써 기업의 이익을 극대화하려고 할 것이다.

그러나 이러한 의사결정은 잘못된 것이라는 것을 쉽게 알 수 있다. ABC에 의하면 일반형은 이익이 발생하나 고급형은 반대로 손실이 발생하기 때문이다. 즉 전통적인 원가계산에 의하면 수익성이 있던 고급형 제품은 반대로 손실을 초래하는 적자제품이 되어 버린 것이다.

그 원인은 제품 상호간에 내부 상호보조가 이루어져 전통적인 원가계산의 경우 대량으로 생산하는 일반형 제품에 과대한 제조간접원가를 부담(총괄배분법에서는 ₩150,000, 단위당 ₩150, 부문별 배분법에서는 ₩135,000, 단위당 ₩135)시키고, 소량으로 생산하는 고급형 제품에 과소한 제조간접원가를 부담(총괄배분법에서는 ₩150,000, 단위당 ₩600, 부문별 배분법에서는 ₩135,000, 단위당 ₩540)시켰기 때문이다[11].

또한 전통적 원가계산에 의한 경우 일반형 제품이나 고급형 제품 모두 가격결정(pricing)에 문제가 없어 보이지만, ABC에 의한 경우 가격결정에 문제가 있음을 쉽

11) 전통적 원가계산에서 제품 간에 원가의 상호내부 보조가 어느 정도 행해지는가, 즉 원가의 왜곡이 어느 정도 이루어지는가는 전통적 원가계산에 의해 제품별로 계산한 제조원가에서 ABC에 의해 제품별로 계산한 제조원가를 차감해보면 분명해진다. 위 예의 경우를 계산해보면 다음과 같은 원가왜곡이 행해졌다는 것을 알 수 있다.

게 알 수 있다. 즉 ABC에 의한 경우 고급형 제품은 현재의 판매가격으로는 손실을 볼 수밖에 없기 때문이다. 따라서 원가가산 가격결정법(cost plus pricing method)으로 가격을 결정하는 경우라면 고급형 제품의 가격은 적어도 단위당 제조원가인 ₩2,100 이상은 되어야 하기 때문이다.

3) 수익성 분석

ABC 원가정보를 활용하면 각종 세그먼트(segment)별 수익성 분석(profitability analysis)이 가능하다. 수익성 분석은 고객차원의 고객수익성 분석 이외에도 다양하게 행할 수 있다. 예컨대, 제품별, 유통경로별, 지역별, 판매방식별 수익성 분석이 그것이다. 이와 같이 상품이나 유통경로, 지역별, 판매방식별로 관련수익과 원가를 집계하여 이익을 계산하는 수익성 분석은 어느 제품, 어느 유통경로, 어느 지역, 어느 판매방식이 수익성이 높은지, 혹은 채산성이 있는지 등을 파악하는데 유용하다. 특히 최근 활동중심원가계산의 등장으로 활동중심원가정보를 활용하는 경우 수익성 분석을 보다 정교하게 행할 수 있게 되었다.

이와 같이 수익과 원가의 집계대상인 세그먼트(segment)를 무엇으로 삼느냐에 따라 수익성 분석은 고객수익성 분석, 제품수익성 분석, 유통경로수익성 분석, 지역수익성 분석, 판매방식수익성 분석 등 다양하게 부를 수 있다. 이 중 이하에서는 고객수익성 분석과 제품수익성 분석의 예를 들어 설명하고자 한다.

(1) 고객수익성 분석

고객수익성 분석(customer-profitability analysis)은 개별 고객 또는 한 집단 고객으로부터 얻은 수익과 그 수익을 획득하는데 발생한 원가를 분석하여 보고하는 것으로 수익성 차원에서 고객별로 어떠한 차이를 나타내는가 하는 것을 검토하는 것을 말한다. 즉, 개별 고객 또는 한 집단고객으로부터 벌어들인 고객수익

	총괄배분법		부문별 배분법	
	일반형	고급형	일반형	고급형
전통적인 방법에 의한 제조원가	₩1,150,000 (@₩1,150)	₩375,000 (@₩1,500)	₩1,135,000 (@₩1,135)	₩390,000 (@₩1,560)
ABC에 의한 제조원가	₩1,000,000 (@₩1,000)	₩525,000 (@₩2,100)	₩1,000,000 (@₩1,000)	₩525,000 (@₩2,100)
차이:원가의 왜곡	₩150,000 (@₩150)	-₩150,000 (-@₩600)	₩135,000 (@₩135)	-₩135,000 (-@₩540)

(customer revenue)에서 고객들에게 약속한 제품 또는 서비스를 제공함에 소요된 고객원가(customer costs)를 차감하여 구한 고객이익(customer profit)이 고객 간에 어떠한 차이를 보이며 어떠한 고객의 이익이 최대인가 등을 파악하는 것이다.

그러면 고객수익성 정보가 경영자에게 유용한 이유는 무엇일까? 그것은 기업의 존재 이유이기도 한 고객에 대한 이해를 높여 계속해서 경쟁력 있는 기업으로 살아남게 하기 때문이다. 즉, 고객수익성 분석은 과연 어떤 고객(또는 고객집단)을 주력고객으로 삼을 것인가? 특정 고객과의 거래를 계속할 필요가 있을까? 특정 고객을 유지하기 위해서 차별적인 가격을 설정할 것인가? 등과 같은 고객에 대한 다양한 의사결정이 필요하기 때문이다. 또한 고객별 수익성 정보는 또 다른 유형의 세그먼트인 지역별 또는 제품별 수익성 분석에도 참고가 되기 때문이다.

이처럼 이미 존재했던 고객수익성 분석이 최근 강조되는 이유는 무엇일까? 그것은 두 가지로 요약할 수 있다.

① 주주가치 중심의 경영이 강조되는 오늘날은 과거의 외형위주의 성장보다는 실속있는 이익의 실현이 강조되기 때문이다. 이익중심의 경영에서는 보다 정교한 고객별 수익성 파악이 필연적이며, 끊임없이 경영혁신을 꾀하는 경쟁업체들로부터 살아남기 위해서는 적자 고객까지 끌어안을 수 없기 때문이다.

② 고객수익성 분석을 수행하려면 종전에 비해 보다 정교한 수익과 원가의 추적 및 집계가 가능해야 하는데, 이것을 뒷받침하는 활동중심원가계산의 등장과 컴퓨터를 이용한 데이터베이스의 활용(즉, 자료의 수집과 저장)이 용이해졌기 때문이다. 즉, 활동중심원가계산의 핵심개념인 원가계층구조(cost hierarchies)와 원가동인(cost drivers)의 개념을 이용함으로써 고객수익성 분석은 종전보다 한 차원 높아질 수 있게 된 것이다.

고객수익성 분석개념은 과거에도 존재 했었다. 소위 세그먼트보고(segment reporting)에서 세그먼트(segment)를 고객으로 정의하고 이들 세그먼트와 관련된 수익(고객수익)과 원가(고객원가)를 집계하여 이익(고객이익)을 계산하면 그것이 곧 고객수익성 분석이다. 즉 각 고객별 수익(고객수익)에서 원가(고객원가)를 차감한 이익(보통 고객수준 영업이익)의 크기로 고객수익성을 평가하는 것이다. 이하 사례를 통해 고객수익성을 분석하고자 한다.

사례 7

KS복사기(주)는 복사기 수선 전문회사이다. 이 회사는 열 명의 고객들로부터 고객소유의 복사기 유형과 고용된 종업원 수에 기초하여 고정 수선서비스 요금을 받고 있다. 이 회사는 최근 각 고객별 수익성을 분석하기로 하였다. 다음의 자료는 2015년 5월의 자료이다.

고객	고객수익	고객원가
1	₩260,000	₩182,000
2	180,000	184,000
3	163,000	178,000
4	322,000	225,000
5	235,000	308,000
6	80,000	74,000
7	174,000	100,000
8	76,000	108,000
9	137,000	110,000
10	373,000	231,000

요구사항

1. 각 고객의 영업이익을 계산하고, 그 결과를 평가하시오.

2. 위 1.의 고객수익성 분석을 기초로 KS복사기(주)는 개별 고객에 대해 어떤 선택을 하여야 하는가?

3. 각 고객에 대한 정확한 영업원가를 측정할 때 KS복사기(주)는 어떤 문제에 직면하게 되는가?

해설

1.

<표 1> 고객수준 영업이익의 계산

고객	고객수익	고객원가	고객수준 영업이익
1	₩260,000	₩182,000	₩78,000
2	180,000	184,000	(4,000)
3	163,000	178,000	(15,000)
4	322,000	225,000	97,000
5	235,000	308,000	(73,000)

6	80,000	74,000	6,000
7	174,000	100,000	74,000
8	76,000	108,000	(32,000)
9	137,000	110,000	27,000
10	373,000	231,000	142,000

<표 2> 고객수준 영업이익별 고객순위

고객 코드	고객수준 영업이익 (1)	고객수익 (2)	고객수익대비 고객수준영업이익 (3)=(1)/(2)	누적고객수준 영업이익 (4)	총고객수준 영업이익에 대한 누적영업이익비율 (5)=(4)/₩300,000
10	₩142,000	₩373,000	38.07%	₩142,000	47%
4	97,000	322,000	30.12	239,000	80
1	78,000	260,000	30.00	317,000	106
7	74,000	174,000	42.53	391,000	130
9	27,000	137,000	19.71	418,000	139
6	6,000	80,000	7.50	424,000	141
2	(4,000)	180,000	−2.22	420,000	140
3	(15,000)	163,000	−9.20	405,000	135
8	(32,000)	76,000	−42.11	373,000	124
5	(73,000)	235,000	−31.06	300,000	100
	₩300,000	₩2,000,000			

<표 3> 고객수익별 고객순위

고객 코드	고객수익 (1)	고객수준 영업이익 (2)	수익에 대한 고객수준 영업이익율 (3)=(2)/(1)	누적고객 수익 (4)	총고객수익에 대한 누적고객수익 비율 (5)=(4)/₩2,000,000
10	₩373,000	₩142,000	38%	₩373,000	19%
4	322,000	97,000	30	695,000	35
1	260,000	78,000	30	955,000	48
5	235,000	(73,000)	(31)	1,190,000	60
2	180,000	(4,000)	(2)	1,370,000	69
7	174,000	74,000	43	1,544,000	77
3	163,000	(15,000)	(9)	1,707,000	85
9	137,000	27,000	20	1,844,000	92
6	80,000	6,000	8	1,924,000	96
8	76,000	(32,000)	(42)	2,000,000	100
	₩2,000,000	₩300,000			

위 표에서 보는 바와 같이 가장 수익성이 있는 고객은 고객 10, 고객 4이다. 이들 고객들은 고객수준 총영업이익의 80%와 총수익의 35%를 차지하고 있다.

2. KS복사기(주)가 고려하여야 할 선택사항은 다음과 같다.

(1) 고객 10과 고객 4에 대한 관심을 보다 증대시켜야 한다. 이들은 KS복사기(주)의 주요 고객(key customers)이기 때문이다.

(2) 고객 2, 고객 3, 고객 8, 고객 5에 대해서는 원가를 절감하거나 수익을 증대시키는 방안을 강구하여야 한다. 특히 고객 5와 고객 8에 대해서는 원가의 절감이나 수익의 증대가 어려우면 포기하는 것이 바람직하다.

3. 고객별 영업원가를 정확히 추정하는데 있어서의 중요한 문제점으로는 다음의 것들을 들 수 있다.

(1) 기초적인 기록이 정확하지 않을 수 있다. 예컨대, 어떤 기술자의 경우 수선시간의 기록에 수선하기 위해 고객을 방문하기 위한 이동시간이나 휴식시간 등도 포함시키기 때문이다.

(2) 모든 원가가 개별 고객별로 쉽게 배분할 수 없다. 예컨대, 오직 세 고객만을 위한 부품 인도시간에 대한 원가를 모든 개별 고객에게 어떻게 배분할 수 있겠는가?

(3) KS복사기(주)의 상당수의 원가는 특정고객과 관련이 없을 수 있다. 예컨대, KS복사기(주)의 광고비의 경우 특정 고객을 목표로 한 것이라기보다는 전체 시장을 대상으로 하고 있기 때문이다.

---

(2) 제품수익성 분석

ABC정보를 활용하여 제품원가를 산정하는 경우 전통적인 원가계산에 의해 산정한 제품원가에 비해 제조간접원가를 보다 정확히 제품에 배분함에 따라 대량 생산하는 제품의 제조원가는 낮아지는 경향이 있고, 소량 생산하는 제품의 제조원가는 높아지는 경향이 있어 제품별 수익성을 분석하는 것이 필요하다.

지금까지 ABC정보를 활용한 제품수익성 분석의 결과를 요약하면 일반적으로 다음과 같다. 약 20%의 제품의 매출액이 전체 매출액의 80% 정도를 차지하고 있으며, 수익성이 높은 일부 제품의 이익이 선체 이익의 상당부분을 차지한다[12]. 즉 수익성이 있는 일부 제품이 전체 매출액의 상당부분을 차지할 뿐만 아니라 이익의 대부분도 차지한다는 것이다. 따라서 기업에서는 수익성 있는 제품과 수익성 없는 제품을

12) Cooper와 Kaplan에 의하면 상위 20%의 제품이 약 300%의 이익을 올리고 있으며, 나머지 80%의 제품이 200%의 손실을 가져온다고 하여, 이것을 그림으로 나타냈을 때 마치 고래의 등과 같다고 하여 **고래곡선(whale curve)**이라고 불렀다.

분석할 필요가 있으며, 각 제품별 전략도 강구할 필요가 있다.

사례 8

대한유통(주)는 A, B, C 세 가지 상품을 취급하고 있다. 이 회사는 최근 활동중심원가계산제도를 도입하여, 활동분석 결과 다음의 활동과 원가동인율을 파악하였다.

활 동	원가동인율	
주문활동	주문 1회당	₩200,000
상품배달	배달 1회당	160,000
상품진열	시간당	40,000
고객서비스	판매품목당	400

매출액, 매출원가, 기타비용에 대한 자료는 다음과 같다.

	A	B	C
매출액	₩114,000,000	₩126,000,000	₩104,000,000
매출원가	76,000,000	94,000,000	70,000,000
기타비용	22,800,000	28,200,000	21,000,000

원가동인의 관련자료는 다음과 같다.

	A	B	C
주문횟수	30	25	13
배달횟수	98	36	28
진열시간	183	166	24
판매품목	15,500	20,500	7,900

이 회사는 그 동안 기타비용을 매출원가의 30%로 각 상품에 배분하여 왔다.

요구사항

1. 대한유통(주)의 상품별 수익성을 기존의 원가계산방법으로 계산하시오.

2. 대한유통(주)의 상품별 수익성을 활동중심원가계산방법으로 계산하시오.

3. 위 2.에서 활동중심원가계산은 대한유통(주)의 경영자에게 어떤 새로운 통찰력을 줄 수 있겠는가?

해설

1.

	A	B	C	총 계
매출액	₩114,000,000	₩126,000,000	₩104,000,000	₩344,000,000
매출원가	76,000,000	94,000,000	70,000,000	240,000,000
기타비용	22,800,000	28,200,000	21,000,000	72,000,000
영업이익	₩15,200,000	₩3,800,000	₩13,000,000	₩32,000,000
영업이익률	13.33%	3.02%	12.50%	9.30%

2.

	A	B	C	총 계
매출액	₩114,000,000	₩126,000,000	₩104,000,000	₩344,000,000
매출원가	76,000,000	94,000,000	70,000,000	240,000,000
주문원가	6,000,000	5,000,000	2,600,000	13,600,000
배달원가	15,680,000	5,760,000	4,480,000	25,920,000
진열원가	7,320,000	6,640,000	960,000	14,920,000
고객서비스원가	6,200,000	8,200,000	3,160,000	17,560,000
영업이익	₩2,800,000	₩6,400,000	₩22,800,000	₩32,000,000
영업이익률	2.46%	5.08%	21.92%	9.30%

3. 수익성을 비교해보면 전통적인 원가계산방법에 의한 경우의 영업이익률은 A상품 13.33%, C상품 12.50%, B상품 3.02%의 순서였으나, 활동중심원가계산방법에 의한 경우의 영업이익률은 C상품 21.92%, B상품 5.08%, A상품 2.46%의 순서가 되었다. 이것은 A상품의 경우 활동중심원가계산에 의한 경우 그 수익성이 현저히 떨어졌음을 보여주고 있다. 이것은 다음의 표에서 보는 바와 같이 매출원가율이 31.67%임에도 불구하고 각 활동에서 보다 많은 자원을 소비함으로써, 특히 배달활동에서 자원을 많이 소비함으로써 원가가 많이 발생하였기 때문이다. 반면, C상품의 경우 매출원가율보다 상대적으로 각 활동에서 적은 자원을 소비하여 영업이익률이 가장 높으므로, 이 세 상품 중 가장 수익성이 높은 상품이라고 할 수 있다.

참고

〈 매출액 대비 각 상품별 원가율 〉

	A	B	C	총 계
매출액	33.14%	36.63%	30.23%	100.00%
매출원가	31.67	39.17	29.16	100.00
주문원가	44.12	36.76	19.12	100.00
배달원가	60.49	22.22	17.29	100.00
진열원가	49.06	44.50	6.44	100.00
고객서비스원가	35.31	46.70	17.99	100.00

제3장

변동원가계산과 초변동원가계산

원가계산방법은 고정제조간접원가를 제품원가에 포함시키는가 아니면 기간원가로 처리하는가에 따라 전부원가계산과 부분원가계산(변동원가계산과 초변동원가계산)으로 구분된다. 따라서 본 장에서는 전부원가계산의 단점을 보완하기 위해 개발된 변동원가계산과 초변동원가계산의 의의와 유용성을 살펴보고, 외부보고를 위한 전부원가계산과 변동원가계산에 의한 영업이익차이의 조정에 대해서 설명한다. 또한 최근 등장한 초변동원가계산(재료처리량 원가계산)에 대해서도 학습한다.

제1절 변동원가계산

1. 변동원가계산의 의의

원가계산제도는 고정제조간접원가의 제품원가에의 포함여부에 따라 전부원가계산과 부분원가계산으로 구분된다.

전부원가계산(absorption costing ; **흡수원가계산**[1])은 직접재료원가, 직접노무원가, 변동제조간접원가, 고정제조간접원가 등 모든 제조원가를 제품원가에 포함시키는 원가계산방법으로 전통적으로 널리 사용되고 있다.

부분원가계산은 제조원가의 일부인 직접재료원가, 직접노무원가, 변동제조간접원가만을 제품원가로 보고, 고정제조간접원가는 판매비와 관리비와 마찬가지로 기간원가로 처리하는 원가계산방법인 **변동원가계산**(variable costing[2])과 직접재료원가만을 제품원가로 보고 기타의 원가를 모두 기간원가(기간비용)로 처리하는 원가계산인 **초변동원가계산(재료처리량 원가계산 ; throughput costing, super-variable costing)**으로 나눌 수 있다.

전부원가계산과 부분원가계산의 차이점은 자산의 본질을 무엇으로 보느냐에 따른 분류라고 할 수 있다. 예컨대, 전부원가계산과 부분원가계산의 하나인 변동원가계산의 차이점은 고정제조간접원가의 원가성, 즉 고정제조간접원가를 자산으로 인정하느냐, 비용으로 인정하느냐의 여부에 있다. 즉 전부원가계산과 부분원가계산의 차이는 고정제조간접원가 또는 기타의 제조원가를 언제 비용으로 인식하는가 하는 **기간귀속문제**(timing of expenses)로 귀결된다.

---

1) 전부원가계산에서는 원가를 변동원가와 고정원가로 구분하지 않고 제조원가 전부를 제품원가에 포함시키는 원가계산방법으로, 재고자산은 모든 제조원가를 "흡수(absorbs)"한다. 따라서 직접재료원가, 직접노무원가, 제조간접원가의 전부가 제품원가가 되므로 흡수원가계산(absorption costing)라고도 부른다.

2) 변동원가계산을 직접원가계산(direct costing)이라고도 부르나, 이 직접원가계산이라는 용어는 다음과 같은 두 가지 측면에서 바람직하지 않다.
   ① 변동원가계산은 모든 직접원가를 제품원가(재고가능원가)에 포함시키지 않는다. 즉 직접변동제조원가만 제품원가에 포함되며, 직접 고정제조원가와 직접 비제조원가는 제품원가에 포함되지 않는다.
   ② 변동원가계산은 직접제조원가 뿐만 아니라 일부의 간접원가(예 : 변동제조간접원가)도 제품원가에 포함시킨다. 물론 변동원가계산이라는 용어도 완벽하다고는 할 수 없다. 그 이유는 모든 변동원가가 제품원가는 아니기 때문이다. 변동원가 중 "변동제조원가"만이 제품원가이기 때문이다.

전부원가계산에서는 고정제조간접원가를 제품원가의 일부로 보아 판매되기까지는 재고자산으로 간주하고 제품이 판매되는 시점에서 매출원가라는 기간원가(기간비용)로 처리하나, 변동원가계산에서는 변동제조원가만을 제품원가로 인정하고 고정제조간접원가는 발생 즉시 해당기간의 기간원가로 처리한다. 또한 초변동원가계산에서는 직접재료원가만을 진실한 변동원가로 간주하여 제품원가로 인정하고 기타의 제조원가는 발생 즉시 해당기간의 기간원가로 처리한다.

따라서 전부원가계산을 지지하는 사람들은 제품을 생산하기 위해서는 반드시 생산설비를 이용해야 하므로 생산설비로부터 발생하는 감가상각비와 같은 고정제조간접원가도 변동제조간접원가와 마찬가지로 제품원가에 포함되어야 한다고 주장하고 있다. 반면 변동원가계산을 지지하는 사람들은 고정제조간접원가를 제품원가의 일부로 간주하지 않고 있는데, 이는 생산설비를 갖추는 것은 과거의 의사결정에서 비롯되었으며, 제품생산을 증가시키더라도 감가상각비와 같은 고정제조간접원가는 변하지 않으므로 제품원가에 포함시켜서는 안 된다는 것이다.

[그림 1] 전부원가계산의 원가흐름

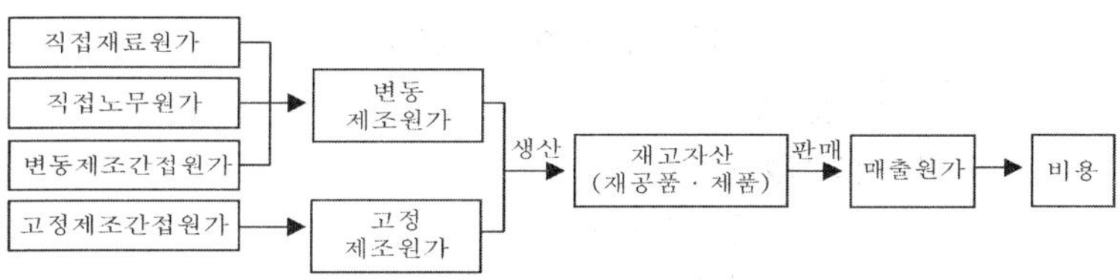

[그림 2] 변동원가계산의 원가흐름

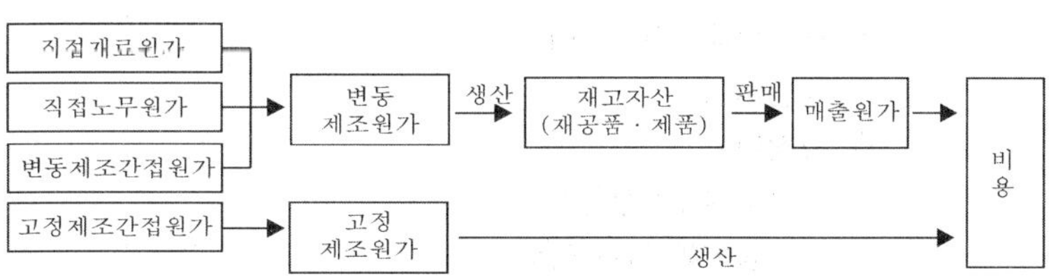

[그림 3] 초변동원가계산의 원가흐름

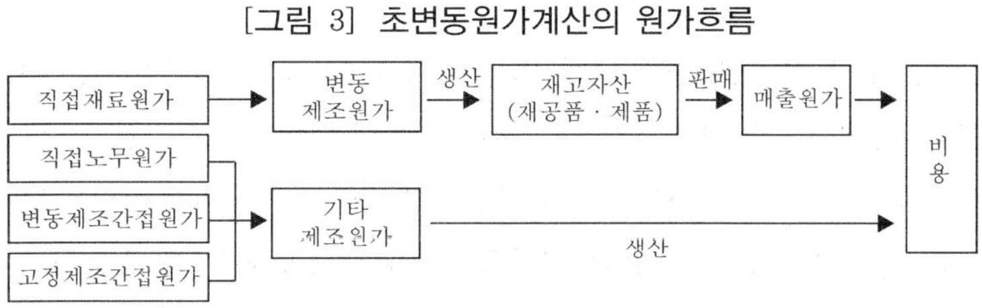

2. 변동원가계산의 유용성

1) 변동원가계산의 유용성

(1) 자산의 본질

변동원가계산에서는 자산의 본질을 **원가회피개념(cost avoidance concept; 원가회피설)**에 두고 있다. 즉 변동원가계산에서는 특정원가의 자산성 여부는 미래에 회피가능한 원가에 한하여 인정한다. 즉 변동제조원가는 미래에 제품을 생산하지 않는다면 회피가 가능한 원가, 즉 발생하지 않는 원가이므로 제품원가로 인정되나, 고정제조간접원가는 미래에 제품을 생산하지 않더라도 발생하는 원가이므로 미래에 회피가 불가능한 원가가 된다. 이와 같은 미래에 회피가 불가능한 고정제조간접원가는 자산으로 인정할 수 없으므로 제품원가를 구성할 수 없고 발생 즉시 기간원가로 처리해야 한다는 것이다.

(2) 성과평가면

[그림 4] 공헌손익계산서

Ⅰ. 매 출 액		×××
Ⅱ. 변동매출원가		
1. 기초제품재고액	×××	
2. 당기제품제조원가	×××	
3. 기말제품재고액	×××	×××
Ⅲ. 제조공헌이익		×××
Ⅳ. 변동판매비와관리비		×××
Ⅴ. 공헌이익		×××
Ⅵ. 고정비		
1. 고정제조간접원가	×××	
2. 고정판매비와관리비	×××	×××
Ⅶ. 영업이익		×××

변동원가계산에서 이익은 판매량에 의해 결정된다. 그러나 전부원가계산에서 이익은 생산량과 판매량, 즉 재고량의 증감에 따라 결정된다. 즉 전부원가계산에서는 생산량이 증가하면 이익이 증가하는 문제점이 있으나, 변동원가계산에서는 이익이 판매량에 따라 증감하므로 생산량과 판매량에 의해 결정되는 재고량의 증감에 따라

이익이 영향을 받을 가능성을 배제한다. 그리고 손익계산서는 전통적인 기능적 손익계산서를 작성하지 않고 **공헌손익계산서(contribution income statement)**를 작성한다.

(3) 의사결정면

변동원가계산을 위해서는 원가를 변동원가와 고정원가로 구분하여야 한다. 이와 같이 원가를 변동원가와 고정원가로 구분하게 되면 CVP분석 등 단기의사결정에 유용한 정보를 제공하게 된다. 예컨대, 제품별 수익성 비교 및 상이한 조업도 수준에서의 기대이익 비교 등을 통해 기업에 가장 유리한 대체안을 선택할 수 있으며, 공헌이익개념을 활용하는 변동원가계산은 부품의 자가제조 또는 외부구입, 특별주문의 수락여부 등 다양한 단기의사결정에 유용한 정보를 제공할 수 있다.

2) 변동원가계산의 한계

(1) 고정원가의 회수

변동원가계산에서는 고정제조간접원가를 포함하여 제품제조시 발생하는 모든 제조원가는 제품원가에 포함되어야 한다는 개념(cost attach concept)을 무시하고 있다. 즉 전부원가계산 주창자들에 의하면 자산을 **미래용역잠재력(future service potential)**으로 정의하여, 미래에 용역(서비스)을 제공할 수 있는 잠재력을 갖춘 것은 모두 자산으로 인정하여야 한다는 것이다[3]. 결국 장기적인 관점에서 볼 때 고정제조간접원가도 미래에 용역을 제공할 수 있는 잠재력을 갖고 있기 때문에 자산으로 간주하여야 할 것이다.

(2) 의사결정면

변동원가계산에 의한 가격의사결정은 단기적으로 유용하나, 가격결정시 고정제조간접원가를 제품원가에 포함시키지 않으므로 **원가가산가격결정(cost plus pricing)**에 의한 경우 장기적으로는 고정제조간접원가를 회수할 수 없는 문제가 발생한다.

(3) 기타

실무적으로 원가를 고정원가와 변동원가로 구분하는 것이 쉽지 않으며, 변동원가

---

3) 미래에 용역(서비스)을 제공할 수 있는 잠재력을 갖춘 것은 모두 자산으로 인정하여야 한다는 개념을 '용역잠재력설'이라고 한다.

계산은 외부보고용으로 인정받지 못하므로 변동원가계산에 의한 이익을 전부원가 계산에 의한 이익으로 전환해야 하는 문제 등이 있다.

3. 전부원가계산과의 비교

변동원가계산방법을 전부원가계산방법과 비교하여 요약해 보면 다음과 같다.

[그림 5] 변동원가계산과 전부원가계산의 비교

구 분	변동원가계산	전부원가계산
1. 주요목적	계획수립 및 통제	외부보고목적
2. 제품원가	변동제조원가	변동 및 고정제조원가
3. 기간원가	고정제조원가 변동판매비와관리비 고정판매비와관리비	변동판매비와관리비 고정판매비와관리비
4. 손익계산서 형식	공헌이익 접근법	원가기능 접근법
5. 이익함수	p=f(판매량)	p=f(판매량, 생산량) =f(재고량)
6. 순이익		
1) 생산량 〉 판매량	상대적으로 적다.	상대적으로 많다.
2) 생산량 〈 판매량	상대적으로 많다.	상대적으로 적다.
3) 생산량 = 판매량	동일하다.	동일하다.
7. 순이익 조정*	변동원가계산 순이익 +기말재고 고정제조간접원가 -기초재고 고정제조간접원가 =전부원가계산 순이익	전부원가계산 순이익 -기말재고 고정제조간접원가 +기초재고 고정제조간접원가 =변동원가계산 순이익
8. 장점	각종 단기적 의사결정과 성과평가에 활용 가능 불필요한 재고누적 방지	일반적으로 인정된 회계원칙에서 인정하는 방법 장기적 의사결정에 활용
9. 단점	일반적으로 인정된 회계원칙에서 인정하지 아니함 고정원가의 중요성 간과 가능	불필요한 재고누적 초래 가능

* 기초 및 기말재고자산의 단위당 고정제조간접원가가 동일한 경우는 다음과 같이 계산할 수 있다.

변동원가계산 순이익	전부원가계산 순이익
+(기말재고량-기초재고량)	+(기초재고량 -기말재고량)
×단위당 고정제조간접원가	×단위당 고정제조간접원가
=전부원가계산 순이익	=변동원가계산 순이익

기업 실무조사 : 기업에서 변동원가계산의 활용도

각국의 기업실무조사에서는 대개 30%에서 50%의 기업이 내부회계시스템에 변동원가계산을 활용하고 있는 것으로 보고하고 있다.

	미국	캐나다	호주	일본	스웨덴	영국
변동원가계산 사용	31%	48%	33%	31%	42%	52%
전부원가계산 사용	65	52	} 67	} 69	} 58	} 48
기타	4	0				

현재까지의 조사에서는 초변동원가계산(재료처리량 원가계산)의 사용을 조사하지 않았다. 많은 기업들은 내부보고용으로는 변동원가계산을 사용하지만, 외부보고용 또는 세무보고용으로 전부원가계산을 사용하고 있다.

변동원가계산방법을 사용하는 기업은 내부보고시스템에서 고정제조간접원가를 어떻게 처리하는가?

	호주	일본	영국
고정제조간접원가를 기말재고와 매출원가에 배분	41%	39%	25%
변동원가계산은 매월마다, 연말에는 전부원가계산으로 변환	11	8	4
변동원가계산과 전부원가계산을 병행하여 사용하는 이중시스템	23	33	31
고정제조간접원가를 기간원가로 처리	25	3	35
기타	0	17	5

변동원가계산을 사용하는 기업들이 보고하는 가장 공통적 문제점은 원가를 고정원가와 변동원가로 분류하기 어렵다는 점이다.

4. 변동원가계산의 예시

이하에서는 KS제조(주)의 원가자료로 변동원가계산을 전부원가계산과 비교하여 예시하고자 한다.

사례 1

KS제조(주)의 2014년도의 자료는 다음과 같다. 이하의 자료로 요구사항에 답하시오.

기초재고량	0단위
생산량	800
판매량	600
판매가격	₩1,000/단위
변동제조원가	
직접재료원가	₩110/단위
직접노무원가	40
제조간접원가	50
변동판매비	190/단위
고정제조간접원가	₩120,000
고정판매비	₩108,000

예산생산량 및 판매량은 실제생산량 및 판매량과 일치한다고 가정한다.

요구사항

1. 전부원가계산에 의한 손익계산서를 작성하시오.

2. 변동원가계산에 의한 손익계산서를 작성하시오.

3. 두 방법에 의한 손익의 차이의 원인을 분석하시오.

해설

1. 전부원가계산에 의한 손익계산서

Ⅰ. 매출액(@₩1,000, 600단위)			₩600,000
Ⅱ. 매출원가			
1. 기초제품재고액		0	
2. 당기제품제조원가			
변동제조원가(@₩200, 800단위)	160,000		
고정제조원가	120,000	280,000	
3. 기말제품재고액(@₩350*, 200단위)		70,000	210,000
Ⅲ. 매출총이익			390,000
Ⅳ. 판매비와관리비			
1. 변동판매비(@₩190, 600단위)		114,000	
2. 고정판매비		108,000	222,000
Ⅴ. 영업이익			₩168,000

* 전부원가계산에서의 단위당 제품원가는 @₩350[=₩110+₩40+₩50+(₩120,000/800단위)]이다. 즉 전부원가계산에서는 직접재료원가, 직접노무원가, 변동제조간접원가, 고정제조간접원가 모두가 제품원가가 된다.

2. 변동원가계산에 의한 손익계산서

Ⅰ. **매출액(@₩1,000, 600단위)**			₩600,000
Ⅱ. **변동원가**			
1. **제조원가**			
기초제품재고액	0		
당기제품제조원가(@₩200, 800단위)	160,000		
기말제품재고액(@₩200*, 200단위)	40,000	120,000	
2. **판매비(@₩190, 600단위)**		114,000	234,000
Ⅲ. **공헌이익**			366,000
Ⅳ. **고정원가**			
1. **제조원가**		120,000	
2. **판매비**		108,000	228,000
Ⅴ. **영업이익**			₩138,000

* 변동원가계산에서의 단위당 제품원가는 @₩200(=₩110+₩40+₩50)이다. 즉 변동원가계산에서는 직접재료원가, 직접노무원가, 변동제조간접원가만이 제품원가가 된다.

3. 두 방법하의 영업이익

고정제조간접원가	**발생액**	**비용화된 금액**	**잔 액**
전부원가계산	₩120,000	₩90,000	₩30,000
변동원가계산	120,000	120,000	0

이 경우 변동원가계산에서는 고정제조간접원가 ₩120,000이 모두 당기에 비용화되나, 전부원가계산에서는 ₩90,000이 비용화되고 나머지 ₩30,000은 기말재고에 포함하여 자산으로 이연된다. 따라서 전부원가계산에서는 직접원가계산에 비해 ₩30,000 만큼 비용이 적게 계상되어 동액만큼 영업이익이 많게 된다. 이것은 변동원가계산과 전부원가계산에서 제조원가를 다음과 같이 회계처리하기 때문이다.

	변동원가계산	**전부원가계산**
변동제조원가: @₩200	제품원가	제품원가
고정제조원가: 120,000	기간원가	제품원가
	(₩120,000)	(@₩150)

두 방법하의 영업이익은 다음의 계산식을 이용하여 전환할 수도 있다.

변동원가계산 순이익	전부원가계산 순이익
+(기말재고량 − 기초재고량)	+(기초재고량 − 기말재고량)
×단위당 고정제조간접원가	×단위당 고정제조간접원가
=전부원가계산 순이익	=변동원가계산 순이익
₩138,000	₩168,000
+(200단위 − 0단위)×@₩150	+(0단위 − 200단위)×@₩150
=₩168,000	=₩138,000

사례 2

다음의 자료는 KS제조(주)의 생산 및 원가자료이다. 요구사항에 답하시오.

	2014년	2015년	2016년
기초재고량	0단위	200단위	50단위
생산량	800	500	1,000
판매량	600	650	750
기말재고량	200	50	300
판매가격	₩1,000/단위		
변동제조원가			
직접재료원가	₩110/단위		
직접노무원가	40		
제조간접원가	50		
변동판매비	190/단위		
고정제조간접원가	연간 ₩120,000		
고정판매비	연간 ₩108,000		

단, 고정제조간접원가는 연간 기준조업도 800단위를 기준으로 배분하며, 원가차이(조업도차이)는 매출원가에 가감한다.

요구사항

1. 전부원가계산에 의한 각 연도별 손익계산서를 작성하시오.

2. 변동원가계산에 의한 각 연도별 손익계산서를 작성하시오.

3. 두 방법에 의한 각 연도별 손익차이의 원인을 분석하시오.

해설

1. 전부원가계산에 의한 손익계산서

		2014년		2015년		2016년
Ⅰ. **매출액**		₩600,000		₩650,000		₩750,000
(@ 1,000, 600; 650; 750단위)						
Ⅱ. **매출원가**						
1. **기초제품재고액** (@₩350, 0; 200; 50)	₩0		₩70,000		₩17,500	
2. **당기제품제조원가**						
변동제조원가 (@₩200, 800; 500, 1,000 단위)	160,000		100,000		200,000	
고정제조원가	120,000		75,000		150,000	
3. **기말제품재고액** (@₩350*, 200; 50; 300단위)	70,000		17,500		105,000	
4. **원가차이**4)	0	210,000	(+)45,000	272,500	(−)30,000	232,500
Ⅲ. **매출총이익**		390,000		377,500		517,500
Ⅳ. **판매비와관리비**						
1. **변동판매비** (@₩190, 600; 650; 750단위)	114,000		123,500		142,500	
2. **고정판매비**	108,000	222,000	108,000	231,500	108,000	250,500
Ⅴ. **영업이익**		₩168,000		₩146,000		₩267,000

4) 원가차이(즉 조업도차이)는 전부원가계산에서만 존재한다. 그 이유는 변동원가계산이나 초변동원가계산에서 고정제조간접원가는 모두 발생 즉시 기간원가로 처리되기 때문이다. 이 원가차이 즉 조업도차이는 연간 기준조업도 800단위를 기준으로 고정제조간접원가를 배분함에 따라 발생한 것이다. 그러므로 생산수량이 기준조업도와 상이할 때 (생산)조업도차이가 발생한다. 예컨대, 2014년의 경우 생산수량과 기준조업도가 일치하므로 조업도차이가 발생하지 않으나, 2015년과 2016년은 생산수량과 기준조업도가 일치하지 않으므로 조업도차이가 발생한다.
즉 2015년의 경우 생산수량은 500단위이므로 예상생산량인 기준조업도보다 300단위 적게 생산되어 그 결과 불리한 조업도차이 ₩45,000이 발생하였으며, 2016년의 경우 생산수량은 1,000단위이므로 예상생산량인 기준조업도보다 200단위 많이 생산되어 그 결과 유리한 조업도차이 ₩30,000이 발생하였다. 이 경우 불리한 조업도차이 ₩45,000은 제품원가에 과소배분(underapplied)되었으므로 매출원가에 가산하여야 하며, 유리한 조업도차이 ₩30,000은 제품원가에 과대배분(overapplied)되었으므로 매출원가에서 차감하여야 한다.

@₩150×(800단위−800단위) = ₩0
@₩150×(800단위−500단위) = ₩45,000(U)(과소배분)
@₩150×(800단위−1,000단위) = ₩30,000(F)(과대배분)

U : 불리한 차이　　F : 유리한 차이

2. 변동원가계산에 의한 손익계산서

		2014년		2015년		2016년
Ⅰ. 매출액		₩600,000		₩650,000		₩750,000
(@₩1,000, 600; 650; 750단위)						
Ⅱ. 변동원가						
1. **제조원가**						
기초제품재고액	0		₩40,000		₩10,000	
(@₩200, 0; 200; 50)						
당기제품제조원가						
변동제조원가	160,000		100,000		200,000	
(@₩200, 800; 500, 1,000단위)						
기말제품재고액	40,000		10,000		60,000	
(@₩200, 200; 50; 300단위)						
합 계	120,000		130,000		150,000	
2. **판매비**	114,000	234,000	123,500	253,500	142,500	292,500
(₩190, 600; 650, 750단위)						
Ⅲ. 공헌이익		366,000		396,500		457,500
Ⅳ. 고정원가						
1. **제조원가**	120,000		120,000		120,000	
2. **판매비**	108,000	228,000	108,000	228,000	108,000	228,000
Ⅴ. 영업이익*		₩138,000		₩168,500		₩229,500

* 앞에서 변동원가계산에서의 이익은 판매량의 함수라고 하였으며, 전부원가계산에서의 이익은 생산량과 판매량, 즉 재고량의 함수라고 하였다. 즉 변동원가계산방법하에서는 판매량이 증가하면 이익이 증가하나, 전부원가계산방법 하에서는 재고량이 증가하면 이익이 증가한다는 의미이다. 따라서 변동원가계산방법에 의한 기간별 영업이익의 변화도 단위당 공헌이익과 고정원가가 일정한 경우 판매수량의 변화에 의해 증감한다. 위 KS제조(주)의 경우에서 보는 바와 같이 2014년과 2015년간의 영업이익의 차이는 판매량의 변화에 따라 발생하며, 다음과 같이 계산할 수 있다.

영업이익의 변동액 = 단위당 공헌이익 × 판매량의 변화

영업이익의 변동액 = 단위당 공헌이익**×판매량의 변화
= @₩610×(650단위－600단위)
= @₩610×50단위(증가)
= ₩30,500(증가)***

이와 같이 2015년의 영업이익이 2014년보다 ₩30,500 증가하였는데 그것은 2014년에 비해 2015년의 판매량이 50단위만큼 증가하였기 때문이다.

** 판매가격－변동원가＝₩1,000－(₩110＋₩40＋₩50＋₩190)＝₩610
*** ₩168,500－₩138,000

3. 두 방법하의 영업이익의 차이

	2014년	2015년	2016년
변동원가계산 순이익	₩138,000	₩168,500	₩229,500
+ **기말재고 고정제조간접원가***	+30,000	+ 7,500	+ 45,000
− **기초재고 고정제조간접원가**	− 0	− 30,000	− 7,500
= **전부원가계산 순이익**	₩168,000	₩146,000	₩267,000

* @₩150× (200단위; 50단위; 300단위)

한편 기초 및 기말재고자산의 단위당 고정제조간접원가가 동일한 경우는 다음과 같이 계산할 수 있다.

	2014년	2015년	2016년
변동원가계산 순이익	₩138,000	₩168,500	₩229,500
+ **(기말재고량 − 기초재고량)**	+(200 − 0)	+(50 − 200)	+(300 − 50)
× **단위당 고정제조간접원가**	× @₩150	× @₩150	× @₩150
= **전부원가계산 순이익**	₩168,000	₩146,000	₩267,000

제2절 초변동원가계산

1. 전통적 원가계산과 성과평가

일반적으로 대부분의 기업들은 외부보고를 위한 재고평가방법으로서 전부원가계산을 사용하며, 내부보고용으로 변동원가계산을 사용하고 있다. 그러나 이들 방법 모두 바람직하지 못한 과잉의 재고자산을 쌓게 할 여지를 남기고 있다. 특히 전부원가계산을 사용하는 경우 만일 경영자에 대한 보상이 영업이익에 따라 결정된다고 하면 수요에 관계없이 생산을 증가시킴으로써 영업이익을 증대시키려는 동기를 유발시킬 수 있다.

KS제조(주)의 경영자에게 영업이익에 따라 상여금을 지급할 계획이 있다고 가정해보자. [그림 6]은 2015년도 KS제조(주)의 판매량이 일정한 경우 전부원가계산에 의한 영업이익이 생산량이 변화함에 따라 어떻게 변화하는가를 보여주고 있다. 이 그림에서는 조업도차이를 기말에 매출원가에 포함시켰다. 2015년도의 200단위의 기초재고량과 650단위의 판매량은 앞의 [사례 2]와 같다.

[그림 6] 생산량에 따른 전부원가계산의 영업이익이 미치는 영향

(수량자료)						
기초재고량	200단위		200		200	
생산량	450		650		800	
판매량	650		650		650	
기말재고량	0		200		350	
(손익계산서)						
Ⅰ. 매출액		₩650,000		₩650,000		₩650,000
Ⅱ. 매출원가						
기초재고액	70,000		70,000		70,000	
변동제조원가	90,000		130,000		160,000	
고정제조원가	67,500		97,500		120,000	
계	227,500		297,500		350,000	
기말재고액	0		70,000		122,500	
원가차이*	52,500 (U)	280,000	22,500 (U)	250,000	0	227,500
Ⅲ. 매출총이익		370,000		400,000		422,500
Ⅳ. 판매비		231,500		231,500		231,500
Ⅴ. 영업이익		₩138,500		₩168,500		₩191,000

* 단위당 고정제조간접원가×(기준조업도－실제생산량)
@₩150×(800단위－450단위)＝₩52,500(U)
@₩150×(800단위－650단위)＝₩22,500(U)
@₩150×(800단위－800단위)＝₩0

[그림 6]에 의하면 판매량은 동일하게 650단위이나 생산량이 각각 450단위, 650단위, 800단위로 증가함에 따라 기말재고량도 0단위에서 200단위, 350단위로 증가하고, 이것과 함께 영업이익도 점차 증가하고 있음을 알 수 있다. 그리고 그 증가하는 영업이익은 기말재고량이 1단위 증가할 때마다 @₩150씩 증가시키고 있다는 것을 알 수 있다. 즉 기말재고량이 0단위에서 200단위, 350단위로 증가함에 따라 영업이익은 ₩30,000, ₩52,500이 증가하는 것을 알 수 있다.

단위당 고정제조간접원가×재고량의 변화＝영업이익의 변동액
@₩150×(200단위－0단위)＝₩30,000(증가)
@₩150×(350단위－0단위)＝₩52,500(증가)

이상에서 보는 바와 같이 KS제조(주)의 경영자가 만일 영업이익에 따라 보상을 받게 된다면 당연히 그는 판매에 관계없이 생산을 증가시킴으로써 영업이익을 증대시킬 것이며, 그 결과 바람직하지 못한 과잉의 재고자산이 쌓이게 될 것이다. 위의 예는 2015년에 한정한 것이지만 KS제조(주)의 경영자는 2016년에도 영업이익을 증가시키기 위해 기말재고를 더욱 증대시킬 것이다.

기업에서 변동원가계산을 도입하여 내부보고목적으로 활용하는 경우 경영자가 생산을 증대시킴으로써 영업이익을 증대시키려는 유인을 감소시킬 수 있다. 물론 이 유인은 초변동원가계산(재료처리량 원가계산, throughput costing, super-variable costing)을 도입하여 활용하면 더욱 감소시킬 수 있다. 이 초변동원가계산은 변동원가계산에서 보다 적은 원가가 재고화되기 때문이다. 재고자산의 감소는 자금이 재고자산에 덜 묶인다는 것을 의미하며, 더 나아가 재고관리를 위한 비용(재고의 손상이나 진부화비용 포함)이 줄어든다는 면에서 원가관리 측면에서도 유용하다.

2. 초변동원가계산의 개념

기존의 원가계산방법을 비판하는 사람들은 변동원가계산방법 조차도 과잉의 재고를 쌓게 할 여지가 있다고 주장한다. 초변동원가계산에서는 직접재료원가만이 "진실한 변동원가"라고 주장하고 초변동원가계산을 사용할 것을 권고하고 있다.

초변동원가계산(재료처리량 원가계산, throughput costing, super-variable costing)에서는 단지 직접재료원가만을 진정한 변동원가로 보고 제품원가(재고가능원가)로 간주한다. 따라서 이 방법에서는 직접재료원가를 제외한 모든 원가는 발생한 기간원가(기간비용)로 처리한다.

3. 초변동원가계산의 예시

[그림 7]은 앞의 [사례 2]를 토대로 작성한 KS제조(주)의 초변동원가계산에 의한 손익계산서이다. 여기서 **재료처리량 공헌이익(throughput contribution)**은 매출액에서 직접재료 매출원가를 차감한 것이다.

재료처리량 공헌이익 = 매출액 − 직접재료 매출원가

[그림 7] 초변동원가계산(재료처리량 원가계산)에 의한 손익계산서

	2014년		2015년		2016년	
Ⅰ. 매출액		₩600,000		₩650,000		₩750,000
(@₩1,000, 600; 650; 750단위)						
Ⅱ. 직접재료 매출원가						
기초재고액		0		₩22,000		₩5,500
(@₩110, 0; 200; 50)						
직접재료		88,000		55,000		110,000
(@₩110, 800; 500, 1,000)						
기말재고		22,000		5,500		33,000
(@₩110, 200; 50, 300)						
원가차이*	0	66,000	0	71,500	0	82,500
Ⅲ. 재료처리량 공헌이익**		534,000		578,500		667,500
Ⅳ. 기타비용						
1. 제조원가***	192,000		165,000		210,000	
2. 판매비****	222,000	414,000	231,500	396,500	250,500	460,500
Ⅴ. 영업이익		₩120,000		₩182,000		₩207,000

* 고정제조간접원가가 제품원가에 포함되지 않으므로 원가차이(조업도차이)가 발생하지 않는다.

** 매출액－직접재료 매출원가

*** 고정제조간접원가＋[(직접재료원가를 제외한) 단위당 변동원가×생산량);
₩120,000＋(₩40＋₩50)×800; 500; 1,000단위

**** 고정판매비＋(단위당 변동판매비×판매량); ₩108,000＋₩190×600; 650; 750단위

[그림 7]의 초변동원가계산에 의한 영업이익을 앞의 [사례 2]의 전부원가계산과 변동원가계산에 의한 영업이익과 비교해보면 다음과 같다.

	2014년	2015년	2016년
전부원가계산 영업이익	₩168,000	₩146,000	₩267,000
변동원가계산 영업이익	138,000	168,500	229,500
초변동원가계산 영업이익	120,000	182,000	207,000

여기서 알 수 있는 바와 같이 초변동원가계산에서는 직접재료원가 @₩110만이 재고자산의 원가가 된다. 이것은 전부원가계산에서는 @₩350, 변동원가계산에서는 @₩200이었다. 2014년이나 2016년과 같이 생산량이 판매량을 초과할 때, 즉 재고량이 증가할 때 초변동원가계산에서 가장 많은 금액이 비용화된다. 다시 말해 생산량이 판매량을 초과할 때 초변동원가계산에서 가장 많은 금액이 비용화되므로 영업이익은 전통적인 원가계산에 의한 경우보다 적게 계산된다.

그리고 변동원가계산에 의한 영업이익과 초변동원가계산에 의한 이익차이인

2014년의 ₩18,000, 2015년의 ₩13,500, 2016년의 ₩22,500은 재고량의 변화에 대한 변동제조원가 중 직접재료원가를 제외한 직접노무원가와 변동제조간접원가에 해당하는 만큼의 차이라고 할 수 있다.

변동원가계산에 의한 영업이익 − 초변동원가계산에 의한 영업이익
= (기말재고량 − 기초재고량) × (단위당 직접노무원가 + 단위당 변동제조간접원가)

즉, 변동원가계산에 의한 영업이익과 초변동원가계산에 의한 영업이익의 차이는 다음과 같이 계산할 수 있다. 여기서 보는 바와 같이 생산량이 판매량을 초과하는 경우 즉, 재고량이 증가하는 경우는 초변동원가계산에 의한 이익이 변동원가계산에 의한 이익보다 적으며, 반대로 판매량이 생산량을 초과하는 경우 즉, 재고량이 감소하는 경우는 초변동원가계산에 의한 이익이 변동원가계산에 의한 이익보다 많다는 것을 알 수 있다.

2014년 : (200단위 − 0단위) × (₩40 + ₩50) = ₩18,000
2015년 : (50단위 − 200단위) × (₩40 + ₩50) = ₩13,500
2016년 : (300단위 − 50단위) × (₩40 + ₩50) = ₩22,500

이에 따라 초변동원가계산을 지지하는 사람들은 이 방법이 변동원가계산이나 특히 전부원가계산을 적용할 때보다 과도한 재고축적의 유인을 제거시킨다고 주장한다. 즉 초변동원가계산을 사용하는 경우 불필요한 재고의 증가를 방지하는 효과가 가장 크게 나타날 수 있기 때문이다. 이 때문에 초변동원가계산은 과잉생산을 하지 않도록 유도한다는 면에서 오늘날 적시생산방식(just−in−time; JIT)과 재고를 적게 유지하려는 입장에서는 그 맥락을 같이 한다고 할 수 있다.

제4장

기본적 CVP분석과 확장

기업은 적정한 목표이익을 창출해야만 유지, 성장, 발전을 하게 된다. 경영자는 목표이익을 달성하기 위해 이익계획을 수립하여 그 실현가능성을 검토하게 된다. 목표이익은 목표매출액에서 발생원가를 차감하여 계산되므로 경영자는 매출액의 변동에 따라 원가가 어떻게 변하고, 그 결과 이익은 얼마나 증감하는가에 대한 회계정보를 필요로 한다. 따라서 본 장에서는 매출액의 단기적 변화가 기업의 수익성에 미치는 영향을 분석하는 원가-조업도-이익(cost-volume-profit; CVP) 분석방법에 대해 기본적 CVP분석과 기본적 CVP분석의 확장으로 나누어 설명하기로 한다.

제1절 기본적 CVP분석

1. 기본적 CVP분석의 기초

1) CVP분석의 의의

원가-조업도-이익분석(Cost-Volume-Profit Analysis ; CVP분석, 이하 CVP 분석으로 약칭함.)이란 조업도의 변화가 원가와 이익에 미치는 영향을 분석하는 기법을 말한다. CVP분석은 조업도의 변화에 따라 원가가 어떻게 변화하며, 그 결과 이익이 어떻게 변화하는가를 알아보는 것으로 원가, 조업도, 이익의 상호관계를 분석하는 기법을 말한다.

여기서 조업도(Volume)는 생산량 또는 판매량을 말하며, 원가(Cost)는 CVP분석이 기초 및 기말재고자산은 없거나 동일하다고 가정하기 때문에 제품원가(당기총제조원가)와 기간비용(판매비와 관리비)을 포함한 금액을 나타내고, 이익(Profit)은 수익에서 원가를 차감한 금액이다.

2) CVP분석의 가정

CVP분석은 다음과 같은 가정 하에서 이루어진다.

① 기초재고자산과 기말재고자산은 동일하거나 없다고 가정한다. 즉, 제품의 생산량과 판매량은 같다고 가정한다.

② 원가에 영향을 미치는 요인은 조업도뿐이라고 가정한다. 원가에 영향을 미치는 요인으로는 조업도 이외에 생산요소의 가격변화, 기술변화, 작업능률 등의 많은 요인이 있으나, 가장 직접적이고 많은 영향을 미치는 요인은 조업도이기 때문에 조업도만을 고려하며 다른 요인은 일정하다고 가정한다.

③ 모든 원가는 고정원가와 변동원가로 구분할 수 있으며 제품 단위당 변동원가는 일정하고, 고정원가는 조업도와 관계없이 일정하게 발생한다고 가정한다.

④ 판매대상이 되는 제품의 종류는 하나이며, 제품 단위당 판매가격은 일정하다고 가정한다. 만일 여러 제품을 판매하는 경우에는 제품의 매출배합(sales mix) 비율이 일정하다고 가정한다.

⑤ 분석기간은 단기간이며, 따라서 화폐의 시간적 가치는 고려하지 않는다.

3) CVP분석의 주요 개념

(1) 공헌이익

공헌이익(contribution margin)이란 매출액에서 총변동원가를 차감한 금액을 말한다. CVP모형은 단위당 판매가격이 일정하다고 가정하므로 총수익, 즉 매출액은 제품 단위당 판매가격에 판매량을 곱한 것이 되며, 총원가는 총변동원가와 총고정원가를 합한 것이 된다. 따라서 이익은 총수익에서 총원가를 차감한 금액이므로 다음과 같이 계산된다.

이익 = 총수익 − 총원가
= (제품 단위당 판매가격×판매량) − (총변동원가 + 총고정원가)
$= p\times q-(v\times q+F)\ =(p-v)\times q-F$

여기서 p : 제품 단위당 판매가격　　q : 판매량
v : 제품 단위당 변동원가　　F : 총고정원가

위 식에서 제품 단위당 판매가격에서 제품 단위당 변동원가를 차감한 금액을 **제품단위당 공헌이익(unit contribution margin; UCM)**이라고 하며, 제품 단위당 공헌이익에 판매량을 곱한 전체 공헌이익을 총공헌이익 또는 단순히 **공헌이익(contribution margin; CM)**이라고 한다. 공헌이익은 총수익인 매출액에서 총변동원가를 차감한 금액과 같다.

제품 단위당 공헌이익 = 제품 단위당 판매가격 − 제품 단위당 변동원가
$= p-v$
공헌이익 = 매출액 − 총변동원가 $=(p\times q)-(v\times q)\ =(p-v)\times q$

공헌이익은 매출액에서 변동원가를 이미 차감한 금액이므로, 고정원가를 회수하는데 충당되어야 하며 고정원가가 모두 회수되면 비로소 이익을 창출하는데 공헌하는 이익이다. 따라서 공헌이익이 고정원가를 모두 회수하지 못하면 손실이 발생하고, 반대로 고정원가를 모두 회수한 후에는 이익이 나타나게 된다.

공헌이익을 높이기 위해서는 제품 단위당 판매가격(p)을 인상하거나, 제품 단위당 변동원가(v)를 감소시키거나 또는 판매량(q)을 증가시켜야 한다.

(2) 공헌이익률

공헌이익률(contribution margin ratio 또는 contribution margin percentage)이란 매출액에 대한 공헌이익의 비율을 말한다. 공헌이익률은 공헌이익과 매출액의 상대적 비율 또는 제품 단위당 공헌이익과 제품 단위당 판매가격의 상대적 비율로 매출액의 몇 %가 공헌이익인가를 의미한다.

$$
\begin{aligned}
\text{공헌이익률} &= \frac{\text{제품 단위당 공헌이익}}{\text{제품 단위당 판매가격}} \\
&= \frac{\text{제품 단위당 판매가격} - \text{제품 단위당 변동원가}}{\text{제품 단위당 판매가격}} \\
&= (p - v)/p
\end{aligned}
$$

기업이 여러 제품을 생산하는 경우에는 단위당 공헌이익보다 공헌이익률 개념이 경영자의 의사결정에 더 유용한 정보를 제공한다. 이것은 비율의 형태인 공헌이익률이 제품 간의 수익성을 평가하는데 보다 용이하기 때문이다. 따라서 경영자들은 이익을 극대화하기 위해 단위당 공헌이익보다는 공헌이익률이 큰 제품의 판매 증가를 위해 노력하여야 한다.

2. 손익분기점분석

1) 손익분기점의 개념

손익분기점(break-even point ; 이하 BEP로 약칭함.)이란 총수익과 총원가가 일치하는 판매량 또는 매출액으로, 이익이 0이 되는 조업도를 말한다. 실무에서는 CVP분석을 단순하게 손익분기점분석으로 칭하고 있지만, 엄밀하게 보면 손익분기점분석은 CVP분석의 일부분이다. 총수익과 총원가가 만나는 점을 손익분기점이라고 하며, 이 손익분기점의 조업도(매출액이나 판매량)에서 기업의 이익은 0이 된다.

그러면 손익분기점에 관심을 갖는 이유는 무엇일까? 이것은 누구나 기업을 경영함에 있어서는 영업손실을 피하고 싶으며, 손익분기점은 손실을 피하기 위해 달성하여야 할 판매량(매출액) 수준을 알려주기 때문이다. 여기서 수익과 원가는 영업활동에서 발생한 것만을 말하며, 영업외수익 또는 영업외비용은 조업도와 직접 관련이 없으므로 제외하는 것이 원칙이다.

2) 손익분기점의 산출방법

손익분기점은 일반적으로 등식법(equation method), 공헌이익접근법(contribution margin method), 도표법(graph method) 등으로 산출할 수 있다. 이하에서는 등식법으로 손익분기점을 산출하는 방법으로 소개한다.

다음의 약어들은 본 장에서 공통으로 사용된다.

p = 단위당 판매가격	v = 단위당 변동원가
V = 총변동원가	F = 총고정원가
S = 매출액	X′ = 손익분기점 매출액

등식법에서는 다음의 식을 이용하여 손익분기점을 산출하는 방법이다.

총수익 = 총비용(총원가) + 이익 = 총변동원가 + 총고정원가 + 이익

이 경우 이익이 0인 경우가 손익분기점이다. 그리고 총변동원가는 변동제조원가와 변동판매비와 관리비를 합한 금액이며, 총고정원가는 고정제조원가와 고정판매비와 관리비를 합한 금액이다. 그러므로 위 식을 이용하여 손익분기점(매출액)을 구하면 다음과 같다.

손익분기점 매출액 = 총변동원가 + 총고정원가 + 이익(0)

$X' = V+F+0$ $X' = V/S \times X'+F+0$

$X'-V/S \times X' = F$ $X'(1-V/S) = F$

$\therefore X' = F/(1-V/S)$

즉 손익분기점 매출액은 총고정원가 / (1 – 총변동원가/매출액) 즉 총고정원가/공헌이익률로 산출하며, 손익분기점의 판매량은 총고정원가/단위당 공헌이익으로 산출한다.

3. 민감도 분석

기업에서 손익분기점만을 분석하는 것은 의미가 별로 없다. 기업은 손익분기점에 도달하려고, 즉 이익이 0이 되기 위해 경영활동을 하는 것이 아니므로 손익분기점과 원가-조업도-이익의 관계를 분석하여 예산편성, 경영의사결정 및 성과평가 등

에 적용하여 의사결정의 자료로 활용하여야 한다.

1) 민감도 분석의 의의

민감도 분석(sensitivity analysis)이란 독립변수의 하나 또는 그 이상의 변수가 변화할 때 종속변수의 민감도(반응도)를 분석하는 방법을 말하며, 여기서 독립변수로는 변동원가, 고정원가, 판매가격 등이 속하며, 종속변수로는 이익, 현금흐름 등이 속한다.

2) 민감도 분석의 유형

CVP분석에서는 관리적 의사결정을 위해 주로 ① 판매량의 변동, ② 판매가격의 변동, ③ 변동원가의 변동, ④ 고정원가의 변동 등의 요소들에 초점을 두어 민감도 분석이 이루어진다. 물론 이 ①, ②, ③, ④가 복합적으로 결합하여 변동하는 경우의 민감도 분석도 가능하다.

① 판매량의 변동

기업에서 판매량의 변동은 영업이익의 변동(증감)을 가져온다. 만일 상품의 판매로 인해 이미 고정원가를 모두 회수하고 있는 경우, 즉 상품판매로 이익이 발생하고 있는 경우 상품을 한 단위 추가로 판매할 때마다 단위당 공헌이익만큼의 이익이 증가할 것이며, 그 반대의 경우도 마찬가지일 것이다.

영업이익 변동액 = 판매량 변동분 × 단위당 공헌이익
= 매출액 변동액 × 공헌이익율

한편 특정한 판매량(매출액)일 때의 영업손익은 다음과 같이 계산한다.

영업이익 = 판매수량 × (단위당 판매가격 − 단위당 변동원가) − 고정원가
$= Qs \times (p - v) - F$
또는
영업이익 = 매출액 × 공헌이익율 − 고정원가
$= S' \times (1 - V/S) - F$
Qs : 판매수량, S' : 특정 매출액

또한 매출배합(sales mix ; 매출구성 또는 판매구성)이 변동하는 경우도 영업이익이 변동하며, 손익분기점이 변동한다.

[그림 1] 매출배합의 변동

(본래의 매출배합)

구 분	제품 A	제품 B	제품 C	합 계
매출액	₩7,500,000	₩6,000,000	₩1,500,000	₩15,000,000
제품구성비	50%	40%	10%	100%
변동원가(율)	₩4,200,000(56%)	₩3,120,000(52%)	₩690,000(46%)	₩8,010,000(53.4%)
공헌이익	₩3,300,000	₩2,880,000	₩810,000	₩6,990,000
공헌이익율	44%(최저)	48%(중간)	54%(최고)	46.6%
고정원가				₩4,500,000
영업이익				₩2,490,000
손익분기점				₩9,656,652
				(₩4,500,000/0.466)

(변동된 매출배합)

구 분	제품 A	제품 B	제품 C	합 계
매출액	₩3,000,000	₩7,500,000	₩4,500,000	₩15,000,000
제품구성비	20%	50%	30%	100%
변동원가(율)	₩1,680,000(56%)	₩3,900,000(52%)	₩2,070,000(46%)	₩7,650,000(51%)
공헌이익	₩1,320,000	₩3,600,000	₩2,430,000	₩7,350,000
공헌이익율	44%(최저)	48%(중간)	54%(최고)	49%
고정원가				₩4,500,000
영업이익				₩2,850,000
손익분기점				₩9,183,673
				(₩4,500,000/0.49)

[그림 1]에서 보는 바와 같이 매출배합이 변동됨에 따라 손익분기점은 물론 영업이익도 변동되었음을 알 수 있다. 즉 공헌이익율이 높은 제품의 매출배합을 증대시키면 시킬수록 기업의 영업이익은 증가하며, 손익분기점은 낮아진다.

② 판매가격의 변동

기업에서 판매가격의 변동은 영업이익의 변동(증감)을 가져온다. 다른 요소의 수준을 그대로 유지하면서 판매가격을 변동시키는 경우는 단위당 공헌이익의 변동을 가져오며, 이것은 곧 영업이익의 변동(증감)을 초래한다.

영업이익 변동액 = 판매량 × 판매가격의 변동분

한편 판매가격의 변동은 손익분기점의 변동(증감)을 가져온다. 만일 다른 요소의 수준을 그대로 유지하면서 판매가격을 인상시키는 경우 손익분기점이 낮아지며, 반대로 판매가격을 인하시키는 경우 손익분기점이 높아진다.

[판매가격이 r율만큼 변동하는 경우의 손익분기점]

손익분기점 판매량 = 총고정원가/[단위당 판매가격(1±r)−단위당 변동원가]

= F/[p(1±r)−v]

또는

손익분기점 매출액 = 총고정원가/[1−변동원가/매출액(1±r)]

= F/[1−V/S(1±r)]

③ 변동원가의 변화

기업에서 변동원가의 변동은 영업이익의 변동을 가져온다. 다른 요소의 수준을 그대로 유지하면서 변동원가를 변동시키는 경우는 단위당 공헌이익(또는 공헌이익율)의 변동을 가져오며, 이것은 곧 영업이익의 변동(증감)을 초래한다.

영업이익 변동액 = 판매량×변동원가의 변동분

한편 변동원가의 변동은 손익분기점의 변동을 가져온다. 만일 다른 요소의 수준을 그대로 유지하면서 변동원가가 증가하는 경우 단위당 공헌이익(또는 공헌이익율)이 낮아지며, 그 결과 손익분기점이 높아지며, 반대로 변동원가가 감소하는 경우 단위당 공헌이익(또는 공헌이익율)이 높아지며, 그 결과 손익분기점이 낮아진다.

[변동원가가 r율만큼 변동하는 경우의 손익분기점]

손익분기점 판매량 = 총고정원가/[단위당 판매가격−단위당 변동원가(1±r)]

= F/[p−v(1±r)]

또는

손익분기점 매출액 = 총고정원가/[1−변동원가(1±r)/매출액]

= F/[1−V(1±r)/S]

④ 고정원가의 변화

기업에서 고정원가의 변동은 영업이익의 변동을 가져온다. 다른 요소의 수준을 그대로 유지하면서 고정원가를 변동시키는 경우 동액(同額)만큼의 영업이익의 변동을 초래한다. 예컨대, 고정원가가 ₩10,000,000만큼 증가하면 영업이익은 ₩10,000,000만큼 감소하게 된다.

한편 고정원가의 변동은 손익분기점의 변동을 가져온다. 만일 다른 요소의 수준을 그대로 유지하면서 고정원가가 증가하는 경우 손익분기점은 동율(同率)만큼 변동한다.

[고정원가가 a만큼 증가하는 경우의 손익분기점]

손익분기점 판매량 = (총고정원가+a)/단위당 공헌이익
= (F+a)/(p−v)

또는

손익분기점 매출액 = (총고정원가+a)/공헌이익율
= (F+a)/(1−V/S)

KS사의 다음의 자료로 예를 들어보자. KS사의 손익분기점은 현재 60,000단위(금액으로는 ₩30,000,000)이다. 이 경우 만일 KS사가 월간 고정원가를 ₩6,000,000에서 ₩7,000,000으로 ₩1,000,000만큼 증가시키는 경우 손익분기점을 산출해 보면 손익분기점은 70,000단위(금액으로는 ₩35,000,000)가 되어 고정원가가 ₩1,000,000(즉 1/6)만큼 증가함에 따라 손익분기점도 10,000단위 또는 ₩5,000,000(즉 1/6)만큼 증가하게 된다.

	단위당 금액	판매가격에 대한 비율
판매가격	₩500	100%
변동원가	100	80%
공헌이익	₩100	20%
월간 고정원가(총액)	₩6,000,000	

기존의 손익분기점 판매량	= ₩6,000,000 / ₩100	= 60,000단위
기존의 손익분기점 매출액	= ₩6,000,000 / 20%	= ₩30,000,000
새로운 손익분기점 판매량	= ₩7,000,000 / ₩100	= 70,000단위
새로운 손익분기점 매출액	= ₩7,000,000 / 20%	= ₩35,000,000

그러나 고정원가의 변동은 공헌이익(율)에는 아무런 영향을 미치지 못한다. 이것은 공헌손익계산서에서 알 수 있듯이 공헌이익은 매출액에서 변동원가를 차감한 것으로 고정원가를 차감하기 전에 계산되기 때문이다.

참고

공헌이익과 고정원가의 관계

① 공헌이익 > 고정원가의 경우 : 이익이 발생한다.
② 공헌이익 = 고정원가의 경우 : 이익이 발생하지 않는다. 이 경우가 손익분기점이다.
③ 공헌이익 < 고정원가의 경우 : 손실이 발생한다.

3) 민감도 분석에 의한 의사결정

민감도 분석은 다음과 같은 문제에 직면하여 의사결정을 하는 경우에 많이 사용된다.

① 판매단가를 5% 인하하면 판매량이 현재보다 20% 증가할 경우 판매단가를 인하해야 하는가?
② 광고비용을 5,000만원 증가시킬 경우 판매량이 현재보다 20% 증가한다면 광고비용을 증액시킬 것인가?
③ 고정급으로 지급하던 판매원의 급여를 성과급으로 전환하면 판매량이 현재보다 15% 증가한다면 판매원의 급여시스템을 변경할 것인가?
④ 현재 사용되고 있는 재료보다 5% 비싼 고급 재료를 사용하여 제품생산을 할 경우, 판매량이 현재보다 10% 증가한다면 고급 재료를 사용할 것인가?

민감도 분석은 기본적으로 대체안의 공헌이익 변화액을 계산하여 공헌이익이 증가하면 대체안을 선택하고, 공헌이익이 감소하면 대체안을 기각한다. 그러나 대체안에 고정원가의 변화가 있으면 공헌이익에서 고정원가 변화액을 차감하여 이익 변화액을 계산한다. 그리고 대체안의 이익이 증가하면 채택하고, 감소하면 기각하는 의사결정을 한다.

이를 요약하면 다음 절차에 따라 민감도 분석을 수행한다.

① 변동원가 또는 판매가격의 변화에 따른 공헌이익 변화액을 계산한다.

② 공헌이익 변화액에서 고정원가 변화액을 차감하여 이익 변화액을 계산한다.

③ 이익이 증가(+)하면 채택하고, 감소(−)하면 기각하는 의사결정을 한다.

이익 변화액 = 공헌이익 변화액 − 고정원가 변화액

4) 민감도 분석에 의한 의사결정의 예

이하에서는 사례를 통하여 민감도 분석에 의한 의사결정의 예를 살펴보고자 한다.

사례 1

갑을회사는 K제품을 생산하여 판매하고 있으며, 제품생산과 판매에 관한 기초적인 원가수익 자료는 다음과 같다. 단, 고정원가는 월 ₩21,000,000이다.

	단위당	비율
판매가격	₩150,000	100%
변동원가	90,000	60
공헌이익	₩60,000	40%

요구사항

1. 현재 매월 400개(매출액 ₩60,000,000)의 K제품을 판매하고 있는 회사의 경우 월 광고비용을 ₩6,000,000을 증가시키면 월 매출액이 ₩18,000,000이 증가할 것으로 판단된다. 이 경우 광고비용을 증가시켜야 하는가?

2. 현재 매월 400개(매출액 ₩60,000,000)의 K제품을 판매하고 있는 회사의 경우 고품질의 부품을 사용할 것을 고려하고 있다. 이로 인해 변동원가가 단위당 ₩6,000이 증가할 것으로 판단된다. 이 경우 판매량이 월 480개로 증가할 것으로 예상될 때 이 방안을 채택해야 되는가?

3. 현재 매월 400개(매출액 ₩60,000,000)의 K제품을 판매하고 있는 회사의 경우 판매가격을 단위당 ₩12,000을 낮추고 광고비용을 월 ₩9,000,000 만큼 늘리기로 하였다. 이 경우 판매량이 50% 증가할 것으로 예상된다. 이에 대한 의사결정을 하시오.

해설

1.

공헌이익의 증가	: ₩18,000,000×40%	₩7,200,000
(−) **광고비용의 증가**	:	6,000,000
영업이익의 증가		₩1,200,000

의사결정 : 영업이익이 증가하므로 채택한다.

2.

예상되는 총공헌이익	: 480개×₩54,000 =	₩25,920,000
현재의 총공헌이익	: 400개×₩60,000 =	24,000,000
총공헌이익의 증가		₩1,920,000

의사결정 : 총공헌이익이 증가하므로 채택한다.

3.

예상되는 총공헌이익 :	400개×150%×₩48,000	=	₩28,800,000
현재의 총공헌이익 :	400개×₩60,000	=	24,000,000
공헌이익의 증가			4,800,000
(−) **고정원가의 증가**			9,000,000
영업이익의 감소			₩4,200,000

의사결정 : 영업이익이 감소하므로 그 의사결정을 기각한다.

4. 목표이익을 고려한 CVP분석

1) 특정의 목표이익(금액)을 달성하기 위한 판매량(매출액)

일반적으로 경영자는 손익분기점에서의 판매량보다는 일정한 목표이익을 달성하기 위한 판매량(매출액)에 더 많은 관심을 갖는다. 목표이익(g)을 달성하기 위한 판매량(매출액)은 손익분기점에서의 판매량(매출액)을 구하는 공식을 이용하여 다음과 같은 식을 제시할 수 있다.

총수익=총변동원가+총고정원가+(목표)이익

$$X = V/S \times X + F + g$$

$$X - V/S \times X = F + g$$

$$X(1 - V/S) = F + g$$

$$\therefore X = (F+g)/1 - V/S$$

(X : 매출액, g : 목표이익)

$$\text{즉 목표이익을 달성하기 위한 판매량} = \frac{F+g}{p-v}$$

$$\text{목표이익을 달성하기 위한 매출액} = \frac{F+g}{(p-v)/p}$$

즉 목표판매량 = (총고정원가 + 목표이익) / 단위당 공헌이익
또는 목표매출액 = (총고정원가 + 목표이익) / 공헌이익율의 계산식이 성립한다.

즉, 목표이익을 달성하기 위해서는 손익분기점의 판매량에 목표이익을 공헌이익으로 나눈 만큼의 수량을 추가로 더 판매하여야 한다.

2) 특정의 목표이익율(비율)을 달성하기 위한 판매량(매출액)

한편 목표이익을 금액으로 정하여 달성하고자 하는 경우와는 달리 특정한 목표매출액영업이익율(r)로 정하고 그것을 달성하기 위한 목표판매량(목표매출액)을 계산하는 것도 가능하다.

총수익=총변동원가+총고정원가+(목표)이익

$$X' = V/S\ X' + F + rX'$$

$$X' - V/SX' - rX' = F$$

$$X'(1 - V/S - r) = F$$

$$X' = F/(1 - V/S - r) = F/[1 - (V/S + r)]$$

(r : 목표매출액영업이익율)

즉 목표매출액
= 총고정원가 / [1 - (변동원가율 + 목표매출액영업이익율)]의 계산식이 성립한다.

5. 법인세를 고려한 CVP분석

1) 특정의 목표이익(금액)을 달성하기 위한 판매량(매출액)

지금까지는 법인세를 고려하지 않았다. 이는 손익분기점 분석 시 이익이 0이므로 법인세가 발생하지 않기 때문이다. 그러나 목표이익이 존재하는 경우에는 현금지출을 수반하는 법인세가 발생하므로 이를 고려해야 한다. 목표이익이 존재하는 경우 일반적으로 법인세 차감후 금액으로 목표이익을 그대로 대입해서는 안 되며, 법인세 차감전 금액을 목표이익으로 대입해야 한다. 그 이유는 법인세 차감후 금액을 목표이익으로 하는 경우에는 법인세가 고려되지 않음으로서 실제이익은 목표이익보다 작게 나타나기 때문이다. 법인세 차감전 목표이익과 법인세 차감후 목표이익 사이에는 다음과 같은 관계가 성립한다.

법인세 차감후 목표이익(순이익) = 법인세 차감전 목표이익 × (1 - 법인세율)

따라서 법인세 차감전 목표이익은 다음과 같이 계산한다.

법인세 차감전 목표이익 = 법인세 차감후 목표이익(순이익) ÷ (1 - 법인세율)

그러므로 법인세를 고려하여 목표이익을 달성하기 위한 판매량의 계산은 다음과 같다.

$$\text{목표이익을 달성하기 위한 목표판매량} = \frac{F + \frac{g}{1-t}}{p-v}$$

(t : 법인세율)

한편, 목표이익을 달성하기 위한 목표매출액
= [총고정원가 + 법인세 차감후 목표이익(순이익) / (1 - 법인세율)] / 공헌이익율
의 계산식이 성립한다.

2) 특정의 목표이익율(비율)을 달성하기 위한 판매량(매출액)

한편 목표이익(당기순이익)을 금액으로 정하여 달성하고자 하는 경우와는 달리 특정한 목표매출액이익율(r)로 정하고 그것을 달성하기 위한 목표판매량(목표매출

액)을 계산하는 것도 가능하다.

목표매출액
= 총고정원가 / {1 − [변동원가율 + 세후 목표매출액이익율 / (1− 법인세율)]}

사례 2

다음은 KS(주)의 공헌손익계산서이다. 이 자료로 요구사항에 답하시오.

공헌손익계산서	
매출액(@₩100, 10,000단위)	₩1,000,000
변동원가(@₩60, 10,000단위)	600,000
공헌이익	400,000
고정원가	300,000
영업이익	₩100,000

요구사항

1. 손익분기점(판매수량 및 금액)을 구하시오.

2. 판매가격이 20% 만큼 증가하는 경우의 손익분기점은?

3. 변동원가가 25% 만큼 증가하는 경우의 손익분기점은?

4. 고정원가가 ₩100,000 증가하는 경우의 손익분기점은?

5. 목표이익 ₩200,000을 달성하기 위한 목표판매량(목표매출액)을 구하시오.

6. 목표매출액영업이익율 25%를 달성하기 위한 목표판매량(목표매출액)을 구하시오.

7. 법인세 차감 후 목표이익(순이익) ₩200,000을 달성하기 위한 목표판매량(목표매출액)을 구하시오. 단, 법인세율은 20%로 가정한다.

8. 세후 목표매출액이익율(순이익율) 20%를 달성하기 위한 목표판매량(목표매출액)을 구하시오.

해설

1. 위의 자료로 손익분기점 매출액을 구하면 다음과 같다.

손익분기점의 매출액 = 총고정원가 / (1 - 총변동원가 / 매출액)
= ₩300,000 / (1 - ₩600,000 / ₩1,000,000)
= ₩750,000

한편, 이것을 수량으로 나타내면 ₩750,000 ÷ ₩100 = 7,500단위가 된다. 이것은 다음과 같이 구할 수도 있다.

손익분기점 판매량 = 총고정원가 / (단위당 판매가격 - 단위당 변동원가)
= 총고정원가 / 단위당 공헌이익
= ₩300,000 / (₩100 - ₩60)
= 7,500단위

2. 판매가격이 20% 만큼 증가하는 경우의 손익분기점은 다음과 같이 계산한다.

손익분기점 판매량 = 총고정원가 / [단위당 판매가격(1±r) - 단위당 변동원가]
= ₩300,000 / [@₩100(1+0.2) - @₩60]
= 5,000단위

또는

손익분기점 매출액 = 총고정원가 / [1 - 변동원가/매출액(1±r)]
= ₩300,000 / [1 - ₩600,000/₩1,000,000 × (1+0.20)]
= ₩600,000

검증

매출액(@₩120, 5,000단위)	₩600,000
변동원가(@₩60)	300,000
공헌이익	300,000
고정원가	300,000
영업이익	₩ 0

3. 변동원가가 25% 만큼 증가하는 경우의 손익분기점은 다음과 같이 계산한다.

손익분기점 판매량 = 총고정원가 / [단위당 판매가격 - 단위당 변동원가(1±r)]
= ₩300,000 / [@₩100 - @₩60(1+0.25)]
= 12,000단위

또는

손익분기점 매출액 = 총고정원가 / [1 − 변동원가(1±r)/매출액]

= ₩300,000 / [1 − ₩600,000 × (1+0.25)/₩1,000,000]

= ₩1,200,000

검증

매출액(@₩100, 12,000단위)	₩1,200,000
변동원가 75%	900,000
공헌이익	300,000
고정원가	300,000
영업이익	₩ 0

4. 고정원가가 ₩100,000 증가하는 경우의 손익분기점은 다음과 같이 계산한다.

손익분기점 판매량 = (총고정원가 + a) / 단위당 공헌이익

= (₩300,000 + ₩100,000) / (₩100 − ₩60)

= 10,000단위

또는

손익분기점 매출액 = (총고정원가 + a) / 공헌이익율

= (₩300,000 + ₩100,000) / 0.4

= ₩1,000,000

검증

매출액	₩1,000,000
변동원가 60%	600,000
공헌이익	400,000
고정원가	400,000
영업이익	₩ 0

5. 위의 자료로 목표판매량(목표매출액)을 구하면 다음과 같다.

$$\text{목표이익을 달성하기 위한 판매량} = \frac{F+g}{p-v} = \frac{₩300{,}000 + ₩200{,}000}{₩100 - ₩60} = 12{,}500\text{단위}$$

$$\text{목표이익을 달성하기 위한 매출액} = \frac{F+g}{(p-v)/p} = \frac{₩300{,}000 + ₩200{,}000}{(₩100 - ₩60)/₩100} = ₩1{,}250{,}000$$

검증

매출액	₩1,250,000
변동원가 60%	750,000
공헌이익	500,000
고정원가	300,000
영업이익	₩ 200,000

6. 목표매출액 = 총고정원가 / [1 – (변동원가율 + 목표매출액영업이익율)]
= ₩300,000 / [1 – (₩600,000 / ₩1,000,000 + 0.25)] = ₩2,000,000

검증

매출액	₩2,000,000
변동원가 60%	1,200,000
공헌이익	800,000
고정원가	300,000
영업이익	₩ 500,000

∴ 매출액영업이익율 = ₩500,000 / ₩2,000,000 × 100% = 25%

7. 위의 자료로 목표판매량(목표매출액)을 구하면 다음과 같다.

목표매출액 = [총고정원가+법인세 차감후 목표이익(순이익)/(1 – 법인세율)]/공헌이익율
= [₩300,000+₩200,000/(1–0.2)]/(1–₩600,000/₩1,000,000)
= ₩1,375,000

검증

매출액	₩1,375,000
변동원가 60%	825,000
공헌이익	550,000
고정원가	300,000
영업이익	250,000
법인세 20%	50,000
당기순이익	₩ 200,000

8. 목표매출액 = 총고정원가 / {1– [변동원가율 + 세후 목표매출액이익율 / (1– 법인세율)]}
= ₩300,000 /{1–[(₩600,000/₩1,000,000)+0.2/(1–0.2)]}
= ₩2,000,000

검증

매출액	₩2,000,000
변동원가 60%	1,200,000
공헌이익	800,000
고정원가	300,000
영업이익	500,000
법인세 20%	100,000
당기순이익	₩ 400,000

∴ ₩400,000/₩2,000,000×100% = 20%

6. 복수제품의 CVP분석

앞에서 기본적으로 CVP분석은 제품이 한 종류라는 가정을 하였다. 그러나 오늘날 대부분의 기업들은 여러 종류의 제품을 생산하고 있으므로, 여기서는 복수제품을 생산하여 판매하는 경우의 CVP분석에 대해 살펴보기로 한다. 복수제품에 대한 CVP분석을 하기 위해서는 매출배합이 일정하다는 추가적 가정이 필요하다.

매출배합(sales mix ; 판매구성)이란 총판매량 중에서 각 제품의 판매량이 차지하는 비율을 말한다. 예를 들어 두 제품의 판매량이 각각 400개, 500개라면 매출배합은 4 : 5가 된다. 여기에서 매출배합이란 판매량의 비율이며, 매출액의 비율이 아님을 유의해야 한다.

매출배합이 일정하다는 가정 하에서 복수제품의 손익분기점은 일반적으로 가중평균공헌이익(weighted average contribution margin, 이하 WACM으로 약칭함.)을 이용하여 다음과 같은 절차를 거쳐 계산된다.

① 각 제품의 공헌이익을 계산한다.

② 매출배합의 구성비율에 따라 가중평균공헌이익을 계산한다.

$$WACM = \sum P_i \times C_i$$

여기서 i: 제품

P_i: 총판매량 중 제품 i의 매출배합 비율

C_i: 제품 i의 단위당 공헌이익

③ 총고정원가를 가중평균공헌이익으로 나누어 손익분기점에서의 총판매량을 계산한다.

$$q = \frac{F}{WACM}$$

만일 목표이익(g)이 설정되어 있는 경우에는 다음과 같이 계산한다.

$$q = \frac{F + g}{WACM}$$

④ 위 ③에서 계산된 손익분기점의 총판매량에 각 제품별 매출배합 구성비율을 곱하여 제품별 손익분기점의 판매량을 계산한다.

$$qi = q \times Pi$$

사례 3

KS제조(주)에서는 A, B 두 종류의 제품을 생산하여 판매하고 있으며, 생산 및 판매 관련자료는 다음과 같다.

	A제품	B제품	합계
매출액	(@₩5,000×120,000)	(@₩10,000×40,000)	
	₩600,000,000	400,000,000	₩1,000,000,000
변동원가	(@₩4,000×120,000)	(@₩3,000×40,000)	
	480,000,000	120,000,000	600,000,000
공헌이익	120,000,000	280,000,000	400,000,000
고정원가			300,000,000
영업이익			₩100,000,000

요구사항

1. 이 자료를 이용하여 손익분기점의 판매량을 구하시오.

2. 목표이익 ₩200,000,000을 달성하기 위한 목표판매량(목표매출액)을 구하시오.

해설

1. 손익분기점 판매량의 산정

① 각 제품의 단위당공헌이익

제품 A : ₩5,000 − ₩4,000 = ₩1,000

제품 B : ₩10,000 − ₩3,000 = ₩7,000

② 각 제품의 매출배합 및 가중평균공헌이익

가. 매출배합

제품 A : 120,000단위 / (120,000단위 + 40,000단위) × 100% = 75%

제품 B : 40,000단위 / (120,000단위 + 40,000단위) × 100% = 25%

나. 가중평균공헌이익

(₩1,000 × 0.75) + (₩7,000 × 0.25) = ₩2,500

③ 손익분기점(수량)의 산정

₩300,000,000 / ₩2,500 = 120,000단위

④ 각 제품별 손익분기점(수량)

제품 A : 120,000단위 × 0.75 = 90,000단위(금액 ₩450,000,000)

제품 B : 120,000단위 × 0.25 = 30,000단위(금액 ₩300,000,000)

참고 손익분기점 매출액의 산정

① 가중평균공헌이익율 = 공헌이익 / 매출액

= ₩400,000,000 / ₩1,000,000,000 × 100%

= 40%

② 손익분기점 매출액 = 고정원가 / 가중평균공헌이이율

= ₩300,000,000 / 40%

= ₩750,000,000

③ 제품별 손익분기점 매출액 = 손익분기점 매출액 × 매출액 구성비율

제품 A : ₩750,000,000 × 60%* = ₩450,000,000(수량 90,000단위)

제품 B : ₩750,000,000 × 40%* = ₩300,000,000(수량 30,000단위)

* 매출액 구성비율

제품 A : ₩600,000,000/(₩600,000,000 + ₩400,000,000) × 100% = 60%

제품 B : ₩400,000,000/(₩600,000,000 + ₩400,000,000) × 100% = 40%

2. 목표이익 달성을 위한 판매량(매출액) 산정

① 각 제품의 단위당공헌이익

제품 A : ₩5,000 − ₩4,000 = ₩1,000

제품 B : ₩10,000 − ₩3,000 = ₩7,000

② 각 제품의 매출배합 및 가중평균공헌이익

가. 매출배합

제품 A : 120,000단위 / (120,000단위 + 40,000단위) × 100% = 75%

제품 B : 40,000단위 / (120,000단위 + 40,000단위) × 100% = 25%

나. 가중평균공헌이익

(₩1,000 × 75%) + (₩7,000 × 25%) = ₩2,500

③ 목표이익 달성을 위한 판매량 산정

(₩300,000,000 + ₩200,000,000) / ₩2,500 = 200,000단위

④ 각 제품별 판매량

제품 A : 200,000단위 × 75% = 150,000단위

제품 B : 200,000단위 × 25% = 50,000단위

참고 목표이익 달성을 위한 매출액의 산정

① 가중평균공헌이익율 = 공헌이익 / 매출액
= ₩400,000,000 / ₩1,000,000,000×100%
= 40%

② 목표이익 매출액 = (고정원가 + 목표이익) / 가중평균공헌이익율
= (₩300,000,000 + ₩200,000,000) / 40%
= ₩1,250,000,000

③ 제품별 목표이익 달성을 위한 매출액 = 목표이익 매출액×매출액 구성비율

제품 A : ₩1,250,000,000 × 60%* = ₩750,000,000

제품 B : ₩1,250,000,000 × 40%* = ₩500,000,000

* 매출액 구성비율

제품 A : ₩600,000,000/(₩600,000,000 + ₩400,000,000) × 100% = 60%

제품 B : ₩400,000,000/(₩600,000,000 + ₩400,000,000) × 100% = 40%

검증

	A제품	B제품	합계
매출액	(@₩5,000×150,000)	(@₩10,000×50,000)	
	₩750,000,000	₩500,000,000	₩1,250,000,000
변동원가	(@₩4,000×150,000)	(@₩3,000×50,000)	
	600,000,000	150,000,000	750,000,000
공헌이익	150,000,000	350,000,000	500,000,000
고정원가			300,000,000
영업이익			₩200,000,000

7. 손익분기점비율과 안전한계율

기업은 손익분기점이 계산되는 경우 손익분기점비율과 안전한계(또는 안전여유라고도 함.)라는 개념을 이용하여 매출수준에 대한 안전도를 평가할 수 있는 안전한계율(또는 안전여유율이라고도 함.)에 관심을 갖게 된다. 여기서 **손익분기점비율(break even point ratio)**이란 손익분기점 매출액이 예상(실제) 매출액의 몇 %에 해당하는가를 나타내는 비율로서 다음과 같이 구한다.

손익분기점비율 = 손익분기점 매출액/예상(혹은 실제) 매출액 × 100%

한편 **안전한계율(margin of safety ratio, M/S ratio ; 안전여유율)**이란 예상(실제) 매출액에서 손익분기점 매출액을 차감한 안전한계(또는 안전여유)를 예상(실제) 매출액으로 나누어 산정한 비율로서 다음과 같이 구한다.

$$\text{안전한계율} = \frac{\text{안전한계}}{\text{예상(실제) 매출액}} \times 100\%$$

$$= \frac{[\text{예상(실제) 매출액} - \text{손익분기점 매출액}]}{\text{예상(실제) 매출액}} \times 100\%$$

$$= 1 - \text{손익분기점비율}$$

이와 같이 안전한계율이란 안전한계를 실제(예상) 매출액으로 나누어 산정한 비율로서 그 기업의 안전도를 나타낸다. 여기서 **안전한계(margin of safety ; 안전여유)**

란 실제(예상) 매출액이 손익분기점 매출액을 초과한 금액을 말하며 이는 현 상황에서 손실을 발생시키지 않으면서 허용될 수 있는 매출의 최대감소폭, 즉 안전도를 표시한다.

안전한계 = 예상(실제) 매출액 − 손익분기점에서의 매출액

그러므로 안전한계율은 기업의 안전성을 나타내는 비율로 안전한계율이 높을수록 안전도가 높다고 판단한다. 만일 안전한계율이 낮으면 고정원가와 공헌이익률이 높은 경우에는 고정원가를 절감하거나 판매량을 증가시켜야 하며, 공헌이익률이 낮은 경우에는 판매가격의 인상 또는 변동원가의 절감을 추진해야 한다.

사례 4

다음은 매출액, 총원가, 영업이익이 동일한 A사와 B사의 자료이다.

	A사		B사	
매출액	₩300,000,000	(100%)	₩300,000,000	(100%)
변동원가	60,000,000	(20%)	210,000,000	(70%)
공헌이익	240,000,000	(80%)	90,000,000	(30%)
고정원가	210,000,000	(70%)	60,000,000	(20%)
영업이익	₩30,000,000	(10%)	₩30,000,000	(10%)

요구사항

A사와 B사의 손익분기점(BEP)매출액, 손익분기점비율(BEP Ratio), 안전한계(M/S), 그리고 안전한계율(M/S Ratio)을 계산하시오.

해설

A사

$$\text{BEP} = \frac{₩210,000,000}{1-(₩60,000,000/₩300,000,000)} = ₩262,500,000$$

$$\text{BEP Ratio} = \frac{₩262,500,000}{₩300,000,000} \times 100\% = 87.5\%$$

$$M/S = ₩300,000,000 - ₩262,500,000 = ₩37,500,000$$

$$M/S\ Ratio = \frac{₩300,000,000 - ₩262,500,000}{₩300,000,000} \times 100\% = 12.5\%$$

B사

$$BEP = \frac{₩60,000,000}{1-(₩210,000,000/₩300,000,000)} = ₩200,000,000$$

$$BEP\ Ratio = \frac{₩200,000,000}{₩300,000,000} \times 100\% = 66.67\%$$

$$M/S = ₩300,000,000 - ₩200,000,000 = ₩100,000,000$$

$$M/S\ Ratio = \frac{₩300,000,000 - ₩200,000,000}{₩300,000,000} \times 100\% = 33.33\%$$

8. 원가구조와 영업레버리지

1) 원가구조

원가구조(cost structure)란 변동원가와 고정원가의 상대적 비율을 말한다. 기업에서는 변동원가와 고정원가의 비율을 적절히 조절할 수 있는 경우가 있다. 예컨대, 노동집약적 기업에서 자동화설비를 도입함으로써 변동원가를 줄이고 고정원가를 증대시킬 수 있으며, 그 반대의 경우도 가능할 것이다.

이러한 기업의 원가구조는 공헌이익(율)에 직접적인 영향을 미친다. 일반적으로 노동집약적 기업은 직접노무원가의 비중이 높아서 변동원가율(또는 단위당 변동원가)이 높고, 그 결과 공헌이익율(또는 단위당 공헌이익)이 낮으며, 자본집약적 기업은 고정원가의 비중이 높아서 변동원가율(또는 단위당 변동원가)이 낮고, 그 결과 공헌이익율(또는 단위당 공헌이익)이 높다. 이와 같이 원가구조는 공헌이익(율)에 직접적인 영향을 미치므로 그 결과 기업의 이익에도 중대한 영향을 미친다.

그러면 모든 기업에 적용할 수 있는 '최적의 원가구조'란 존재하는가? 한 마디로 최적의 원가구조란 존재하지 않으며 기업이 처한 환경에 따라 다르다고 할 수 있다. 즉, 최적의 원가구조는 그 기업의 장기적인 매출추세, 연도별 매출수준의 변동, 경영자의 위험에 대한 태도 등에 따라 달라질 수 있다고 할 수 있다.

사례 5

요구사항

1. 앞 A사와 B사의 사례를 이용하여 각 회사의 매출액이 현재보다 20% 증가하는 경우의 각 회사별 손익계산서를 작성하고, 이러한 상황에서 어떠한 원가구조가 더 유리한가를 설명하시오.

2. 앞 A사와 B사의 사례를 이용하여 각 회사의 매출액이 현재보다 20% 감소하는 경우의 각 회사별 손익계산서를 작성하고, 이러한 상황에서 어떠한 원가구조가 더 유리한가를 설명하시오.

해설

1.

	A사		B사	
매출액	₩360,000,000	(100%)	₩360,000,000	(100%)
변동원가	72,000,000	(20%)	252,000,000	(70%)
공헌이익	288,000,000	(80%)	108,000,000	(30%)
고정원가	210,000,000	(58%)	60,000,000	(17%)
영업이익	₩78,000,000	(22%)	₩48,000,000	(13%)

두 회사의 매출액이 동일하게 20%씩 증가하는 경우에는 상대적으로 고정원가의 비중이 큰 자본집약적 회사인 A사의 이익이 노동집약적 회사인 B사의 이익보다 커지므로, 이러한 상황에서는 A사, 즉 자본집약적 회사가 더 유리한 원가구조를 갖고 있다고 할 수 있다.

2.

	A사		B사	
매출액	₩240,000,000	(100%)	₩240,000,000	(100%)
변동원가	48,000,000	(20%)	168,000,000	(70%)
공헌이익	192,000,000	(80%)	72,000,000	(30%)
고정원가	210,000,000	(87.5%)	60,000,000	(25%)
영업이익	₩(18,000,000)	(−7.5%)	₩12,000,000	(5%)

이 경우는 위 요구사항 1.의 경우와는 반대로 노동집약적 회사인 B사가 더 나은 원가구조를 갖고 있다고 할 수 있다. 즉 두 회사의 매출액이 동일하게 20%씩 감소하는 경우에는 상대적으로 변동원가의 비중이 큰 노동집약적 회사인 B사의 이익이 자본집약적 회사인 A사의 이익보다 커지므로, 이러한 상황에서는 B사, 즉 노동집약적 회사가 더 유리한 원가구조를 갖고 있다고 말할 수 있다.

---

2) 영업레버리지

레버리지(leverage)란 지렛대의 원리를 의미하는 것으로 '**기업의 이익목표 달성을 위해 추가된 하나의 수단**'이라고 할 수 있다. 상이한 원가구조 하에서 위험-수익의 관계는 영업레버리지로서 측정될 수 있다. **영업레버리지(operating leverage)**란 고정원가의 존재로 인해 판매량(매출액)의 변화가 공헌이익, 더 나아가 영업이익에 미치는 효과를 의미한다.

원가구조상 고정원가의 비중이 높은 자본집약적 기업은 높은 영업레버리지를 갖게 된다. 이에 따라 매출액의 작은 변동이 영업이익의 큰 변동으로 이어져, 궁극적으로 매출액이 증가하는 경우 상대적으로 영업이익은 더욱 커지게 된다. 그러나 만약 매출액이 감소하면 영업이익은 더욱 하락하여 손실의 폭이 커지게 된다.

이와 같이 자본집약적 기업은 고정원가의 비중이 높아 높은 영업레버리지를 갖게 되나, 노동집약적 기업은 고정원가의 비중이 낮아 낮은 영업레버리지를 갖게 된다. 영업레버리지가 높을수록 기업의 영업이익은 매출액의 변화에 대해 매우 민감하게 반응한다. 즉 영업레버리지가 큰 경우 매출액이 조금만 증가하여도 영업이익이 크게 증가하며, 반대로 매출액이 조금만 감소하여도 영업이익이 크게 감소한다.

영업레버리지의 크기를 **영업레버리지도(degree of operating leverage ; DOL)**라고 하는데 이것은 특정 매출액에 있어서의 공헌이익과 영업이익의 상대적인 비율을 의미한다.

$$\text{영업레버리지도} = \frac{\text{공헌이익}}{\text{영업이익}} = \frac{\text{공헌이익}}{\text{매출액} - \text{변동원가} - \text{고정원가}}$$

영업레버리지는 영업활동에 사용되고 있는 변동원가와 고정원가의 상대적 크기에 의해 좌우된다. 위 영업레버리지도의 계산식에서 알 수 있는 바와 같이 상대적으로 고정원가의 비중이 크면 영업레버리지는 큰 수치를 나타내며, 반대로 고정원가의 비중이 낮으면 영업레버리지는 작은 수치를 나타낸다. 물론 특정 매출액마다 공헌이익과 영업이익은 달라지므로 매출액이 달라지면 영업레버리지도도 달라진다.

영업레버리지도(DOL)는 특정 매출액에서 매출액의 변화가 영업이익에 어떠한 영향을 미치는가를 나타내는 지표이므로, 매출액의 증가율(또는 감소율)에 영업레버리지도(DOL)를 곱하면 영업이익의 증가율(또는 감소율)을 구할 수 있다.

영업이익 증가율 (감소율) = 매출액 증가율(감소율) × 영업레버리지도

사례 6

요구사항

1. 위 사례를 이용하여 영업이익이 ₩30,000,000인 현재의 수준에서 A사와 B사의 영업레버리지도를 계산하시오.

2. 매출액이 현재보다 모두 20% 증가하는 경우 위에서 계산한 영업레버리지도를 이용하여 각 회사의 영업이익을 계산하시오.

3. 매출액이 현재보다 모두 20% 감소하는 경우 위에서 계산한 영업레버리지도를 이용하여 각 회사의 영업이익을 계산하시오.

해설

1.

$$\text{A사의 영업레버리지도} = \frac{\text{공헌이익}}{\text{영업이익}} = \frac{₩240,000,000}{₩30,000,000} = 8.0$$

$$\text{B사의 영업레버리지도} = \frac{\text{공헌이익}}{\text{영업이익}} = \frac{₩90,000,000}{₩30,000,000} = 3.0$$

2.

매출액 증가율	영업 레버리지도	영업이익 증가율	현재의 영업이익	영업이익 증가액	총영업이익
A사 20%	8.0	160%	₩30,000,000	₩48,000,000	₩78,000,000
B사 20%	3.0	60%	₩30,000,000	₩18,000,000	₩48,000,000

3.

매출액 감소율		영업 레버리지도	영업이익 감소율	현재의 영업이익	영업이익 감소액	총영업이익
A사	20%	8.0	160%	₩30,000,000	₩48,000,000	(₩18,000,000)
B사	20%	3.0	60%	₩30,000,000	₩18,000,000	₩12,000,000

9. 준고정원가하의 손익분기점 분석

앞에서는 고정원가를 순수고정원가로 가정하여 손익분기점분석을 하였다. 그러나 고정원가는 조업도의 증감에 따라 소위 계단식으로 증감하는 경우가 있다. 이러한 고정원가를 **준고정원가(semi-fixed costs; step costs)**라고 한다. 예컨대, 공장감독자의 경우 종업원 20명당 1인이 필요하다고 할 때 종업원이 20명을 초과하게 되면 1인의 공장감독자가 더 필요하게 되므로 공장감독자의 급여는 준고정원가라고 할 수 있다.

이와 같이 원가발생행태가 준고정원가인 경우에는 **시행착오법(trial-and- error method)**으로 손익분기점을 산출한다. 그러나 준고정원가 하의 손익분기점 분석에서 유의하여야 할 것은 손익분기점이 두 개 이상 존재할 수 있다는 것이다. 이 경우는 일반적으로 당해 기업의 관련 조업도수준을 고려하여 이익이 최대화되는 조업도수준의 손익분기점을 택하게 된다.

사례 7

B사는 탁상용 시계를 생산하여 판매하고 있다. 시계의 단위당 판매가격은 ₩17,000, 단위당 변동원가는 ₩9,000이며, 총고정원가는 조업도에 따라 다음과 같이 변동한다.

판매(생산)량	총고정원가
0 - 2,000단위	₩12,000,000
2001 - 4,000	18,000,000

요구사항

이 회사의 손익분기점을 계산하시오.

해설

이 경우 시행착오법으로 손익분기점을 계산한다.

1) 손익분기점 1 = ₩12,000,000 / (₩17,000 − ₩9,000) = 1,500단위

이 경우 주어진 조건에 해당하므로 손익분기점이 될 수 있다.

2) 손익분기점 2 = ₩18,000,000 / (₩17,000 − ₩9,000) = 2,250단위

이 경우도 주어진 조건에 해당하므로 손익분기점이 된다.

이러한 경우는 B사의 경우 4,000단위까지 생산 및 판매할 수 있으므로 각 수준의 이익을 파악해 보아야 한다.

판매량	2,000단위	4,000단위
매출액	₩34,000,000	₩68,000,000
변동원가	18,000,000	36,000,000
공헌이익	16,000,000	32,000,000
고정원가	12,000,000	18,000,000
영업이익	₩4,000,000	₩14,000,000

B사의 경우 4,000단위를 판매하는 조업도수준에서 2,000단위를 판매하는 조업도수준 보다 더 많은 이익을 얻을 수 있으므로 손익분기점은 2,250단위를 택한다.

10. 복수 원가동인하의 손익분기점분석

준고정원가하의 손익분기점분석과 마찬가지로 복수의 원가동인이 존재하는 경우에도 손익분기점이 두 개 이상 존재할 수 있다. 즉 지금까지는 조업도만이 유일한 수익 및 원가동인이라는 가정 하에 손익분기점분석을 하여 왔으나, 복수의 원가동인(예 : 판매량과 고객 수 등)이 존재할 수 있으므로 이것을 고려한 손익분기점분석이 필요하다.

사례 8

K사는 수출용 고급액자를 생산하여 판매하고 있다. 액자의 단위당 판매가격은 ₩45,000, 단위당 변동원가는 ₩30,000이며, 연간 총고정원가는 ₩240,000,000으로 기대한다. 이 밖에 기

타의 변동원가로서 매 선적횟수마다 ₩60,000씩의 변동원가가 발생한다.

요구사항

1. K사는 2015년 1,000회의 선적으로 40,000단위의 액자를 판매할 것으로 기대하고 있다. 2015년도의 예상 영업이익을 계산하시오.

2. K사는 2015년 800회의 선적으로 40,000단위의 액자를 판매할 것으로 기대하고 있다. 2015년도의 예상 영업이익을 계산하시오.

3. 2015년 500회의 선적이 예상된다고 가정하여, 손익분기점을 달성하기 위한 액자의 판매량을 계산하시오.

4. 위 **3.**에서 구한 경우와는 다른 손익분기점을 계산하고, 복수의 손익분기점이 존재하는 이유를 설명하시오.

해설

1. 영업이익 = 매출액 − 변동원가 − 고정원가 = (@₩45,000×40,000단위)
− (@₩30,000×40,000단위) − (@₩60,000×1,000회) − ₩240,000,000
= ₩300,000,000

2. 영업이익 = 매출액 − 변동원가 − 고정원가 = (@₩45,000×40,000단위)
− (@₩30,000×40,000단위) − (@₩60,000×800회) − ₩240,000,000
= ₩312,000,000

3. 손익분기점 수량을 Q라고 할 때 다음과 같이 계산할 수 있다.

$$45,000Q = (30,000Q + 500 \times 60,000) + 240,000,000$$
$$15,000Q = 270,000,000$$
∴ Q = 18,000단위

4. 손익분기점 수량을 Q, 선적횟수를 S라고 할 때 손익분기점을 계산하기 위한 계산식을 다음과 같이 나타낼 수 있다.

$$45,000Q = (30,000Q + 60,000S) + 240,000,000$$

여기서 S를 1,000회로 가정할 경우

$$45,000Q = (30,000Q + 1,000 \times 60,000) + 240,000,000$$
$$15,000Q = 300,000,000$$

$\therefore$ Q = 20,000단위가 계산된다.

또한 S를 800회로 가정할 경우

$$45{,}000Q = (30{,}000Q + 800 \times 60{,}000) + 240{,}000{,}000$$

$$15{,}000Q = 288{,}000{,}000$$

$\therefore$ Q = 19,200단위가 계산되어 복수의 손익분기점이 존재하게 된다.

이와 같이 손익분기점이 복수가 되는 것은 원가동인이 복수(판매량과 선적횟수)이기 때문이다. 이 두 원가동인의 다양한 조합으로 복수의 손익분기점이 계산될 수 있다.

제2절 기본적 CVP분석의 확장

앞에서 본 바와 같이 기본적 CVP분석 모형은 현실세계와는 다른 많은 가정을 하고 있다고 할 수 있다. 따라서 본 절에서는 기본적 CVP분석 모형의 가정을 다소 완화한 확장모형을 설명하고자 한다.

1. 활동중심원가계산 하의 손익분기점 분석

전통적 손익분기점분석에서는 모든 원가를 두 개의 범주 즉 조업도에 따라 변동하는 변동원가와 조업도와 관계없이 일정하게 발생하는 고정원가로 구분하여 사용하였다. 그러므로 전통적인 손익분기점분석에서는 조업도, 즉 활동중심원가계산 하에서의 단위수준(output unit-level)에 의한 원가함수를 사용하여 다음과 같이 이익함수를 가정하고 있다.

원가함수 : TC = 변동원가 + 고정원가

= $v \times Q + F$

이익함수 : OI = $(p \times Q) - (v \times Q + F)$

여기서 TC = 총원가　　　OI = 영업이익

p = 단위당 판매가격　　　Q = 판매량

v = 단위당 변동원가　　　F = 고정원가

따라서 전통적 손익분기점분석에서 손익분기점의 판매수량(Q)은 다음과 같이 구하였다.

$$손익분기점\ 판매수량(Q) = \frac{F}{p-v}$$

그러나 활동중심원가계산에서는 원가를 더 이상 변동원가와 고정원가로 구분하지 않는다. 즉 활동중심원가계산에서는 기업의 활동을 다음과 같이 ① 단위수준활동(output unit-level activities), ② 묶음수준활동(batch-level activities), ③ 제품유지활동(product-sustaining activities), ④ 설비유지활동(facility-sustaining activities)으로 구분하고, 원가를 대별하여 ① 단위수준활동에 의해 발생하는 원가(unit-level costs)와 ② 비단위수준활동(묶음수준활동, 제품유지활동, 설비유지활동)에 의해 발생하는 원가(non-unit-level costs)로 구분하여, 단위수준활동에 따라 변동하는 변동원가와 단위수준활동과 관계없이 발생하는 고정원가로 구분한다.

물론 이 비단위수준활동에 의해 발생하는 원가는 단위수준활동과는 관계없이 발생하는 고정원가이며, 동시에 각 원가동인에 따라 발생하는 변동원가이기도 하다. 그러나 이 비단위수준활동으로부터 발생한 변동원가들도 활동중심원가계산하에서 손익분기점분석을 하는 경우에 단위수준에서 보면 고정원가이므로, 손익분기점 계산시 고정원가로 취급하여 계산한다.

활동중심원가계산에서는 다음과 같이 원가함수 및 이익함수를 가정하고 있다.

원가함수 : $TC = (v_1 \times Q_1 + v_2 \times Q_2 + v_3 \times Q_3 + v_4 \times Q_4) + F_1$

이익함수 : $OI = (p \times Q_1) - (v_1 \times Q_1 + v_2 \times Q_2 + v_3 \times Q_3 + v_4 \times Q_4 + F_1)$

$= (p - v_1)Q_1 - (v_2 \times Q_2 + v_3 \times Q_3 + v_4 \times Q_4 + F_1)$

v_1= 단위수주활동의 단위당 변동원가 Q_1= 판매수량
v_2= 묶음수준활동의 단위당 변동원가 Q_2= 묶음수준활동의 활동량
v_3= 제품유지활동의 단위당 변동원가 Q_3= 제품유지활동의 활동량
v_4= 설비유지활동의 단위당 변동원가 Q_4= 설비유지활동의 활동량

즉 위 이익함수에서 보는 바와 같이 비단위수준활동(묶음수준활동, 제품유지활동, 설비유지활동)에 의해 발생하는 원가(non-unit-level costs)는 제품단위수준과는 관계가 없다고 보아 고정원가로 취급하고 있는 것을 알 수 있다.

따라서 활동중심원가계산 하의 손익분기점분석에서 손익분기점 판매량(Q_1)은 다음과 같이 계산한다.

$$\text{손익분기점 판매수량}(Q_1) = \frac{v_2 \times Q_2 + v_3 \times Q_3 + v_4 \times Q_4 + F_1}{p - v_1}$$

위에서 보는 바와 같이 전통적 손익분기점분석과 활동중심원가계산 하의 손익분기점분석에서는 두 가지의 큰 차이가 발견된다. 하나는 고정원가의 차이이다. 전통적으로 고정원가로 인식되었던 원가 중의 일부가 실제로 비단위원가수준활동에 따라 변동하는 변동원가로 인식될 수 있다는 것이다. 또 하나는 활동중심원가계산 하의 손익분기점분석의 계산식의 분자가 고정원가와 비단위수준활동에서 발생하는 변동원가로 구성되어 있다는 점이다.

사례 9

다음은 A사의 공헌손익계산서이다.

공헌손익계산서

I. **매출액(@₩25,000, 20,000단위)**	₩500,000,000
II. **변동원가**	
1. **변동제조원가(@₩14,000, 20,000단위)**	280,000,000
2. **변동판매비(@₩1,000, 20,000단위)**	20,000,000
III. **공헌이익(@₩10,000, 20,000단위)**	200,000,000
IV. **고정원가**	
1. **고정제조원가**	100,000,000
2. **고정판매비와 관리비**	50,000,000
V. **영업이익**	₩50,000,000

요구사항

1. A사의 손익분기점 및 목표이익 ₩200,000,000을 달성하기 위한 판매수량을 계산하시오

2. A사의 공헌손익계산서를 다음과 같은 활동중심원가계산 하의 공헌손익계산서로 재작성하였다. 활동중심원가계산 하의 손익분기점(판매수량)을 계산하시오.

공헌손익계산서

I. 매출액(@₩25,000, 20,000단위)		₩500,000,000
II. 변동원가		
1. 변동제조원가(@₩14,000, 20,000단위)		280,000,000
2. 변동판매비(@₩1,000, 20,000단위)		20,000,000
III. 공헌이익(@₩10,000, 20,000단위)		200,000,000
IV. 고정원가(조업도와 관계없이 발생):		
일반공장제조간접원가(감가상각비 등)	₩60,000,000	
작업준비원가(52회, @₩100,000)	5,200,000	
검사원가(52주, 21회/주, @₩20,000)	21,840,000	
원재료처리원가(1,080시간, @₩12,000)	12,960,000	
총고정제조원가	100,000,000	
고정판매비와 관리비	50,000,000	150,000,000
V. 영업이익		₩50,000,000

3. 전통적 손익분기점분석에서 구한 수량과 활동중심원가계산하의 손익분기점분석에서 구한 수량과 차이가 있는가를 설명하시오.

4. A사의 경우 적시생산방식(JIT)과 전사적 품질관리방식(TQC)의 도입으로 변동원가, 단위당 공헌이익, 총고정원가가 다음과 같이 변하였다. 이와 같은 경우의 손익분기점 판매수량과 목표이익 ₩200,000,000 달성을 위한 판매수량을 계산하시오.

공헌손익계산서

I. 판매가격(@₩25,000, 20,000단위)		₩500,000,000
II. 변동원가		
1. 변동제조원가(@₩9,000, 20,000단위)		180,000,000
2. 변동판매비(@₩1,000, 20,000단위)		20,000,000
III. 공헌이익(@₩15,000, 20,000단위)		300,000,000
IV. 고정원가(조업도와 관계없이 발생):		
일반공장제조간접원가(감가상각비 등)	₩184,000,000	
작업준비원가(365회, @₩30,000)	10,950,000	
검사원가(365회, @₩10,000)	3,650,000	
원재료처리원가(100시간, @₩14,000)	1,400,000	
총고정제조원가	200,000,000	
고정판매비와 관리비	50,000,000	250,000,000
V. 영업이익		₩50,000,000

해설

1. 손익분기점(수량) = ₩150,000,000/₩10,000
= 15,000단위

목표이익 달성을 위한 판매수량 = (₩150,000,000+₩200,000,000)/₩10,000
= 35,000단위

2. 손익분기점(수량) = (₩60,000,000 + 52 × @₩100,000 + 52 × 21 × @₩20,000 + 1,080 × @₩12,000+₩50,000,000)/₩10,000 = 15,000단위

3. 위에서 보는 바와 같이 차이가 없다. 그 이유는 단위수준에서 발생하는 단위당 변동원가 ₩15,000에 차이가 없고, 전통적 손익분기점분석에 사용된 고정원가 중 비단위수준활동으로부터 발생한 변동원가들도 활동중심원가계산 하에서 손익분기점분석을 하는 경우에 단위수준에서 보면 고정원가로 취급하여 계산하기 때문이다.

4. 손익분기점(수량) = (₩184,000,000 + 365 × @₩30,000 + 365 × @₩10,000 + 100 × @₩14,000 + ₩50,000,000) / ₩15,000 = 16,667단위

목표이익 달성을 위한 판매수량 = (₩184,000,000 + 365 × @₩30,000 + 365 × @₩10,000 + 100 × @₩14,000 + ₩50,000,000)+₩200,000,000) /₩15,000 = 30,000단위

사례 10

KS제조(주)는 K1제품을 생산하여 판매하고 있다. 이 제품의 생산과 관련하여 발생하는 전통적 원가계산 하의 총원가는 다음과 같다.

총원가 = ₩100x + ₩600,000

그런데 최근 활동중심원가계산 정보를 수집한 결과 위 제품의 생산과 관련하여 발생하는 총원가는 다음과 같다.

총원가 = ₩100x_1 + ₩5,000x_2 + ₩250x_3 + ₩200,000

여기서 x는 조업도(x_1= 판매량, x_2= 작업준비횟수, x_3= 기계시간)를 나타내며, 단위당 판매가격은 ₩500이다.

요구사항

1. KS제조(주)의 전통적 원가계산 하의 손익분기점을 달성하기 위한 판매수량을 계산하시오

2. KS제조(주)의 활동중심원가계산 하의 손익분기점(판매수량)을 계산하시오. 이 경우 작업준비횟수는 40회, 기계시간은 800시간이다.

3. KS제조(주)의 경우 작업준비횟수 50회, 기계시간 600시간으로 신제품을 출시하였으며 이때의 총원가는 다음과 같다. 이 신제품에 대한 손익분기점(판매수량)을 계산하시오. 이 신제품의 단위당 판매가격은 ₩600이다.

$$총원가 = ₩100x_1 + ₩5,000x_2 + ₩250x_3 + ₩180,000$$

해설

1. 손익분기점(수량) = ₩600,000 / (₩500 − ₩100)
   = 1,500단위

2. 손익분기점(수량) = (@₩5,000 × 40회 + @₩250 × 800시간 + ₩200,000) / (₩500 − ₩100)
   = 1,500단위

3. 손익분기점(수량) = (@₩5,000 × 50회 + @₩250 × 600시간 + ₩180,000) / (₩600 − ₩100)
   = 1,160단위

---

2. 전부원가계산 하의 손익분기점 분석

변동원가계산을 이용하는 경우 손익분기점은 하나 존재하며, 이것은 ① 고정원가, ② 단위당 공헌이익, ③ 판매량에 의해 결정된다. 따라서 고정원가와 단위당 공헌이익이 일정하다면 영업이익은 판매량이 증가할수록 증가하며, 반대로 판매량이 감소하면 영업이익도 감소한다.

그러나 전부원가계산을 이용하는 경우 손익분기점은 하나만 존재하지 않는다. 전부원가계산 하에서 손익분기점은 다음과 같이 구할 수 있다.

(단위당 판매가격 − 단위당 변동원가) × 손익분기점 수량 − 고정원가 − 고정제조간접원가배부율 × (손익분기점 수량 − 생산량) = 0

전부원가계산 하의 손익분기점 수량[1)]

$$= \frac{\text{고정원가} + [\text{고정제조간접원가배분율} \times (\text{손익분기점수량} - \text{생산량})}{\text{단위당 공헌이익}}$$

$$= \frac{(\text{고정원가} - \text{고정제조간접원가배분율} \times \text{생산량})}{(\text{단위당 공헌이익} - \text{고정제조간접원가배분율})}$$

전부원가계산 하에서 손익분기점을 구하는 계산식을 변동원가계산 하에서 손익분기점을 구하는 계산식과 비교해보면 분자의 [고정제조간접원가배분율 × (손익분기점수량 – 생산량)의 항목이 추가되어 있음을 알 수 있다. 이 항목은 생산량이 손익분기점 판매량을 초과하는 경우 변동원가계산 하에서는 비용화되었던 고정제조간접원가의 일부가 전부원가계산 하에서는 비용화되지 않고 기말제품재고에 포함되는 부분을 말한다.

따라서 전부원가계산 하에서 손익분기점은 ① 고정원가, ② 단위당 공헌이익, ③ 판매량, ④ 생산량, ⑤ 고정제조간접원가배분율을 결정하기 위한 기준조업도에 의하여 결정된다.

즉 변동원가계산 하에서 특정기간에 발생한 모든 고정원가는 그 기간의 수익에 의해 전액 회수된다고 가정하나, 전부원가계산 하에서 고정제조간접원가는 우선 제품원가로 계상한 후 판매를 통해 회수한다고 가정하고 있다. 또한 변동원가계산 하에서는 당기생산량 = 당기판매량을 가정하고 있으나, 기초재고량 ≠ 기말재고량, 즉 당기생산량 ≠ 당기판매량의 경우 고정제조간접원가의 회수에 시간적 차이가 발생하므로 변동원가계산 하의 손익분기점분석을 전부원가계산 하의 손익분기점분석에 그대로 적용할 수 없게 된다. 즉 전부원가계산 하에서는 생산량과 판매량이 일치하지 않으면 생산량이 변동함에 따라 손익분기점의 판매량이 달라지게 되므로 손익분기점이 아니라 다수의 손익분기점 즉 손익분기선(break even line: BEL)이 존재하게 된다.

---

1) 이 식은 기간별 단위당 제조원가(단위당 변동제조원가 및 단위당 고정제조간접원가)가 일정한 경우 즉 고정제조간접원가를 기준조업도로 배분한 경우에 성립하며, 실제원가계산 자료를 사용하는 경우의 손익분기점(수량)은 다음과 같이 산정하며, 이 때 단위당 고정제조간접원가는 고정제조간접원가 총액을 생산량으로 나눈 것이다. 손익분기점(수량) = 고정판매비와 관리비/(단위당 공헌이익 – 단위당 고정제조간접원가)

사례 11

1. 다음은 KS(주)의 공헌손익계산서이다. 이 자료를 이용하여 변동원가계산 하의 손익분기점(수량)을 계산하시오.

공헌손익계산서

매출액(@₩100, 10,000단위)	₩1,000,000
변동원가(@₩60, 10,000단위)	600,000
공헌이익	400,000
고정원가	300,000
영업이익	₩100,000

단, 단위당 변동원가 ₩60은 직접재료원가 ₩25, 직접노무원가 ₩20, 변동제조간접원가 ₩10, 변동판매비 ₩5로, 고정원가 ₩300,000은 고정제조간접원가 ₩100,000(기준조업도 20,000단위), 고정판매비와 관리비 ₩200,000으로 구성되어 있다. 그리고 기초재고량 2,500단위(제조원가는 당해연도와 동일하다고 가정함)가 있는 것으로 가정한다.

2. 위 1.에서 구한 손익분기점(수량)을 토대로 전부원가계산에 의한 손익계산서를 작성하시오. 이 경우 영업이익이 0이 되는가를 검토하고, 그렇지 않다면 이를 어떻게 설명할 수 있겠는가?

3. 전부원가계산 하의 손익분기점(수량)을 계산하시오. 단, 생산량이 75,00단위라고 가정한다.

4. 생산량이 5,000단위, 9,000단위, 15,000단위 일 때의 전부원가계산 하의 손익분기점(수량)을 계산하시오.

5. 생산량이 5,000단위, 9,000단위, 15,000단위 일 때의 목표이익 ₩100,000을 달성하기 위한 목표판매량을 계산하시오.

해설

1.

$$\text{손익분기점 수량} = \frac{\text{고정원가}}{\text{단위당공헌이익}} = \frac{₩300,000}{₩100 - ₩60} = 7,500\text{단위}$$

검증

변동원가계산 하의 손익계산서

I. 매출액(@₩100, 7,500단위)			₩750,000
II. 변동원가			
1. 제조원가			
기초재고량*(@₩55, 2,500단위)	₩137,500		
당기생산량(@₩55, 7,500단위)	412,500		
기말재고량(@₩55, 2,500단위	137,500	412,500	
2. 판매비(@₩5, 7,500단위)		37,500	450,000
III. 공헌이익			300,000
IV. 고정원가			
1. 제조원가		100,000	
2. 판매비와 관리비		200,000	300,000
V. 영업이익			₩0

2.

전부원가계산 하의 손익계산서

I. 매출액(@₩100, 7,500단위)		₩750,000
II. 매출원가		
기초재고량(@₩60, 2,500단위)	₩150,000	
당기생산량(@₩60, 7,500단위)	450,000	
기말재고량(@₩60, 2,500단위	150,000	450,000
III. 매출총이익		300,000
IV. 판매비와 관리비		
1. 변동판매비(@₩5, 7,500단위)	37,500	
2. 고정판매비와 관리비	200,000	237,500
V. 영업이익		62,500
VI. 조업도차이		62,500*
VII. 순이익		₩0

* (20,000단위−7,500단위) × @₩5

즉 전부원가계산에서는 영업이익과 조업도의 차이가 일치할 때 손익분기점이 계산된다는 것을 알 수 있다. 따라서 조업도차이는 생산량이 조업도와 일치하지 않을 때 발생(생산량의 변화에 따라 수없이 존재)하므로 손익분기점이 아니라 아래와 같이 손익분기선(break even line)이 존재한다는 것을 알 수 있다. 그러므로 전부원가계산 하에서 손익분기점을 계산하기 위해서는 미리 생산량을 결정할 필요가 있다.

영업이익 = [판매단가-(제품단위당원가+변동판매비)]×판매량-고정판매비와 관리비
= [100-(60+5)×QS-200,000
= 35QS-200,000

조업도차이 = 고정제조간접원가-(고정제조간접원가배분율×생산량)
= 100,000-5QP

영업이익 = 조업도차이
35QS-200,000 = 100,000-5QP
QS = 300,000/35-1/7QP

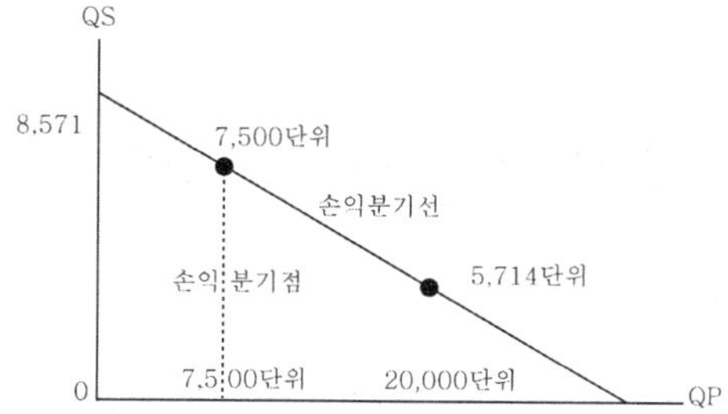

그림에서 보는 바와 같이 생산량의 증가에 따라 조업도차이가 작아지므로 손익분기점은 점차 낮아지며, 반대로 생산량의 감소에 따라 조업도차이가 커지므로 손익분기점은 점차 높아짐을 알 수 있다[2].

3. 전부원가계산 하의 손익분기점 수량

$$= \frac{\text{고정원가} + [\text{고정제조간접원가배분율} \times (\text{손익분기점수량} - \text{생산량})]}{\text{단위당 공헌이익}}$$

$$= \frac{(\text{고정원가} - \text{고정제조간접원가배분율} \times \text{생산량})}{(\text{단위당 공헌이익} - \text{고정제조간접원가배분율})}$$

$$= \frac{(₩300{,}000 - @₩5 \times 7{,}500\text{단위})}{(₩40 - ₩5)}$$

= 7,500단위

4.

1) 생산량 = 5,000단위일 때

---

2) 실제원가계산의 경우도 생산량이 증가할수록 단위당 고정제조간접원가가 감소하므로 손익분기점(수량)도 낮아진다.

$$\text{손익분기점 수량} = \frac{(300{,}000 - @5 \times 5{,}000\text{단위})}{(₩40 - ₩5)} ≒ 7{,}857\text{단위}$$

2) 생산량 = 9,000단위일 때

$$\text{손익분기점 수량} = \frac{(300{,}000 - @5 \times 9{,}000\text{단위})}{(₩40 - ₩5)} ≒ 7{,}286\text{단위}$$

3) 생산량 = 15,000단위일 때

$$\text{손익분기점수량} = \frac{(300{,}000 - @5 \times 15{,}000\text{단위})}{(₩40 - ₩5)} ≒ 6{,}429\text{단위}$$

5.

1) 생산량 = 5,000단위일 때

$$\text{목표판매량} = \frac{(300{,}000 - @5 \times 5{,}000\text{단위}) + ₩100{,}000}{(₩40 - ₩5)} ≒ 10{,}714\text{단위}$$

2) 생산량 = 9,000단위일 때

$$\text{목표판매량} = \frac{(300{,}000 - @5 \times 9{,}000\text{단위}) + ₩100{,}000}{(₩40 - ₩5)} ≒ 10{,}143\text{단위}$$

3) 생산량 = 15,000단위일 때

$$\text{목표판매량} = \frac{(300{,}000 - @5 \times 15{,}000\text{단위}) + ₩100{,}000}{(₩40 - ₩5)} ≒ 9{,}286\text{단위}$$

3. 비선형 하의 손익분기점 분석

앞에서는 CVP분석을 행하는데 있어서 회계학적 모형을 기초로 설명하였다. 회계학적 모형에서는 원가함수 및 수익함수 모두를 선형으로 가정하므로 단일의 손익분기점이 계산된다[3]. 그러나 경제학적 모형에서는 원가함수 및 수익함수 모두를 비선

3) 현실적으로 판매량의 변동에 따라 단위당 판매가격이 변동할 수 있으며, 학습효과나 생산능률의 향상 등으로 단위당 변동원가도 변동할 수 있다. 뿐만 아니라 고정원가도 관련범위(relevant range)를 벗어나면 준고정원가의 원가행태를 나타낼 수 있다. 따라서 다음과 같은 비선형하의 손익분기점 분석(또는 CVP분석)도 가능하다. ① 수익함수가 비선형인 경우(판매량에 따라 단위당 판매가격이 변동하는 경우), ② 원가함수가 비선형인 경우(생산량에 따라 단위당 변동원가가 변동하는 경우), ③ 수익함수 뿐만 아니라 원가함수도 비선형인 경우(생산량에 따라 단위당 판매가격, 단위당 변동원가, 총고정원가가 변동하는 경우)

형으로 가정하므로 복수의 손익분기점이 계산된다[4].

즉 경제학적 모형에서는 두 점에서 수익선과 원가선이 일치하며, 그 두 선이 일치하는 두 점이 바로 손익분기점이 되나, 회계학적 모형에서는 오직 한 점에서 수익선과 원가선이 일치하므로 단일의 손익분기점이 존재한다.

또한 경제학적 모형에서는 이익이 극대화되는 균형조업도(최적조업도)가 존재하나, 회계학적 모형에서는 이익이 극대화되는 균형조업도가 존재하지 않는다.

[그림] 회계학적 모형과 경제학적 모형(재구성)

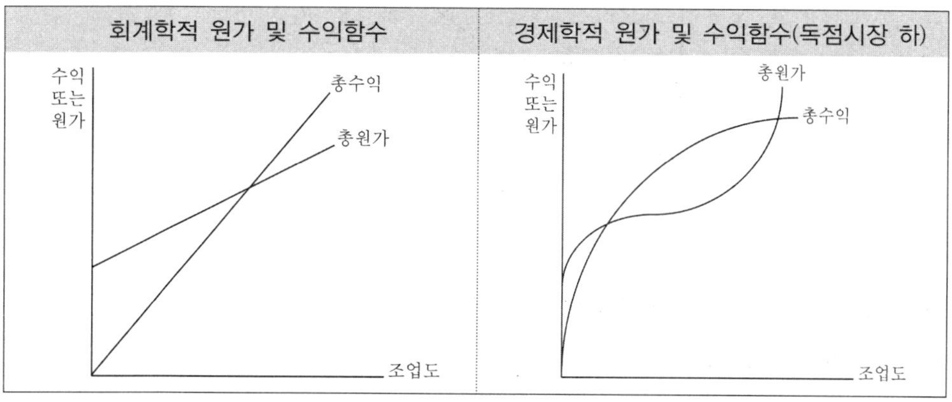

사례 12

다음은 K사의 총수익함수 및 총원가함수이다.

$$TR(x) = 100x - 4x^2$$

$$TC(x) = 200 + 15x - 2x^2 + 0.2x^3$$

여기서 TR(x)는 총수익함수를, TC(x)는 총원가함수를 의미한다.

요구사항

1. 위 자료로 K사의 손익분기점을 산출하시오.

---

4) 정확히 말하면 위에서 설명한 경제학적 모형은 (단기) 독점시장 하의 수익 및 원가함수이다. 독점시장 하에서 (독점)기업은 유일한 공급자이며 수요곡선은 우하향하므로 총수익은 판매량이 증가할수록 가격이 하락하므로 증가하다가 감소한다. 그러나 (단기) 완전경쟁 하의 경제학적 모형에서의 수익함수는 비선형 행태가 아니라 선형 행태를 나타내게 된다. 그 이유는 완전경쟁시장 하에서 기업들은 가격수용자가 되므로 총수익은 판매량의 증가에 따라 정비례하는 1차함수의 행태를 띠기 때문이다. 즉 완전경쟁시장 하에서 수익함수는 선형함수, 원가함수는 비선형함수를 나타낸다.

2. K사는 몇 개의 상품을 팔 때 이익이 극대화되겠는가?

해설

1.

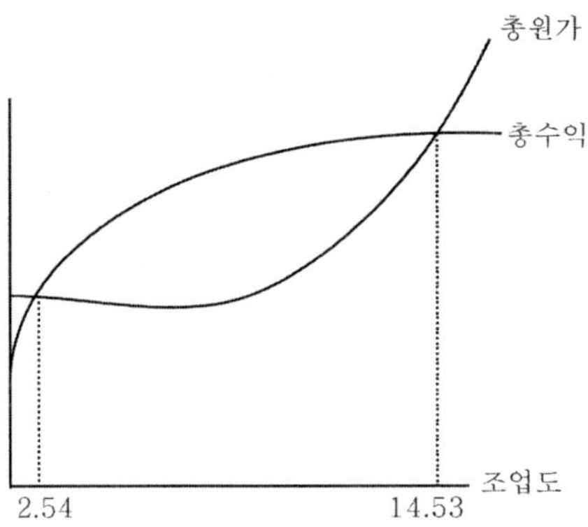

손익분기점은 총수익과 총원가가 일치하는 점이므로

$$TR(x) = TC(x)$$
$$100x - 4x^2 = 200 + 15x - 2x^2 + 0.2x^3$$
$$0.2x^3 + 2x^2 - 85x + 200 = 0$$
$$\therefore x \fallingdotseq 2.54,\ x \fallingdotseq 14.53$$

그러므로 손익분기점은 2.54단위와 14.53단위이다.

2. 경제학에서는 한계수익(marginal revenue; MR)과 한계비용(marginal cost; MC)이 일치하는 점에서 이익이 극대화한다고 한다. 한계수익과 한계비용은 다음과 같이 총수익과 총원가를 미분하여 얻을 수 있다. 여기서 MR(x)는 한계수익함수를, MC(x)는 한계비용함수를 의미한다.

$$MR(x) = 100 - 8x$$
$$MC(x) = 15 - 4x + 0.6x^2$$
$$MR(x) = MC(x)$$
$$0.6x^2 + 4x - 85 = 0$$
$$x \fallingdotseq 9.03$$

그러므로 9.03단위를 생산하여 판매할 때 이익이 최대가 된다. 그리고 그 때의 이익은 ₩257.2가 된다.

판매량	총수익	총비용	이익(손실)
0	0	200.0	−200.0
1	96	213.2	−117.2
2	184	223.6	−39.6
3	264	232.4	31.6
4	336	240.8	95.2
5	400	250.0	150.0
6	456	261.2	194.8
7	504	275.6	228.4
8	544	294.4	249.6
9	576	318.8	257.2
10	600	350.0	250.0
11	616	389.2	226.8
12	624	437.6	186.4
13	624	496.4	127.6
14	616	566.8	49.2
15	600	650.0	−50.0

4. 현금흐름분기점

기업의 경영자들은 종종 발생주의에 의한 이익(영업이익 또는 당기순이익)보다 현금이나 운전자본 등에 관심을 갖는 경우가 많다. 이것은 현금을 너무 많이 보유하는 경우 그것으로부터 기회원가가 발생할 수 있으며, 너무 적게 보유하면 기업의 존립이 위태로워질 수 있기 때문이다.

이와 같이 현금흐름에 관심을 갖고 있는 경영자들은 현금유입액과 현금유출액이 일치하는 판매량(또는 매출액)인 **현금흐름분기점(cash break-even point)**에 관심을 갖게 되는데 이것은 앞에서 설명한 손익분기점을 구하는 식을 응용하여 다음과 같이 구할 수 있다.

현금유입액 = 현금유출액

총수익 = 총원가 (현금지출을 수반하지 않는 고정원가 제외)

총수익 = 총변동원가 + 총고정원가 (현금지출을 수반하지 않는 고정원가 제외)+ 이익(0)

$$X' = V + (F-d) + 0 \qquad X' = V/S \times X' + (F-d) + 0$$
$$X' - V/S \times X' = (F-d) \qquad X'(1-V/S) = (F-d)$$
$$\therefore X' = (F-d)/(1-V/S)$$

여기서 X'는 현금흐름분기점 매출액을, d는 현금지출을 수반하지 않는 고정원가로서 예컨대 감가상각비 등을 나타낸다[5].

감가상각비 등과 같은 현금지출을 수반하지 않는 고정원가로 인해 현금지출을 수반하는 고정원가는 총고정원가보다 적어진다. 따라서 현금흐름분기점은 손익분기점보다 낮아진다.

사례 13

KS(주)는 단위당 판매가격이 ₩400이고 단위당 변동원가가 ₩200인 제품을 생산하여 판매하고 있다. 연간 총고정원가는 ₩80,000이며, 이 중 현금지출을 수반하지 않는 고정원가는 ₩20,000이다.

요구사항

1. 손익분기점의 판매수량 및 금액을 구하시오.

2. 현금흐름분기점의 판매수량 및 금액을 구하시오.

해설

1. 위의 자료로 손익분기점(매출액 또는 판매량)을 구하면 다음과 같다.

손익분기점(매출액) = 총고정원가 / (1 − 총변동원가 / 매출액)
= 총고정원가 / (1 − 단위당변동원가 / 단위당 판매가격)
= ₩80,000 / (1 − ₩200 / ₩400)
= ₩160,000

---

5) 위 식은 법인세가 존재하지 않는 경우이나, 법인세가 존재한다면 다음의 식으로 현금흐름분기점을 산출할 수 있다.

현금유입액 = 현금유출액
총수익 = 총원가(현금지출을 수반하지 않는 고정원가 제외) +법인세
총수익 = 총변동원가 +총고정원가(현금지출을 수반하지 않는 고정원가 제외) +법인세
여기서 법인세 = 세전 영업이익 × 법인세율

한편, 이것을 수량으로 나타내면 ₩160,000 ÷ ₩400 = 400단위가 된다. 이것은 다음과 같이 구할 수도 있다.

손익분기점(판매량) = 총고정원가 / (단위당 판매가격 − 단위당 변동원가)
= 총고정원가 / 단위당 공헌이익
= ₩80,000 / (₩400 − ₩200)
= 400단위

검증

매출액(@₩400, 400단위)	₩160,000
변동원가(@₩200, 400단위)	80,000
공헌이익	80,000
고정원가	80,000
영업이익	₩0

2. 위의 자료로 현금흐름분기점(매출액 또는 판매량)을 구하면 다음과 같다.

현금흐름분기점(매출액) = (총고정원가 − 현금지출을 수반하지 않는 고정원가) / (1 − 단위당 변동원가 / 단위당 판매가격)
= (₩80,000 − ₩20,000) / (1 − ₩200 / ₩400)
= ₩120,000

한편, 이것을 수량으로 나타내면 ₩120,000 ÷ ₩400 = 300단위가 된다. 이것은 다음과 같이 구할 수도 있다.

현금흐름분기점(판매량) = (총고정원가 − 현금지출을 수반하지 않는 고정원가) / (단위당 판매가격 − 단위당 변동원가)
= (총고정원가 − 현금지출을 수반하지 않는 고정원가) / 단위당 공헌이익= (₩80,000 − ₩20,000) / (₩400 − ₩200)
= 300단위

검증

매출액(@₩400, 300단위)	₩120,000
변동원가(@₩200, 300단위)	60,000
공헌이익	60,000
현금지출을 수반하는 고정원가	60,000
영업이익	₩0

5. 불확실성 하의 CVP분석

앞에서는 판매량, 판매가격, 변동원가, 고정원가 등을 확실하게 알 수 있는 확실성 하의 CVP분석을 살펴보았다. CVP분석에 사용되는 모든 변수들의 값을 정확히 예측할 수 있으면 이익계획의 수립, 변동예산의 설정, 그리고 영업활동의 결과분석에 매우 유용하다. 그러나 현실적으로 기업 의사결정에는 불확실성이 수반하게 된다. 여기서 불확실성이란 미래에 어떤 상황이 발생할 것인지를 정확히 알 수 없는 상태를 말한다.

불확실성 하의 CVP분석은 여러 가지 방법으로 행할 수 있으나 여기서는 통계적 분석방법(statistical analysis method)과 확률수(probability tree method)를 이용하는 방법만을 설명하고자 한다.

1) 통계적 분석방법

통계적 분석방법(statistical analysis method)은 흔히 판매가격이나 변동원가, 고정원가 변수들은 모두 확실하게 알 수 있으나 판매량에 대해서는 확실하게 알 수 없고 다만 확률분포만 알고 있다는 가정 하에 CVP분석을 행하는 것이다[6]. 즉 이 방법은 예상판매량의 확률분포를 이용하여 기대이익, 특정 목표이익 달성을 위한 확률, 특정 대체안을 선택하는 경우의 기대기회손실, 기대이익을 극대화시키는 대체안 등을 파악할 수 있다. 그리고 이 경우 예상판매량은 편의상 정규분포를 이루고 있다고 가정하여 분석한다.

통계적 분석방법에 사용되는 용어는 다음과 같다.

p = 단위당 판매가격
v = 단위당 변동원가
a = 총고정원가
π = 이익(손실)
x = 판매량
μ = 판매량(x)의 평균
$E(c)$ = 공헌이익의 기대값

6) 보통 통계적 분석은 불확실성을 갖는 하나의 독립변수(예컨대, 판매량)가 확률분포를 띨 때 그 확률분포를 이용하여 종속변수(기대이익, 손익분기점 등)에 미치는 영향을 분석하는 것이다. 이 때 확률분포도 이산확률분포(확률변수가 연속성을 지니지 못하고, 특정 값으로 존재하는 경우)와 연속확률분포로 구분할 수 있다. 연속확률분포의 대표적인 것이 정규확률분포이다.

$E(x)$ = 판매량의 기대값

$E(\pi)$ = 이익의 기대값

$\sigma(x)$ = 판매량의 표준편차

$\sigma(\pi)$ = 이익 기대값의 표준편차

Z = 정규분포

통계적 분석방법에서는 다음의 계산식들이 활용되고 있다.

공헌이익의 기댓값[$E(c)$] = (단위당 판매가격-단위당변동원가)×예상판매량

$= [(p)-(v)]\times[E(x)]$

이익의 기댓값[$E(\pi)$] = 공헌이익의 기댓값-고정원가

$= [E(c)]-a$

이익분포의 표준편차[$\sigma(\pi)$] = (단위당 판매가격-단위당 변동원가)×판매량의 표준편차

$= (p-b)\sigma(x)$

$$Z = \frac{\pi - E(\pi)}{\sigma(\pi)}$$

사례 14

[통계적 분석방법에 의한 CVP분석]

A사는 판매가격 ₩10,000, 단위당 변동원가 ₩6,000, 월간 고정원가 ₩8,000,000을 필요로 하는 제품생산라인을 도입하려고 한다. 시장조사에 의하면 이 제품의 판매예측상황은 기대판매량이 3,000단위이며 2,600단위에서 3,400단위 팔릴 가능성이 1/2, 그 외의 가능성이 1/2이라 하고 판매량의 확률분포는 정규분포를 이룬다는 것을 확신하고 있다.
이상의 자료로 다음의 요구사항에 답하시오.

요구사항

1. A사의 기대이익과 이익분포의 표준편차를 구하시오.

2. 경영자는 변동계수[$\sigma(\pi)/E(\pi)$]가 1/2을 초과하면 생산을 포기하고자 한다. 이 경우 그는 어떠한 의사결정을 하겠는가?

3. A사의 손익분기점은 얼마인가?

4. 적어도 손실을 보지 않을 확률을 구하시오.

5. ₩6,000,000 이상의 이익을 얻을 확률은 얼마인가?

6. ₩1,000,000 이상의 손실이 발생할 확률은 얼마인가?

해설

1.

공헌이익의 기대값[E(c)] = (단위당 판매가격(p)−단위당 변동원가(v))×예상판매량[E(x)]
= (₩10,000−₩6,000)×3,000단위
= ₩12,000,000

이익의 기대값[E(π) = 공헌이익의 기댓값[(E(c)]−고정원가(a)
= ₩12,000,000−₩8,000,000
= ₩4,000,000

그리고 판매량이 2,600단위에서 3,400단위의 확률은 50%이므로 2,600단위에서 3,000단위일 확률은 25%이다. 그러므로 0.67σ(x) = 400단위이므로 판매량의 표준편차[σ(x)]는 약 600단위가 된다.

따라서 이익분포의 표준편차[σ (π)]
= (단위당 판매가격−단위당 변동원가)×판매량의 표준편차
= (p − b) σ (x)
= (₩10,000−₩6,000)×600단위
= ₩2,400,000이 된다.

2.

σ (π) / E (π) = ₩2,400,000/₩4,000,000 = 0.6 (> 0.5)

따라서 생산라인의 도입을 포기하려고 할 것이다.

3. 손익분기점 = ₩8,000,000/(₩10,000 − ₩6,000) = 2,000단위

4.

$$Z=\frac{\pi-E(\pi)}{\sigma(\pi)}=\frac{(₩0-₩4{,}000{,}000)}{₩2{,}400{,}000}=-1.67$$

정규분포로부터

P(π≥₩0) = 0.5+0.4525 = 0.9525

그러므로 A사가 적어도 손실을 보지 않을 확률은 95.25%라고 할 수 있다.

5.

$$Z=\frac{\pi-(E(\pi)}{\sigma(\pi)}=\frac{(₩6{,}000{,}000-₩4{,}000{,}000)}{₩2{,}400{,}000}=0.83$$

정규분포로부터

P(π≥₩6,000,000) = 0.5−0.2967 = 0.2033

그러므로 A사가 ₩6,000,000 이상의 이익을 얻을 확률은 20.33%라고 할 수 있다.

6.

$$Z=\frac{\pi-E(\pi)}{\sigma(\pi)}=\frac{(₩1{,}000{,}000-₩4{,}000{,}000)}{₩2{,}400{,}000}=-2.08$$

정규분포로부터

P(π≤−₩1,000,000) = 0.5−0.4812 = 0.0188

그러므로 A사가 ₩1,000,000 이상의 손실이 발생할 확률은 1.88%라고 할 수 있다.

2) 확률수를 이용한 분석

여러 개의 독립변수가 불확실한 경우에는 확률수를 이용하여 모든 가능한 결과를 열거하거나 결합확률을 계산하여 분석할 수 있다.

확률수(probability tree)란 독립변수와 종속변수의 가능한 모든 결과 및 그 결과의 확률을 나타내 주는 표이다. 모든 상태와 결과를 열거할 수 있으면 기대값이나 중요한 종속변수의 확률을 파악할 수 있게 된다.

사례 15

[확률수를 이용한 CVP분석]

KS제조(주)의 2015년도의 고정원가는 ₩280,000으로 예상되며, 판매량 및 단위당 공헌이익은 다음의 확률분포만 예측가능하다.

판매량		단위당 공헌이익	
수량	확률	금액	확률
150,000단위	0.3	₩3.50	0.5
100,000	0.6	2.00	0.5
50,000	0.1		

요구사항

1. 위의 자료로 KS제조(주)의 2015년도 기대이익을 구하시오.

2. KS제조(주)의 예상되는 손익분기점을 구하시오.

해설

1.

불확실성의 확률수 분석

① 판매량 (확률)	② 단위당 공헌이익 (확률)	③ 총공헌이익 ①×②	④ 고정원가	⑤ 이익(손실)	⑥ 결합 확률	⑦ ⑤×⑥
150,000 (P=0.3)	₩3.50(P=0.5)	₩525,000	280,000	₩245,000	0.15	₩36,750
	₩2.00(P=0.5)	₩300,000	280,000	₩20,000	0.15	₩3,000
100,000 (P=0.6)	₩3.50(P=0.5)	₩350,000	280,000	₩70,000	0.30	₩21,000
	₩2.00(P=0.5)	₩200,000	280,000	₩(80,000)	0.30	₩(24,000)
50,000 (P=0.1)	₩3.50(P=0.5)	₩175,000	280,000	₩(105,000)	0.05	₩(5,250)
	₩2.00(P=0.5)	₩100,000	280,000	(₩180,000)	0.05	₩(9,000)
						₩22,500

2. 예상 손익분기점은 다음과 같이 산출한다.

₩280,000/3.50 =	80,000단위	×0.15	= 12,000단위
280,000/2.00 =	140,000	×0.15	= 21,000
280,000/3.50 =	80,000	×0.30	= 24,000
280,000/2.00 =	140,000	×0.30	= 42,000
280,000/3.50 =	80,000	×0.05	= 4,000
280,000/2.00 =	140,000	×0.05	= 7,000
			110,000단위

검증

(12,000×₩3.5)+(21,000×₩2.0)+(24,000×₩3.5)+(42,000×₩2.0)+(4,000×₩3.5)+(7,000×₩2.0)−고정비(₩280,000) = ₩0(손익분기점)

별해

₩280,000/3.50	×0.5	= 40,000단위
280,000/2.00	×0.5	= 70,000
		110,000단위

사례 16

다음은 KS제조(주)의 2015년도 판매량, 단위당 공헌이익 및 연간 고정원가로서 다음의 확률분포만 예측가능하다.

판매량		단위당 공헌이익		연간 고정원가	
수량	확률	금액	확률	금액	확률
150,000단위	0.3	₩3.50	0.5	₩280,000	0.4
100,000	0.6	2.0	0.5	₩300,000	0.6
50,000	0.1				

요구사항

1. 위의 자료로 KS제조(주)의 2015년도 기대이익을 구하시오.
2. 위의 자료로 KS제조(주)의 2015년도 손익분기점을 구하시오.
3. 2015년에 이익이 발생할 확률을 구하시오.

4. 2015년에 손실이 발생할 확률을 구하시오.

해설

1.

불확실성의 확률수 분석

① 판매량 (확률)	② 단위당 공헌이익 (확률)	③ 총공헌 이익 ①×②	④ 총고정원가 (확률)	⑤ 이익 (손실)	⑥ 결합 확률	⑦ 기대 이익 ⑤×⑥
150,000 (P=0.3)	₩3.50(P=0.5)	₩525,000	280,000(P=0.4)	₩245,000	0.06	₩14,700
			300,000(P=0.6)	₩225,000	0.09	₩20,250
	₩2.00(P=0.5)	₩300,000	280,000(P=0.4)	₩20,000	0.06	₩1,200
			300,000(P=0.6)	₩0	0.09	₩0
100,000 (P=0.6)	₩3.50(P=0.5)	₩350,000	280,000(P=0.4)	₩70,000	0.12	₩8,400
			300,000(P=0.6)	₩50,000	0.18	₩9,000
	₩2.00(P=0.5)	₩200,000	280,000(P=0.4)	₩(80,000)	0.12	₩(9,600)
			300,000(P=0.6)	₩(100,000)	0.18	₩(18,000)
50,000 (P=0.1)	₩3.50(P=0.5)	₩175,000	280,000(P=0.4)	₩(105,000)	0.02	₩(2,100)
			300,000(P=0.6)	₩(125,000)	0.03	₩(3,750)
	₩2.00(P=0.5)	₩100,000	280,000(P=0.4)	₩(180,000)	0.02	₩(3,600)
			300,000(P=0.6)	₩(200,000)	0.03	₩(6,000)
					1.0	₩10,500

2.

₩280,000/3.50 × 0.06	=	4,800단위
300,000/3.50 × 0.09	=	7,714
280,000/2.00 × 0.06	=	8,400
300,000/2.00 × 0.09	=	13,500
280,000/3.50 × 0.12	=	9,600
300,000/3.50 × 0.18	=	15,429
280,000/2.00 × 0.12	=	16,800
300,000/2.00 × 0.18	=	27,000
280,000/3.50 × 0.02	=	1,600
300,000/3.50 × 0.03	=	2,571
280,000/2.00 × 0.02	=	2,800
300,000/2.00 × 0.03	=	4,500
		114,714단위

검증

(4,800 × ₩3.5) + (7,714 × ₩3.5) + (8,400 × ₩2.0) + (13,500 × ₩2.0) + (9,600 × ₩3.5) + (15,429 × ₩3.5) + (16,800 × ₩2.0) + (27,000 × ₩2.0) + (1,600 × ₩3.5) + (2,571 × ₩3.5) + (2,800 × ₩2.0) + (4,500 × ₩2.0) − 총고정원가(₩280,000 × 0.4 + ₩300,000 × 0.6)
= ₩0 (손익분기점)

별해

₩280,000/3.50×0.5×0.4 =	25,714단위
300,000/3.50×0.5×0.6 =	40,000
280,000/2.00×0.5×0.4 =	28,000
300,000/2.00×0.5×0.6 =	45,000
	114,714단위

3. 이익이 발생할 확률은 기대이익이 0보다 큰 경우의 확률을 합하면 0.51 즉 51%가 된다.
4. 손실이 발생할 확률은 기대이익이 0보다 작은 경우의 확률을 합하면 0.40 즉 40%가 된다.

제5장

종합예산

기업의 경우는 상기업이든 제조기업이든 목표를 설정하고 그 목표달성을 위해 노력한다. 그 목표를 구체적으로 수량화한 것이 종합예산(master budget)이다. 즉 종합예산이란 기업전체를 대상으로 미래의 일정기간(보통 1년) 단위로 편성되는 정태예산으로 예산재무제표로서 나타낸 영업예산 및 재무예산을 포괄한 예산을 말한다. 그러므로 종합예산은 경영자의 미래에 대한 계획과 그 계획을 어떻게 달성할 것인가를 포괄적으로 표현한 것이다. 조직이 생존 및 성장하기 위해서 예산은 계획을 공식화하고, 영업활동의 지침임과 동시에 성과평가의 기준이 되며, 조직 내의 의사소통과 조정수단이 되어야 한다. 본 장에서는 기업에서 구체적으로 행해지고 있는 종합예산 편성과 관련된 내용들을 학습하고자 한다.

제1절 종합예산의 의의

1. 종합예산의 의의

예산(budget)이란 일정기간 동안 재무적 자원 및 기타 자원의 취득과 사용에 대한 계획을 공식적으로 수량화한 것이며, 예산을 작성하는 행위를 **예산편성(budgeting)** 이라 한다.

종합예산(master budget)이란 기업전체를 대상으로 미래의 일정기간(보통 1년) 단위로 편성되는 정태예산(static budget; 또는 고정예산이라고도 함.)으로, 예산재무제표(budgeted financial statements or pro forma statements)로서 나타낸 영업예산 및 재무예산을 포괄한 예산을 말한다[1]. 종합예산은 조직의 모든 하위부문의 활동(판매, 생산, 유통, 재무 등) 등에 대한 예상활동을 종합한 것이다. 이것은 매출액, 매입액, 생산량, 순이익, 현금뿐만 아니라 경영자가 구체화하고자 하는 기타 목적에 대한 목표치를 수량화한 것이다. 종합예산은 경영자의 미래에 대한 계획과 그 계획을 어떻게 달성할 것인가를 포괄적으로 표현한 것이다.

2. 종합예산의 목적

조직이 생존 및 성장하기 위해서 예산은 계획을 공식화하고, 영업활동의 지침임과 동시에 성과평가의 기준이 되며, 조직 내의 의사소통과 조정수단이 되어야 한다.

---

1) 특정 조업도를 전제로 편성되는 예산을 고정예산(fixed budget) 또는 정태예산(static budget)이라고 하며, 조업도의 변동에 따른 예산허용액을 용이하게 편성할 수 있는 예산을 변동예산(variable budget)이라고 한다. 고정예산은 기업전체의 이익계획을 구체화하고, 각 부문예산을 조정하여 설정되는 것이므로 계획예산이라고도 한다. 일반적으로 종합예산은 이 방식으로 편성된다. 그런데 실제 조업도가 예산편성의 기초가 된 예정조업도와 동일한 경우에는 고정예산에 의해 원가통제를 합리적으로 행할 수 있으나 동일하지 않은 경우(또는 예정조업도와 실제조업도가 큰 차이가 나는 경우)에는 통제기능상 결함을 갖게 된다. 이러한 고정예산의 결함을 보충하기 위하여 변동예산이 이용된다. 즉 변동예산은 고정예산과 병행하여 이용하면 고정예산이 갖는 통제기능의 결함을 보충하는 역할을 한다.
변동예산은 지금까지 주로 제조간접원가 예산에 이용되었으나 판매비와 관리비 등의 예산에도 적용할 수 있다. 변동예산은 각 조업도에 대한 예산허용액의 표시방법에 따라 "공식법 변동예산"과 "다항식 변동예산(실사법 변동예산이라고도 함.)"으로 나눌 수 있다. 전자는 예산허용액 y를 $y = a + bx$ (a : 고정원가, b : 조업도 단위당 변동원가, x : 조업도)라는 공식으로 산출할 수 있도록 각 원가요소별 고정원가, 변동원가를 표시한다. 후자는 기준이 되는 조업도를 중심으로 하여 일정한 간격으로 몇 개의 조업도를 설정하고, 원가요소별 예산허용액을 각 조업도별로 산출하여 표시한다.

종합예산의 목적을 구체적으로 설명하면 다음과 같다.

1) 계획의 공식화

경영자는 변화하는 환경을 예상하고 이에 대비할 방안을 강구해야 하는데, 기업의 목적을 공식화하는 예산을 편성하는 것 자체가 경영자로 하여금 계획수립을 자신의 가장 중요한 직무로 파악하게 된다. 또한 예산을 통해 미래의 잠재적 장애요인을 발견할 수 있다

2) 활동지침 및 평가기준

예산은 업무활동의 지침이 되며 또한 성과평가의 기준이 된다. 예산이 편성되면 하위경영자 또는 종업원은 상위경영자가 자신들에게 기대하는 바를 알게 된다. 자신들의 행동에 대한 지침이 없다면 하위경영자나 종업원들은 비생산적 활동에 노력을 낭비할 수 있다. 성과평가는 과거자료보다는 예산성과를 기준으로 이루어져야 한다. 이것은 과거자료에는 과거성과에서 드러나지 않았던 비효율성이 존재할 수 있기 때문이다. 또한 과거에 비해 경제적 환경, 기술, 경쟁력, 인사 등 제반 여건이 달라졌기 때문에 과거자료를 성과평가의 기준으로 볼 수는 없다.

3) 활동의 조정

예산을 통하여 경영자는 조직 전체의 목적이 하위부문의 목적과 일치하도록 조직 전체의 활동을 조정한다. 조직이 세분화될수록 하위부문의 활동을 통합하기란 쉽지 않다. 자기부문의 예산을 수립하는 과정에서 다른 부문의 정보가 필요하며, 또한 자기부뮤의 활동을 공식적으로 의사소통하게 하는 가운데 상충될 수 있는 부문활동이나 목적을 조직 전체의 목적에 일치시키게 된다. 다양한 기능을 수행하는 여러 부서의 경영자들은 예산과정을 통하여 자기부서의 계획을 의사소통하고 그들 활동을 조정하게 된다.

3. 종합예산의 분류

1) 예산기간에 따른 분류

종합예산은 1년 단위로 편성하는데 그 이유는 예산수치가 실제성과와 비교 가능하도록 하기 위함이다. 많은 기업에서는 예산기간을 4분기로 나누며, 1분기 내에서

는 다시 월별로 예산을 세분하여 편성한다. 이들 예산수치는 가까운 장래의 계획수치이므로 상당히 정확도를 높일 수 있다. 2분기부터는 분기별로만 예산을 편성한다. 1분기가 진행되는 동안 2분기 예산은 다시 월별로 세분화된다. 이러한 과정을 통하여 예산을 편성하면 예산을 계속적으로 검토 및 재평가할 수 있게 된다.

(1) 연속예산

12개월의 종합예산 가운데 1월이 경과하면 다음 해의 1월 예산을 추가하여 예산기간이 항상 12개월이 되도록 예산을 편성할 수 있다. 이러한 예산을 **연속예산(계속예산, continuous budget or rolling budget)**이라 한다. 연속예산의 이점은 경영자로 하여금 앞으로의 12개월을 항상 염두에 두고 계획하도록 한다는 것이다.

(2) 자본예산

토지, 건물 또는 자본설비 등의 취득과 관련된 예산은 예산기간이 상당히 장기간이다. 유형자산의 취득과 관련한 예산을 **자본예산(capital budget)**이라 한다. 이 자본예산은 경영자로 하여금 자본재를 취득할 때 자금을 충분히 조달할 수 있는가를 사전에 파악하게 한다. 이러한 장기적 계획이 없다면, 거액의 자금이 수반되는 자본재에 대하여 의사결정을 내릴 수 없을 것이다.

2) 참여예산

예산시스템의 성패 여부는 예산이 어떤 방법으로 편성되느냐에 따라 대부분 좌우된다. 많은 성공적인 예산시스템은 원가통제의 책임을 가진 경영자로 하여금 자신의 예산을 편성하도록 한다. 이러한 예산을 **참여예산**(participative budget) 또는 **자가설정예산**이라고 한다.

(1) 참여예산의 장점

이와 같이 참여예산은 조직의 구성원들로 하여금 예산편성에 직접 참여함으로써 "예산이 그들에게 부여된 것이 아니라 그들이 직접 달성하여야 할 목표를 설정하였다"는 인식을 갖게 하여 편성한 예산을 달성하도록 동기부여한다는 점에 그 의미가 있으며, 다음과 같은 장점을 갖는다.

① 예산편성과정에 참여함으로써 개인들은 조직의 구성원이라는 의식을 갖게 되며, 구성원들의 생각과 판단은 최고경영자에 의해 평가된다.

② 조직활동에 직접 참여하는 사람이 예산 추정치를 세우는 가장 적임자이다. 따

라서 현장에서 세우는 예산추정치는 보다 정교하고 신뢰할 수 있다.

③ 상위자로부터 강압적으로 설정된 예산보다 자신이 설정한 예산을 보다 열심히 달성하고자 한다.

④ 자신이 설정한 예산을 달성하지 못할 경우 그 책임은 자신에게 있기 때문에 원가통제에 유리하다. 만약 상위자로부터 예산이 강압된다면, 하위자는 예산이 비현실적으로 설정되었기 때문에 달성하지 못했다고 변명할 수도 있을 것이다.

(2) 참여예산의 흐름

참여예산에서 하위자가 자신의 예산을 설정하고 나면, 상위자는 그 예산을 다시 검토한다. 만약 상위자로부터의 검토가 없다면, 하위자는 예산을 너무 느슨하게 편성할 가능성이 존재하게 된다. 왜냐하면 예산을 기준으로 하여 성과평가가 이루어지므로, 하위자는 유리한 성과평가를 받기 위하여 예산을 느슨하게 편성할 수 있기 때문이다. 미래의 기대치와 예산설정치의 차이를 **예산슬랙(budgetary slack)**이라 한다. 하위자는 미래의 불확실성에 대한 완충장치로서 예산슬랙을 만들 가능성이 존재하기 때문에 하위자가 설정한 예산은 반드시 상위자로 하여금 검토되어야 한다. 만약 상위자가 하위자의 예산에 대한 수정이 필요하다고 판단하면, 하위자와 충분한 토의를 거친 후 다시 예산을 편성한다.

참여예산을 통하여 조직의 모든 부문이 공동으로 노력하게 된다. 최고경영자는 날마다 이루어지는 상세한 원가자료를 깊이 알지 못하기 때문에, 상세한 예산정보를 제공할 하위자에게 의존해야만 한다. 반면에 최고경영자는 예산편성과정에서 중요한 포괄적 정책의사결정에 대한 의견을 갖는다. 이와 같은 경우 조직의 모든 부문이 통합된 예산을 설정하기 위해 노력을 함께 기울이게 된다.

3) 영기준 예산

많은 경우 예산편성은 전년도를 기준으로 일정한 비율만큼 증가시키는 점증주의 방법에 의한다. 예컨대, 국가의 예산편성과정을 살펴보면 각 부서에서 필요한 예산을 기획재정부에 신청하고 기획재정부에서는 내년도 세수증가율을 고려하여 각 부처의 예산을 조정한다. 각 부서에서 요구하는 예산이나 최종적으로 결정된 예산은 대개 전년도의 예산을 기준으로 하여 적정한 비율만큼 증액시킨다. 회사의 예산이나 학교의 예산 또는 등록금 결정시에도 대개 전년도의 예산을 기준으로 한다. 전년도 예산을 기준으로 새로운 예산을 결정하는 점증주의 방식은 과거의 관행과 비능률적 요소들이 미래의 의사결정을 제한한다는 비난을 모면하기 어렵다.

영기준 예산(zero-base budget, **원점 예산**)은 예산편성 시 과거의 예산이나 실적을 고려하지 않고, 마치 새로운 사업이나 프로그램을 처음 착수하듯이 원가를 분석하는 방법이다. 어떠한 원가도 본질적으로 지속적으로 발생한다고 보지 않기 때문에 경영자는 모든 활동들을 상대적 중요도에 따라 새로이 평가하여야 하며, 이러한 의사결정과정의 일환으로서 예산편성이 이루어진다. 경영자가 보다 중요하다고 판단하는 활동들은 예산에 반영하며, 그 반면에 상대적으로 중요하지 않다고 판단하는 활동들은 예산에 편성되지 않거나 차후 예산 편성 시 다시 고려한다.

이와 같은 영기준 예산은 원점(zero-base)에서 새로이 활동을 검토한다는 점에서 매우 유익하다. 영기준 예산을 편성하기 위해서는 수많은 검토 자료가 필요하며 이에 대한 시간, 비용이 많이 소요될 뿐만 아니라 기득권자의 반발을 어떻게 해소하느냐의 문제가 발생한다. 따라서 영기준 예산을 매년 작성한다는 것은 현실적으로 불가능하다. 또한 매년 영기준 예산을 편성하는 것 자체가 곧 기계적으로 이루어질 가능성이 있다.

4. 효율적인 예산편성의 전제조건

계획과 통제는 때때로 혼용되어 사용되기도 하지만, 일반적으로 계획은 미래의 목적을 설정하고, 그 목표를 달성하기 위하여 여러 가지 예산을 편성하는 것을 포함한다. 반면에 통제는 계획단계에서 설정한 목표가 달성되는가를 확인하고, 또한 조직의 모든 기능들이 조직의 정책과 일치되는가를 확인하기 위해 경영자가 취하는 여러 조치들을 포함한다. 예산시스템이 효율적으로 이루어지기 위해서는 반드시 계획 및 통제를 위한 시스템을 갖춰야 한다. 효율적 통제가 없는 좋은 계획이란 시간만 소비할 뿐이며, 반면에 사전에 계획이 수립되지 않으면 어떤 통제를 취해야 할지 목표가 없게 된다.

조직이 장기적 목표를 향하여 나아가도록 하기 위해서 효율적 예산을 편성하기 위한 전제조건을 살펴보면 다음과 같다.

1) 조직의 목표

조직의 전체목표는 계량화할 수 있어야 하며 또한 조직의 전략적, 장기적 계획을 바탕으로 하여야 한다. 조직의 목표는 시장점유율, 판매량, 순이익 등으로 표현된다.

2) 목표의 세분화

조직 전체의 목표는 하위목표로 세분화할 수 있어야 한다. 예컨대, 조직 전체의 목표가 법인세 차감후 순이익을 5% 증대시키는 것이라면, 이 목표는 판매원이나 생산담당자에게 별다른 지침이 되지 못한다. 따라서 조직의 하부조직으로 내려갈수록 목표는 보다 구체화되어야 한다. 앞의 예에서 영업담당자에게는 제품의 판매량 또는 매출액의 목표가 설정되어야 하며, 생산담당자에게는 생산량에 대한 목표가 구체적으로 설정되어야 한다. 가능하다면, 하위목표는 표준원가로서 표현되는 것이 좋다.

3) 목표일치성

하위목표는 다른 목표들과 목표일치성이 있어야 한다. 효율적 예산은 조직 내의 활동을 조정해야 하며, 불필요한 내부 갈등을 초래해서는 안 된다. 영업담당자는 긴급주문을 소화하길 원하나 이것은 생산부서의 제품제조원가를 상승시키는 결과를 초래할 것이다. 따라서 생산부서에서는 긴급주문량을 제조하길 꺼려한다. 이러한 경우 해결하는 하나의 방안으로서 긴급주문량에 따른 추가 제조원가를 영업담당자가 부담하도록 사전에 정해두는 것이다. 하위목표를 세울 때에는 조직의 장기적 목표와 목표일치성이 있어야 한다.

4) 피드백

예산은 성과평가절차 또는 피드백과정이 뒤따라야 한다. 여기서 피드백이란 과거활동 결과를 이해관계자에게 전달하는 과정을 뜻한다. 종업원들은 당기의 영업활동을 적절히 수정하거나 미래의 계획을 보다 증진시키기 위해서는 당기의 성과가 어떻게 예산과 비교되는가를 알고자 한다. 만약 피드백이 없거나 실제성과와 예산과의 차이에 대한 적절한 평가가 없다면, 종업원들은 예산을 하나의 요식행위 내지는 불필요하다고 생각할 것이다. 피드백이 없거나 차이에 대한 원인분석이 이루어지지 않는다는 것은 최고경영자가 예산에 대해 별 관심이 없다는 증거가 될 것이다.

5) 행동과학적 측면의 고려

최고경영자와 하위경영자 또는 종업원들의 예산에 대한 다음과 같은 행동과학적 측면을 고려하여야 한다.

첫째, 최고경영자가 예산에 대해 지니는 행동과학적 측면을 살펴보자. 어떠한 예산시스템이 하위자들에게 받아들여지느냐의 여부는 최고경영자가 예산을 기업의 중요한 활동으로 인식하느냐의 정도와 최고경영자가 예산정보를 어떤 방식으로 활용하느냐에 따라 결정된다. 예산시스템이 성공적으로 운영되려면 무엇보다도 최고경영자의 관심과 지지가 절대적으로 필요하다.

예산시스템을 실행하는 과정에서 최고경영자는 예산을 종업원의 압력수단으로, 또는 어떠한 문제가 발생했을 때 누군가를 질책하기 위한 수단으로 사용해서는 안 된다. 예산을 부정적으로 사용하면 종업원의 협력이나 생산성 증대보다는 반목과 긴장, 그리고 불신만을 조장하게 된다. 예산을 종업원의 압력수단으로 활용하기보다는 조직의 목표를 달성하는 것을 돕고, 영업성과를 측정할 수 있으며, 추가적 노력과 관심이 필요한 영역을 발견하는 적극적 수단으로 활용하여야 한다.

종업원들이 예산시스템에 가질 수 있는 오해들은 예산편성과정에서의 참여와 예산시스템의 적절한 활용으로 해소시켜야 한다. 예산시스템의 관리는 최고경영자의 상당한 안목과 탁월한 감각을 필요로 한다.

둘째, 하위경영자 또는 종업원의 예산에 대한 행동과학적 측면을 고려하여야만 효율적인 예산이 될 수 있다. 하위목표를 수용하지 않거나 또는 예산에 대해 부정적 편견을 갖고 있는 피평가자라면 예산의 많은 가치를 저하시키는 행동을 취할 수 있다. 예컨대, 피평가자는 하위목표를 쉽게 달성하기 위하여 느슨한 예산이 편성되길 원한다. 즉 평가자 보다는 상대적으로 우월하게 갖고 있는 피평가자의 사적 정보를 이용하여 예산매출액을 낮게 편성하고 예산원가를 높게 편성함으로써 예산을 쉽게 달성하도록 만들 수 있다. 느슨한 예산에서 나타나는 예산매출액과 표준매출액과의 차이, 또는 예산원가와 표준원가와의 차이를 예산슬랙(budgetary slack)이라 한다. 이 예산슬랙은 실제와 예산 간의 차이인 예산차이(budget variances)가 성과평가에 활용될 때 발생한다. 따라서 피평가자의 우월한 정보를 진실하게 보고하고 또한 열심히 노력하도록 하기 위해서는 이를 유인하기 위한 인센티브 제도를 적절히 설계하여야 한다.

한편, 예산은 현실적이고 달성가능한 것이어야 한다. 즉 엄격한 표준을 예산으로 사용해서는 안 되며, 또는 생산성의 증대가 자동적으로 다음 연도의 표준이 되도록 하는 톱니원칙을 사용해서도 안 된다. 만약 특정 연도에 열심히 노력하여 좋은 성과가 나타났으나 그것이 다음 연도의 표준으로 설정된다면, 종업원들은 열심히 노력할 필요성을 못 느끼게 될 것이다.

제2절 종합예산의 편성절차와 편성 예

1. 종합예산의 편성절차

종합예산은 일반적으로 다음과 같은 7단계를 거쳐 편성된다.

1) 판매예측을 토대로 판매예산을 편성한다.
2) 판매예산이 수립되면 이를 토대로 제조예산과 판매비와 관리비예산을 편성한다.
3) 제조예산과 기말재고자산예산을 토대로 직접재료원가예산, 직접노무원가예산 및 제조간접원가예산을 편성한다.
4) 직접재료원가예산, 직접노무원가예산 및 제조간접원가예산을 토대로 매출원가예산을 편성한다.
5) 판매예산, 매출원가예산 및 판매비와 관리비예산을 토대로 예산손익계산서를 작성한다.
6) 판매예산, 매출원가예산, 판매비와 관리비예산 및 장기적 현금흐름을 고려한 자본예산을 토대로 현금예산을 편성한다.
7) 예산손익계산서와 현금예산을 토대로 예산재무상태표를 작성한다.

* 단, 상기업의 경우는 제조예산, 직접재료원가예산, 직접노무원가예산 및 제조간접원가예산을 작성하지 않고 대신 상품매입예산을 편성한다.

[그림 1] 종합예산의 흐름

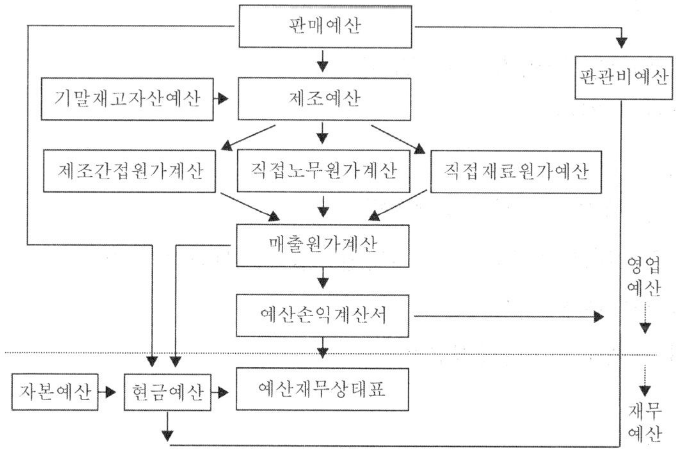

종합예산은 일반적으로 영업예산을 먼저 편성한 후 이를 재무예산에 반영한다. 여기서 **영업예산(operating budget)**이란 기업에서 자원의 사용에 중점을 두는 영업의사결정(operating decisions; 운영의사결정)에 관한 영업계획(operating plans)을 나타낸 것으로 구매, 생산, 판매로 이어지는 영업활동과 관련된 예산, 즉 판매예산, 제조예산(생산량예산), 제조원가예산, 판매비와 관리비예산 등을 의미하며, 이 영업예산은 주로 예산손익계산서의 작성에 초점을 맞춘다[2].

한편 **재무예산(financial budget)**이란 자원의 획득을 위한 자금을 어떻게 조달할 것인가에 중점을 두는 재무의사결정(financing decisions)에 관한 재무계획(financial plans)을 나타낸 것으로 영업활동을 뒷받침하기 위한 재무활동에 관한 예산을 의미하며, 주로 현금예산이나 자본예산, 예산재무상태표와 예산현금흐름표 등의 작성에 초점을 맞춘다.

1) 판매예산

판매예산(sales budget)이란 미래의 예상매출액을 보여주는 명세표이다. 판매예산은 모든 예산편성과정의 첫 출발이기 때문에 정확한 판매예산을 작성하기 위해 많은 시간과 노력을 투입하여야 한다. 판매예산에 의해 제조예산 및 매출원가예산, 현금예산 등 거의 대부분의 예산이 영향을 받게 된다.

(1) 판매예측의 변수

판매예산은 해당 기업의 예상매출액 뿐만 아니라 그 기업이 속한 산업의 예상매출액 등을 포함한 판매예측(sales forecasts)에 의해 작성한다. 판매예측 시 고려해야 할 변수는 다음과 같다.

① 과거의 제품별, 지역별, 고객별 판매량
② 미래 가격의 정책
③ 연구활동
④ 전반적 경제동향 및 산업경제동향
⑤ 거시적 경제지표 동향(GNP, 실업률, 물가, 개인소득 등)
⑥ 광고 및 판매촉진 활동
⑦ 산업 내 경쟁도 및 시장점유율

---

2) 영업예산(operating budget)을 "운영예산"이라고 부르기도 한다.

일반적으로 판매예측 시 가장 먼저 고려하는 변수는 과거의 판매실적이다. 과거의 판매실적을 바탕으로 가격, 경쟁력, 경제동향 등을 고려하여 예산기간 동안의 예상판매량을 예측한다. 판매예측에 필요한 자료의 수집 및 해석에는 모든 부서가 참여하여야만 자료의 유용성과 신뢰도를 높일 수 있다.

특히 판매원의 적극적 참여에 의해 판매예산이 편성되어야 한다. 왜냐하면 판매원이야말로 고객의 욕구와 제품의 수요상황에 대한 가장 좋은 정보원이기 때문이다. 판매원의 예측 이외에도 회귀분석, 추세분석, 상관분석 및 기타 계량경제학적 방법 등 통계적 방법을 이용하여 판매예측이 이루어진다.

판매예측을 통해 얻은 예상판매량과 판매가격을 이용하여 다음과 같이 판매예산을 편성한다.

판매예산 = 예상판매량 × 판매가격

2) 제조예산

제조예산(production budget)은 예상판매량과 기말제품재고 수준을 충족하기 위하여 생산하여야 할 제품의 수량에 대한 예산이다. 즉 이 제조예산은 예산기간 동안에 생산해야 할 제품의 수량, 즉 생산량예산을 나타낸다.

제조예산(생산량예산) = 예상판매량 + 기말 제품재고량 - 기초 제품재고량
제품제조원가 = 예상 매출원가 + 기말 제품재고액 - 기초 제품재고액

기말 제품재고량(금액)은 차기의 예상판매량(매출원가)을 기준으로 일정한 비율로 설정되거나 안전재고를 고려하여 일정수준으로 실정된다. 이와 같이 제품재고 수준을 고려하는 이유는 지나친 제품재고로 인하여 이에 자금이 묶이거나 재고비용이 높게 발생하는 것을 미연에 방지하기 위함이며, 또한 제품재고가 너무 적음으로 인하여 다음 기간에 긴급하게 제품을 생산하거나 수요를 충족하지 못함으로써 기회손실이 발생하는 것을 미연에 방지하기 위함이다.

한편, 상기업의 경우에는 제조예산 대신에 상품매입예산을 작성한다. 차기에 매입해야 할 상품의 수량(금액)은 예상 판매량(매출원가)과 기말 상품수량(금액)을 가산하고 기초 상품수량(금액)을 차감하여 구한다.

상품매입량 = 예상 판매량 + 기말 상품재고량 − 기초 상품재고량
상품매입액 = 예상 매출원가 + 기말 상품재고액 − 기초 상품재고액

3) 제조원가예산

예산기간 동안에 생산하여야 할 제품의 수량이 파악되면, 이에 따라 직접재료원가예산, 직접노무원가예산, 제조간접원가예산을 편성한다. 제품단위당 표준원가가 사전에 설정되어 있으면 표준제조원가를 손쉽게 구할 수 있다.

(1) 직접재료원가예산 및 재료매입예산

직접재료원가예산은 예상 제품생산량에 제품단위당 직접재료원가를 곱하여 구한다.

직접재료원가예산 = 예상 생산량(예산) × 제품단위당 직접재료원가

직접재료원가예산과 관련하여 추가적으로 분석해야 할 사항은 재료매입예산이다. 직접재료원가 자체가 재료매입액이 아니며, 재료매입액은 현금지출에 밀접한 영향을 미치기 때문에 별도로 분석하여야 한다. 재료매입량(금액)은 제품생산에 필요한 재료의 수량(금액)과 기말의 재료재고량(금액)의 합계액에서 기초의 재료재고량(금액)을 차감하여 구한다.

재료매입예산 = (제품생산을 위한 재료의 수량 + 기말 재료재고량 − 기초 재료재고량)
× 재료단위당 구입원가

(2) 직접노무원가예산

직접노무원가예산은 차기 제품 생산에 필요한 노동력을 충분히 확보할 수 있는가의 여부를 확인하기 위하여 작성한다. 사전에 어느 정도의 노동력이 필요한가를 분석함으로써 상황에 맞게 노동력의 수급에 관한 계획을 수립할 수 있다. 직접노무원가예산을 소홀히 할 경우, 노동력의 부족현상이 발생하거나 반대로 과잉 노동력을 해고시켜야 할 어려움에 직면하게 된다. 직접노무원가예산은 생산량예산과 제품단위당 직접노무원가를 곱하여 구한다.

직접노무원가예산 = 예상 생산량(예산) × 제품단위당 직접노무원가

(3) 제조간접원가예산

제조간접원가예산은 직접재료원가와 직접노무원가를 제외한 기타 제조원가에 대한 예산이다. 제조간접원가는 예산편성의 목적을 위해 원가행태별로 변동제조간접원가와 고정제조간접원가로 구분하여야 한다. 변동제조간접원가예산은 사전에 설정한 변동제조간접원가 예정배분율을 이용하여 다음과 같이 편성하며, 고정제조간접원가예산은 총액으로 파악한다.

변동제조간접원가예산 = 예상조업도 × 변동제조간접원가 예정배분율

4) 매출원가예산

차기에 생산할 제품 가운데 판매되리라 예상되는 제품의 원가를 매출원가예산이라 한다. 판매되지 않고 기말에 남아 있는 제품은 기말 제품재고액으로 재무상태표상에 표시된다. 매출원가예산은 기초 제품재고액과 당기 제품제조원가(직접재료원가예산, 직접노무원가예산, 제조간접원가예산의 합계액)의 합계액에서 기말 제품재고액을 차감하여 구한다. 당기 제품제조원가를 구할 때에는 기초재공품과 기말재공품을 고려해야 하나, 기말재공품을 예상하기란 매우 힘들기 때문에 대개 이들을 무시하고 예산을 편성하거나 기초재공품원가와 기말재공품원가가 동일하다고 가정하고 예산을 편성하기도 한다.

매출원가예산 = 기초 제품재고액 + 당기 제품제조원가 − 기말 제품재고액

5) 판매비와 관리비예산

판매비와 관리비예산은 예산기간 동안 제품 제조활동 이외의 판매활동 및 관리활동에서 발생하리라 예상되는 비용에 대한 예산이다. 판매비와 관리비를 구성하는 항목이 매우 다양한 경우에는 판매비와 관리비예산을 보다 세분화하여 판매비예산과 관리비예산으로 구분할 수 있다.

판매비와 관리비도 제조간접원가처럼 원가행태별로 파악하여 변동판매비와 관리비, 고정판매비와 관리비로 구분하여 예산을 편성하여야 한다. 변동판매비와 관리비는 판매량 또는 매출액을 기준으로 계산하며, 고정판매비와 관리비는 총액으로 파악한다.

6) 예산손익계산서

예산손익계산서는 예산기간의 매출액, 비용, 손익에 대한 수익성을 종합적으로 나타내주는 예산이다. 이는 앞에서 분석한 판매예산, 매출원가예산, 판매비와 관리비예산 등을 바탕으로 작성한다. 지금까지는 원가의 기능별 분류에 따라 손익계산서를 작성하는 과정을 위주로 설명하였으나, 원가를 원가행태별로 분류하여 공헌손익계산서를 작성할 수도 있다.

7) 현금예산

현금예산은 현금의 수입액과 지출액에 대한 예산이다. 현금예산은 단기 계획설정과정에서 매우 중요하다. 회계수치 상으로 손실이 나타나더라고 기업운영은 가능할 수 있지만, 현금 없이는 기업운영을 할 수 없기 때문이다.

현금예산은 다음과 같이 네 가지로 구성된다.

① 이용가능한 현금
② 현금지출액
③ 현금의 초과액 또는 부족액
④ 현금의 조달 및 상환액

이용가능한 현금은 기초 현금잔액과 예산기간 동안에 유입되리라 예상되는 현금을 가산한 금액이다. 현금 유입액의 대부분은 매출을 통하여 이루어진다. 상품 또는 제품을 외상으로 판매하는 경우에는 판매시점과 회수시점이 다를 수 있기 때문에, 회수기간이나 회수율 또는 대손율, 매출할인 등을 분석하여야 한다.

예산기간의 현금지출 예상액은 원재료의 매입, 직접노무원가의 지급, 제조간접원가의 지급, 판매비와 관리비의 지급뿐만 아니라 법인세, 자본적 지출, 배당금의 지급 등으로 구성된다. 원재료를 외상으로 매입하는 경우에는 매입시점과 현금지급시점이 다를 수 있기 때문에 지급기간이나 매입할인 등을 자세히 분석하여야 한다. 현금 지출과 관련하여 특히 유의해야 할 항목은 현금지출이 수반되지 않는 원가 또는 비용이다. 예컨대, 공장감가상각비는 제조간접원가이지만 현금지출이 수반되지 않으며, 대손상각비는 현금지출이 수반되지 않는 판매비와 관리비이다.

이용가능한 현금에서 현금지출액을 차감하면 현금의 초과액 또는 부족액이 계산된다. 만약 현금이 부족하다면 현금 차입 등이 필요하며, 현금이 충분하다면 과거의 차입액을 상환하거나 예금기관에 예치하여야 한다. 이것을 현금의 조달 및 상환액으로 별도로 파악한다. 이것은 불필요하게 많은 현금을 보유하거나 현금 부족으로 시달리는 것을 미연에 방지하기 위함이다.

예산기간 말의 현금잔액은 기초 현금잔액과 현금수입 예상액의 합계액에서 현금 지출 예상액을 차감하고, 현금의 조달액 또는 상환액을 가감함으로써 구한다.

기말 현금잔액 = 기초 현금잔액 + 현금 수입액 − 현금 지출액 +
(현금의 조달액 − 현금의 상환액)

현금예산의 예산기간은 가능한 짧을수록 좋다. 예컨대, 월별 또는 1주일 단위로 현금예산을 편성함으로써 기업의 가장 중요한 재무적 흐름을 예상하여야 한다.

8) 예산재무상태표

예산재무상태표는 예산기간 말의 기업의 재무상태를 나타내는 보고서이다. 앞 단계의 현금, 기말재고자산, 외상매출금의 미회수분, 외상매입금의 미지급분, 기타 채권·채무의 변화를 반영하여 예산재무상태표를 작성한다. 예산재무상태표 상의 당기순이익은 예산손익계산서 상의 당기순이익과 항상 일치하여야 한다.

2. 종합예산의 편성 예

사례 1

서울(주)는 다음의 자료로 종합예산안을 편성하고자 한다. 예산기간은 4개월(2015년 4월 – 2015년 7월)이며 상품구입, 급여의 지급, 그리고 기타 영업비용을 현금으로 지급하는 경우 만일 현금이 부족하면 은행으로부터 차입하여 현금부족에 대처하고자 한다.

자료

① 판매예측의 결과에 의한 예상매출액은 다음과 같다.

3월 ₩400,000 4월 ₩500,000 5월 ₩800,000
6월 ₩600,000 7월 ₩500,000 8월 ₩400,000

매출액의 60%는 현금매출이며 40%는 외상매출이다. 외상매출금의 전부는 그 다음 달에 모두 회수된다. 3월 31일 현재의 외상매출금은 ₩160,000(₩400,000의 40%)이다.

② 매월 말의 상품재고액은 다음과 같이 유지하고자 한다.

기준재고액(₩200,000) + 다음 달 매출상품의 80%
다만, 매출상품의 원가는 판매가격의 70%로 가정한다.
(예) 3월 말 상품재고액 = ₩200,000 + 0.8{0.7 × ₩500,000(4월 매출액)}

③ 매입상품의 50%는 매입한 달에 지급하고 나머지는 다음 달에 지급한다.

④ 판매원에 대한 급여와 판매수수료는 매월 15일에 지급(전월분 50%, 당월분 50%)하고 고정급여는 ₩25,000, 판매수수료는 당월매출액의 15%이다.

⑤ 4월 중 설비 1대를 현금 ₩30,000으로 구입할 예정이다.

⑥ 기타의 영업과 관련한 비용은 다음과 같다.

1) 잡비 : 매출액의 5%(현금 지급)
2) 임차료 : 월 ₩20,000(현금 지급)
3) 보험료 : 월 ₩2,000
4) 감가상각비(신설비 포함) : 월 ₩5,000

⑦ 매월 말 현금잔액은 ₩100,000을 유지하고자 한다. 만일 현금이 부족한 경우에는 은행으로부터 연리 6%로 ₩10,000단위로 차입하며, 차입은 월초에, 상환은 월말에 하고 이자는 원금과 함께 계산하여 지급한다.

⑧ 2015년 3월 31일 현재 서울(주)의 재무상태표는 다음과 같다.

자산 :	
현금	₩100,000
외상매출금(400,000 × 0.4)	160,000
상품[200,000 + 0.8(0.7 × 500,000)]	480,000
선급보험료	18,000
설비와 비품 ₩370,000	
감가상각누계액 128,000	242,000
자산총계	₩1,000,000
부채와 자본 :	
외상매입금(3월 매입 ₩336,000 × 0.5)	₩168,000
미지급급여와 판매수수료(12,500 + 30,000)	42,500
자본금	789,500
부채와 자본총계	₩1,000,000

요구사항

위의 자료로 2015년 4월-2015년 7월의 다음과 같은 세부예산 및 종합예산을 작성하시오.

① 판매예산
② 고객으로부터의 현금회수액예산
③ 매입예산
④ 매입대금 지급예산
⑤ 급여와 판매수수료의 발생액예산
⑥ 급여와 판매수수료의 지급액예산
⑦ 현금(수지)예산
⑧ 예산손익계산서
⑨ 예산재무상태표

해설

① 판매예산

	3월	4월	5월	6월	7월	합계(4월–7월)
외상매출액(40%)	₩160,000	₩200,000	₩320,000	₩240,000	₩200,000	₩960,000
현금매출액(60%)	240,000	300,000	480,000	360,000	300,000	1,440,000
총매출액(100%)	₩400,000	₩500,000	₩800,000	₩600,000	₩500,000	₩2,400,000

② 고객으로부터의 현금회수액예산

	4월	5월	6월	7월	합계(4월–7월)
당월현금매출액	₩300,000	₩480,000	₩360,000	₩300,000	₩1,440,000
전월외상매출액	160,000*	200,000	320,000	240,000	920,000
총현금회수액	₩460,000	₩680,000	₩680,000	₩540,000	₩2,360,000

* 400,000 × 0.4

③ 매입예산

	3월	4월	5월	6월	7월	합계(4월–7월)
기말재고액	₩480,000	₩648,000*	₩536,000	₩480,000	₩424,000	₩2,088,000
매출원가	280,000	350,000**	560,000	420,000	350,000	1,680,000
계	760,000	998,000	1,096,000	900,000	774,000	3,768,000
기초재고액	424,000	480,000	648,000	536,000	480,000	2,144,000
매입액	₩336,000	₩518,000	₩448,000	₩364,000	₩294,000	₩1,624,000

* ₩200,000 + 0.8(0.7 × ₩800,000), ** ₩500,000 × 0.7

④ 매입대금 지급예산

	4월	5월	6월	7월	합계(4월–7월)
전월매입액의 50%	₩168,000*	₩259,000	₩224,000	₩182,000	₩833,000
당월매입액의 50%	259,000**	224,000	182,000	147,000	812,000
매입대금지급액	₩427,000	₩483,000	₩406,000	₩329,000	₩1,645,000

* ₩336,000 × 0.5, ** ₩518,000 × 0.5

⑤ 급여와 판매수수료의 발생액예산

	3월	4월	5월	6월	7월	합계(4월–7월)
고정급여	₩25,000	₩25,000	₩25,000	₩25,000	₩25,000	₩100,000
판매수수료	60,000*	75,000	120,000	90,000	75,000	360,000
합계	₩85,000	₩100,000	₩100,000	₩115,000	₩100,000	₩460,000

* ₩400,000 × 15%

⑥ 급여와 판매수수료의 지급액예산

	4월	5월	6월	7월	합계(4월–7월)
전월비용의 50%	₩42,500*	₩50,000	₩72,500	₩57,500	₩222,500
당월비용의 50%	50,000**	72,500	57,500	50,000	230,000
합계	₩92,500	₩122,500	₩130,000	₩107,500	₩452,500

* ₩85,000 × 0.5, ** ₩100,000 × 0.5

⑦ 현금(수지)예산

	4월	5월	6월	7월
월초현금잔액	₩100,000	₩105,500	₩109,900	₩102,400
현금수입:				
회수액(회수예산 참조)	460,000	680,000	680,000	540,000
조달가능현금총액(I)	560,000	785,500	789,900	642,400
현금지출:				
상품매입	427,000	483,000	406,000	329,000
급여와 판매수수료	92,500	122,500	130,000	107,500
잡비	25,000	40,000	30,000	25,000
임차료	20,000	20,000	20,000	20,000

설비	30,000	0	0	0
총지출액(II)	594,500	665,500	586,000	481,500
최소필요현금잔액	100,000	100,000	100,000	100,000
총필요현금	694,500	765,500	686,000	581,500
현금초과(부족)	(134,500)	20,000	103,900	60,900
현금조달:				
차입	140,000	0	0	0
상환(원금)	0	(10,000)	(100,000)	(30,000)
이자	0	(100*)	(1,500**)	(600***)
총재무효과(III)	140,000	10,100	101,500	30,600
월말현금잔액(I+III−II)	₩105,500	₩109,900	₩102,400	₩130,300

* ₩10,000 × 6% × 2/12, **₩100,000 × 6% × 3/12, *** ₩30,000 × 6% × 4/12

⑧ 예산손익계산서

손익계산서(2015년 4월 – 2015년 7월)

I. 매출액		₩2,400,000
II. 매출원가(매출액×0.7)		1,680,000
III. 매출총이익		720,000
IV. 판매비와 관리비		
1. 급여와 판매수수료	₩460,000	
2. 임차료	80,000	
3. 잡비	120,000	
4. 보험료	8,000	
5. 감가상각비	20,000	688,000
V. 영업이익		32,000
VI. 영업외비용		
1. 이자비용	2,200	2,200
VII. 당기순이익		₩29,800

⑨ 예산재무상태표

자산:	
현금	₩130,300
외상매출금	200,000
상품	424,000

선급보험료		10,000
설비와 비품	₩400,000	
감가상각누계액	148,000	252,000
자산총계		₩1,016,300
부채와 자본 :		
외상매입금		147,000
미지급급여와 판매수수료		50,000
자본금		789,500
이익잉여금		29,800
부채와 자본총계		₩1,016,300

제3절 활동중심예산 편성과 카이젠예산 편성

1. 활동중심예산 편성

활동중심예산 편성(activity-based budgeting : ABB)은 활동중심원가계산(activity- based costing : ABC)의 개념을 예산편성에 적용한 것이다. 즉 종전까지의 대부분의 예산편성은 조업도(생산량, 판매량, 매출액 등)만을 원가동인으로 사용하여 왔다. 그러나 최근 활동중심원가계산이 도입되면서 예산편성에도 폭넓은 활동중심 원가동인(cost-driver)을 사용하게 되었다.

활동중심예산 편성은 [그림 2]에서 보는 바와 같이 활동중심원가계산과 역순으로 행해진다. 그림에서 보는 바와 같이 활동중심예산 편성에서는 우선, 생산되어야 할 제품을 결정한 후 그 제품의 생산에 필요한 활동을 결정한다. 그리고 최종적으로 특정 활동을 수행하는데 필요한 자원을 계량화한다[3].

3) Kaplan과 Cooper는 활동중심예산 편성(ABB)에 있어서의 예산편성 절차를 다음과 같이 설명하고 있다. ① 차기의 생산량과 판매량을 제품별, 고객별로 견적한다. ②기업의 활동 수요량(demand)을 예측한다.③ 기업의 활동을 수행하기 위한 자원수요량(resource demand)을 계산한다. ④ 그 수요량을 만족시킬 수 있는 실제 자원투입량(resource supply)을 결정한다. ⑤ 활동량(activity capacity)을 결정한다.

[그림 2] 활동중심원가계산과 활동중심예산 편성

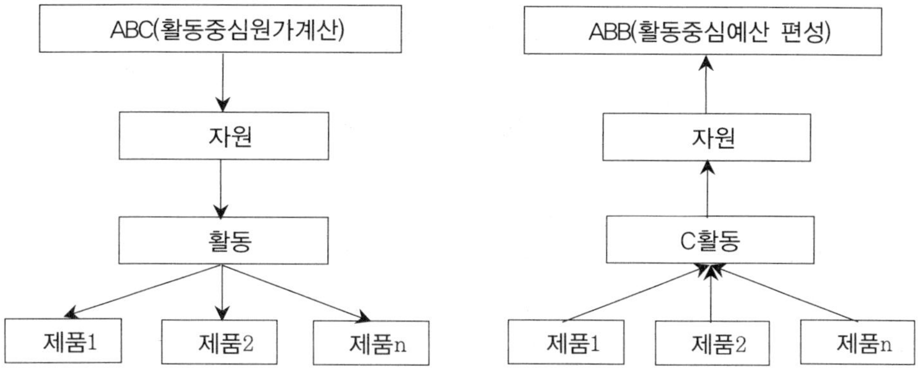

예산편성과정에 활동중심원가계산 정보를 사용하면, 이 정보는 자원–활동–원가동인 간의 관계를 명확히 파악할 수 있으므로 특정 생산수준에서의 예산원가를 추정하는 것이 용이하다. 더욱이 실제의 원가동인량이 변하는 경우 그에 따라 원가수준도 변하므로 활동중심원가계산 정보를 활용한 예산편성은 원가관리에도 유용하다.

일반적으로 전통적인 예산편성과정에서 작업준비원가, 주문원가, 원재료처리원가, 품질검사원가, 설계변경원가 등은 조업도의 증감과 관계없이 발생하므로 고정원가로 간주하였다. 그러나 활동중심예산 편성에서는 이들 원가와 이들 원가를 발생시키는 원가동인을 발견할 수 있다면 변동원가로서 인식할 수 있다. 이와 같이 활동중심예산 편성은 제품이나 용역(서비스)를 생산하고 판매하는데 필요한 활동들의 예산원가에 초점을 둔다. 이와 같이 활동중심원가계산은 제조간접원가의 합리적인 배분에 초점을 맞춘 것이므로, 활동중심예산 편성도 제조간접원가의 예산편성에 유용하다. 물론 활동중심예산 편성은 판매비와 관리비의 예산편성에도 적용될 수 있다.

〈표 1〉 ABB에 의한 제조간접원가예산

제조간접원가예산

(단위 : ₩1,000)

	1분기	2분기	3분기	4분기	연간
단위수준원가[4]:					
생산량	6,000단위	15,500단위	19,000단위	9,500단위	50,000단위
간접재료원가	₩18,000	₩46,500	₩57,000	₩28,500	₩150,000
기계동력비	6,000	15,500	19,000	9,500	50,000
총단위수준원가	₩24,000	₩62,000	₩76,000	₩38,000	₩200,000
묶음수준원가 :					
생산횟수	12회	31회	31회	19회	100회
작업준비원가	₩4,800	₩12,400	₩15,200	₩7,600	₩40,000
주문원가	7,200	18,600	22,800	11,400	60,000
검사원가	6,000	15,500	19,000	9,500	50,000
총묶음수준원가	₩18,000	₩46,500	₩57,000	₩28,500	₩150,000
제품유지원가 :					
설계횟수	1회	1회	1회	1회	4회
설계변경원가	₩1,200	₩1,200	₩1,200	₩1,200	₩4,800
총제품유지원가	₩1,200	₩1,200	₩1,200	₩1,200	₩4,800
설비유지원가 :					
감독자급여	₩52,500	₩52,500	₩52,500	₩52,500	₩210,000
보험 및 재산세	11,300	11,300	11,300	11,300	45,200
수선유지비	47,500	47,500	47,500	47,500	190,000
전기수도료	40,000	40,000	40,000	40,000	160,000
감가상각비	110,000	110,000	110,000	110,000	440,000
총설비유지원가	₩261,300	₩261,300	₩261,300	₩261,300	₩1,045,200
총제조간접원가	₩304,500	₩371,000	₩395,500	₩329,000	₩1,400,000
(−)감가상각비	110,000	110,000	110,000	110,000	440,000
총현금지출					
제조간접원가	₩194,500	₩261,000	₩285,500	₩219,000	₩960,000

4) 활동중심원가계산에서는 활동을 계층별로 구분하여 다음과 같이 ① 단위수준활동(단위관련활동, output unit-level activities), ② 묶음수준활동(묶음관련활동, batch-level activities), ③ 제품유지활동(product-sustaining activities), ④ 설비유지활동(facility-sustaining activities)으로 나누어, 원가계층도 단위수준원가, 묶음수준원가, 제품유지원가, 설비유지원가로 나누고 있다.

〈표 2〉 ABB에 의한 판매비와 관리비예산

판매비와 관리비예산

(단위 : ₩1,000)

	1분기	2분기	3분기	4분기	연간
단위수준비용 :					
판매량	5,000단위	15,000단위	20,000단위	10,000단위	10,000단위
판매수수료	₩6,250	₩18,750	₩25,000	₩12,500	₩62,500
총단위수준비용	₩6,250	₩18,750	₩25,000	₩12,500	₩62,500
고객유지비용[5] :					
판매원급여	₩16,000	₩16,000	₩16,000	₩16,000	₩64,000
전산원급여	18,000	18,000	18,000	18,000	72,000
통신원급여	6,000	6,000	6,000	6,000	24,000
총고객유지비용	₩40,000	₩40,000	₩40,000	₩40,000	₩160,000
기업유지비용 :					
판매부장급여	₩15,000	₩15,000	₩15,000	₩15,000	₩20,000
매체광고비	61,000	61,000	61,000	61,000	244,000
관리비	220,000	220,000	220,000	220,000	880,000
총기업유지비용	₩296,000	₩296,000	₩296,000	₩296,000	₩1,184,000
총판관비	₩342,250	₩354,750	₩361,000	₩348,500	₩1,406,500

사례 2

서울(주)는 다음의 자료로 제조간접원가에 대한 2016년 1월의 활동중심예산을 편성하고자 한다. 서울(주)는 활동분석 결과 다음의 네 가지 활동으로 구분하였다.

1) 주문활동 : 원가동인은 주문횟수이다.
2) 배달활동 : 원가동인은 배달횟수이다.
3) 상품진열활동 : 원가동인은 상품진열시간이다.
4) 고객지원활동 : 원가동인은 판매된 상품의 품목 수이다.

서울(주)의 경우 상품 A, B, C의 세 가지를 취급하고 있다. 이 세 가지 상품의 각 원가동인의 예산사용량2016과 년 1월의 예산원가동인 배분율은 다음과 같다.

5) 일반적으로 고객수익성 분석을 위해서는 고객별 원가를 분석하게 된다. 이 때 활동중심원가계산에서 원가계층(cost hierarchy)을 구분하는 것과 마찬가지로 고객원가계층(customer cost hierarchy)을 구분하고, 원가도 고객단위수준원가(customer output unit-level costs), 고객묶음수준원가(customer batch-level costs), 고객유지원가(customer-sustaining costs), 유통경로원가(distribution-channel costs), 기업유지원가(corporate-sustaining costs) 등으로 구분하고 있다.

활동과 원가동인	원가동인 배분율		원가동인 예산사용량(2016년 1월)		
	1월의				
	2015년 실제배분율	2016년 예산배분율	A상품	B상품	C상품
주문활동/주문횟수	₩100,000	₩90,000	14회	24회	14회
배달활동/배달횟수	80,000	82,000	12	62	19
상품진열활동/진열시간	20,000	21,000	16시간	172시간	94시간
고객지원활동/품목 수	200	180	4,600단위	34,200단위	10,750단위

요구사항

1. 2016년 1월의 각 활동에 대한 총예산원가를 구하시오.

2. 종전의 예산편성 방법의 하나인 매출원가에 일정 %를 곱하여 제조간접원가예산을 편성하는 방법에 비해 활동중심예산편성 방법은 어느 면에서 유용하다고 생각되는가?

해설

1.

활 동	A상품	B상품	C상품	합 계
주문활동	₩1,260,000*	₩2,160,000	₩1,260,000	₩4,680,000
배달활동	984,000**	5,084,000	1,558,000	7,626,000
상품진열활동	336,000***	3,612,000	1,974,000	5,922,000
고객지원활동	828,000***	6,156,000	1,935,000	8,919,000
합 계	₩3,408,000	₩17,012,000	₩6,727,000	₩27,147,000

* @₩90,000 × 14, ** @₩82,000 × 12
*** @₩21,000 × 16, **** @₩180 × 4,600

2. 활동중심예산편성 방법은 각 상품에 대한 활동별 자원소비 정도를 반영한다. 예컨대, 각 상품에 대한 활동별 자원소비 정도를 나타내면 다음과 같다.

활 동	A상품	B상품	C상품	합 계
주문활동	26.9%	46.2%	26.9%	100%
배달활동	12.9	66.7	20.4	100
상품진열활동	5.7	61.0	33.3	100
고객주문활동	9.3	69.0	21.7	100

서울(주)의 경영자는 이러한 비율을 고려하여 상품별 상이한 상품판매와 상이한 상품 매출배합을 위한 예산을 편성할 수 있다. 그러나 종전의 예산편성 방식의 하나인 매출원가에 일정 %를 곱하여 제조간접원가예산을 편성하게 되면 자원의 상대적인 소비와는 관계없이 자원이 동질적으로 소비된다고 가정하므로 바람직한 예산편성이 이루어지지 않는다. 그 밖에도 활동중심예산편성 방법은 각 활동별 자원필요량을 파악할 수 있으며, 원가와 책임자를 분명하게 연결시킬 수 있고, 예산슬랙도 찾아낼 수 있는 장점이 있다.

2. 카이젠예산 편성

최근과 같은 치열한 기업경쟁에서 기업이 성장·발전하기 위해서는 작업공정이나 업무프로세스를 지속적으로 개선하지 않으면 안 된다. **카이젠(kaisen)**이란 개선(改善, improvement)에 대한 일본식 발음의 영어표현이다. 이것은 경영혁신의 대표적인 기법의 하나로 지속적인 프로세스 개선(continuous process improvement : CPI)을 의미한다고 할 수 있다.

카이젠예산 편성(kaizen budgeting)은 카이젠의 개념을 예산편성에 적용한 것이다. 즉 종전까지의 대부분의 예산편성은 예산편성시점부터 일정기간(예 : 1년) 동안 예산편성시점에 사용한 기준(표준)을 그대로 사용하여 왔다. 이와 같이 종전의 예산편성 방법이 현행의 업무기준(표준)을 기초로 예산을 편성한 것이라면, 이 카이젠예산 편성은 목표로 삼은 미래의 개선(improvement)이 가져올 변화(예컨대, 작업준비시간의 단축, 프로세스의 개선, 업무수행방식의 개선 등)들을 예산편성에 반영하는 것이다.

예컨대, KS사의 경우 2015년 10월 현재 2016년도 예산편성을 위해 A제품과 B제품을 생산하는데 다음과 같은 단위당 원재료와 직접작업시간이 소요될 것으로 예상하고 있다.

자원	원가	A상품	B상품
원재료	₩3,000/kg	10.00kg	20.00kg
직접작업시간	₩10,000/시간	3시간	6시간

이제 다시 KS사의 경우 카이젠예산 편성을 위해 A제품과 B제품을 생산하는데 다음과 같은 단위당 원재료와 직접작업시간이 소요될 것을 목표로 하고 있다.

	A제품		B제품	
	원재료	직접작업시간	원재료	직접작업시간
1분기	10.00kg	3.00시간	20.00kg	6.0시간
2분기	9.98	2.99	19.97	5.9
3분기	9.96	2.98	19.95	5.8
4분기	9.94	2.97	19.93	5.7

이와 같은 작업개선 등을 통해 원재료 소비량과 직접작업시간을 절감할 수 있다면, 이와 같은 예산기간 동안의 카이젠 즉, 개선(improvement)을 예산에 반영하여야 할 것이다.

사례 3

위 사례 2의 서울(주)는 2016년 매월 활동원가 예산편성에 카이젠예산편성 방법을 사용하고 있다. 2월의 예산원가 동인율은 1월 예산배분율의 0.998배이며, 3월의 예산원가 동인율도 2월의 0.998배이다. 그러나 2016년 3월의 원가동인 예산사용량은 1월과 같을 것으로 예상된다.

요구사항

1. 2016년 3월의 각 활동에 대한 총예산원가를 구하시오.

2. 카이젠예산 편성의 장점과 단점을 설명하시오.

해설

1.

활동	1월	2월	3월
주문활동	₩90,000	₩89,820	₩89,640
배달활동	82,000	81,836	81,670
상품진열활동	21,000	20,958	20,920
고객지원활동	180	179.64	179

이상의 배분율을 적용하여 각 상품의 활동별 예산원가를 계산하면 다음과 같다.

활동	A상품	B상품	C상품	합계
주문활동	₩1,255,000*	₩2,151,000	₩1,255,000	₩4,661,000
배달활동	980,000**	5,063,000	1,552,000	7,595,000
상품진열활동	335,000***	3,598,000	1,966,000	5,899,000
고객지원활동	823,000****	6,122,000	1,924,000	8,869,000
합 계	₩3,393,000	₩16,934,000	₩6,697,000	₩27,024,000

* @₩89,640 × 14, ** @₩81,670 × 12

*** @₩20,920 × 16, **** @₩179 × 4,600

2. 카이젠예산 편성방법은 경영자의 체계적인 원가절감 목표를 반영한다. 예컨대, 위의 사례 2의 예산원가와 비교해보면 쉽게 알 수 있다.

	주문활동	배달활동	상품진열활동	고객지원활동
사례 2의 경우	₩4,680,000	₩7,626,000	₩5,922,000	₩8,919,000
사례 3의 경우(카이젠)	4,661,000	7,595,000	5,899,000	8,869,000

카이젠예산 숫자는 만일 경영자가 월별 원가절감을 하지 못하는 경우 불리한 차이를 나타내게 될 것이다. 이것은 경영자로 하여금 기업 내부의 개선노력 혹은 기업외부의 공급자나 고객과의 보다 나은 관계를 유지함으로써 원가를 절감하도록 유도한다. 그러나 카이젠예산 편성의 경우 매월 비록 조금씩이지만 개선(improvement)을 가정하고 있는데 그것이 쉽지 않다는데 그 한계가 있다.

사례 4

KS제조(주)는 K-1 제품을 생산하여 판매하고 있다. 다음은 K-1 제품 생산을 위한 2016년 직접원가 자료이다.

	원가	수량	단위당 원가
직접재료	₩4,000/kg	10kg/단위	₩40,000
직접작업시간	₩15,000/시간	2시간/단위	₩30,000

KS제조(주)의 기초 직접재료는 없으며, 모든 제조간접원가는 변동원가이다. 제조간접원가는 두 개의 활동인 작업준비활동과 조립활동에서 발생한다. 작업준비활동의 원가동인은 작업준비시간이며, 조립활동의 원가동인은 직접작업시간이다. 이 회사는 작업준비활동원가를 작업준비시간당 ₩80,000씩 배분하며, 작업준비를 위해서는 매번 2시간이 소요된다. 이 회사는 K-1 제품을 100단위 묶음씩 생산한다. 그리고 이 회사는 조립활동원가를 직접작업시간당 ₩1,600씩 배분한다.

요구사항

1. KS제조(주)는 내년도 1분기에 20,000단위의 K-1 제품을 생산하여 팔 계획이다. 제품당 판매가격은 ₩120,000이다. 내년도 1분기의 매출액예산을 편성하시오.

2. 내년도 1분기의 직접재료 소비액예산을 편성하시오.

3. 내년도 1분기의 직접노무원가예산을 편성하시오.

4. 내년도 1분기의 각 활동별 제조간접원가예산을 편성하시오.

5. 내년도 1분기의 제품 예정 단위원가를 계산하시오.

6. 내년도 1분기의 매출원가예산을 편성하시오. 이 회사의 기초제품재고는 1,000단위이며, 단위당 원가는 ₩72,000이다. 이 회사는 제품에 대해 후입선출법 원가흐름을 가정하고 있으며, 내년도 1분기에 K-1 제품 20,000단위를 모두 판매할 예정이다.

7. 내년도 1분기의 매출총이익예산을 계산하시오.

8. 이 회사의 경영자들은 카이젠예산(kaizen budgeting)을 편성하고자 한다. 그들은 매분기 연속하여 직접재료 소비량과 직접작업시간의 1%, 단위당 작업준비시간의 3%의 개선을 계획하고 있다. 2분기 및 3분기의 제품 예정단위원가와 매출총이익을 계산하시오. 생산량에는 변화가 없다고 가정한다.

9. 위 8.의 직접재료 및 작업준비시간의 개선은 어떻게 달성가능한가?

해설

1. 매출액예산

2017년 3월 31일(단위: ₩1,000)	
판매량	20,000단위
판매가격	× ₩120
총매출액	₩2,400,000

2. 직접재료 소비액예산

2017년 3월 31일(단위: ₩1,000)	
소비량(20,000단위, 10kg)	200,000kg
단위원가	×₩4
직접재료 소비액	₩800,000

3. 직접노무원가예산

2017년 3월 31일(단위: ₩1,000)	
생산량	20,000단위
단위당 직접작업시간	2시간
총직접작업시간	40,000시간
시간당 임률	× ₩15
총직접노무원가	₩600,000

4. 제조간접원가예산

2017년 3월 31일(단위: ₩1,000)	
작업준비원가(400작업준비시간*, ₩80)	₩32,000
조립활동원가(40,000직접작업시간, ₩1.6)	₩64,000
총제조간접원가	₩96,000

* 20,000단위/100단위 = 200묶음
200묶음 × 2작업준비시간 = 400작업준비시간

5. 제품 예정 단위원가

2017년 3월 31일(단위: ₩1,000)

	단위원가	단위당 투입량	총액
직접재료원가	₩4	10kg	₩40
직접노무원가	15	2시간	30
작업준비활동원가	80	0.02*	1.6
조립활동원가	1.6	2시간	3.2
단위당 원가			₩74.80

* 단위당 작업준비시간 = 400작업준비시간 / 20,000단위

별해

2017년 3월 31일(단위: ₩1,000)		
	총액	단위원가
직접재료원가	₩800,000	₩40
직접노무원가	600,000	30
작업준비활동원가	32,000	1.6
조립활동원가	64,000	3.2
총원가	₩1,496,000	₩74.80

6. 매출원가예산

2017년 3월 31일(단위: ₩1,000)		
기초제품재고액		₩72,000
직접재료원가	₩800,000	
직접노무원가	600,000	
제조간접원가	96,000	
제품제조원가		1,496,000
합계		1,568,000
기말제품재고액*		72,000
매출원가		₩1,496,000

* 후입선출법 하에서는 기초제품재고 1,000단위가 그대로 기말제품재고로 남는다.

7. 매출총이익예산

2017년 3월 31일(단위: ₩1,000)	
총매출액	₩2,400,000
매출원가	1,496,000
매출총이익	₩904,000

8. 카이젠예산 편성

	1분기 수량	감소분	2분기 수량	3분기 수량
직접재료원가(kg)	10	1%	9.9	9.8
직접노무원가(직접작업시간)	2	1%	1.98	1.96
작업준비활동원가(준비시간)	0.02	3%	0.0194	0.01882
조립활동원가(직접작업시간)	2	1%	1.98	1.96

예정 단위원가

2017년 6월 30일 및 9월 30일(단위: ₩1,000)

	단위원가	2분기 (단위당 수량)	2분기 단위원가	3분기 (단위당 수량)	3분기 단위원가
직접재료원가	₩4	9.9	₩39.60	9.8	₩39.20
직접노무원가	15	1.98	29.70	1.96	29.40
작업준비활동원가	80	0.0194	1.55	0.0188	1.50
조립활동원가	1.60	1.98	3.17	1.96	3.14
			₩74.02		₩73.24

매출총이익예산

2017년	6월 30일	9월 30일(단위: ₩1,000)
총매출액	₩2,400,000	₩2,400,000
매출원가	1,480,400	1,464,800
(@₩74.02, @₩73.24×20,000)		
매출총이익	₩919,600	₩935,200

9. 직접재료의 개선은 낭비 및 작업폐물의 감소를 통해 가능하며, 직접작업시간이나 작업준비시간은 작업의 개선과 고장시간(down time) 등의 감소를 통해 가능할 것이다. 종업원들의 경우 작업을 효율적으로 할 수 있는 제안제도를 활용할 필요가 있다. 예컨대, 공정개선(process changes)이나 유휴시간(idle time), 작업준비시간(setup time), 작업폐물(scrap) 감소를 제안하도록 할 필요가 있다. 효율적인 작업을 위해 많은 회사들은 생산성 향상을 이룰 수 있도록 종업원들과 함께 작업준비 프로그램을 공유한다. 이 회사의 경우도 제품의 질은 유지하면서 생산성 향상과 원가의 절감을 가져올 수 있는 방안들을 연구할 필요가 있다.

제6장

균형성과표

전통적인 책임회계에서는 주로 단기적, 재무적인 관점에서 성과를 평가하므로 전략적인 관점에서 성과를 평가하는데 한계점을 노출하고 있다. 이러한 문제점을 극복하고자 등장한 새로운 전략적 성과평가시스템이 바로 균형성과표(Balanced Scorecard ; 균형잡인 성과표 ; BSC)이다. 본 장에서는 이러한 새로운 성과평가시스템인 균형성과표에 대해 설명하기로 한다.

제1절 균형성과표에 의한 성과평가

1. 새로운 성과평가시스템의 필요성

1990년대 중반 이후 기업들은 종래와는 판이한 경영환경에 직면하게 되었다. 기업 이해관계자의 하나인 고객(customer)들은 점차 지적수준이 높아져서 그들의 요구사항과 기대는 증대되었으며, 경쟁자(competitor)들 또한 종래보다 더욱 경쟁적이고 다양화되게 되었다. 그리고 기업을 둘러싼 각종 기술적, 사회적인 변화(change)들도 더욱 다양화되었으며, 그 발전속도 또한 가속화되었다.

이러한 새로운 주요한 환경변화 – 고객(customer), 경쟁자(competitor), 변화(change)의 3C –를 극복하기 위하여 기업들은 제품이나 용역(서비스)의 품질(quality), 인도(반응)속도(speed), 유연성(flexibility), 다양성(variety), 가치(value) 등에 관심을 갖게 되었으며, 이를 위해 신제품개발, 설비 및 인적자원 등에 대한 투자를 증대시키고 있다. 또한 많은 기업들은 고객의 만족에 초점을 맞추고 있으며, 사고방식이나 조직을 수직적이 아닌 수평적으로 전환하고 새로운 경영기법과 성과평가시스템 등을 도입하고 있다.

기업에 있어서의 전통적인 성과평가도 주로 기업 내부활동에 대한 단기적 재무측정치에 중점을 두어 온 것이 사실이다. 그러나 이러한 투자이익률(return on investment : ROI)이나 잔여이익(residual income : RI) 등 단기적 재무측정치는 경영자들로 하여금 지나치게 단기적 성과에 관심을 두게 하며, 특히 기업의 가치창출 활동과는 무관한 방법에 신경을 쓰게 한다는 지적이 최근 여러 사람들에 의해 제기되어 왔다.

실제로 그 동안 사업부제의 운영 및 통제 등에 있어서 중요한 역할을 수행해 온 이들 단기적 재무측정치는 기술적 변화, 제조 프로세스의 진보, 조직구조의 변화 등으로 인하여 점차 의미를 잃게 되었다. 특히 적시생산(just -in-time manufacturing : JIT) 방식과 같은 새로운 실무의 도입은 전통적 성과평가시스템이 정보제공의 차원이나 동기부여의 측면에서 단점을 드러내게 되었다. 이것은 곧 재무적 성과에 지나치게 집착하는 경우 제품개발 및 프로세스 개선, 유통, 품질 및 고객관계 개선 등 장기적인 경쟁우위를 확보하는데 필요한 재량적 지출을 기피하는 소위 전략적 경영관점에서 볼 때 역기능적인 행동이 유발될 수 있음을 강조하는 것이다.

이에 따라 많은 기업들은 그들의 성과평가시스템을 최근의 변화에 맞추어 새로운 성과지표로 재설계하게 되었으며, 이러한 변화를 반영한 새로운 성과평가시스템의 하나로서 등장한 것이 Kaplan과 Norton 등에 의해 설계된 "**균형성과표(The Balanced Scorecard; BSC, 균형잡힌 성과평가표 : 이하 BSC로 약칭함.)**"에 의한 성과평가시스템이다.

2. 전통적 성과평가시스템의 한계

전통적으로 대부분의 기업들은 주로 재무적으로 예산을 편성하고 예산 대비 성과를 평가하는 방법을 사용하였다. 기업의 전체예산은 주요 사업단위와 제품단위로 분해되었으며, 예산의 편성 및 승인은 예산의 세부편성 정도에 따라 수개월이 소요되었다. 또한 대부분의 기업들이 예산과 실적의 차이분석에 상당한 시간과 노력이 소비되었다.

물론 이러한 전통적 성과평가시스템은 그 시스템 자체가 잘못되었다고 하기보다는 많은 기업들이 그것의 활용을 잘못하였다고 할 수 있다. 예컨대, 일부 기업들은 예산의 편성, 보고, 차이분석에 시간을 절약하고 있으며 연속예산(계속예산, continuous budget or rolling budget)을 편성하여 짧게는 수주로부터 수년에 걸친 예산을 편성하여 그것을 기업의 계획으로 활용하고 있다. 그리고 그들은 그들의 성과가 과거보다 계속적으로 성장하고 있는가에 관심을 갖고 있다.

그러나 이러한 전통적인 성과평가시스템은 주로 기업의 내부적 재무결과에 초점을 두어 사후적 결과를 중요시하고 있으나, 보다 중요한 것은 과거의 성과보다는 미래의 성공과 관련있는 것을 평가해야 한다는 것이다. 즉 회계자료에 의거한 재무적 지표들은 과거의 의사결정에 의한 성과를 평가하는 것은 가능하나 현재 내지 미래의 성과를 평가(예측)하는 것은 쉬운 일이 아니다. 수익성을 중심으로 한 기업의 성과평가는 단기적인 성과평가는 가능하게 하지만 장기적인 측면에서의 재무적 지표에 의한 성공가능성을 예측하기란 쉽지 않기 때문이다.

이것은 기업의 성공 여부가 전통적 성과평가 결과와 큰 관련성이 없다는 연구결과와도 일치한다. John Kay의 연구결과에 의하면 기업의 이익이나 시장에서의 가치는 매출액과 많은 관련성을 갖고 있으나, 기업의 성공은 자본이익률, 주당순이익, 매출액 성장률, 주가수익률, 단위면적당 매출액, 재고회전율 등과 같은 재무지표와 관련성이 없음이 연구되었다. 이것은 전통적인 회계자료에 의거한 매출액, 순이익,

투자이익률, 실적/예산 등은 기업의 주주나 기업에 대한 재무적 건강(성과)을 나타낼 수 있으나 이것이 곧 기업의 성공을 보장하는 것은 아니므로 기업성공을 위한 필수조건은 될 수 있으나 충분조건은 될 수 없기 때문이다.

물론 이와 같은 전통적 성과평가시스템의 한계성은 재무적 지표의 일부를 제공하는 현행의 원가시스템으로부터도 기인한다. 이것은 현행의 전통적 원가시스템이 제조부문의 성과를 원가 내지는 생산성 측면에서 파악하고 있기 때문이다. 이 원가 내지 생산성은 제조부문의 능률을 평가할 수 있는 지표이지만 이것으로 제조부문의 성공(더 나아가 기업의 성공)을 평가하는 것은 쉽지 않기 때문이다. 과거와 같이 소비자의 요구와 기대가 크지 않고 시장환경이 안정되어 있으며, 또한 경쟁이 심하지 않은 경우에는 원가지표나 생산성지표로 제조부문의 성과를 평가하는 것은 그 타당성이 인정되었다.

그러나 Howell과 Soucy가 지적한 바와 같이 전통적 성과평가시스템은 ① 종래의 원가회계시스템이 여전히 제조부문의 성과평가를 위한 주된 도구가 되고 있고, ② 전통적 성과지표(측정치)가 여전히 제조부문의 성과평가에 이용되고 있으며, ③ 관리회계 담당자들이 업무(operations)와 밀접한 관련을 갖지 못하고 있는 점 등의 문제점을 갖고 있는 것도 사실이다.

특히 최근과 같은 경영환경 하에서는 기업은 물론 고객들도 제품이나 용역(서비스)의 품질, 인도(반응)속도, 유연성, 다양성, 가치 등에 관심을 갖지 않으면 안 되며 이를 위해 기업들은 고객의 욕구를 평가할 수 있는 적합한 성과평가시스템을 설계할 필요가 있기 때문이다. 물론 그 시스템은 고객의 욕구를 반영할 수 있도록 설계되어야 하며 미래지향적 환경적응시스템이 되어야 할 것이다.

3. 새로운 성과평가시스템의 설계

최근 변화하는 기업의 제조환경 변화를 감안하여 기업에서는 기업의 주요 과정에 초점을 둔 새로운 성과평가시스템을 개발하기에 이르렀다. 이러한 새로운 성과평가시스템은 기업환경, 시장/고객과 경쟁자 등의 기업 외적환경을 고려한 성과평가시스템으로서 기업의 전형적인 재무지표(매출액 성장률, 이익, 투자이익률, 현금흐름 등)는 물론 주요 비재무적 지표(시장점유율, 고객만족도, 품질, 인도, 유연성, 가치 등)의 기업 내·외부의 성과에 초점을 둔 성과평가시스템이라고 할 수 있다.

이와 같은 성과평가시스템의 등장은 오늘날 기업에서 활용되고 있는 대부분의 성과측정치가 너무 재무적 측정치 위주로 편중되어 있고 기업전략의 실행과 긴밀한 관계를 맺지 못하고 있는 것에 기인한다고 할 수 있으며, 급변하는 환경 하에서 경영활동을 보다 효과적이고 능률적으로 수행하기 위해서는 기업의 성과평가시스템은 보다 고객 중심적이어야 하기 때문이다. 이러한 새로운 성과평가시스템은 기존의 재무측정치 중심의 전통적 성과평가시스템에서 벗어나서 고객의 만족이라는 목표를 달성하기 위해서도 기업에서 도입·설계하지 않으면 안 될 것이다.

<표 1> 전통적 성과평가시스템과 새로운 성과평가시스템의 비교

전통적 시스템	새로운 시스템
1. 재무적 시스템 · 재무결과 중심(과거지향적) · 유연성의 제약 : 단일시스템이 외부 및 내부 요구를 동시에 충족 · 운영전략과 연계되어 있지 않음 · 재무적 지표의 수정	1. 전략적 시스템 · 고객 중심(미래지향적) · 탄력적 : 운영통제에 전념하는 시스템 · 현행의 전략을 추적가능함 · 프로세스 개선의 촉매 역할
2. 부분최적화 시스템 · 원가절감 · 수직적 보고	2. 시스템적 최적화 시스템 · 성과향상 · 수평적 보고
3. 단편적 시스템 · 원가, 생산량 및 품질 등을 각각 별개로 고려함 · 요소 상호 간의 관계를 파악하기 어려움	3. 통합적 시스템 · 품질, 납기, 시간, 원가 등을 동시에 평가 가능 · 상호 간의 관계를 파악 가능
4. 개별적 학습 시스템 · 개인별 인센티브	4. 조직적 학습 시스템 · 그룹 인센티브

기업에서 바람직한 성과평가시스템을 설계·운용하기 위해서는 다음과 같은 3가지 측면을 고려할 필요가 있다.

첫째, 기업에서 성과를 평가하기 위해서는 먼저 누구를 대상으로 평가할 것인가?

둘째, 그 평가대상의 무엇에 초점을 맞춰 평가할 것인가?

셋째, 이상에 대해 균형잡힌 성과평가지표를 마련할 수 있는가?

① 조직계층별 성과평가

기업에서의 성과는 조직의 상이한 수준에 맞게 평가되어야 할 것이다. 이것은 조직계층별 정보욕구가 상이하기 때문이다. Mcnair, Lynch 및 Cross는 상이한 조직계층별 정보욕구를 감안한 새로운 성과평가시스템을 성과피라미드를 통해 나타내고 있는데 이 성과피라미드는 새로운 성과평가시스템의 개념적 기초를 제공해 주고 있다. 이들에 의하면 전사적 품질관리, 산업공학, 그리고 활동중심원가계산 등의 개념에 입각한 성과피라미드는 조직 내에서 전략적 비전을 구축함에 요구되는 쌍방적 커뮤니케이션(two-way communication) 구조를 제공하고 있다. 조직목표들은 하위계층으로 전달되며 반대로 성과측정치들은 상부로 보고된다. 제반 목표는 어떠한 시장을 상대로 경쟁하게 될 것이며 무엇을 기초로 - 가격, 품질, 인도 -할 것인가에 관한 공식적 표명인 기업의 비전으로부터 출발한다.

이들 목표들은 보다 구체적인 시장과 재무목표 예컨대, 시장점유율, 수익 및 이익 등으로 사업단위(business unit)로 환산된다. 전략이 수립되면 재무적 예측치와 예산 등을 통해 이들 전략이 구체적으로 실행될 수 있도록 한다. 사업운영시스템(business operating systems) 수준에서의 성공(예컨대, 주문획득이나 신제품의 도입 등)은 다양한 활동에 적용되는 구체적인 운영목표를 통해 사업전략을 지원하는 것을 의미한다. 사업단위의 목표들을 하위수준에서 유용하게끔 보다 구체적인 측정치로 전환하는 것은 매우 중요하다. 또한 기업이 전략적 및 재무적 목표들을 달성하기 위해서는 매일 매일의 활동이 이들 목표들을 제대로 지원하도록 하지 않으면 안 된다.

이와 같이 성과피라미드는 사업운영시스템 수준에서 세 가지 주요 요소, 즉 고객만족, 유연성 그리고 생산성을 보다 구체화하고 있다. 고객만족은 고객의 기대를 충족시키는 것으로 정의되며, 유연성은 전체적으로 사업운영시스템이 어느 정도 탄력적으로 반응하는가를 다루고 있다. 그리고 생산성은 고객만족 목표를 달성하는 데 어떻게 제반활동과 자원들을 관리하는가를 다루고 있다. 이들 세 가지 기준은 다시 개별부서 및 작업장 내에서의 네 가지 집중적인 성과평가 분야인 품질, 납기, 싸이클 타임, 그리고 낭비 등으로 구체화된다.

일선 부서수준에서는 보다 구체적인 일상적 측정치가 곧 지속적인 개선을 뒷받침하는 피드백정보 역할을 담당한다. 첫 번째에 해당하는 하나의 측정치는 시장에서의 고객과 직접 관련을 맺는다. 품질과 납기는 외부지향적이다. 품질이란 제품명세서에 일치하는 것 그 이상을 의미하는데, 이는 곧 고객의 기대를 충족하는 것을 말하며, 납기는 적량의 제품을 적시에 공급하는 것으로 적량과 적시성 양쪽을 포함한다.

한편 싸이클 타임과 낭비와 같은 내부측정치는 고객의 기대와는 직접적인 관련은 없으나 고객에 대한 보다 신속한 대응과 보다 나은 가치를 제공하기 위해서 필연적으로 관리되어야 하는 '내부적 지렛대'로 간주될 수 있다. 이들은 또한 전략적 중요성을 갖는다. 점차 줄어드는 낭비(예컨대, 비부가가치 활동과 자원)와 주문서 발행에서 완제품 선적에 이르기까지의 총싸이클 타임의 단축은 공장 자체의 생산성 향상과 유연성 증대라고 할 수 있다. 이들 성과평가지표 개선의 결과 공장 내 자재 회전속도가 높아지게 되면 매출의 증가 시 재무적 성과가 개선되는 것이다. 자산회전은 가속화되어 자산화된 단위 투자액당 수익률은 높아지게 되기 때문이다.

② 재무적 지표와 비재무적 지표

기업들이 직면하고 있는 경영환경은 과거 수년간의 그것과 비교하여 현저하게 달라졌다. 종래의 공급자 위주의 시장은 소비자 위주의 시장으로 바뀌었으며 고객들도 종래보다 지적 수준이 높아졌고 많은 것을 요구하고 있다. 또한 그들은 새로운 경쟁자들의 출현으로 선택의 기회도 넓어졌다. 한편 환경문제가 점차 중요하게 되었으며 시장의 변화 및 제품기술의 변화속도가 매우 빨라졌다.

기업이 성공하기 위해서는 고객의 요구를 만족시켜야 할뿐만 아니라 종업원들의 기대에도 부응하여야 하며 더 나아가 주주들에 대해서도 높은 투자이익률을 보장해 주어야 한다. 물론 고객, 종업원, 주주, 그리고 더 나아가 지역사회 등 기업 이해관계자들의 요구는 상이할 수도 있다. 예컨대, 고객들의 만족을 충족시키기 위해서는 고객에 대한 서비스(품질 및 적시 제공 포함), 가치(품질 및 가격 포함), 다양성(다양한 선택과 신제품 포함) 등을 제공하여야 한다.

따라서 기업은 목표를 달성하기 위하여 경영시스템 전체에 대한 질, 신속한 반응(인도), 유연성, 비부가가치활동의 제거 등 기업의 성공요인을 필요로 한다. 이러한 것들은 종래의 기업들이 중요시하던 대량생산, 규모의 경제, 조업도 증대, 노동의 효율성 등과는 상이한 것들이다. 그러므로 기업들은 순이익, 주당순이익, 투자이익률 등과 같은 재무적 성과평가지표 뿐만 아니라 또는 그들 지표 대신에 새로운 주요 성공요인에 초점을 맞춘 비재무적 지표를 도입하여 평가하지 않으면 안 된다.

그렇다면 기업들은 어떠한 새로운 주요 성공요인에 초점을 맞춰야 하는가? 그러한 새로운 성과평가지표에 대한 필요성 및 그것의 이점을 인식하는 가장 좋은 방법 중의 하나는 섬유, 철강, 자동차, 전자 등과 같은 산업에서 수년에 걸쳐 어떠한 일이 일어나고 있는가를 찾아내고, 시장이 어떻게 변화하였는가, 그리고 고객들은 어떠한 반응을 보였는가 등을 이해하는 것이다. 실제로 많은 대기업들이 변화하는 시장에 반응하지 못해 시장에서 그들의 지위를 잃고 있어 이를 위한 성과평가지표를 개발하려는 노력은 매우 중요하다.

③ 균형잡힌 성과평가지표

최근 각 기업들은 자기 기업에 적합한 성과평가시스템을 개발하기 위하여 노력하고 있다. 그러나 불행하게도 모든 기업에 적합한 통일적인 성과평가시스템을 개발하는 것은 불가능할 것이다. 새로운 성과평가시스템을 설계하기 위해서는 무엇보다도 기업의 사명과 전략들을 가시적인 목표와 측정지표들로 전환시켜야 하며, 측정지표들은 주주나 고객을 위한 외부적인 측정지표들과 기업 내부활동에 대한 측정지표들 간의 균형이 필요하다.

이것은 또한 과거 노력들의 산출인 결과물 측정지표들과 미래의 성과측정치들 간의 균형도 이루어져야 한다. 그리고 성과평가표는 객관적으로 쉽게 정량화할 수 있는 결과물 측정지표와 주관적으로 다소 판단을 요구하는 결과물 측정지표의 성과동인들(performance drivers)과도 균형을 이루어야 할 것이다. 물론 재무적 측정지표와 비재무적 측정지표들이 균형을 이루어야 함은 말할 필요가 없다.

제2절 BSC 성과평가시스템

1. BSC 성과평가시스템의 의의

Kaplan과 Norton은 재무적 측정지표에 기초한 기존의 성과측정 방법에 문제가 있으며, 요약된 재무적 성과측정지표에 의존하는 것은 조직으로 하여금 미래의 경제적 가치를 창출하는데 방해가 될 수 있다는 판단으로 "미래조직의 성과측정(Measuring Performance in the Organization of the Future)"을 연구하기 시작하였다. 이것을 위해 그들은 새로운 성과측정모형을 개발하기 위하여 제조업, 용역(서비스)업, 중공업, 첨단기술산업 등 무려 12개의 기업 대표자들과 회합을 가졌으며, 연구의 초기에는 혁신적인 성과측정시스템에 대한 사례연구(case studies)도 검토하였다.

예컨대, Analog Devices사의 사례에서는 여러 가지 전통적인 재무적 측정지표와 함께 고객에게 상품을 인도하는데 걸리는 시간, 제조 프로세스들의 품질과 싸이클타임, 그리고 신제품 개발의 효과성 등과 관련된 성과측정지표를 포함한 새로운 기업의 성과평가표(Corporate Scorecard)를 기업이 어떻게 활용하고 있는가 등을 연구하였으며, 그 외에도 주주의 가치, 생산성, 품질측정 방법, 새로운 보상체계 등에 대해서도 검토한 후 다차원적 성과평가표가 바람직하다는 결론을 얻게 되었다.

그 연구 결과 소위 "균형성과표(Balanced Scorecard; BSC, 균형잡힌 성과표)라는 이름과 함께 재무적 관점(financial perspective), 고객의 관점(customer perspective), 기업 내부적 관점(internal business process perspective), 학습과 성장의 관점(learning and growth perspective) 등 네 가지 관점(four perspectives)에서 성과평가 지표를 개발하게 되었다. 여기서 BSC란 장기적 목표와 단기적 목표 간, 재무적 측정지표와 비재무적 측정지표 간, 후행지표와 선행지표 간, 그리고 성과에 대한 외부적인 관점과 내부적인 관점 사이에 균형을 이루어야 한다는 의미에서 그 명칭을 부여하게 되었다.

Kaplan과 Norton은 기업경영의 핵심적인 성공요소 중의 하나로서 올바른 성과평가시스템의 구축과 활용이라는 사고로 BSC에 대한 연구를 진행하여 왔다. 그리고 올바른 성과평가시스템은 균형잡힌 관점에서 본 인과관계에 의한 각종 지표들 간의 통합으로 가능하다는 것이다. 따라서 기업경영을 하나의 관점이 아닌 재무적 관점, 고객의 관점, 기업 내부적 관점, 학습과 성장의 관점 등의 복합적인 관점에서 보아야 하며, 각 관점들을 별개로 분리하여 보는 것이 아니라 상호 인과관계에 의한 균형잡힌 관점에서 보아야 한다는 것이다.

그러기 위해서는 각 관점별로 측정지표들을 선정하여 균형잡힌 관점에서 하나의 통합된 성과평가표 즉, BSC를 작성하여 전략이행을 위한 핵심적인 기업경영시스템으로 활용하여야 한다는 것이다. 이렇게 함으로써 이미 창출된 가치인 단기적인 재무지표만을 중시하는 경영이 아니라 미래에 가치를 창출할 수 있는 기반(고객, 기업내부, 학습과 성장 등의 장기적인 무형자산 및 지적자산 등의 경쟁적인 가치동인; value drivers)도 동시에 조성해 나가는 균형잡힌 경영을 할 수 있는 통합 경영시스템의 구축에 그 의의를 두고 있다고 할 수 있다.

2. BSC 성과평가시스템의 구조

기업을 경영하는 것은 마치 항공기를 조종하는 것과 같다고 할 수 있다. Kaplan과 Norton은 기업을 경영할 때 경영자가 고려하여야 하는 요인들은 마치 항공기 조종실의 계기판만큼이나 복잡한 정보를 필요로 한다고 설명하고 있다. 그러므로 경영자들은 마치 조종사들이 항공기의 계기판을 통해 그들의 상황을 파악하는 것과 같이 탁월한 미래의 성과들을 향해 나아갈 수 있도록 그들의 환경과 성과들에 대한 다양한 계측도구를 고안하고 설치할 필요가 있는데 이것이 바로 BSC라고 할 수 있다.

이와 같은 BSC는 경영자들로 하여금 미래의 경쟁에서 성공할 수 있는 필요한 계측기의 고안 및 설치방안을 제공하고 있는데, 이것은 그들 조직의 목표와 그 목표달성 방안들에 대한 정확한 이해가 절대로 필요하기 때문이다. 실제로 BSC는 조직의 사명과 전략들을 전략적 측정 및 관리시스템을 위한 틀을 제공하는 성과측정치들의 총체적 집합으로 전환시켜 주는 것이라고 할 수 있다. 이 BSC에는 목표달성에 대한 강조와 그러한 목표달성을 가능하게 해주는 성과동인들(performance drivers)이 포함되며, 다음과 같은 네 가지의 균형적인 관점, 즉 재무적 관점(financial perspective), 고객의 관점(customer perspective), 기업 내부적 관점(process perspective; 비즈니스 프로세스), 학습과 성장의 관점(learning and growth perspective)에서 조직의 성과를 평가하게 된다.

이와 같은 관점에서 제안된 BSC는 다음과 같은 기업평가에 관한 네 가지 기본질문에 대한 답을 제공한다.

- 우리 기업은 주주들에게 어떻게 보일까? (재무적 관점)
- 고객들이 우리 기업을 어떻게 보는가? (고객의 관점)
- 우리 기업은 무엇이 탁월해야 하는가? (기업 내부적 관점)
- 우리 기업은 계속해서 가치를 향상시키고 창출해낼 수 있는가? (학습과 성장의 관점)

이와 같은 네 가지 관점을 고려한 BSC는 [그림 1]과 같다.

이 BSC는 경영자들로 하여금 중요한 측정치에 관심을 갖도록 고안된 것이다. 이 성과평가표에 포함되는 측정치들을 살펴보면 기업이 경쟁우위를 실현하기 위해 어떠한 변수에 신경을 쓰는가를 쉽게 알 수 있다. 예컨대, 고객지향적인지, 부문최적화 대신 기업전체의 최적화에 신경을 쓰는지, 단기적 성과 대신 장기적 성과에 관심을 갖는지 등 당면한 목표뿐만 아니라 목표를 달성하는 방법의 선택도 파악할 수 있다. 하나의 예로 생산준비원가를 줄이는 방법으로는 준비시간을 감소시키거나 묶음(batch)의 크기를 늘리는 방법 중의 선택이 가능하다. 그러므로 이 BSC가 제 기능을 발휘하기 위해서는 목표를 정확하게 서술하고 그것을 구체적인 측정치로 전환시켜야 한다.

Kaplan과 Norton은 그의 논문에서 BSC를 구체적으로 ECI사에 적용시켜 다음과 같이 [그림 2]와 같이 나타낸 바 있다.

[그림 1] BSC 관점

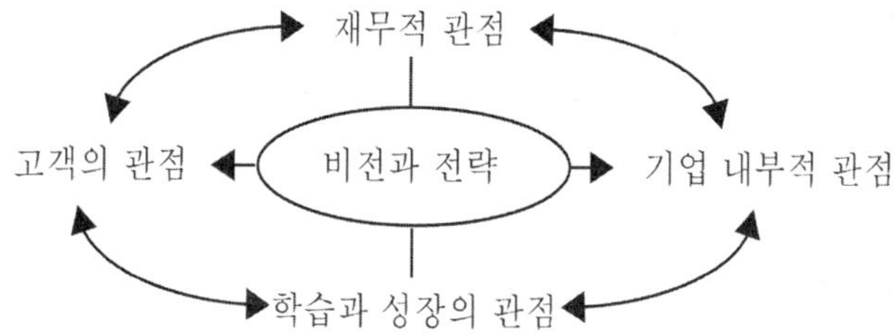

[그림 2] ECI사의 BSC

재무적 관점

목적	측정치
생존하는 것	현금흐름
성공하는 것	분기별 매출액성장율 및 부문별 영업이익
번영하는 것	시장점유율 및 자본이익률

고객의 관점

목적	측정치
신제품	신제품의 매출액 비율, 특허품의 매출액 비율
성의있는 공급	적시공급
선호되는 공급자	주요고객들에 의한 구매량 비율 주요고객들에 의한 우선순위 등급
고객과의 파트너십	협력적인 엔지니어링 노력의 횟수

기업 내부적 관점

목적	측정치
기술력	제조 기하학 대 경쟁력
제조탁월성	사이클타임 단위당 원가, 수율
설계생산성	실리콘 효율, 엔지니어링 효율
신제품도입	실제 도입 스케줄 대 계획

혁신과 학습의 관점[1]

목적	측정치
기술 리더십	차세대 제품을 개발하기까지의 시간
제조학습	숙련까지의 가공시간
제품초점	총매출액의 80%를 점유하는 제품들의 비율
출시시간	신제품 도입 대 경쟁

① 재무적 관점

재무적 성과측정치들은 기업의 전략, 실행, 그리고 달성이 기업의 순이익 개선에 공헌하였는지 등을 나타낸 것이라고 할 수 있다. 전형적인 재무적 목표들은 수익성 – 특히 영업이익이나 자본이익률, 최근에는 경제적 부가가치 등 –, 성장, 주주의 가치 등과 관련을 갖고 있다. 그리고 앞의 ECI사의 경우와 같이 재무적 목표는 생존, 성공, 번영으로 나타내고 생존은 현금흐름으로, 성공은 분기별 매출액 성장률과 부문별 영업이익으로, 번영은 세그먼트별 시장점유율과 자본이익률로 측정하고 있다.

많은 사람들은 재무적 측정치들이 과거지향적이며 현행의 가치창출 행동을 반영할 수 없다는 이유 등으로 비판하고 있으며 고객의 만족, 품질, 싸이클타임, 종업원에 대한 동기부여 등을 향상시킬 수 없다고 주장하고 있다. 그들은 재무적 성과란 운영활동(operational actions)의 결과이며 재무적 성공은 근본적인 것을 잘 수행한 논리적 결과이므로 더 이상 재무적 척도에 의해 운영하는 것은 중단되어야 한다고 주장한다.

그러나 재무적 측정치들이 불필요하다는 주장은 반드시 옳다고 할 수 없다. 잘 설계된 재무통제시스템은 조직의 전사적 품질관리 프로그램을 향상시킬 수 있을 뿐만 아니라, 또한 향상된 업무성과가 반드시 재무적 성공을 가져오지 않는다는 점에서 재무적 지표도 성과평가에 있어서 매우 중요하다는 것을 인식하지 않으면 안 된다.

따라서 BSC는 경영자들로 하여금 재무적 관점을 포함한 중요한 세부적 목표치 상호 간의 관계를 보다 잘 이해하도록 하는 역할을 수행하며 이를 통해 전략실행상의 기능적 장애를 극복하고 궁극적으로는 의사결정 및 문제해결능력을 향상시킬 수 있을 것이다.

Kaplan과 Norton은 재무적 목표(financial objectives)와 사업단위 전략(business unit strategy)을 연결시켜 〈표 2〉와 같은 재무적 관점의 성과평가지표를 제시하고 있다.

---

1) 그들은 한때 "학습과 성장의 관점"이라는 용어 대신 "혁신과 학습의 관점"이라고 용어를 사용하였다.

〈표 2〉재무적 관점의 성과평가지표

사업 단위 전략	전략적 테마			
		수익성장과 믹스	원가절감/생산성 향상	자산 활용
	성장	· 목표시장별 매출성장률 · 새로운 제품, 서비스, 고객으로부터 수익이 차지하는 비율	· 종업원당 수익	· 투자비율(매출액 대비) · R&D비율(매출액 대비)
	유지	· 목표고객과 시장점유율 · 교차판매 · 새로운응용으로부터의 수익비율 · 고객과 제품별 수익성	· 경쟁자 대비 원가 · 원가절감율(매출액 대비) · 간접원가비율(%)	· 운전자본비율(현금순환 사이클) · 주요 자산별 투하자본 이익률 · 자산활용율
	수확	· 고객과 제품별 수익성 · 수익성없는 고객 비율	· 단위원가(산출단위 및 거래당)	· 현금회수 · 산출량

② 고객의 관점

최근 각 기업들이 강조하는 "고객의 만족"은 오늘날 기업들이 전사적 목표로 삼아야 할 가장 중요한 전략적 목표의 하나라고 할 수 있다. 그러므로 성과평가는 고객에게 비친 자사의 모습을 분석하는 것이 필요하며 고객이 과연 무엇에 관심을 두는가를 파악해야 한다. 일반적으로 고객의 관심사는 시간, 품질, 성능 및 서비스, 원가 네 가지로 요약된다.

시간은 구체적으로 리드타임 또는 신제품의 출시시간 등으로, 품질은 구입한 제품의 결함수준 및 적시 인도 등으로, 그리고 성능 및 서비스의 측정치는 기업의 제품이나 용역(서비스)이 고객들의 가치를 창출하는데 얼마나 기여하는가 하는 것으로 측정된다. BSC가 제 기능을 발휘하기 위해서는 기업들로 하여금 시간, 품질, 성능 및 서비스에 관한 목표들을 설정하고 이 목표들을 구체적인 측정치로 표시해야 한다.

ECI사는 고객에 대한 성과목표로서 새로운 제품의 공급, 적시공급, 고객과의 관계개선을 통해 선호되는 공급자가 되는 것 등으로 설정하였다. 경영자들은 이러한 일반적 목표들을 4가지의 특정한 목표로서 나타내고 이들 각각에 대해 적절한 측정치로 설정하였다. ECI사의 이러한 측정치는 [그림 2]의 우측에 들고 있는데 이들 중 일부의 측정치는 외부로부터 구하지 않으면 안 된다는 것이다. 이와 같은 기업 외부로부터 구한 외적 성과평가 측정치로 기업의 성과를 평가하는 것은 기업의 성과를 고객의 눈을 통해서 보게 하는 데 그 의의가 크다고 할 수 있다.

BSC의 고객의 관점에서는 기업이 경쟁하기로 한 고객과 목표(세분)시장(market segment)을 파악하여야 한다. 이는 목표시장이 기업의 재무적 목표에서의 수익의 원천이 되기 때문이다. 일단 목표(세분)시장을 파악하고 목표를 설정하였다면 그 시장에 대한 목표와 평가지표를 결정하여야 한다.

일반적으로 기업은 고객의 관점에서 두 가지 유형의 평가지표를 선정한다. 그 첫째는 모든 기업이 실제로 사용하고 싶어하는 일반적 지표로서 시장점유율, 고객확보율, 고객의 수익성, 고객유지율, 고객만족도 등을 말한다. 이들 지표는 BSC 상에 흔히 나타나므로 핵심적 평가지표들(core measurement group)이라고 한다. 또한 다른 하나는 성과동인 즉 차별화를 나타내는 것이다. 예컨대, 기업은 높은 수준의 고객만족도와 고객유지율, 고객확보율, 그리고 궁극적으로 높은 시장점유율을 달성하기 위해 고객에게 무엇을 제공하여야 할 것인가에 대한 것으로 상품이나 서비스, 고객관계, 기업 이미지와 명성 등이 여기에 속한다고 할 수 있다. 이와 같은 성과동인 지표들(performance-driver measures)은 기업이 목표로 하는 고객과 시장에게 제공하고자 하는 가치명제를 파악하는 것이라고 할 수 있다.

이와 같이 고객의 관점은 전형적으로 고객의 만족, 고객의 유지, 새로운 고객의 확보, 고객의 수익성, 시장점유율 등과 같이 잘 형성되고 잘 실행된 전략의 성공적 성과를 나타내는 몇 가지 핵심적 평가지표를 포함하며, 또한 이러한 성과를 달성할 수 있는 상품이나 서비스의 속성(product/service attributes), 고객관계(customer relationship), 기업 이미지와 명성(image and reputation) 등의 성과동인 지표, 즉 기업이 목표로 하는 고객과 시장에게 제공하고자 하는 가치명제를 측정하는 것도 포함한다.

[그림 3] 고객 관점의 성과평가지표

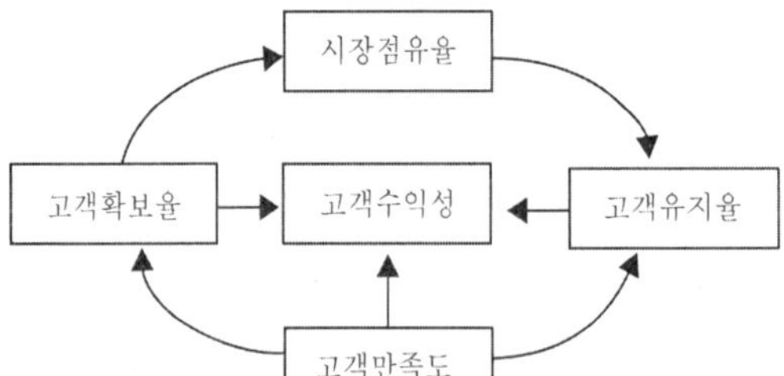

[그림 3]에서 제시된 지표들의 의미는 다음과 같다.

가. 시장점유율(market share) : 주어진 시장 내에서 고객의 수와 지출 금액, 판매량에서 사업단위가 차지하고 있는 비율을 말한다.

나. 고객확보율(customer acquisition) : 절대적 또는 상대적 측면에서 사업단위가 새로운 고객이나 사업을 유인하거나 획득하는 비율을 말한다.

다. 고객유지율(customer retention) : 절대적 또는 상대적 측면에서 사업단위가 기존 고객과의 관계를 존속시키거나 유지하는 비율을 말한다.

라. 고객만족도(customer satisfaction) : 가치명제 내의 구체적 성과기준에 따른 고객의 만족수준을 말한다.

마. 고객수익성(customer profitability) : 고객을 지원하기 위해 요구되어지는 기본적인 지출을 제외한 후, 고객 또는 목표(세분)시장의 순이익을 말한다.

[그림 4] 고객의 가치명제

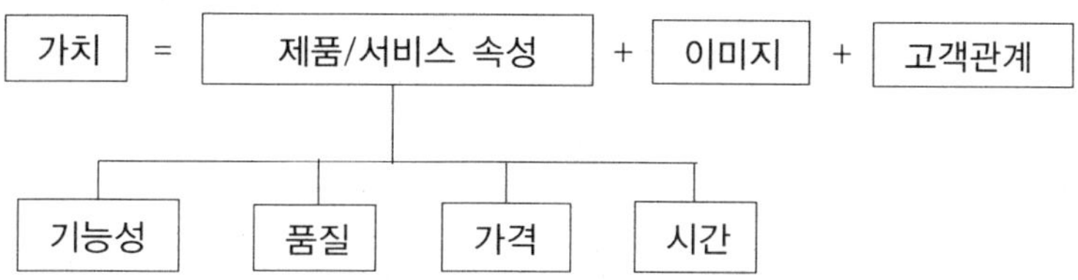

한편 [그림 4]의 가치명제의 구성요인들을 간략히 설명하면 다음과 같다.

가. 제품과 서비스 속성(product/service attributes) : 여기에는 제품과 서비스의 기능성, 가격 및 품질 등이 포함된다.

나. 기업 이미지와 명성(image and reputation) : 이것은 기업으로 고객을 유인하는 무형의 요소를 반영한다. 예컨대, 어떤 기업의 경우는 광고나 혹은 제품과 서비스의 질을 통해 제품과 서비스의 실제적 이상의 고객충성도를 창출할 수 있기 때문이다.

다. 고객관계(customer relationship) : 여기에는 고객이 자사로부터의 구매를 어떻게 생각하고 있으며 제품 및 서비스의 배달, 그리고 대응시간과 배달시간 등이 포함된다.

③ (기업) 내부적 관점

고객의 관점에서 본 탁월한 성과는 조직 전반에 걸쳐 일어나는 경영과정, 의사결정, 행동 등으로부터 나타난 것이라고 할 수 있다. 그러나 이러한 고객의 관점에서 본 측정치들은 중요하지만 이들 측정치들은 기업이 고객들의 기대에 부응하기 위하여 기업 내부적으로 무엇을 하여야 하는가 하는 측정치로 전환하지 않으면 안 된다. 그러므로 경영자들은 고객의 요구를 만족시켜주기 위하여 기업의 중요한 내부업무(internal operations)에 초점을 맞출 필요가 있다.

BSC의 기업 내부적 측정치들은 고객의 만족에 가장 큰 영향을 주는 기업의 비즈니스 프로세스(business processes)로부터 나와야 한다. 예컨대, 싸이클타임, 품질, 종업원 숙련도, 생산성 등에 영향을 주는 요소로부터 나와야 한다. 기업들은 또한 지속적인 시장리더십을 갖기 위하여 필요한 그들 기업의 핵심적 능력과 중요한 기술력 등을 측정할 필요가 있다. 그러므로 기업들은 그들이 탁월해야 하는 내부과정과 능력이 무엇인지를 결정하여야 하며 그들 각각을 측정하지 않으면 안 된다.

[그림 2]에서 ECI경영자들은 그들 기업의 초정밀 기술력이 자기기업의 시장지위에 매우 중요하다고 하였으며, 또한 제조의 탁월성, 설계생산성, 신제품도입 등에 초점을 맞춰야 한다고 보아 이들 4가지 기업내부의 목표에 대하여 각각의 측정치들을 개발하였다.

이와 같이 기업 내부적 관점에서 경영자는 고객관계를 제고하고, 조직의 재무성과를 성취하는 데 가장 큰 영향을 미칠 기업 내부 프로세스에 대한 성과평가지표를 강조한다. 기업의 내부 프로세스는 혁신→운영→판매 후 서비스의 3단계로 이루어져 있으며, 다음의 그림과 같이 연쇄적 관계로 이루어져 있다.

주요 3단계의 과정은 다음과 같은 의미를 가진다.

가. 혁신(innovation) 과정 : 현재와 미래 고객의 욕구를 충족시키기 위해 전혀 새로운 제품과 서비스를 창출하는 과정을 말한다.

나. 운영(operation) 과정 : 현재 고객에게 현재의 제품과 서비스를 효율적으로 신뢰성 있고 책임성 있게 인도하는 과정을 말한다.

다. 판매 후 서비스(postsale service) 과정 : 판매 후에 그들의 문제점에 대해 신속히 주의를 기울이고, 필요하면 현장서비스와 기술지원으로 고객들을 만족시키는 과정을 말한다.

이와 같이 기업 내부 프로세스 관점에서 경영자는 목표가 된 고객세분시장의 목표를 달성하기 위해 반드시 주요 과정을 파악해야 한다. 전통적인 성과평가시스템은 단지 기존 과정의 원가·품질·시간 측정지표를 통제하거나 향상시키는 데만 초점을 맞추나 새로운 BSC에 의한 접근방법은 내부 프로세스의 성과에 대한 요구가 개별적인 외부 고객의 기대로부터 도출될 수 있도록 유도한다.

혁신과정을 내부 프로세스의 필수적인 구성요소로 포함시킨 것은 중요한 진전이다. 혁신과정은 조직이 미래의 제품과 서비스를 접근하고자 하는 세분시장을 파악하는 것이 무엇보다 중요한 일임을 강조한다. 그 다음으로는 목표가 된 세분시장을 만족시킬 제품과 서비스의 설계 및 개발이 중요함을 강조한다. 이러한 접근방법은 조직이 새로운 제품과 서비스 및 시장을 창출하는 연구·설계·개발 과정에 상당한 중요성을 부여할 수 있게 해준다.

운영과정은 여전히 중요하며, 조직은 현재의 목표가 된 고객에게 뛰어난 제품과 서비스를 전달할 수 있는 원가·품질·시간·기타 성과특성들을 파악해야 한다. 또한 판매 후 서비스 과정도 제품이나 서비스가 고객에게 인도된 후에 이루어지는 주요 서비스를 기업이 적절한 시기에 제공하여야 한다는 것을 강조한다.

[그림 5] 기업 내부적 관점의 성과평가지표

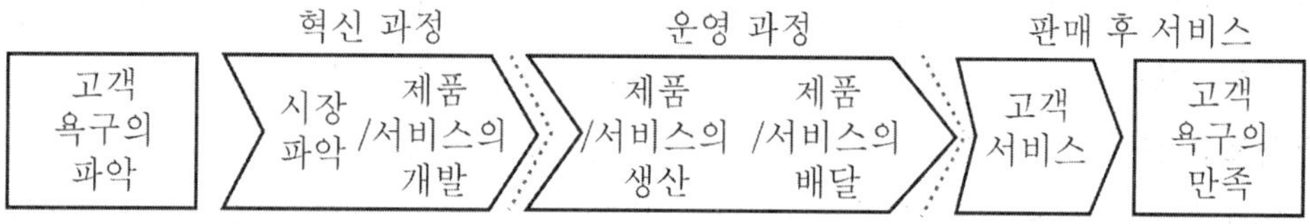

④ 학습과 성장의 관점

나날이 격심해져 가는 세계적 경쟁은 기업들로 하여금 그들의 제품과 경영과정을 끊임없이 개선할 것과 그들의 확장된 설비로 지금까지와는 전혀 다른 새로운 제품을 도입할 능력을 갖출 것을 요구하고 있다. 이와 같이 급속히 변화하는 경쟁환경하에서 끊임없이 혁신하고 개선하며 학습하는 기업의 능력은 기업의 가치와 직결되기 때문이다.

[그림 2]에서 본 ECI사의 혁신목표는 미래 매출액의 상당부분을 차지할 것으로 기대되는 신제품을 신속하게 개발하여 출시할 수 있는 기업의 능력에 초점을 두고 있다. 또한 ECI사는 혁신 및 향상측정치의 하나로서 신제품의 매출액비율을 측정하고 있다.

학습과 성장의 관점은 고객과 주주에게 가치를 부여하는 탁월한 내부 프로세스 능력을 개선하기 위해 반드시 하여야 하는 바를 확인한다. 조직의 학습과 성장은 사람과 시스템과 같은 원천으로부터 생성된다. 학습과 성장 관점의 전형적 성과평가지표는 종업원 만족도, 종업원 유지도, 종업원 생산성 등이다. 이들 구성요소들은

[그림 6]과 같이 연결된다.

[그림 6] 학습과 성장 관점의 성과지표

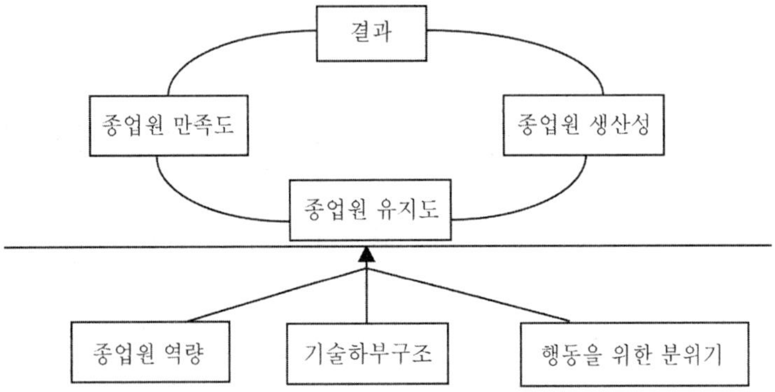

궁극적으로 재무·고객·내부 프로세스의 목표를 충족시키는 힘은 조직의 학습과 성장 역량에 달려 있다. 학습과 성장을 가능케 하는 세 가지 원천은 종업원의 역량, 정보시스템의 능력, 그리고 조직(즉 동기부여, 권한위양, 조직의 정비 등)이다. 일반적으로 전략이 효과적으로 달성되기 위해서는 조직의 역량을 구축하도록 도와주는 사람과 정보시스템, 그리고 조직에 대한 상당한 투자가 필요할 것이다. 뛰어난 성과를 위한 동인에 대한 목표와 성과지표는 어떤 조직의 BSC에서도 예외일 수 없다.

그러므로 학습과 성장관점에서 종업원 만족도(employee satisfaction)·종업원 유지도(employee retention) · 종업원 생산성(employee productivity) 등 종업원에 기초한 세 가지 성과지표의 핵심그룹(core employee measurement group)은 종업원의 역량(employee capabilities)과 정보시스템의 능력(information systems capabilities), 동기부여(motivation), 권한위양(empowerment), 조직의 정비(alignment) 등 조직에 대한 투자로부터 도출된 성과지표가 된다.

3. BSC 성과평가시스템의 성공조건

모든 시스템은 도입 및 설계와 더불어 그 성공적인 운영의 조건이 있다. BSC에 의한 성과평가시스템의 경우도 마찬가지라고 할 수 있다. BSC 성과평가시스템이 성공하기 위해서는 무엇보다도 조직 구성원들 간에 왜 BSC가 개발되어야 하는가에 대한 합의와 지지가 필요하며, 특히 최고경영자나 중간경영자들의 적극적인 지지와 참여가 필요하다. 그리고 BSC의 목표를 명확히 정의하며, 그 목표달성을 위한 전략과 구체적인 성과평가지표를 선택하고 설계하지 않으면 안 된다. 물론 이를 위해서는 모든 경영자와 종업원들이 사업단위 전략을 성공적으로 이행할 수 있도록 동기부여되어야 할 것이다.

전략을 성과평가시스템으로 전환시킬 수 있는 경우에 기업은 목적과 목표를 효과적으로 전달할 수 있으므로 그들의 전략을 훨씬 효과적으로 수행할 수 있다. 이러한 전달은 경영자와 종업원들로 하여금 핵심적인 동인들에 초점을 맞추게 하고, 전략적 목표를 달성할 수 있도록 조직을 정비하여야 한다. 그 경우 BSC가 일단의 통합된 재무적·비재무적 성과지표로 전략을 전달할 수 있기 때문이다. 그 구체적인 이유는 다음과 같다.

① BSC는 전체 종업원들에게 조직의 미래 비전을 보여주며, 조직 구성원들 간의 공통의 이해를 창출한다.

② BSC는 모든 종업원들에게 자신이 조직의 성공에 어떤 식으로 기여하는지를 알 수 있게 해주는 전략모형을 만들어낸다. 이러한 연결이 뒤따르지 않으면 개인과 부서가 지엽적인 성과를 극대화하였다 하더라도 전략적 목표달성은 실패할 수 있다.

③ BSC는 변화하려는 노력에 초점을 맞춘다. 올바른 목표와 성과지표를 밝혀내게 되면 성공적으로 이행될 확률이 높다. 하지만 그렇지 못하다면 그에 대한 투자는 낭비적인 요소가 될 수밖에 없을 것이다.

이와 같이 BSC는 조직전략으로부터 도출되어야 할 뿐 아니라 전략으로 귀결되는 투명성도 가져야 한다. 즉, 어느 누구라도 BSC를 볼 수 있어야 하고, 그 목표와 성과지표의 근저에 있는 전략을 알 수 있어야만 하는 것이다.

사례 1

Caltex사는 휘발유를 정유하여 자사 소유의 Caltex 주유소를 통해 판매한다. 시장조사 결과에 기초하여 Caltex사는 전체 휘발유시장의 60%가 '서비스지향 고객'으로 구성되어 있다는 사실을 알았다. 만약 주유소가 청결한 시설, 편의점, 친절한 종업원, 빠른 회전율, 신용카드 처리능력, 높은 옥탄가의 고급연료와 같은 탁월한 서비스를 고객에게 제공할 수 있다면, 서비스지향 고객은 휘발유에 대해 높은 가격을 지급할 용의가 있는 고소득 소비자에 대한 지표로 볼 수 있다. 전체 휘발유시장의 나머지 40%는 '가격 구매자'인데, 이들은 가능한 한 가장 저렴한 가격의 휘발유를 구입하려고 한다. Caltex사의 전략은 다음과 같다. 간략히 표시하기 위해 각각의 목표 하에 수행된 의안은 생략하였다.

목표	측정치	목표성과	실제성과
재무적 관점	가격보상에 의한 영업이익 변화	₩90,000,000,000	₩95,000,000
주주의 가치 증대	성장에 의한 영업이익 변화	₩65,000,000,000	₩67,000,000
고객의 관점	전체 휘발유시장에 대한 점유율	10%	9.8%
시장점유율 증가			
내부적 관점	품질지표	94점	95점
휘발유 품질 향상	정유 신뢰도지표(%)	91%	91%
정유성과 향상	제품 접근가능성지표(%)	99%	100%
휘발유 접근가능성 보장			
학습과 성장의 관점	고도의 통제수준을 갖춘		
정유처리능력 증가	정유프로세스의 비율	88%	90%

요구사항

1. 2015년 Caltex사가 전략을 성공적으로 실행하였는가? 답하고 설명하시오.

2. 학습과 성장의 관점에서 종업원 교육훈련과 종업원 만족도에 대한 측정치를 도입하는 것이 좋겠는가? 이러한 목표는 Caltex사가 전략을 실행하는데 중요한가? 왜 그런지에 대해 간략히 설명하시오.

3. Caltex사가 총 휘발유시장의 목표시장 점유율을 달성하지 못하였으나 재무적 목표는 초과달성하게 되었다. 이러한 결과의 원인에 대해 설명하시오. '전체 휘발유시장의 시장점유율'이 시장점유율의 올바른 측정치인가? 간략히 설명하시오.

4. 내부적 관점 측정치의 향상과 고객의 관점 측정치 사이에 인과관계가 존재하는가? 즉, 이러한 인과관계를 명확히 하기 위해 내부적 관점과 고객의 관점에 대해 다른 측정치를 추가할 필요가 있겠는가? 이유를 간략히 설명하시오.

5. 재무적 관점에서 Caltex사가 생산성 향상에 따른 영업이익 변화에 대한 측정치를 포함하지 않은 결정에 당신은 동의하는가? 간략히 설명하시오.

해설

1. Caltex사의 전략은 휘발유에 대한 높은 가격을 지급할 용의가 있는 '서비스지향 고객'에 초점을 두고 있다. 비록 휘발유가 주로 일반적 상품이지만 이 회사는 주유소에서 제공하는 서비스를 통해 차별화하길 원하고 있다. 그러면 이 회사의 BSC는 전략을 잘 나타내고 있는가? 대체적으로 그렇다고 할 수 있다. BSC의 초점은 제품 차별화와 그 서비스에 대해 높은 가격을 제시함으로써 프로세스 개선, 품질, 시장점유율 확대, 그리고 재무적 성공 여부를 측정하는 것이다. 물론 이하의 요구 사항에서 보는 바와 같이 일부의 문제점이 있기는 하나 BSC는 제품차별화 전략을 이행하느냐에 초점을 두고 있다.

그러면 BSC가 잘 설계되었다고 가정할 때 이 회사는 전략 대비 얼마나 성과를 얻었다고 할 수 있나? Caltex사가 전략을 얼마나 성공적으로 수행하였나 하는 것은 BSC를 통해 알 수 있다. 이 회사는 재무적 관점, 내부적 관점, 학습과 성장의 관점에서 목표를 모두 달성하였기 때문이다. 단, 고객의 관점에서만 목표를 달성하지 못하였다. 이 단계에서 이것이 좋은 성과측정치인지에 대한 의문이 있을 수 있다. 요구사항 **3.**에서 이것을 상세히 다룰 것이나 '서비스지향 고객' 점유율이 아닌 '전체 휘발유시장에 대한 점유율' 측정은 좋은 BSC 측정치가 아닐 수도 있기 때문이다.

2. 그렇다. 이 회사는 학습과 성장의 관점에서 종업원 교육훈련과 종업원 만족도에 대한 측정치를 포함시켜야 할 것이다. 이 회사의 차별화 전략과 높은 가격 제시는 고객의 서비스에 기초한 것이다. 만족스럽고 빠르며 친절한 서비스의 요체는 잘 교육받고 만족스런 서비스를 제공하는 종업원들이기 때문이다. 만일 그렇지 못하면 고객들과 상호 작용하지 못해 전략이 실패할 것이기 때문이다. 따라서 종업원 교육훈련과 종업원 만족도는 이 회사가 전략을 이행하는데 매우 중요하다. 이러한 측정치들은 전략을 잘 이행할 수 있느냐 여부를 판단할 주요지표가 되므로 BSC를 통해 측정되어야 할 것이다.

3. Caltex사의 전략은 고객의 40%인 일반고객이 아니라 휘발유에 대한 높은 가격을 지급할 용의가 있는 60%인 '서비스지향 고객'에 초점을 두고 있다. 만일 전략이 성공적으로 수행되었는가를 평가하려면 이 회사는 '전체시장의 점유율'이 아닌 목표시장의 점유율인 '서비스지향 고객'의 점유율을 측정할 필요가 있다. 그러므로 이 회사의 경우 일반고객의 시장점유율이

감소하는 것은 신경쓸 필요가 없다. 사실 휘발유에 대해 높은 가격을 부과하게 되면 아마도 그 시장의 점유율이 줄어들 수도 있다. 그러므로 이 회사의 경우 BSC 고객측정치에 '전체 시장 점유율'을 '서비스지향 고객 점유율'로 대체하여야 한다. 그리고 이 회사는 또한 '고객만족도 측정치'를 BSC에 포함시키길 원할 것이다. 이 측정치는 '서비스지향 고객 점유율'의 주요 지표로 역할을 할 수 있을 것이다.

4. 비록 현재의 BSC 상에 내부적 관점 측정치와 고객의 관점 측정치 사이에 인과관계가 존재할지라도 이 회사는 이러한 관계를 강화하기 위해 추가적인 지표를 보완할 필요가 있다. 특히 현행의 측정치들은 전적으로 주유소가 아니라 정유소에 초점을 두고 있다. 따라서 이 회사는 주요소 시설의 청결함, 휘발유 주유시간, 편의점에서의 구매, 종업원의 서비스 등 주유소 성과측정 지표를 추가할 필요가 있다. 많은 회사들은 지점(여기서는 주유소)의 얼마나 잘 하고 있는지를 정기적으로 확인하곤 한다. 이러한 측정치들은 이 회사의 목표시장 점유율의 확대나 고객만족도의 주요지표가 될 것이다.

5. Caltex사는 재무적 관점에서 생산성 향상에 따른 영업이익 변화에 대한 측정치를 포함하지 않은 결정은 바람직하다. 이 회사의 전략은 고객서비스에 대해 높은 가격을 부여함으로써 성장하는 것이다. BSC 측정치는 이 전략을 성공적으로 수행하였느냐에 초점을 두고 있기 때문이다. 생산성 증가는 이 회사의 전략에 중요하지 않으므로 측정할 필요가 없다.

제7장

경영의사결정

경영활동 중 가장 중요한 것 중의 하나가 의사결정이라고 할 수 있다. 의사결정이란 선택가능한 여러 대체안 중에서 하나를 결정하는 행위로서, 그 의사결정과정에서 수익과 원가는 항상 가장 중요한 요인 중의 하나로 작용하며, 의사결정과정에서 각 대체안 간의 수익과 원가의 비교분석은 필수적인 과정이다. 이러한 경영자의 주요 기능 중의 하나인 의사결정을 성공적으로 수행하기 위해서 경영자는 의사결정과 관련있는 정보, 특히 관련원가와 비관련원가를 식별할 수 있어야 하며, 이에 필요한 유용한 분석기법을 알고 있어야 한다. 본 장에서는 경영의사결정 분석기법과 여러 가지 비반복적 경영의사결정의 예에 관해 살펴보기로 한다.

제1절 경영의사결정의 의의

경영의사결정(managerial decision making)이란 기업 내에서 행해지는 특수한 형태의 비반복적 의사결정(special nonrecurring decision)으로서 회계정보에 기초한 특별의사결정을 말한다. 경영자는 계획, 조직, 실행 및 통제 등의 관리순환과정에서 수많은 의사결정 상황에 직면하게 된다. 의사결정(decision making)은 어떤 목적을 달성하기 위하여 취할 수 있는 행동이 여러 가지일 때 발생한다. 만약 선택 가능한 행동이나 방법이 하나뿐이라면 의사결정을 할 필요가 없고 그 행동이나 방법을 따르기만 하면 될 것이다. 그러나 일반적으로 행동이나 방법이 하나뿐인 경우는 거의 없다.

경영자가 직면하게 되는 의사결정 유형에는 작업의 지시와 같은 ① 일상적이고 반복적인 의사결정과 ② 비반복적으로 발생하는 특별한 의사결정으로 구분할 수 있다. 일상적이고 반복적인 의사결정은 동일한 상황의 반복으로 종전의 의사결정을 그대로 따르면 되나, 비반복적으로 발생하는 특별한 의사결정은 새로운 상황의 발생에 따라 그에 대한 해결책을 강구해야 하는 경우로서 경영자의 전문적인 능력이 요구된다.

1. 경영의사결정의 종류

경영의사결정은 경영의 기본구조에 관한 것이냐, 경영업무에 관한 단기적・비반복적인 것이냐에 따라 구조적 의사결정과 업무적 의사결정으로, 의사결정의 기간에 따라 단기의사결정과 장기의사결정으로, 의사결정에 필요한 정보들을 확실히 알 수 있는가 없는가에 따라 확실성 하의 의사결정과 불확실성 하의 의사결정으로 구분할 수 있다.

1) 구조적 의사결정과 업무적 의사결정

구조적 의사결정(capacity decision)이란 경영의 기본구조에 관한 의사결정으로서 다음에 관한 의사결정 등을 말한다.

① 경영급부의 내용에 관한 의사결정(어떤 업종에 종사할 것인가, 또는 어떤 제품을 생산・판매할 것인가?)

② 공장입지에 관한 의사결정(공장을 어디에 건설할 것인가?)

③ 생산설비의 신설・대체・폐기에 관한 의사결정
④ 조직구조에 관한 의사결정(사업부제를 채택할 것인가의 여부) 등

한편 **업무적 의사결정**(operating decision)이란 경영업무에 관한 단기적・비반복적 특별의사결정을 말하며, 다음의 의사결정이 포함된다. 본 장에서 설명하고자 하는 경영의사결정이 바로 이 업무적 의사결정에 해당한다.

① 특별주문의 수락여부에 관한 의사결정
② 부품의 자가제조 또는 외부구입에 관한 의사결정
③ 제품라인의 계속생산 또는 생산중단에 관한 의사결정
④ 기존설비 대체여부에 관한 의사결정
⑤ 결합제품의 판매 또는 추가가공에 관한 의사결정
⑥ 대체적 생산기법의 선택
⑦ 제한된 자원의 이용 등

2) 단기의사결정과 장기의사결정

의사결정은 의사결정의 기간에 따라 단기의사결정과 장기의사결정으로 구분할 수 있다. **단기의사결정**은 의사결정의 기간이 보통 1년 이내인 경우로서 위에서 언급한 업무적 의사결정이 여기에 해당하며, **장기의사결정**은 유형자산의 취득(또는 대체)과 같이 의사결정기간이 1년 이상인 경우로서 위에서 언급한 구조적 의사결정이 여기에 해당한다고 할 수 있다.

본 장에서의 경영의사결정이란 기업 내에서 행해지는 특수한 형태의 비반복적 의사결정(special nonrecurring decision)으로서 회계정보에 기초한 특별의사결정을 의미하므로 단기의사결정만을 다루고, 장기의사결정은 주로 설비투자예산에 관한 것으로 자본예산(capital budgeting) 부분에서 다룬다.

3) 확실성 하의 의사결정과 불확실성 하의 의사결정

의사결정에 필요한 정보들을 확실히 알 수 있는가 없는가의 여부에 따라 확실성 하의 의사결정과 불확실성 하의 의사결정으로 구분할 수 있다. **확실성 하의 의사결정**은 상황, 성과 등을 확실히 알 수 있을 때 행할 수 있는 의사결정이며, 불확실성 하의 의사결정은 상황, 성과 등이 불확실한 때 행할 수 있는 의사결정이다. 예를 들어 오늘 비가 올 확률이 100%인 경우 낭연히 우산을 갖고 나가는 의사결정을 하는

것은 확실성 하의 의사결정이라고 할 수 있다. 반면에 비가 올 것을 모르는 상황에서 우산을 갖고 나갈 것인가, 두고 갈 것인가에 대한 의사결정은 **불확실성 하의 의사결정**이다. 본 장에서는 확실성 하의 의사결정만을 다루기로 한다.

2. 관련원가수익분석

1) 관련원가수익분석의 의의

관련원가수익분석이란 대체안 사이의 관련정보를 평가하여 경영의사결정을 하는 분석기법을 말한다. 그러므로 관련원가수익분석에서는 의사결정과 관련이 있는 관련정보를 기초로 의사결정을 하게 되는데, 여기서 말하는 **관련정보(relevant information)**란 대체안 사이에 차이가 있는 미래원가(이를 관련원가라고 함.)와 미래수익(이를 관련수익이라고 함.)을 의미한다. 이와 같이 관련원가수익분석은 관련정보인 관련원가(relevant costs)와 관련수익(relevant revenues)에 기초하여 의사결정을 하는 것을 말한다.

2) 관련원가수익분석의 방법

관련정보를 기초로 의사결정을 하는 관련원가수익분석은 총액접근법과 증분접근법이 있으며 두 방법 모두 동일한 결과에 도달한다. **총액접근법**은 고려하고 있는 대체안들의 모든 수익과 원가를 추정하여 의사결정을 하는 방법이며, **증분접근법**은 의사결정과 관련이 있는 관련수익과 관련원가를 추정하여 의사결정을 하는 방법이다.

총액접근법에 의한 의사결정을 하기 위해서는 대체안들의 (비관련수익과 비관련원가를 포함하여) 모든 수익과 원가를 추정해야 하는 데 이것이 쉽지 않으며, 가능하여도 비용이 많이 발생한다는 단점이 있다. 따라서 일반적으로 경영의사결정에 있어서는 총액접근법보다 증분접근법(incremental approach, 이를 흔히 **차액원가수익분석**이라고 함.)을 많이 사용한다. 여기서도 증분접근법에 대해서만 살펴보기로 한다.

3) 증분접근법

증분접근법(incremental approach)이란 대체안들 사이의 관련수익과 관련원가를 비교하여 관련수익 변화액이 관련원가 변화액보다 크면 그 대체안을 선택하는 분석방법을 말한다. 여기서 관련수익 변화액이란 **차액수익(differential revenues)**을 의미하는 것으로 대체안 사이의 관련수익의 차이를 말하며, 관련원가의 변화액이란 **차액원가(differential costs)**를 의미하는 것으로 대체안 사이의 관련원가의 차이를 말한다. 물론 차액수익과 차액원가의 차이로 차액이익(differential profit)을 구할 수 있으며, 경영의사결정의 경우 이것이 큰 대체안을 선택하게 된다.

증분접근법에 의한 의사결정절차는 다음과 같다.

① 제1단계 : 각 대체안에 따른 모든 수익자료와 원가자료를 수집한다.

② 제2단계 : 미래 발생되는 수익과 원가 중 대체안 사이에 차이가 나지 않는 수익과 원가를 제거한다(비관련수익 및 비관련원가의 제거).

③ 제3단계 : 관련수익의 변화액을 구한다(차액수익의 산정).

④ 제4단계 : 관련원가의 변화액을 구한다(차액원가의 산정).

⑤ 제5단계 : 관련수익의 변화액과 관련원가의 변화액을 비교하여 의사결정을 한다(차액이익의 산정).

증분접근법에 의해 의사결정을 하는 경우 대체안들 사이의 관련정보(관련수익과 관련원가)만을 비교·분석하여 특정 대체안을 선택하게 되는데, 이 때 고려해야 할 관련수익(또는 원가)은 대체안들 사이에 차이가 나는 차액수익(또는 원가)인 동시에 미래 발생할 수익(또는 원가)이어야 한다. 물론 대체안에 기회원가가 있으면 기회원가도 의사결정에 고려하여야 한다.

그러므로 증분접근법에 의한 의사결정에 있어서는 무엇보다도 의사결정과 관련이 있는 수익자료와 원가자료를 선택하는 일이 중요하다. 즉 의사결정과 관련이 없는 비관련수익과 비관련원가는 의사결정에 포함시켜서는 안되기 때문이다. 그러므로 비관련정보, 특히 비관련원가를 파악하는 것이 중요하다. 비관련원가로는 먼저 과거원가 또는 역사적 원가를 들 수 있다. 그러므로 과거원가 또는 역사적 원가는 의사결정시 고려할 필요가 없다. 의사결정은 미래에 영향을 미치는 반면에 이미 과거에 발생한 원가는 미래에 전혀 영향을 미치지 못하기 때문이다. 과거원가의 대표적인 것이 매몰원가이다. **매몰원가(sunk costs)**란 과거에 이미 발생한 원가로서 미래 의사결정에 영향을 주지 못하는 원가를 말한다. 물론 미래원가라 하더라도 대체안 사이에 차이가 나지 않는 원가는 관련원가가 아니다.

예를 들어 제품 A를 만드는 경우 종전의 원재료인 구리를 알루미늄으로 대체하는 경우 단위당 원가를 ₩3,000에서 ₩2,500으로 절감할 수 있다면 이 원가자료는 의사결정시 고려할 수 있는 관련원가에 속하나, 단위당 직접노무원가는 원재료와 관계없이 모두 ₩5,000씩 발생한다면 이 직접노무원가는 비관련원가에 속한다. 즉, 미래원가라고 하더라도 차액원가가 아니면 관련원가가 아닌 것이다.

이와 같이 의사결정과정에서 관련정보와 비관련정보를 구분하는 것은 매우 중요하다. 물론 관련정보와 비관련정보를 모두 고려한 의사결정과 관련정보만을 고려한 의사결정의 결과는 동일하다. 그러나 관련정보만을 중심으로 각 대체안을 분석하면 분석과정이 단순화할 뿐만 아니라 경영자가 어느 항목에 관심을 갖고 의사결정을 하는가를 보다 명확하게 알 수 있다.

4) 의사결정기준

(1) 기회원가가 존재하지 않는 경우

관련 수익 변화액 > 관련 원가 변화액 : 대체안 선택
관련 수익 변화액 < 관련 원가 변화액 : 대체안 기각

대체안에 기회원가가 존재하지 않는 경우에는 대체안의 관련수익 변화액과 관련원가 변화액을 비교하여 관련수익 변화액이 관련원가 변화액보다 크면 대체안을 선택하고, 반대로 작으면 대체안을 기각하는 의사결정을 한다. 예를 들어 신제품을 개발하여 판매를 하고자 하는 경우 신제품 판매를 통한 관련수익 증가액이 신제품 개발시 발생되는 관련원가 증가액보다 크면 신제품을 개발하는 의사결정을 하게 된다.

(2) 기회원가가 존재하는 경우

(관련 수익 변화액 − 관련 원가 변화액) > 기회원가 : 대체안 선택
(관련 수익 변화액 − 관련 원가 변화액) < 기회원가 : 대체안 기각

특정 대체안의 관련수익과 관련원가를 대비하여 산출한 순이익이 기회원가보다 크다면 그 대체안을 선택한다. 또는 특정 대체안의 관련수익 변화액에서 관련원가 변화액과 기회원가를 합계한 금액을 차감한 순효과(즉 이익변화액)가 양(+)이면 그 대체안을 선택하고, 음(−)이면 기각한다.

사례 1

A씨는 현재 대학 졸업반 학생으로서 취업과 자영업 중 어느 하나를 선택하고자 한다. 취업을 하는 경우 회사로부터 연봉으로 ₩20,000,000을 받을 것으로 예상되며, 자영업을 하는 경우 연간 영업수익은 ₩35,000,000인 반면에 영업비용으로 연간 ₩12,000,000이 발생할 것으로 예상된다.

요구사항

증분접근법을 사용하여 A씨의 진로결정에 대한 의사결정을 하시오.

해설

1) 기회원가를 고려하지 않는 경우

	취업	자영업	차 액
영업수익 또는 연봉	₩20,000,000	₩35,000,000	₩15,000,000
영업비용		12,000,000	12,000,000
순이익	₩20,000,000	₩23,000,000	₩3,000,000

의사결정 : 차액수익 ₩15,000,000, 차액원가 ₩12,000,000, 그 결과 차액이익 ₩3,000,000이 발생하므로 자영업을 택한다.

2) 기회원가를 고려하는 경우

영업수익		₩35,000,000
영업비용	₩12,000,000	
기회원가	20,000,000	32,000,000
순이익 변화액		₩3,000,000

의사결정 : 순이익 변화액이 양(+)이므로 자영업을 택한다.

제2절 경영의사결정의 예

1. 특별주문의 수락여부 의사결정

1) 특별주문 의사결정의 의의

가끔 기업에서는 예기치 못한 제품의 **특별주문(special order)**을 받는 경우가 있다. 이러한 특별주문의 특징은 ① 일반적으로 주문량이 많고, ② 주문자는 정상 판매가격보다 낮은 가격을 제시하며, ③ 판매자가 정규가격 이하의 주문가격을 받아들여도 그 주문으로 인해 기존의 정규시장에 영향을 미치지 않을 경우의 주문을 말한다. 이러한 특별주문에 대해 경영자는 특별주문을 수락할 것인가 아니면 거절할 것인가에 대한 의사결정을 하여야 한다.

2) 의사결정기준

특별주문의 수락이라는 대체안과 거절이라는 대체안에 관련된 정보는 차액수익과 차액원가이다. 예컨대, 특별주문을 수락함으로써 총고정원가가 증가되지 않으면 특별주문의 수락으로 인하여 증가되는 수익과 변동원가만을 고려하여 공헌이익 접근법을 사용하여 수락여부를 결정하여야 한다.

특별주문의 수락여부는 일반적으로 ① 유휴설비 내에서의 특별주문, ② 유휴설비를 초과한 특별주문으로 나누어 분석한다.

(1) 유휴설비 내에서의 특별주문의 경우

이 경우는 기회원가가 0인 경우이므로 주문가격과 변동원가를 비교하여 결정한다.

1) 단위당 판매가격(주문가격) 〉 단위당 변동원가 : 주문을 받아들인다.

2) 단위당 판매가격(주문가격) 〈 단위당 변동원가 : 주문을 거절한다.

즉 이것은 [(정규시장의 판매량 + 특별주문량) 〈 최대생산량]인 경우이다. 이 경우는 고정원가가 증가하지 않으므로 단위당 판매가격(주문가격) 〉 단위당 변동원가이면, 즉 총공헌이익이 양(+)이므로 그 주문을 수락하며, 단위당 판매가격(주문가격) 〈 단위당 변동원가이면 총공헌이익이 음(−)이 발생하므로 그 주문을 거절한다.

(2) 유휴설비를 초과한 특별주문의 경우

이 경우는 ① 추가설비투자를 하는 경우, ② 추가설비투자를 하지 않고 정규시장의 판매량을 축소하는 경우로 나눌 수 있다.

가. [(정규시장의 판매량 + 특별주문량) 〉 최대생산량]이므로 추가설비투자를 하는 경우

① 단위당 판매가격(주문가격) 〉 (단위당 변동원가+단위당 증분고정원가) : 주문을 받아들인다.

② 단위당 판매가격(주문가격) 〈 (단위당 변동원가+단위당 증분고정원가) : 주문을 거절한다.

이 경우는 고정원가가 증가하므로 단위당 판매가격(주문가격) 〉 (단위당 변동원가 + 단위당 증분고정원가)이면 총공헌이익이 증가하므로 그 주문을 수락하며, 단위당 판매가격(주문가격) 〈 (단위당 변동원가 + 단위당 증분고정원가)이면 총공헌이익이 감소하므로 그 주문을 거절한다.

나. [(정규시장의 판매량 + 특별주문량) 〉 최대생산량]이나 추가설비투자를 하지 않고 정규시장의 판매량을 축소하는 경우

① 특별주문으로 인한 총공헌이익 〉 정규시장 판매량 감소로 인한 상실되는 총공헌이익 : 주문을 받아들인다.

② 특별주문으로 인한 총공헌이익 〈 정규시장 판매량 감소로 인한 상실되는 총공헌이익 : 주문을 거절한다.

이 경우는 고정원가가 증가하지 않으나 정규시장 판매량의 감소로 인해 공헌이익의 일부가 상실되므로 특별주문으로 인한 총공헌이익이 정규시장의 판매량 감소로 인해 상실되는 공헌이익 보다 크면 그 주문을 수락하며, 그 반대이면 그 주문을 거절한다.

이 경우의 단위당 최저판매가격(최저주문가격)은 다음과 같이 산정할 수 있다.

$$\text{최저판매가격} = \frac{\text{공헌이익(기회원가}^{*}\text{)} + \text{변동원가}}{\text{단위수량}}$$

* 정규시장의 판매량 감소로 인해 상실되는 공헌이익

사례 2

제품 KS-1를 생산하여 판매하고 있는 KS제조(주)는 제조원가, 판매비와 관리비에 대해 다음과 같은 예산을 수립하고 있다.

변동예산

(단위 : ₩10,000)

조업도	60%	70%	80%	90%	100%
고정원가					
제조원가	8.0	8.0	8.0	8.0	8.0
판매비	1.0	1.0	1.0	1.0	1.0
관리비	3.0	3.0	3.0	3.0	3.0
계	12.0	12.0	12.0	12.0	12.0
준고정원가					
제조원가	3.5	4.0	4.0	4.5	4.7
판매비	0.5	0.8	0.8	1.3	1.8
관리비	1.0	1.2	1.2	1.2	1.5
계	5.0	6.0	6.0	7.0	8.0
변동원가					
제조원가	16.2	18.9	21.6	24.3	27.0
판매비	1.8	2.1	2.4	2.7	3.0
계	18.0	21.0	24.0	27.0	30.0
합계(총원가)	35.0	39.0	42.0	46.0	50.0
생산량	6,000단위	7,000단위	8,000단위	9,000단위	10,000단위
평균단위원가	@₩58.3	@₩55.7	@₩52.5	@₩51.1	@₩50

KS제조(주)는 최근 업계전체의 경쟁으로 현재 80%밖에 조업하고 있지 못하며 제품 KS-1를 단위당 @₩55씩 판매하고 있다. 이와 같은 상황 하에서 KS제조(주)는 최근 지방의 한 회사로부터 단위당 @₩49으로 제품 KS-1을 2,000단위 구입하고 싶다는 제의를 받게 되었다. 한편 위 변동예산 중 변동판매비의 내역은 다음과 같다.

	(변동비율)	(조업도 100%에 대한 예산 허용액)
변동판매비		
판매원수수료	₩1.0/단위	₩10,000
제품운반비	2.0/단위	20,000
	3.0/단위	₩30,000

위 제품을 구입하는 경우 제품에 대한 운반비는 구입하는 회사가 부담하는 것으로 하며, 이 주문 2,000단위에 대한 판매원에 대한 수수료도 발생하지 않는 것으로 한다.

요구사항

이와 같은 경우 KS제조(주)는 이 특별주문을 받아들여야 하는가를 의사결정하시오.

해설

현재 KS제조(주)의 조업도는 80%이다. 그러므로 만일 이 주문을 받아들인다면 KS제조(주)는 제품을 10,000단위(현재의 생산량 8,000단위 + 특별주문량 2,000단위 = 10,000단위) 생산하여야 하며, 이 때의 조업도는 100%가 된다. 변동예산[1]에 의하면 조업도 100%일 때의 평균단위원가는 @₩50이며, 주문가격은 @₩49이므로 이 주문을 받아들이면 손실이 발생한다고 생각할 수도 있다.

그러나 이와 같은 것은 비반복적 의사결정이므로 관련원가와 관련수익, 즉 차액원가와 차액수익을 비교하여 차액이익을 계산하고 이것을 토대로 의사결정을 하지 않으면 안 된다(<표 1> 참조). 그러므로 이 경우 이 주문을 받아들이면 ₩24,000만큼의 증분이익이 발생하므로 위 주문을 수락하여야 한다.

<표 1> 차액원가수익분석

Ⅰ. 차액수익@₩49 × 2,000단위		₩98,000
Ⅱ. 차액원가 :		74,000
조업도 100%일 때의 총원가	₩500,000	
차감 : 조업도 100%의 변동판매비 ₩30,000과		
조업도 80%의 변동판매비 ₩24,000과의 차액	6,000*	
주문수락시 총원가	494,000	
차감 : 조업도 80%의 총원가	420,000**	
Ⅲ. 차액이익		₩24,000

* @₩3.0 × 2,000단위, ** @₩52.5 × 8,000단위

1) 일정한 조업도를 전제로 편성되는 예산을 고정예산(fixed budget) 또는 정태예산(static budget)이라고 하며, 조업도의 변동에 따른 예산허용액을 용이하게 편성할 수 있는 예산을 변동예산(variable budget)이라고 한다. 고정예산은 기업전체의 이익계획을 구체화하고, 각 부문예산을 조정하여 설정되는 것이므로 계획예산이라고도 한다. 일반적으로 종합예산은 이 방식으로 편성된다. 그런데 실제의 조업도가 예산편성의 기초가 된 예정조업도와 동일한 경우에는 고정예산에 의해 원가통제를 합리적으로 행할 수 있으나 동일하지 않은 경우에는 통제기능상 결함을 갖게 된다. 이러한 고정예산의 결함을 보충하기 위하여 변동예산이 이용된다. 즉 변동예산은 고정예산과 병행하여 이용하면 고정예산이 갖는 통제기능의 결함을 보충하는 역할을 한다.
변동예산은 지금까지 주로 제조간접원가예산에 이용되었으나 판매비와 관리비 등의 예산에도 적용할 수 있다. 변동예산은 각 조업도에 대한 예산허용액의 표시방법에 따라 "공식법 변동예산"과 "다항식 변동예산(실사법 변동예산이라고도 한다.)"으로 나눌 수 있다. 전자는 예산허용액 y를 y = a + bx (a : 고정원가, b : 조업도 단위당 변동원가, x : 조업도)라는 공식으로 산출할 수 있도록 각 원가요소별 고정원가, 변동원가를 표시한다. 후자는 기준이 되는 조업도를 중심으로 하여 일정한 간격으로 몇 개의 조업도를 설정하고, 원가요소별 예산허용액을 각 조업도별로 산출하여 표시한다.

사례 3

A제조(주)의 생산 및 판매자료는 다음과 같다.

자료

① 연간 정상조업도 120,000단위
② 현재의 조업도 100,000단위
③ 연간 고정원가 ₩60,000,000
④ 단위당 변동원가 ₩2,000
⑤ 단위당 판매가격 ₩3,000

요구사항

이상의 자료로 1) 10,000단위에 대해 단위당 ⓐ₩2,250으로 특별주문이 들어온 경우, 2) 30,000단위에 대해 단위당 ⓐ₩2,250으로 특별주문이 들어온 경우의 의사결정을 하시오.

해설

1) 10,000단위에 대해 단위당 ₩2,250으로 특별주문이 들어온 경우 :
이 경우 유휴설비 내에서의 특별주문에 해당하므로 주문가격(@₩2,250)과 변동원가(@₩2,000)를 비교하여 결정한다. <표 1>에 의하면 주문을 받아들이면 A제조(주)의 영업이익이 ₩2,500,000 만큼 증가한다.

<표 1> **비교손익계산서**

(단위 : ₩1,000)

	주문 전	특별주문	주문 후
	(100,000단위)	(10,000단위)	(110,000단위)
매출액	₩300,000	₩22,500	₩322,500
변동원가	200,000	20,000	220,000
공헌이익	100,000	₩2,500	102,500
고정원가	60,000		60,000
영업이익	₩40,000		₩ 42,500

2) 30,000단위에 대해 단위당 ₩2,250으로 특별주문이 들어온 경우 :
이 경우 유휴설비를 초과한 특별주문에 해당하며, 추가설비투자를 하지 않고 정규시장의 판매량을 축소하는 경우이므로 특별주문으로 인한 총공헌이익과 정규시장 판매량 감소로 인해 상실되는 총공헌이익을 비교하여 결정한다. <표 2>에 의하면 주문을 거절하여야 한다. 이

경우 최저판매가격은 {₩10,000,000 + (@₩2,000 × 30,000단위)} ÷ 30,000단위 = ₩2,333이므로, 적어도 주문가격이 단위당 ₩2,333이상인 경우 판매가 가능하다.

<표 2> 특별주문 30,000단위의 증분분석표

(단위 : ₩1,000)

30,000단위의 증분분석 :	
매출액(@₩2.25×30,000)	₩67,500
변동원가(@₩2.00×30,000)	60,000
공헌이익	₩7,500
기회원가의 계산 :	
연간정상조업도	120,000단위
현재의 조업수준	100,000
유휴설비능력	20,000단위
특별주문에 필요한 능력	30,000
포기되는 정규제품의 판매량	10,000단위
정규제품의 단위당 공헌이익(@₩3-@₩2 = @₩1)	
기회원가(10,000단위×@₩1)	₩10,000
	(₩2,500)

2. 부품의 자가제조 또는 외부구입 의사결정

1) 자가제조 또는 외부구입 의사결정의 의의

기업이 제품을 생산하기 위해서는 수많은 부품을 필요로 한다. 이러한 부품들은 기업이 자가제조하기도 하지만 외부에서 구입하기도 한다. 이와 같이 부품 등을 외부공급자로부터 구입하는 과정을 **외주(outsourcing ; 외부구입)**라고 하며, 기업내부에서 만들거나 제공하는 것을 **내부조달(insourcing ; 자가제조)**이라고 한다. 재화나 용역을 외주할 것인지, 내부에서 조달할 것인지에 관한 의사결정을 **자가제조 또는 외부구입 의사결정(make-or-buy decision)**이라고 한다.

부품을 자가제조하면 외부 공급자의 영향을 받지 않고 원활하게 부품을 공급할 수 있으며, 일정한 수준의 품질을 유지하고 통제하기가 용이하고, 원가도 절감할 수 있는 장점도 있다. 그러나 이러한 자가제조시 나타나는 장점이 있음에도 불구하고 모든 부품을 기업이 자가제조할 수는 없다. 기업이 모든 부품을 자가제조하는 경우에는 막대한 고정원가가 발생하여 경기변동에 민감하게 대응하기가 어렵기 때문이다.

(1) 자가제조 및 외부구입의 관련원가

원가측면에서 부품을 자가제조할 것인가 또는 외부에서 구입할 것인가에 대한 의사결정은 ① 자가 제조설비의 대체적 용도가 없는 경우, 즉 기회원가가 존재하지 않는 경우와 ② 자가 제조설비의 대체적 용도가 있는 경우, 즉 기회원가가 존재하는 경우에 따라 달라진다.

가. 자가 제조설비의 대체적 용도가 없는 경우

이 경우에는 기본적으로 부품의 외부구입원가와 외부구입 시 회피가능원가를 비교하여 외부구입원가가 회피가능원가보다 낮다면 외부에서 부품을 구입한다. 외부에서 부품을 구입하면 자가제조에 따른 변동원가는 당연히 회피가능하며, 동시에 그 부품의 생산감독자 급여나 기계설비의 감가상각비 등 일부 고정원가도 회피가능하다. 반면에 공통고정원가는 외부구입을 하더라도 계속 발생한다. 따라서 회피가능원가는 변동원가와 회피가능 고정원가의 합계액이다.

나. 자가 제조설비의 대체적 용도가 있는 경우

외부에서 부품을 구입하면 기존설비를 임대하거나 다른 제품의 생산에 활용할 수 있다. 이 경우에는 기회원가(예 : 임대수익)를 추가로 고려하여 의사결정을 해야 한다. 즉, 회피가능원가와 기회원가를 합한 금액이 외부구입원가보다 크면 외부구입을 하고, 반대로 작으면 자가제조하는 의사결정을 한다.

(2) 의사결정기준

여러 가지 측면에서 의사결정할 수 있으나 여기서는 ① 현재 자가제조 중인 상태에서 외부구입을 검토하는 경우, ② 현재 외부구입 중인 상태에서 자가제조를 검토하는 경우로 나누어 검토한다.

가. 현재 자가제조 중인 상태에서 외부구입을 검토하는 경우

① 자가 제조설비의 대체적 용도(예: 임대)가 없는 경우

i) 외부 구입원가 < (자가 제조변동원가+회피가능 고정원가) : 외부구입한다.

ii) 외부 구입원가 > (자가 제조변동원가+회피가능 고정원가) : 자가제조한다.

② 자가 제조설비의 대체적 용도(예: 임대)가 있는 경우

i) 외부 구입원가 < (자가 제조변동원가+회피가능 고정원가+기회원가) : 외부구입한다.

ii) 외부 구입원가 〉(자가 제조변동원가+회피가능 고정원가+기회원가) : 자가제조한다.

나. 현재 외부구입 중인 상태에서 자가제조를 검토하는 경우

① 유휴설비가 있는 경우

i) 자가 제조변동원가〈 외부 구입원가 : 자가제조한다.

ii) 자가 제조변동원가〉외부 구입원가 : 외부구입한다.

② 유휴설비가 없는 경우 : 즉 제조설비의 구입 또는 임차가 필요한 경우

i) (자가 제조변동원가+증분고정원가)〈 외부 구입원가 : 자가제조한다.

ii) (자가 제조변동원가+증분고정원가)〉외부 구입원가 : 외부구입한다.

요약

I. 외부구입원가		×××
II. 회피가능원가		
1. 회피가능 변동원가 (자가제조 변동원가)	××	
2. 회피가능 고정원가	××	×××
III. 기회원가		×××
IV. 증분고정원가		×××
V. 차액원가[(I−(II+III+IV)]		×××

차액원가 〈0이면 외부구입한다.
차액원가 〉0이면 자가제조한다.

사례 4

인천제조(주)는 부품 K를 제조하는 회사로서 10,000단위 생산에 대한 단위당 제조원가는 다음과 같다.

직접재료원가	₩3,000	**직접노무원가**	₩15,000	
변동제조간접원가	₩6,000	**고정제조간접원가**	₩8,000	₩32,000

인천제조(주)는 서울제조(주)로부터 단위당 ₩30,000에 부품 K를 납품하겠다는 제안을 받았다. 만일 인천제조(주)가 이 제안을 수락한다면 부품 K의 생산설비는 임대하여 ₩45,000,000을 받을 수 있으며, 단위당 ₩5,000의 고정제조간접원가도 회피할 수 있다.

요구사항

인천제조(주)는 자가제조 또는 외부구입 중 어떠한 의사결정을 하는 것이 유리한가?

해설

외부구입		자가제조	
Ⅰ. **외부구입원가**	₩300,000,000	Ⅱ. **회피가능원가**	
	(10,000단위×₩30,000)	1. **회피가능 변동원가**	₩240,000,000
		(**자가제조 변동원가**)(10,000**단위**×₩24,000)	
		2. **회피가능 고정원가**	50,000,000
		(10,000**단위**×₩5,000)	
		Ⅲ. **기회원가**	
		1. **임대수익**	45,000,000
	₩300,000,000		₩335,000,000

∴ 외부구입이 ₩35,000,000 만큼 유리하다.

또는

Ⅰ. **외부구입원가**		₩300,000,000
Ⅱ. **회피가능원가**		
1. **회피가능 변동원가**	240,000,000	
(**자가제조 변동원가**)		
2. **회피가능 고정원가**	50,000,000	290,000,000
Ⅲ. **기회원가**		45,000,000
Ⅳ. **증분고정원가**		0
Ⅴ. **차액원가**[(I.−(II.+III.+IV.)]		(₩35,000,000)

∴ 외부구입이 ₩35,000,000 만큼 유리하다.

별해

1) 자가제조 총원가 = ₩320,000,000*

2) 외부구입 총원가 = (@₩30,000×10,000단위) + ₩30,000,000** − ₩45,000,000
= ₩285,000,000

∴ 외부구입이 ₩35,000,000 만큼 유리하다.

* @₩32,000 × 10,000단위
** (@₩8,000 × 10,000단위) - (@₩5,000 × 10,000단위)

3. 제품라인의 폐지 또는 유지(추가) 의사결정

1) 폐지 또는 유지(추가)의사결정의 의의

경영자는 여러 제품 중 계속적으로 손실 발생이 예상되는 제품라인을 폐지할 것인가 또는 유지할 것인가를 결정해야 한다. 제품라인이 폐지되면 해당 제품의 공헌이익이 상실되므로 제품라인 폐지 시 상실되는 공헌이익이 제품라인 폐지 시의 회피가능 고정원가보다 크면 제품라인을 유지하고, 반대로 작으면 폐지한다.

제품라인을 폐지하면 그 제품라인의 변동원가는 발생하지 않는 동시에 해당 제품라인에서 직접 발생하는 감가상각비, 보험료 및 해당 라인에 종사하는 감독자의 급여 등의 회피가능 고정원가도 발생하지 않는다. 반면에 여러 제품라인에서 공동으로 발생하는 수도광열비, 기업의 광고비 등의 회피불능 고정원가는 제품라인이 폐지되더라도 계속하여 발생하므로 비관련원가이다.

2) 제품 유지 또는 폐지의 관련원가

(1) 제품라인의 대체적 용도가 없는 경우

제품라인을 폐지하면 해당 제품의 매출액과 변동원가 뿐만 아니라 회피가능 고정원가도 발생하지 않는다.

따라서 제품라인의 유지 또는 폐지의 관련원가는 매출액에서 변동원가를 차감한 공헌이익과 회피가능 고정원가이다.

(2) 제품라인의 대체적 용도가 있는 경우

폐지된 제품라인을 다른 제품 생산라인으로 대체가 가능한 경우에는 이에 대한 기회원가를 고려하여야 한다. 이 경우의 관련원가는 공헌이익, 회피가능 고정원가 이외에 기회원가가 추가된다.

3) 의사결정기준

제품라인이 폐지되면 해당 제품의 공헌이익이 상실되므로 제품라인 폐지 시 상실되는 공헌이익이 제품라인 폐지 시의 회피가능 고정원가보다 크면 제품라인을 유지하고, 반대로 작으면 폐지한다.

(1) 제품라인의 폐지

(제품라인 유지 시의 공헌이익 = 제품라인 폐지 시의 상실되는 공헌이익)이므로

폐지 시의 상실되는 공헌이익 〉 폐지 시의 회피가능 고정원가 : 제품라인을 유지한다.

폐지 시의 상실되는 공헌이익 〈 폐지 시의 회피가능 고정원가 : 제품라인을 폐지한다.

(2) 제품라인의 추가

제품라인 추가 시의 증분공헌이익 〉 제품라인 추가에 따른 증분고정원가 : 제품라인을 추가한다.

제품라인 추가 시의 증분공헌이익 〈 제품라인 추가에 따른 증분고정원가 : 제품라인을 유지한다.

사례 5

KS백화점은 A, B, C 부문을 운영하고 있다. 백화점 사장인 L씨는 최근 적자가 나고 있는 A부문을 폐지할 것인가를 검토하고 있다. 다음은 KS백화점의 부문별 손익계산서이다.

	A	B	C	합계
매출액	₩1,000	₩800	₩100	₩1,900
변동원가	800	560	60	1,420
공헌이익	200	240	40	480
고정원가				
회피가능	150	100	15	265
회피불능	60	100	20	180
영업이익	₩(10)	₩40	₩5	₩35

요구사항

1. 적자가 나고 있는 A부문의 폐지여부를 결정하시오. 그리고 그 결정이 KS백화점에 미치는 영향을 나타내시오. 이 경우 백화점이 만일 A부문을 폐지하기로 하여도 그 공간은 유휴공간

으로 그대로 두기로 한다.

2. KS백화점은 A부문을 폐지하되 그로 인해 사용할 수 있는 공간을 수익성이 좋은 B부문을 확장하여 사용하고자 한다. 만일 B부문을 확장하면 매출액이 ₩500만큼 증가할 것으로 예상하며, ₩70의 회피가능 고정원가가 발생한다고 가정하여 B부문의 확장여부에 대한 의사결정을 하시오.

해설

1. 폐지 시의 상실되는 공헌이익 〉 폐지 시의 회피가능 고정원가 : 제품라인의 유지
₩200 〉 ₩150

의사결정 : A부문을 유지하여야 한다.

참고

A부문의 유지 또는 폐지 분석표

	유지안	폐지안	차이
매출액	₩1,900	₩900	₩1,000
변동원가	1,420	620	800
공헌이익	480	280	200
회피가능 고정원가	265	115	150
회피불능 고정원가	180	180	0
영업이익	₩35	₩(15)	₩50

∴ A부문을 유지하여야 한다.

2.

	B부문 확장	C	합계
매 출 액	800+500	100	1,400
변동원가	560+350	60	970
공헌이익	240+150	40	430
고정원가			
회피가능	100+70	15	185
회피불능			180
영업이익			₩65

의사결정 : 영업이익이 ₩65 − ₩35 = ₩30만큼 증가하므로 B부문을 확장해야 한다. 즉 공헌이익 감소액 ₩50[=(₩200 − ₩150)] 보다 회피가능 고정원가 감소액₩80[=(₩1

50 - ₩70)]이 크므로 ₩30만큼 이익이 증가한다.

4. 기존설비의 대체 의사결정

1) 대체 또는 유지 의사결정의 의의

기업은 사용 중인 생산설비가 기술혁신 등으로 진부화되면 아직 이용할 수 있음에도 불구하고 새로운 설비로 대체하려고 한다. 그 이유는 새로운 설비로 대체하게 되면 생산효율이 더 높아지고 수선유지비가 더 적게 소요되기 때문이다. 이 때문에 생산설비를 유지할 것인가, 혹은 새로운 설비로 대체할 것인가 하는 의사결정이 필요하다. 그러나 여기서의 기존설비의 대체 또는 유지 의사결정은 자본예산에서 다루는 장기의사결정에 속하지 않는 단기의사결정이므로, 화폐의 시간적 가치나 법인세문제 등은 고려하지 않는다.

2) 기존설비 대체의 관련원가

신 설비의 대체에 관한 의사결정을 하기 위해서는 구 설비를 계속하여 사용하는 경우에 발생하는 원가와 신 설비를 사용하는 경우에 발생하는 원가를 비교해야 한다.

구 설비를 계속하여 사용하는 경우에 발생하는 원가란 구 설비의 잔존내용연수 동안에 구 설비와 관련하여 현금지출이 발생하는 재산세, 보험료, 수선유지비 등을 말하며, 비현금지출 비용인 구 설비의 감가상각비는 포함되지 않는다. 그리고 신 설비를 사용하는 경우에 발생하는 원가란 신 설비의 내용연수 동안에 신 설비와 관련하여 현금지출이 발생하는 재산세, 보험료, 수선유지비 등과 신 설비의 취득원가를 합한 것을 말하며, 비현금지출비용인 신 설비의 감가상각비는 포함되지 않는다.

3) 의사결정기준

[(신 설비의 취득원가 - 구 설비의 처분금액) + 신 설비의 사용에 따른 미래 현금지출비용] 〈 구 설비의 사용에 따른 미래 현금지출비용 : 신 설비로 대체한다.

[(신 설비의 취득원가 - 구 설비의 처분금액) + 신 설비의 사용에 따른 미래 현금지출비용] 〉 구 설비의 사용에 따른 미래 현금지출비용 : 구 설비를 유지한다.

사례 6

KS제조(주)는 2년 전에 구입하여 사용하고 있는 구 설비를 성능이 좋은 신 설비로 대체하는 방안을 검토하고자 한다.

	구 설비	신 설비
취득원가	₩25,000,000	₩22,500,000
장부금액	15,000,000	–
잔존내용연수	3년	3년
현재의 처분가능금액	4,500,000	–
3년 후의 처분가능금액	0	0
연간 현금지출비용	20,000,000	11,500,000

요구사항

위 자료로 신 설비로의 대체여부를 결정하시오.

해설

1) 구 설비의 사용에 따른 미래 현금지출비용 = ₩20,000,000 × 3년 =	₩60,000,000
2) 신 설비의 사용에 따른 미래 현금지출비용 = ₩11,500,000 × 3년 =	34,500,000
신 설비의 취득원가	22,500,000
구 설비의 처분금액	− 4,500,000
	₩52,500,000
3) 신 설비의 대체에 따른 원가절감액	₩7,500,000

의사결정 : 신 설비로 대체하는 것이 구 설비를 유지하는 것보다 유리하다.

별해

현금지출비용의 절감액(₩20,000,000 − ₩11,500,000) × 3년		₩25,500,000
신 설비의 취득원가	₩22,500,000	
구 설비의 처분가능금액	4,500,000	(18,000,000)
신 설비의 대체에 따른 원가절감액		₩7,500,000

5. 결합제품의 판매 또는 추가가공 의사결정

1) 판매 또는 추가가공 의사결정의 의의

정유업의 휘발유, 등유, 중유 등, 제련업의 금, 은, 동 등과 같이 동일한 공정에서 동일한 재료를 사용하여 판매가치가 서로 다른 두 종류 이상의 제품을 생산하는 경우 이들 제품을 **결합제품(연산품, joint products)**이라고 한다. 이들 결합제품은 일정한 생산단계에 도달할 때까지는 각 제품별로 구분할 수 없으며, 특정단계, 즉 분리점 이후에야 비로소 개별제품으로 구분되는 특징이 있다.

여기서 **분리점(split-off point)**이란 결합제품이 개별제품으로 분리되는 시점을 말하며, 분리점에 도달하기까지 결합제품을 생산하는 과정에서 발생한 모든 제조원가를 **결합원가(joint costs)**라고 하며, 분리점 이후에 추가가공이 이루어지는 경우 추가가공으로 발생하는 원가를 **분리원가(추가가공원가, separable costs)**라고 한다.

결합제품의 추가가공 여부와 관련된 의사결정**(판매 또는 추가가공 의사결정, sell-or-process further decisions)** 시 결합원가는 비관련원가이다. 즉, 결합원가는 추가가공 여부와 관계없이 이미 과거에 발생한 매몰원가로서 의사결정과 관련이 없다. 분리점에서의 추가가공 여부를 결정할 때는 추가가공 후의 판매가치 증가분과 추가적으로 발생하는 분리원가를 비교하여 판매가치 증가분이 분리원가보다 크면 추가가공을 하고, 반대로 작으면 추가가공을 포기하고 분리점에서 그대로 판매를 하는 의사결정을 해야 한다.

2) 의사결정기준

분리점에서의 판매가치 〈 (추가가공 시의 판매가치 − 추가가공원가) : 추가가공한다.

분리점에서의 판매가치 〉 (추가가공 시의 판매가치 − 추가가공원가) : 분리점에서 판매한다.

사례 7

KS화학(주)는 결합공정(joint process)을 거쳐 화학제품 X와 Y를 생산하고 있다. 결합원가는 ₩100,000,000이며, 이것은 제품 X와 Y가 분리되기 이전의 모든 원가이다. KS화학(주)의 공정흐름도를 나타내면 다음과 같다.

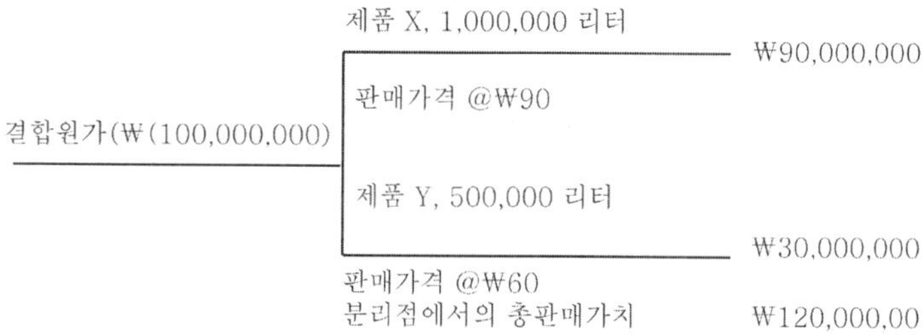

그런데 이 결합제품은 분리점(split-off point)에서 그대로 팔 수도 있으며 더 추가가공하여 판매할 수도 있다. 이와 같은 경우 경영자는 분리점에서 판매할 것인지, 또는 추가가공하여 판매할 것인지의 의사결정을 하여야 한다.

위 제품 중 제품 Y 500,000리터는 추가가공하여 제품 YA로 판매할 수 있는데 이를 위해서는 분리원가(separable costs)가 ₩80/리터가 발생할 것으로 추정된다. 그리고 이 경우 제품 YA의 판매가격은 ₩160/리터로 예상된다.

요구사항

경영자는 제품 X의 경우는 분리점에서 판매하고자 하나 제품 Y의 경우는 추가가공하여 판매할 것인가 하는 것은 아직 결정하지 않았다. 제품 Y는 분리점에서 판매하여야 하는가, 혹은 추가가공하여 판매하여야 하는가를 의사결정하시오.

해설

위 **판매 또는 추가가공 의사결정(sell-or-process further decisions)**을 하기 위해서는 관련원가와 비관련원가를 구분하는 것이 필요하다. 이 의사결정에서의 관련원가는 분리점에서의 판매가격, 추가가공한 신제품의 판매가격, 분리원가 즉 추가가공원가만이 해당하며, 결합원가나 그 배분액 등은 의사결정과 관련없는 비관련원가가 된다. 그러므로 위 문제의 경우 다음과 같이 분석할 수 있다.

(단위 : ₩1,000)

	제품 Y로 분리점에서 판매	제품 YA로 추가가공 판매	차이
수익	₩30,000	₩80,000	₩50,000
분리원가	0	40,000	40,000
이익효과	₩30,000	₩40,000	₩10,000

이 분석에 의하면 제품 Y로 분리점에서 판매하는 것보다는 추가가공하여 제품 YA로 판매하

는 것이 ₩10,000,000만큼의 이익이 더 발생하므로 추가가공하여 판매하는 것이 바람직하다. 위 분석은 다음과 같은 기법으로도 분석하는 것이 가능하다.

(단위 : ₩1,000)

	대체안 1			대체안 2			차이
	X	Y	합 계	X	YA	합 계	
수익	₩90,000	₩30,000	₩120,000	₩90,000	₩80,000	₩170,000	₩50,000
결합원가			100,000			100,000	
분리원가			0		40,000	40,000	40,000
총 원 가			100,000			140,000	40,000
이익효과			₩20,000			₩30,000	₩10,000

6. 대체적 기법의 선택

1) 대체적 기법 선택 의사결정의 의의

기업이 어떠한 생산기법을 채택하느냐에 따라 기업의 원가구조는 달라진다. 여기서 원가구조란 총원가 중 고정원가와 변동원가의 비율을 말한다. 일반적으로 기업은 고정원가와 변동원가의 비율을 적절하게 조절할 수 있는 경우가 많다. 예컨대, 자동화설비에 투자함으로써 종업원 수를 줄이면 변동원가는 줄어드는 반면 고정원가는 증대한다. 즉 기업이 자본집약적 기업을 지향하느냐, 노동집약적 기업을 지향하느냐에 따라 그 기업의 원가구조는 달라질 수 있다.

이와 같이 기업이 채택하는 생산기법에 따라 원가구조가 달라질 수 있다는 사실을 바탕으로 조업도가 일정하더라도 어떤 생산기법을 선택하는 것이 원가 및 이익에 영향을 주므로 이익을 최대화할 수 있는 생산기법을 선택하는 의사결정을 하여야 한다.

2) 의사결정기준

일정한 조업도 하에서 수익함수(수익선)는 동일한 경우 원가가 낮은 생산기법을 택하면 이익이 증대하므로 원가가 낮은 생산기법을 택한다.

■ 대체적 생산기법의 선택 ■

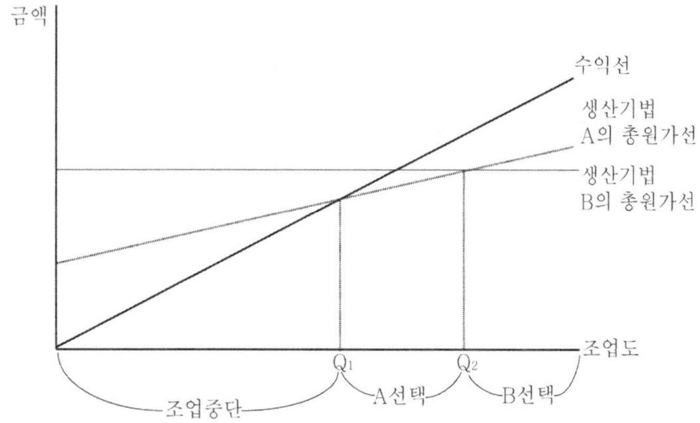

사례 8

대한제조(주)는 두 개의 생산기법A와 B 중 어느 것을 선택하여야 하는가를 검토하고 있다. 어느 생산기법을 선택하든지 제품의 단위당 판매가격은 ₩20으로 동일하다. 생산기법A를 사용하면 단위당 변동원가는 ₩4이며 연간 고정제조원가는 ₩60,000이 발생할 것으로 보이며, 생산기법B를 사용하면 단위당 변동원가는 ₩3이며 연간고정제조원가는 ₩65,000이 발생할 것으로 예상된다.

요구사항

이와 같은 경우 대한제조(주)의 의사결정기준을 제시하시오.

해설

20X = ₩60,000 + 4X → X = 3,750단위
₩60,000 + 4X = ₩65,000 + 3X → X = 5,000단위

예상판매량	의사결정
0 - 3,750단위	조업중단
3,750 - 5,000	생산기법A 선택
5,000단위 이상	생산기법B 선택

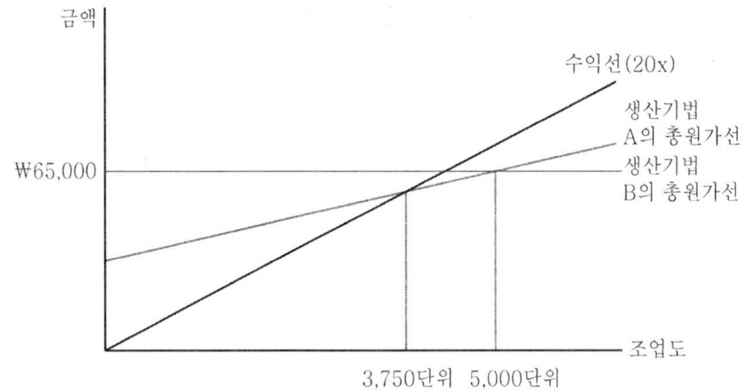

7. 제한된 자원의 이용(제약조건 하의 제품구성)

기업은 제한된 자원을 갖고 경영활동을 수행한다. 예컨대, 기계나 종업원, 영업매장 등이 여기에 속한다. 따라서 경영자는 공헌이익을 극대화하기 위해서 제한된 자원을 효율적으로 활용하여야 한다. 즉, 제한된 자원은 공헌이익 극대화를 위한 고려해야할 제약조건이 된다.

1) 제약조건이 하나인 경우

제한된 자원이 하나인 경우 기업의 공헌이익을 극대화하기 위해서는 **제약자원 단위당 공헌이익**이 큰 제품을 선택하여야 한다. 이것은 제약자원 한 단위로서 얻을 수 있는 각 제품의 공헌이익이기 때문이다. 예를 들어, 제품 A, B의 단위당 공헌이익이 각각 ₩100, ₩150이며, 각 제품을 생산하는데 기계작업시간이 각각 2시간, 5시간이며, 이 두 제품을 기계 한 대로 생산한다고 가정하자. 이 경우 제약자원인 기계작업시간당 공헌이익은 제품 A, B가 각각 ₩50원(₩100/2시간), ₩30(₩150/5시간)이다. 따라서 한 대뿐인 기계를 효율적으로 활용하기 위해서는 제약자원 단위당 공헌이익이 큰 제품 A를 생산하여야 할 것이다.

결론적으로 제약자원이 존재하는 경우에는 단순히 공헌이익을 비교하여 의사결정을 해서는 안 되며, 제약자원 단위당 공헌이익이 큰 제품을 생산하여야 한다.

2) 제약조건이 복수인 경우

제약조건이 둘 이상이면 앞의 분석방법을 이용하기가 어렵다. 첫 번째 제약조건을 고려하면 제품 A가 유리하지만, 두 번째 제약조건을 고려하면 제품 B가 유리할 수 있기 때문이다. 따라서 제약조건이 여러 개인 경우에는 선형계획모형을 이용한 심플렉스법(simplex method)을 통해 의사결정을 하며, 분석하는 절차는 다음과 같다.

① 이익극대화, 원가의 극소화 등 목적함수를 대수식으로 표시한다.
② 기계가동시간, 직접작업시간, 소비량 등 제약조건을 대수식으로 표시한다.
③ 각각의 제약조건을 그래프에 표시한 후 이들을 모두 만족하는 실행가능영역을 결정한다.
④ 실행가능영역 중 목적함수 값을 최대화 또는 최소화하는 최적해를 찾으며, 최적해는 반드시 꼭지점에 있다.

사례 9

서울제조(주)는 기계 한 대로 두 가지 엔진 A와 B를 생산하고 있다. 관련자료는 다음과 같다.

	A엔진	B엔진
단위당 판매가격	₩800,000	₩1,000,000
단위당 변동원가	560,000	625,000
단위당 공헌이익	₩240,000	₩375,000
공헌이익률	30%	37.5%
단위당 소요기계시간	2시간	5시간
사용가능 총기계시간	600시간	

요구사항

서울제조(주)가 총공헌이익을 극대화하기 위해서는 어느 엔진을 생산해야 하는가?

해설

	A엔진	B엔진
단위당 공헌이익	₩240,000	₩375,000
단위당 소요기계시간	2시간	5시간
기계시간당 공헌이익	₩120,000	₩75,000
총공헌이익	₩72,000,000	₩45,000,000

의사결정 : 제약요소의 단위당 공헌이익이 큰 A엔진을 생산하여 판매해야 총공헌이익이 극대화된다.

사례 10

KS제조(주)는 두 종류의 제품을 생산하여 판매하고 있다. 다음은 두 종류의 제품 KS-1과 KS-2의 단위당 관련자료이다.

항목	KS-1	KS-2
직접재료원가	₩120,000	₩160,000
직접노무원가(시간당 @₩20,000)	50,000	80,000
변동제조간접원가(기계시간 당 @₩5,000)	20,000	40,000
고정제조간접원가	20,000	20,000
단위당 총제조원가	₩210,000	₩300,000
단위당 판매가격	₩260,000	₩400,000

최근 두 제품에 대한 수요가 급속하게 증가하고 있으나 현행 생산시설의 부족으로 그 수요를 충당할 수 없는 실정이다. 현재 제품 KS-1에 대한 월간 수요는 8,000단위이며, KS-2에 대한 월간 수요는 5,000단위이다. 그리고 현재 KS제조(주)의 월간 생산능력은 60,000기계시간이다.

요구사항

1. 각 제품의 단위당 공헌이익을 구하시오.
2. 이익을 최대화할 수 있는 제품구성(product mix)을 구하시오.
3. KS제조(주)는 새로운 고객으로부터 KS-1 제품 2,000단위를 ₩300,000씩 구입하겠다는 특별주문을 받았다. 이 주문과 관련한 기회원가는 얼마인가?
4. KS제조((주)는 위 주문을 받아들여야 하는가?

해설

1. 각 제품의 단위당 공헌이익

	KSt-1		KS-2	
단위당 판매가격		₩260,000		₩400,000
단위당 변동원가 :				
직접재료원가	₩120,000		₩160,000	
직접노무원가	50,000		80,000	
변동제조간접원가	20,000	190,000	40,000	280,000
단위당 공헌이익		₩70,000		120,000

2. 제한된 자원의 단위당 공헌이익

	KS-1	KS-2
단위당 공헌이익	70,000	120,000
단위당 기계시간	4시간*	8시간**
제약자원(기계시간)당 공헌이익	17,500	15,000

* ₩20,000/₩5,000, ** ₩40,000/₩5,000

KS-1의 제약자원(기계시간)당 공헌이익이 KS-2보다 크다. 따라서 KS제조(주)는 KS-1의 수요를 충당한 후 나머지 기계시간을 KS-2에 사용하여야 한다. 그러므로 최적 생산계획은 다음과 같이 KS-1 8,000단위 생산과 KS-2 3,500단위{[60,000시간-(8,000단위×4시간)]÷8시간}를 생산하여야 한다.

3. KS제조(주)는 KS-1 제품 2,000단위 특별주문에 필요로 하는 8,000(2,000단위×4시간) 기계시간의 유휴설비를 갖고 있지 못하다. 만일 이 특별주문을 수락하게 되면 KS-2 제품 1,000단위(8,000시간÷8시간)의 생산을 줄어야 한다. 그 경우 이 KS-2 제품 1,000단위 생산 감소에 대한 상실되는 공헌이익은 ₩120,000,000(@₩120,000×1,000단위)이다. 즉 KS-1 제품 2,000단위 특별주문에 따른 기회원가는 ₩120,000,000이다.

4. 특별주문에 관한 원가는 다음과 같다.

변동원가(@₩190,000, 2,000단위)	₩380,000,000
기회원가	120,000,000
관련원가	₩500,000,000
단위당 관련원가(₩5,00,000,000/2,000단위)	@₩250,000

따라서 KS제조(주)는 주문가격이 ₩300,000으로, 단위당 관련원가 ₩250,000을 초과하므로 위 특별주문을 받아들어야 할 것이다. 이 특별주문을 받아들일 경우 KS제조(주)는 ₩100,000,000[(@₩300,000-@₩250,000)×2,000단위]의 이익이 증가될 것이다.

사례 11

서울제조(주)는 A엔진과 B엔진 두 제품을 생산·판매하고 있다. 생산, 판매의 관련자료는 다음과 같다.

부문	생산능력(시간)/일	제품단위당 소요시간		최대생산량/일	
		A엔진	B엔진	A엔진	B엔진
조립부문	600 기계시간	2.0시간	5.0시간	300개	120개
검사부문	120 검사시간	1.0시간	0.5시간	120개	240개

제품	조립부문	검사부문	단위당 판매가격	단위당 변동원가	단위당 공헌이익
A엔진(only)	300개	120개	₩800,000	₩560,000	₩240,000
B엔진(only)	120개	240개	₩1,000,000	₩625,000	₩375,000

단, B엔진 최대생산량은 부품부족으로 110개/일(日)만 생산할 수 있다.

요구사항

서울제조(주)는 영업이익 극대화를 위해 각 제품을 하루에 몇 개씩 생산해야 하는가?

해설

목적함수 : 총공헌이익 = ₩240,000A + ₩375,000B

제약조건 : 조립부문 2.0A + 5.0B ≤ 600

검사부문 1.0A + 0.5B ≤ 120

B 제품 B ≤ 110

A 〉 0, B 〉 0

	A	B	총공헌이익(단위 : ₩1,000)
(0, 0)	0	0	240(0) + 375(0) = ₩0
(0, 110)	0	110	240(0) + 375(110) = ₩41,250
(25, 110)	25	110	240(25) + 375(110) = ₩47,250
(75, 90)	75	90	240(75) + 375(90) = ₩51,750
(120, 0)	120	0	240(120) + 375(0) = ₩28,800

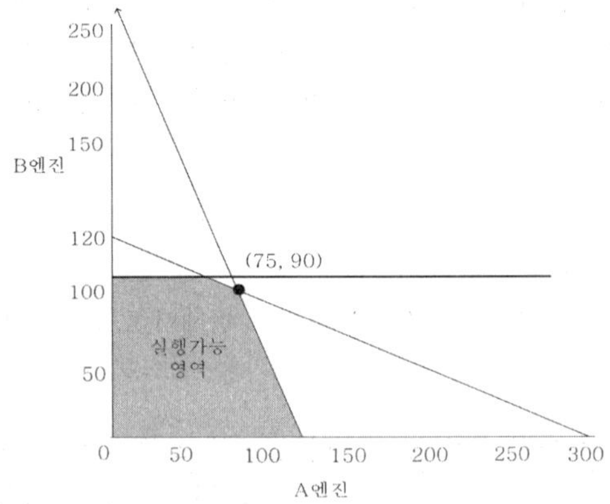

의사결정 : A엔진을 75개 생산하고 B엔진을 90개 생산하는 경우 공헌이익어 ₩51,750,000 으로 극대화된다.

제8장

가격결정

의사결정 중 가장 중요한 것의 하나가 '가격결정'이라고 할 수 있다. 가격결정은 기업이 제공하는 재화와 용역(서비스)에 대하여 가격을 부과하는 것을 결정하는 것이다. 이러한 결정은 판매량과 매출액에 영향을 미친다. 본 장에서는 경영자가 어떤 방법으로 여러 가격에서의 수요를 평가하고, 공급에 영향을 주기 위하여 원가를 관리하며, 이익을 얻는가에 대하여 설명하고자 한다.

제1절 가격결정의 의의

1. 가격결정의 개념

가격결정(pricing decisions)은 기업이 제공하는 재화와 용역(서비스)에 대하여 얼마의 가격을 부과할지를 결정하는 것이다. 이러한 가격결정은 제품의 판매량과 매출액에 영향을 미친다. 영업이익을 극대화하기 위해 기업은 추가적인 한 단위 제품의 생산에 의한 수익이 생산원가를 초과하는 한 제품을 생산 및 판매할 것이다. 하지만 생산원가의 계산은 다른 시간대별로, 그리고 생산내용별로 달라지게 된다. 이미 앞에서 학습한 원가형태의 유형, 원가동인 등을 이해하는 것은 제품원가계산에 있어서 중요한 요소이다.

2. 가격결정에 미치는 주요 영향

1) 가격결정의 요소

어떤 제품이나 용역(서비스)의 가격은 그 제품이나 용역에 대한 수요와 공급 간 상호작용의 결과이다. 그러므로 가격결정은 항상 수요와 공급이 어떻게 영향을 받을 것인가에 기초해야 한다. 수요와 공급에 영향을 주는 세 가지 요소로서 고객(customer), 경쟁회사(competitor), 원가(cost)의 3C를 들 수 있다.

(1) 고객

고객(customer)은 수요에 대한 그들의 영향을 통해서 가격에 영향을 미친다. 회사는 항상 고객의 관점에서 가격결정을 검토해야 한다. 가격이 지나치게 상승하면 고객은 자기 회사의 제품을 구입하지 않고 경쟁회사의 제품 또는 대체품을 구입할 것이다.

(2) 경쟁회사

회사들은 항상 경쟁회사(competitor)의 행동에 주의를 기울여야 한다. 예를 들어 경쟁이 극심한 상황에서 경쟁회사의 제품은 수요에 영향을 미치며, 그것은 자기회사 제품의 가격에 영향을 준다. 경쟁회사의 기술, 공장규모, 영업정책을 알게 되면 경쟁회사의 원가를 더 잘 추정할 수 있게 되며, 이러한 경쟁회사의 원가는 경쟁력 있는 가격을 설정하는 데 가치있는 정보가 된다. 주어진 상황에서 경쟁회사가 없으면 보다 높은 제품가격을 결정(설정)할 수 있다.

한편 경쟁은 국제적으로도 나타나므로 원가와 가격결정은 다른 나라 통화의 환율에 의해서도 영향을 받는다. 예를 들어 달러 대비 원화가 약세를 띠면 우리나라 제품들은 달러표시 가격이 더 싸져서 국제시장에서의 가격경쟁력이 더 높아질 수 있다.

(3) 원가

원가(cost)는 공급에 영향을 주어 가격에 영향을 미친다. 가격과 비교하여 원가가 낮아질수록 회사가 공급하고자 하는 생산량은 더욱 늘어난다. 경영자가 제품의 원가에 대해 잘 이해하고 있으면 회사의 영업이익은 극대화하면서 동시에 고객들에게 매력적인 제품가격을 설정할 수 있다. 가격결정에 관련된 원가를 계산할 때, 경영자는 연구개발활동으로부터 고객서비스활동에 이르기까지 가치사슬을 이루는 모든 관련원가를 고려해야 한다.

경영자들이 어떻게 가격을 결정하는가에 대한 조사결과에 의하면 회사마다 고객, 경쟁회사, 원가에 서로 다른 비중을 두고 있다는 것을 보여준다. 예를 들면 매우 경쟁적인 시장에서 밀, 쌀과 콩처럼 비슷한 제품을 파는 회사는 시장에서 결정되는 가격을 수용해야 하며, 그러한 시장에는 많은 경쟁자와 고객들이 있다. 그리고 이러한 시장에서는 원가에 기초해서 회사의 영업이익을 극대화할 수 있는 생산수준을 결정하기 때문에 원가정보가 매우 중요하다. 사진기나 휴대폰과 같이 덜 경쟁적인 시장에서는 제품이 차별화되므로 경영자는 가격을 결정하는데 어느 정도 재량을 갖게 된다.

위의 세 가지 요인은 고객이 제품에 부여하는 가치인 가격을 결정할 때 모두 중요하며, 경쟁회사가 경쟁제품에 매긴 가격들은 수요에 영향을 주고, 제품의 생산 및 운송원가는 공급에 영향을 미친다. 경쟁이 약해짐에 따라 가격결정에 영향을 미치는 주요 원인은 원가나 경쟁회사가 아닌 바로 고객이 지급하고자 하는 의지라고 할 수 있다[1].

---

1) 일반적으로 기업들은 가격결정 시 고객, 경쟁회사, 원가에 대한 가중치를 달리 적용하고 있다. 예컨대, 완전경쟁시장 하에서 매우 유사한 제품을 판매하는 기업들은 시장에서 결정된 가격을 수용하여야 하므로 원가는 가격결정에 영향을 미치지 못한다. 반면 경쟁이 덜 심한 시장 하에서는 제품이 차별화될 수 있어 고객, 경쟁회사, 원가 모두 가격결정에 영향을 미치게 된다. 한편 경쟁이 거의 없는 독점시장 하에서 기업은 경쟁회사가 없으므로 높은 가격을 자율적으로 결정할 수 있다. 물론 가격을 너무 높게 설정하면 고객들은 대체재를 찾게 되므로 수요가 낮아질

2) 제품 가격결정의 시간범위

단기 가격결정(short-run pricing decision)은 일반적으로 1년 미만의 기간범위를 가지며 장기적 의미가 없는 ① 단 1회의 특별주문(one-time-only special order)에 대한 가격결정과 ② 경쟁적인 시장에서의 제품배합과 수량을 조정하는 것을 포함한다.

장기 가격결정(long-run pricing decision)은 전략적 의사결정(strategic decision)으로서 1년 이상의 기간범위를 갖고 가격결정에 상당한 재량권이 있는 주요 시장에서의 제품에 대한 가격결정을 포함하고 있다.

단기 가격결정과 장기 가격결정을 함에 있어서는 다음과 같이 원가(costs)와 이윤(마진, profit margins)에 있어서 중요한 차이점을 보이고 있다.

① 흔히 고정원가와 같이 단기적인 가격결정과 관계가 없는 원가도 일반적으로 장기적인 가격결정에는 관계가 있다. 그 이유는 장기적으로는 고정원가도 변할 수 있으므로 의사결정과 관련이 있기 때문이다.

② 장기 가격결정에서의 이윤은 일반적으로 합리적인 투자이익률(return on investment)을 실현하기 위해 설정되는 반면, 단기 가격결정에서의 이윤은 장기 가격결정보다 기회주의적이다. 즉, 단기 가격결정에서는 단기적으로 수요가 적어지면 가격은 낮아지고, 수요가 많아지면 가격은 높아진다.

제2절 가격결정 모형

1. 단기 가격결정 모형

1) 단기 가격결정의 의의

기업들은 제품이나 용역(서비스)에 대해 정상적이고 장기적인 가격결정 이외에 그 때마다의 단기 가격결정을 해야 할 경우가 발생한다. 예컨대, ① 기존시장에 판매하고 있는 판매가격 이하로 대규모의 특별주문이 들어오는 경우, ② 경쟁적인 입

수 있으므로 그런 경우 기업들은 이익을 극대화할 수 있는 가격-판매량 조합을 선택하여야 할 것이다.

찰에 응하고자 하는 경우, ③ 유휴설비를 활용하여 특정제품을 생산하는 경우, ④ 영업중단위기에 처한 경우 등 그 때마다의 단기 가격결정을 행하는 경우가 여기에 속한다.

이와 같은 경우 기업들은 다음과 같은 단기 가격결정모형(공헌이익접근법)을 활용하여 가격결정을 한다.

아래와 같은 단기 가격결정모형에서 볼 수 있는 바와 같이 경영자는 변동원가(가격의 하한, floor)와 목표판매가격(가격의 상한, ceiling) 사이에서 가격을 결정할 수 있다. 따라서 경영자는 단기 가격결정에 있어서 최소한 변동원가 이상의 가격을 결정하여야 한다[2].

〈표 1〉 단기 가격결정모형

변동원가	××× (가격의 하한)	가격의 범위
고정원가	×××	
목표이익	×××	
목표판매가격	××× (가격의 상한)	

2) 단기 가격결정의 예

단기 가격결정의 가장 대표적인 것 중의 하나가 특별주문 가격결정(special-order decisions)이다. 이 특별주문과 관련한 의사결정의 예는 앞장에서 설명하였으므로, 여기서는 특별주문 가격결정에 대한 한 예만 들어보고자 한다.

사례

KS음료(주)는 찬 음료를 매월 백만 상자(한 상자당 240캔)를 생산할 수 있는 공장을 운영하고 있다. 현재의 생산 및 판매량은 월 600,000상자이고 판매가격은 상자당 ₩9,000이다. 연구개발, 제품 및 공정설계원가, 고객서비스원가 등은 무시해도 무방하다. 모든 변동원가는 상자의 생산수량에 따라 변하며, 생산량과 판매량은 동일하다. 상자 당 변동원가와 고정원가(한 달 600,000상자 생산기준)는 다음과 같다.

2) 일반적으로 단기 가격결정은 다음의 특징을 갖고 있다. ① 단기 가격결정에서는 많은 원가가 비관련원가가 된다. 그러나 이러한 원가도 장기적으로 변동할 수 있으므로 장기 가격결정에서는 관련원가가 될 수 있다. ② 단기 가격결정은 상황에 따라 자주 변화할 수 있다. 예컨대, 고객의 수요가 적거나 경쟁이 심하면 가격은 하락하고, 그 반대의 경우 가격은 상승할 수 있다. 반면 장기 가격결정은 가격 변동 폭이 비교적 적은 것이 그 특징이다.

	상자당 변동원가	상자당 고정원가	상자당 변동 및 고정 원가
제조원가			
직접재료원가	₩700	–	₩700
포장원가	1,800	–	1,800
직접노무원가	400	–	400
제조간접원가	600	1,300	1,900
제조원가 계	3,500	1,300	4,800
판매비	500	1,600	2,100
물류비	900	800	1,700
전부원가	₩4,900	₩3,700	₩8,600

C사는 KS음료(주)에게 다음 4개월 동안만 매월 250,000상자를 공급하는 입찰에 응할 것을 요구했다. 이 기간 후에 C사는 자체적으로 자기회사의 음료를 생산하여 판매할 예정이며, KS음료(주)에 더 이상의 추가 구매주문을 하지 않을 것으로 보인다. KS음료(주)의 입장에서는 그 특별주문을 수락 혹은 거절된다고 해도 기존의 판매수익(판매량 혹은 판매가격)에는 영향을 미치지 않을 것이다.

C사를 위해 제조하는 찬 음료의 변동제조원가는 현재 KS음료(주)가 생산하는 것과 동일하다. 만일 KS음료(주)가 250,000상자를 추가로 생산하여도 기존의 월간 총고정제조간접원가(₩780,000,000)는 계속 발생할 것이나, 다만 추가로 매달 ₩30,000,000의 고정제조간접원가(원재료 구매원가 ₩10,000,000, 공정 전환원가 ₩20,000,000)가 소요될 것이다. 연구개발, 설계, 판매, 물류, 고객서비스에는 더 이상의 원가가 발생하지 않을 것이다. C사가 판매할 250,000상자는 KS음료(주)가 판매하지 않는 지역에서 판매될 것이다. KS음료(주)는 상자당 ₩4,500을 초과하는 입찰가격은 경쟁력이 없을 것이라는 것을 알고 있다. 왜냐하면 그들의 경쟁회사 중 매우 효율적으로 공장을 운영하는 한 회사는 상당한 유휴생산능력을 가지고 있으며, 그들도 C사와 계약을 맺고 싶어 한다는 것을 알고 있기 때문이다. KS음료(주)는 250,000상자의 계약에 대하여 얼마에 입찰을 해야 하는가?

해설

1. 특별주문 가격결정에 있어서의 관련원가

<표 1>은 월별 관련원가의 분석을 보여준다. 여기에는 특별주문을 받았을 때 총금액이 변화하는 모든 제조원가를 포함하고 있으며, 이는 특별주문과 관련된 모든 직접 및 간접 변동제조원가와 원재료 구매원가 및 공정 전환원가를 말한다. 현재의 고정제조간접원가는 관련이 없다. 왜냐하면 이 원가는 특별주문이 수락된다 하더라도 변화하지 않을 것이기 때문이다.

하지만 특별주문에 따른 월간 ₩30,000,000의 추가적인 원재료 구매원가 및 공정 전환원가

는 특별주문이 수락되면 발생하는 원가이므로 관련성이 있다. 모든 비제조원가는 특별주문이 수락되어도 영향을 받지 않으므로 관련성이 없다.

<표 1> KS음료(주)의 월간 관련원가: 250,000상자의 단기특별주문

직접재료원가(250,000상자×₩700/상자)		₩175,000,000
포장원가(250,000상자×₩1,800/상자)		450,000,000
직접노무원가(250,000상자×₩400/상자)		100,000,000
변동제조간접원가(250,000상자×₩600/상자)		150,000,000
증분고정제조간접원가		
원재료 구매원가	₩10,000,000	
공정 전환원가	20,000,000	
총증분고정제조간접원가		30,000,000
총관련원가		₩905,000,000
상자당 관련원가(₩905,000,000/250,000상자)	= ₩3,620	

<표 1>에서 250,000상자의 특별주문에 대한 총증분원가는 월 ₩905,000,000(또는 상자당 ₩3,620)임을 나타낸다. 상자당 ₩3,620을 초과하는 입찰가격은 KS음료(주)의 단기 수익성을 향상시킬 것이다. 예를 들면 상자당 ₩4,000에 판매한다면 KS음료(주)의 월 영업이익은 ₩95,000,000(250,000상자×(₩4,000−₩3,620)만큼 증가될 것이다.

그러나 단위당 원가가 어떻게 의사결정을 잘못 유도할 수 있는지 다시 한번 검토해보자. 앞에서 총제조원가는 상자당 ₩4,800이다. 상자당 ₩4,800을 생각하면 C사가 특별주문한 상자당 ₩4,000의 입찰은 KS음료(주)에 상자당 ₩800씩의 손실을 보게 한다고 잘못 판단할 수 있다. 그 이유는 상자당 총제조원가에 포함되어 있는 상자당 ₩1,300의 고정제조원가는 250,000상자의 특별주문에는 발생하지 않는 원가이기 때문이다. 이 원가는 특별주문과는 관련이 없는 원가이다.

2. 특별주문가격결정에 있어서 고려하여야 할 여러 가지 요인

원가자료가 입찰가격에 대한 KS음료(주)의 의사결정에 있어서 중요한 정보이긴 하지만 그것만이 유일한 고려사항은 아니다. KS음료(주)는 경쟁회사와 그들의 입찰가능 가격을 고려해야 한다. 예를 들면 KS음료(주)는 경쟁자가 상자당 ₩3,900에 입찰하려고 한다는 사실을 알게 되면 상자당 ₩4,000이 아닌 ₩3,900 이하인 예컨대, ₩3,800에 입찰하여야 할 것이다. 이 가격으로 판매하면 KS음료(주)는 특별주문으로 영업이익을 ₩45,000,000 즉, [(₩3,800−₩3,620)×250,000상자]만큼 증가시킬 수 있을 것이기 때문이다. KS음료(주)의 전략은 ₩3,620보다는 가능한 한 높은 가격으로 응찰하면서도 경쟁회사 가격보다는 낮게 결정하는 것이다.

한편 KS음료(주)는 C사가 KS음료(주)로부터 구입한 찬 음료를 KS음료(주) 보다 낮은 가격으로 판매하리라고 가정하자. 게다가 고객들은 양 사의 제품에 대해 브랜드나 맛의 차이를 느끼지 못하고 단지 가격에 의해서만 구매를 한다고 가정하자. 이 경우 만일 KS음료(주)가 단지 C사와 경쟁하기 위해서 가격을 낮추어야 한다면, 입찰의사결정에 관련된 원가에는 기존 고객에 대한 매출손실까지 포함되어야 한다. 만일 C사에 제품을 공급하면 KS음료(주)가 가격을 인하해야 하고, 공급하지 않으면 현재의 가격을 유지할 수 있는 경우라면 KS음료(주)는 적어도 상자당 ₩3,620의 증분원가에 가격인하로 감소하는 매출손실액을 더한 금액을 입찰가격으로 결정해야 한다. 하지만 C사가 다른 업체로부터 같은 저가로 그 음료를 공급받을 수 있어서 KS음료(주)로 하여금 기존 고객들에게 가격인하를 실시하도록 한다면 어떻게 될 것인가? 이 경우에는 기존 고객에 대한 KS음료(주)의 잠재적인 매출손실이 입찰의사결정과 관련해서 고려되어서는 안 된다. 그 경우의 매출손실은 KS음료(주)가 낙찰이 되든지 안 되든지 응찰가격결정에는 관계가 없기 때문이다.

위의 KS음료(주)의 예는 ① KS음료(주)는 유휴설비를 갖고 있으며, ② 또한 경쟁자도 동일한 입장에 있다는 것이다. 그리고 단기 가격결정의 초점은 KS음료(주)의 경우 그 주문이 최소한 손익분기점을 넘을 수 있는 최소한의 가격은 되어야 한다는 것이다. 이것과는 달리 유휴설비는 없는 상태에서 단기적으로 수요가 많은 경우도 있을 수 있는데 이 경우에는 전략적으로 단기적으로 가격을 올리는 것이 필요할 것이다. 신제품의 출시에 따른 단기적인 가격인상이 여기에 속할 것이다.

2. 장기 가격결정 모형

1) 장기 가격결정의 의의

단기 가격결정은 단기적인 수요와 공급 상황에 대한 반응이지만, 고객과의 장기적인 관계를 형성하지는 못한다. 장기 가격결정은 전략적 의사결정이다. 한 상자의 밀을 구입하는 개인이든, 대량의 트랙터를 구입하는 건설회사든, 아니면 회계감사를 받으려는 회사든 구매자들은 장기적으로 안정된, 그리고 예측 가능한 가격을 선호한다. 안정된 가격은 공급자들이 제시하는 가격을 지속적으로 조사해야 할 필요성을 감소시킨다. 가격안정성이 크면 클수록 회사의 계획수립에 도움을 줌으로써 장기간의 구매자와 판매자 관계를 성립시킨다. 물론 제품을 판매하는 입장에서는 장기적으로 바람직한 수익을 실현하기 위해서 장기간에 걸쳐 고객에게 제공하는 제품의 원가를 알아야 한다.

일반적으로 장기 가격결정에는 1) 시장기준 접근법과 2) 원가기준 접근법을 활용한다.

가격결정의 **시장기준 접근법**(market-based approach)은 "우리의 고객이 무엇을 원하는지, 그리고 우리의 경쟁자들이 우리의 행동에 대하여 어떻게 반응할 것인지가 주어졌을 때, 우리는 가격을 얼마로 책정할 것인가?"라는 물음으로부터 시작된다. 한편 원가기준 접근법(cost-based approach)[3]은 "우리가 이 제품을 만드는데 얼마의 원가가 발생하며, 원가를 회수하고 바람직한 이익을 얻기 위해서 가격을 얼마로 결정할 것인가?"라는 물음으로부터 출발한다.

일반적으로 매우 경쟁적인 시장(예를 들면, 원유, 가스 같은 상품) 하에서는 시장기준 접근법을 사용한다. 이러한 시장 하에서는 한 회사에 의해 생산된 제품이나 제공된 서비스가 다른 회사에 의해 생산되거나 제공된 것과 아주 유사하므로 회사는 시장에서 결정한 가격을 받아들이지 않으면 안 된다. 한편 상품이 보다 차별화된 산업(예를 들면, 자동차, 경영자문, 법률서비스 등)에서 회사들은 가격결정의 출발점으로 시장기준 접근법 혹은 원가기준 접근법을 사용한다. 또한, 어떤 회사들은 원가를 먼저 고려한 후 고객 혹은 경쟁자를 고려하는 원가기준 접근법을 사용하며, 다른 회사들은 먼저 고객과 경쟁자를 고려한 후 원가를 고려하는 시장기준 접근법을 사용한다. 물론 이 두 가지 접근법은 모두 고객과 경쟁자, 그리고 원가를 고려하는 접근법이지만, 그 출발점에 차이가 있다. 어떠한 가격결정 방법을 사용하든 시장을 염두에 두어야 한다.

2) 장기 가격결정의 예

(1) 시장기준 접근법 : 목표원가계산과 목표가격결정

가. 목표원가계산과 목표가격결정의 의의

시장기준 가격결정의 하나의 형태가 **목표가격결정(target pricing)이다. 목표가격(target price)**이란 재화나 용역에 대하여 잠재고객이 기꺼이 지급할 것으로 추정되는 가격이다. 이러한 추정은 고객이 인지하고 있는 제품에 대한 가치와 경쟁회사가 어떻게 가격을 결정하느냐 대한 이해를 바탕으로 한다. 고객과의 접촉을 통해 회사의 판매부문은 제품에 대한 고객의 요구와 제품에 대한 인지된 가치를 파악할 수 있는 가장 좋은 조직이다. 회사는 고객이 원하는 제품특성과 그 특성에 대해 기꺼이 지급하고자 하는 가격에 대한 시장조사를 끊임없이 해야 한다. 고객이 무엇에 가치를 두는가를 이해하는 것은 고객중심의 중요한 측면이다.

고객과는 달리 회사들은 그들의 경쟁회사에 대해 잘 접근하려 하지 않는다. 경쟁회사가 어떻게 반응하는가를 측정하기 위해서 회사는 경쟁회사의 기술, 제품, 원가,

3) 흔히 "원가가산 접근법(cost plus approach)"이라고도 한다.

재무상태 등에 대한 이해를 할 필요가 있다. 예를 들어, 경쟁회사의 기술과 제품을 아는 것은 그 회사가 ① 시장에서 자사의 제품이 어떻게 차별화되고 있는지를 평가하는데 도움을 주며, ② 그 차별화의 결과로서 가격을 어느 정도로 결정할 것인지를 알게 해준다.

그렇다면, 회사는 어디에서 경쟁회사에 관한 정보를 얻을 수 있는가? 대부분은 경쟁회사의 고객, 납품업자, 종업원 등으로부터 얻을 수 있을 것이다. 또한 다른 중요한 정보원은 역 엔지니어링(reverse engineering), 예컨대 경쟁회사가 사용한 제품설계, 재료, 기술을 파악하기 위해 경쟁회사의 제품을 분해하여 분석하는 것이다. Ford나 GM 등 많은 회사들은 경쟁회사를 분석하기 위한 부서를 운영하고 있다.

고객과 경쟁회사의 정보를 이용하여 계산되는 목표가격(target price)은 목표원가계산의 토대를 마련한다. **단위당 목표원가(target cost per unit)**는 목표가격에서 단위당 목표영업이익을 차감하여 구한다. **단위당 목표영업이익(target operating income per unit)**은 회사가 제품이나 용역(서비스) 한 단위를 팔아 얻고자 하는 영업이익이다. 그러므로 단위당 목표원가는 회사로 하여금 목표가격에 팔았을 때 단위당 목표영업이익을 달성하도록 하는 제품이나 용역(서비스)의 단위당 장기 추정원가이다.

단위당 목표원가 = 목표가격 − 단위당 목표영업이익

그러면 목표원가계산에는 어떠한 관련원가가 포함되어야 하는가? 변동원가와 고정원가와 같은 모든 미래원가가 포함되어야 한다. 그 이유는 장기적으로 회사의 가격과 수익은 모든 원가를 회수하여야 하기 때문이다. 흔히 단위당 목표원가는 현재의 제품단위당 총원가(full cost) 보다 더 낮다. 이것은 단위당 목표원가는 회사가 반드시 달성해야 하는 하나의 목표이기 때문이다. 단위당 목표원가와 단위당 목표영업이익을 달성하기 위하여 회사는 제품의 제조원가를 절감해야 한다.

목표원가계산은 전세계의 다양한 산업에 걸쳐 폭넓게 사용되고 있다. 예컨대, 자동차산업의 Daimler−Chrysler, Ford, GM, Toyota, Daihatsu, 전자산업의 Matsushita, Panasonic, Sharp, 개인용 컴퓨터산업의 Compaq과 Toshiba 등이 모두 목표가격결정과 목표원가계산[4]을 사용하고 있다.

4) 목표원가계산은 다음과 같은 주요 원칙을 달성하는 것을 목표로 한다. ① 사전 가격결정 원가계산방법이다(price−led costing). ② 고객에 초점을 맞춘다(focus on customer). ③ 제품설계에 초점을 맞춘다(focus on product design). ④ 공정설계에 초점을 맞춘다

나. 목표원가계산과 목표가격결정의 절차

목표가격과 목표원가를 설정하기 위해서는 다음과 같은 4단계가 필요하다. 여기서는 구체적인 사례를 이용하여 각 단계를 설명하고자 한다.

사례 2

KS컴퓨터(주)는 개인용 컴퓨터인 A100과 B200이라는 두 제품을 생산한다. A100는 펜티엄3칩이 내장된 PC로서 KS컴퓨터(주)의 최상위 제품이며, 컴퓨터 판매원들을 통하여 대기업과 정부에 판매하고 있다. 이하에서는 B200을 대상으로 가격을 결정하고자 하는데, 이 B200에는 성능이 좀 떨어지는 펜티엄칩이 사용되고 있다.

B200의 제조원가는 활동중심원가계산 접근법(Activity-Based Costing Approach)을 사용한다. KS컴퓨터(주)의 회계시스템은 3개의 직접제조원가 범주(직접재료원가, 직접노무원가, 직접기계원가)와 3개의 제조간접원가 집합(주문관련원가, 검사원가, 재작업원가)으로 구성되어 있다. KS컴퓨터(주)는 B200 제조에만 사용되는 기계원가를 B200의 직접원가로 취급한다. 다음의 표는 활동원가집합, 각 활동에 대한 원가동인, 각 제조간접원가 집합에 대한 배분기준으로 사용된 원가동인의 단위당 원가를 요약한 것이다.

활동	활동에 대한 설명	원가동인	원가동인 단위당 원가
주문관련	부품에 대한 구매주문과 주문된 부품에 대한 수령	주문횟수	주문당 ₩80,000
검사	부품과 제품의 검사	검사시간	검사시간당 ₩2,000
재작업	불량품의 교정 및 수선	재작업수량	재작업당 ₩100,000

KS컴퓨터(주)는 장기적인 관점에서 B200의 가격을 결정하고자 한다. 이를 위해 KS컴퓨터(주)의 경영자는 ① 직접재료원가를 B200 생산량에 따라 변화하는 원가로, ② 직접노무원가는 직접작업시간에 따라 변화하는 원가로, ③ 주문관련원가, 검사원가, 재작업원가는 그들의 선택된 원가동인에 따라 변화하는 것으로 간주한다. 예를 들면 주문관련원가는 주문횟수에 의해 변화한다. 주문담당 직원은 만약 주문할 것이 별로 없다면 장기적으로 재배치되거나 해고될 수 있다. 직접기계원가(임차한 기계에 대한 임차료 등)는 사용된 기계작업시간에 따라 변화하지 않는 장기고정원가이다.

KS컴퓨터(주)는 2015년도에 B200에 대한 기초와 기말재고가 없었으며, 그 해에 150,000단위를 제조하여 판매하였다. KS컴퓨터(주)는 2015년에 B200을 제조하기 위해 다음과 같이 자원을 소비하였다.

(focus on process design). ⑤ 총괄기능팀(cross-functional teams)이 상호 협력한다. ⑥ 수명주기원가(life-cycle cost)에 관심을 갖는다. ⑦ 비부가치원가를 제거하기 위해 가치사슬에 초점을 맞춘다(value-chain orientation).

① B200의 단위당 직접재료원가는 ₩460,000이다.

② B200의 직접작업시간은 480,000시간(B200 한 단위당 3.20시간×150,000단위)이고, 단위당 직접노무원가는 ₩20,000이다.

③ B200의 제조만을 위해 사용된 기계의 직접고정원가는 ₩11,400,000,000(300,000시간의 가용기계시간 × 작업시간당 ₩38,000)이다. B200 한 단위당 2시간의 기계작업이 요구되며, 따라서 전체 가용기계시간(가용작업능력)은 150,000단위를 생산하는데 모두 투입되었다.

④ B200의 제조를 위해 요구되는 부품에 대한 주문횟수는 주문횟수당 ₩80,000의 원가로 22,500회이다(단순화를 위해 B200은 450가지의 부품을 서로 다른 공급업자로부터 공급받으며, 각 부품당 50회씩 주문하였다고 가정한다.).

⑤ B200에 사용된 검사시간의 수는 4,500,000시간이다(150,000단위의 B200은 단위당 30시간씩 검사를 받는다.).

⑥ 1년간 재작업된 B200의 단위수는 12,000단위이다(150,000단위의 8%). 각 단위는 2.5시간씩 30,000시간(12,000단위×2.5시간)이 재작업에 소요되었으며, 재작업시간당 ₩40,000의 원가가 소요된다.

요구사항

이상의 자료로 다음의 요구사항에 답하시오.

1. KS컴퓨터(주)의 B200에 대한 제조원가를 계산하시오.

2. KS컴퓨터(주)의 가치사슬 활동중심원가계산을 이용한 B200의 2015년도의 제품수익성을 나타내시오.

해설

1. B200에 대한 활동중심원가계산에 의한 제조원가는 <표 1>과 같다. 이 표에 의하면 B200의 총제조원가는 ₩102,000,000,000이며, B200의 단위당 제조원가는 ₩680,000이다. 그러나 생산은 가치사슬상 단 하나의 사업기능일 뿐이다. 장기적인 가격을 결정하고 원가를 관리하기 위하여 KS컴퓨터(주)는 B200의 생산 및 판매에 관한 총원가(full cost)를 결정해야 한다. KS컴퓨터(주)는 직접원가를 식별하고 각 활동원가 집합 내에서 활동과 원가 사이의 인과관계를 측정하기 위하여 각 가치사슬 기능별로 원가동인과 원가집합을 선택하여야 한다. 원가는 B200의 제조에 필요한 단위당 원가동인의 수량을 기준으로 B200에 배분된다.

<표 1> 활동중심원가계산에 의한 B200의 제조원가(2015년도)

	(1) 150,000 단위에 대한 총제조원가	(2)=(1) /150,000단위 단위당 제조원가
직접제조원가		
직접재료원가(150,000단위, @₩460,000)	₩69,000,000,000	₩460,000
직접노무원가(480,000시간, @₩20,000)	9,600,000,000	64,000
직접기계시간원가(300,000시간, @₩38,000)	11,400,000,000	76,000
직접제조원가 계	90,000,000,000	600,000
제조간접원가		
주문관련원가(22,500회, @₩80,000)	1,800,000,000	12,000
검사원가(4,500,000시간, @₩2,000)	9,000,000,000	60,000
재작업원가(30,000시간, @₩40,000)	1,200,000,000	8,000
제조간접원가 계	12,000,000,000	80,000
총제조원가	₩102,000,000,000	₩680,000

2. <표 2>는 모든 가치사슬의 기능에서 원가의 활동중심분석에 기초한 2015년도 B200의 제품 영업손익계산서를 요약한 것이다. 단, 비제조가치사슬에 대한 보조계산내용은 주어지지 않았다. KS컴퓨터(주)는 2015년도에 B200으로부터 ₩15,000,000,000 또는 판매제품 단위당 ₩100,000의 이익을 얻었다.

<표 2> 가치사슬 활동중심원가계산을 이용한 B200의 제품수익성(2015년도)

	(1) 150,000 단위에 대한 총액	(2)=(1) /150,000단위 단위당 금액
매출액	₩150,000,000,000	₩1,000,000
매출원가<표 1>		
직접제조원가		
직접재료원가(150,000단위, @₩460,000)	69,000,000,000	460,000
직접노무원가(480,000시간, @₩20,000)	9,600,000,000	64,000
직접기계시간원가(300,000시간, @₩38,000)	11,400,000,000	76,000
제조간접원가	12,000,000,000	80,000
매출원가 계	102,000,000,000	680,000
기타원가		
연구개발원가	5,400,000,000	36,000
제품 및 공정설계원가	6,000,000,000	40,000
판매비	15,000,000,000	100,000
물류비	3,600,000,000	24,000
고객서비스원가	3,000,000,000	20,000
기타원가 계	33,000,000,000	220,000
제품의 총원가	135,000,000,000	900,000
영업이익	₩15,000,000,000	₩100,000

① 1단계 : 잠재고객의 욕구(needs)를 만족시킬 수 있는 제품을 개발한다.

KS컴퓨터(주)는 B200에 대한 설계수정을 계획하고 있는 중이다. KS컴퓨터(주)의 시장연구 결과를 보면 고객들은 PC 운영을 빠르게 하고, 보다 빨리 계산을 수행하게 하는 여러 가지 업그레이드를 수용하는 설계나 특수오디오는 필요하지 않다고 평가하고 있으며, 또한 고객들은 KS컴퓨터(주)가 외부장식을 축소한 형태로 다시 설계하여 보다 낮은 가격으로 판매하기를 원하고 있다는 것을 알게 되어 회사는 고객들의 욕구를 충족시킬 수 있는 제품을 개발하고자 한다.

② 2단계 : 목표가격을 결정한다.

KS컴퓨터(주)는 경쟁자들이 B200과 경쟁하는 개인용 컴퓨터의 가격을 15% 정도 낮출 것으로 예상하고 있다. 이에 따라 KS컴퓨터(주)의 경영자는 B200의 가격을 20%, 즉 단위당 목표가격을 ₩1,000,000에서 ₩800,000으로 낮춤으로써 공격적으로 대응해야 한다고 믿고 있다. 이와 같은 낮은 가격으로 판매하면 KS컴퓨터(주)의 판매관리자는 연간 판매량이 150,000단위에서 200,000단위로 증가할 것으로 예상하고 있다.

③ 3단계 : 목표가격에서 단위당 목표영업이익을 차감하여 단위당 목표원가를 도출한다.

KS컴퓨터(주)의 경영자는 매출액에 대하여 10%의 목표영업이익을 원하고 있다.

총목표매출액 = ₩800,000 × 200,000단위 = ₩160,000,000,000
총목표영업이익 = ₩160,000,000,000 × 10% = ₩16,000,000,000

단위당 목표영업이익 = ₩16,000,000,000 ÷ 200,000단위 = ₩80,000/단위
단위당 목표원가 = 목표가격 − 단위당 목표영업이익
= ₩800,000 − ₩80,000
= ₩720,000

현재 총원가 = ₩135,000,000,000 [위 <표 2> 참고]
현재 단위당 총원가 = ₩135,000,000,000 ÷ 150,000단위 = ₩900,000/단위

단위당 ₩720,000의 목표원가는 현재의 B200에 대한 단위당 원가인 ₩900,000보다 현저히 낮다. 목표는 B200의 단위당 원가를 ₩900,000에서 ₩720,000으로 ₩180,000만큼 감소시킬 방법을 찾는 것이다. 따라서 다음 단계에서 해야 할 일은 가치공학을 통하여 목표원가를 달성하는 것이다.

④ 4단계 : 목표원가를 달성하기 위하여 가치공학을 수행한다.

가치공학(value engineering)이란 고객의 욕구를 충족시키면서 원가를 감소시킨다는 목표를 위해 가치사슬의 모든 측면을 체계적으로 평가하는 것이다. 가치공학은 제품설계의 향상, 재료명세의 변화 또는 공정방법의 수정을 유도한다[5].

5) 그동안 기업에서는 원가절감 기법으로서 **가치분석**(Value Analysis; VA)**과 가치공학**(Value Engineering; VE)을 흔히 사용하여 왔다. 그러나 기업에서 원가를 절감하려는 경우 종래에는 현행제품을 중심으로 한 가치분석을 주로 활용하여 왔으나, 최근에는 원가절감의 대상이 현행

다. 가치공학, 원가발생, 원가확정 개념의 응용

경영자는 부가가치 및 비부가가치의 활동과 원가의 차이가 가치공학에서 유용하게 쓰일 수 있음을 발견하여야 한다. **부가가치원가(value-added cost)**란 만일 투입이 안 될 경우 고객이 제품이나 용역(서비스)을 이용하면서 얻는 가치나 효용(유용성)이 줄어들게 되는 원가이다. 예를 들면, 빠른 응답시간, 충분한 메모리, 내장소프트웨어, 모니터의 선명함, 사용이 간편한 키보드, 신뢰성, 신속한 고객서비스와 같이 고객이 희망하는 제품의 특별한 성능이나 속성을 띠게 하는 원가를 말한다. 한편 **비부가가치원가(nonvalue-added cost)**는 제거한다면 제품이나 용역(서비스)을 이용하면서 얻는 가치나 효용(유용성)이 줄어들지 않는 원가이며, 고객이 회사에 지급을 원치 않는 원가로서 재작업, 수선 등에 의해 발생하는 원가가 그 예이다.

활동과 활동원가는 항상 부가가치 또는 비부가가치 영역의 둘 중 하나로 반드시 구분되는 것은 아니다. 재료처리원가와 같은 일부의 원가는 둘 중 하나로 구분하기 어려운 애매모호한 상태로 부가가치와 비부가가치의 요소 모두들 포함하기도 한다. 이러한 애매모호한 영역에도 불구하고 부가가치원가를 비부가가치원가와 구분하고자 하는 시도는 가치공학에 유용하다. B200의 예에서 직접재료원가,

---

제품에서 차기제품으로 변화함에 따라 가치분석 보다는 가치공학을 주요한 원가절감기법의 도구로서 인식하게 되었다. 여기서 **가치분석**이란 "제품이나 부품(자재), 서비스의 원가와 기능과의 관계를 연구하고, 도면이나 사양서의 변경, 제조방법의 능률화, 구입처의 변경 등을 통하여 제품, 부품(자재), 서비스의 원가를 절감하기 위한 체계적인 활동"을 말하며, **가치공학**이란 "최저의 수명주기원가로 필요한 기능을 확실하게 달성하기 위하여 제품과 용역(서비스)의 기능분석에 들어가는 조직적인 노력"을 말한다.

결국 가치분석에서는 원가동인(cost driver)과 원가발생의 관계를 밝히는 것에 큰 의의를 두고 있으며, 합리적인 원가를 산정하는 것을 목적으로 하고 있다. 이러한 가치분석의 사고방식은 원가동인의 대부분이 제품개발단계에서 확정된다는 사실과 결부되어 제품의 개발 및 설계단계에 관심을 갖게 하였다. 이와 같이 제품의 제조단계에서 개발 및 설계단계에 초점을 둠으로써 그 대상도 현행제품 보다는 차기제품에 두게 되었고, 개발하고자 하는 제품의 원가를 그 제품의 기능과 관련시키지 않을 수 없게 되었다. 즉 개발하고자 하는 제품의 원가와 기능분석을 통해 그 제품의 가치를 향상시키고자 하는 활동이 가치공학인 것이다.

[가치공학 대상과 제품개발 과정]

VE 유형 / VE 대상	2nd Look VE (제품 VE)	1st Look VE (개발 VE)	0 Look VE (마케팅 VE)
VE 실시단계	대량생산 개시 후	생산준비, 상세설계 기본설계, 구상설계	상품기획
VE 대상	부품	제품・제품군	제품개념
VE 착안점	기능		

직접노무원가, 직접기계원가는 부가가치원가이며, 주문관련원가와 검사원가는 애매모호한 원가(고객이 모든 부분은 아니지만 일부분에 대해서는 가치를 더해주는 것으로 느끼는 원가)인 반면 재작업원가(재작업제품의 운송원가를 포함한다.)는 비부가가치원가이다.

가치공학은 비부가가치활동의 원가동인량을 줄임으로써 비부가가치원가를 줄이고자 하는 것을 목표로 한다. 예를 들면, 재작업원가를 줄이기 위하여 KS컴퓨터(주)는 재작업시간을 줄여야만 한다. 또한 가치공학은 부가가치원가도 감소시키기 위하여 부가가치활동의 효율성을 증대하는 데 초점을 맞춘다. 예를 들면, 직접노무원가를 줄이기 위하여 KS컴퓨터(주)는 B200의 직접노동시간을 줄여야만 한다. 그러면 KS컴퓨터(주)는 어떻게 재작업시간과 직접노동시간을 줄일 수 있는가?

부가가치 및 비부가가치 활동과 원가를 관리하기 위하여 KS컴퓨터(주)는 원가가 발생하는 시점과 그 원가가 확정(또는 고착)되는 시점을 구분할 필요가 있다. **원가발생(cost incurrence)**은 특정한 목적을 달성하기 위해 자원이 희생되거나 사용되는 때를 일컫는다. 원가계산시스템은 원가발생을 강조한다. 예를 들면, KS컴퓨터(주)의 원가시스템은 B200이 각 단위별로 조립되어 판매될 때 B200의 직접재료원가를 인식한다. 그러나 B200의 단위당 직접재료원가는 훨씬 앞서 설계자가 B200에 들어가는 부품을 선택할 때인 설계시점에 확정된다(locked in or designed in). **확정원가(고착원가 또는 설계원가, locked-in costs or designed-in costs)**는 아직은 발생하지 않았으나 이미 행해진 의사결정에 기초하여 미래에 발생할 원가를 말한다.

원가가 확정되었을 때와 원가가 발생하였을 때를 구별하는 것은 왜 중요한가? 그것은 원가가 이미 확정되면 변경하거나 감소시키기 어렵기 때문이다. 예를 들면, KS컴퓨터(주)가 제조하는 동안 품질상의 문제가 나타난다면 품질을 향상시키고 작업폐물을 줄이는 일은 설계를 바꾸지 않는 한 어렵다. 작업폐물과 재작업원가는 제조과정에서 발생하지만 그것들은 가치사슬 내에서 훨씬 이전에 확정된다. 이와 마찬가지로 소프트웨어산업에서 소프트웨어의 개발원가는 흔히 설계와 분석 단계에서 확정된다. 코드화와 시험과정에서 나타나는 고치기 어려운 오류는 흔히 설계의 잘못으로부터 확정된다.

여기서는 B200의 설계결정이 여러 가치사슬 기능내의 부가가치 및 비부가가치 원가에 어떻게 영향을 미치는가에 대한 또 다른 예를 살펴보자.

① 여러 가지 부품을 함께 끼울 수 있도록 B200을 설계하면 부가가치 직접노동시간과 원가를 줄일 수 있다.

② 설계를 간소화하고 부품이 적게 들어가도록 B200을 설계하면 검사시간과 원가, 주문관련원가를 줄일 수 있다.

③ 수선 그 자체와 수선원가가 감소하도록 설계하면 비부가가치 고객서비스원가를 줄일 수 있다.

[그림 1]은 원가확정곡선과 원가발생곡선을 나타낸 것이다. 하단의 원가발생곡선은 여러 사업기능에서 발생한 단위당 누적원가를 그리기 위해 앞의 자료를 이용하였으며, 상단의 곡선은 확정누적원가를 나타낸 것이다. 두 곡선 모두 단위당 ₩900,000의 총누적원가를 나타낸다. 그래프에서 강조하는 점은 원가가 확정될 때와 원가가 발생할 때의 간격이 크다는 것이다. 여기의 예에서 볼 때 일단 제품이 설계되어 제조, 판매, 서비스 제공 등이 결정되면 B200 단위원가의 86%(₩780,000÷₩900,000) 이상이 확정된다. 즉 직접재료원가, 직접노무원가 등의 제조원가, 판매비, 물류비, 고객서비스원가 등과 같은 원가들은 설계단계에서 확정되나, 그 시점에서 실제로 발생하는 원가는 단지 단위원가의 8%(₩76,000÷₩900,000)뿐이다. 즉, 설계단계에서 직접재료원가, 직접노무원가, 직접기계원가, 대부분의 제조, 판매, 물류, 고객서비스원가가 확정된다는 것이다.

그러므로 원가를 절감하기 위해서는 설계단계에 초점을 맞추어야 한다. 회사는 이 단계에서 설계, 구매, 제조, 판매, 회계담당자들로 구성된 전사적 총괄기능팀을 구성하고, 모든 가치사슬 기능에 대한 설계혁신 및 설계변경에 대한 영향을 평가하여야 한다. 이렇게 함으로써 원가의 절감과 설계선택에 따른 원가의 영향을 파악할 수 있다.

[그림 1] 원가의 확정과 발생

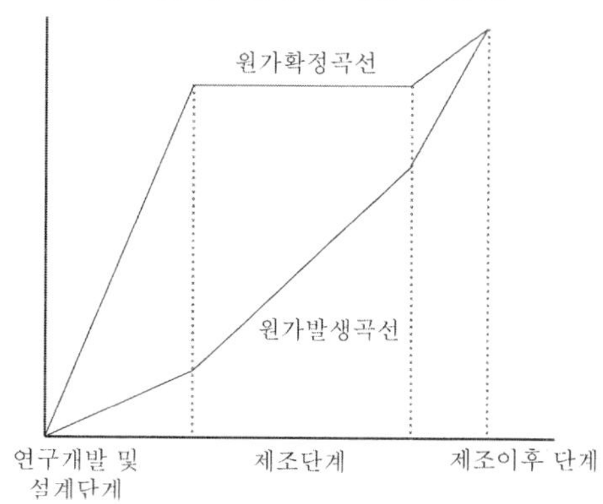

그러나 원가는 항상 설계의 초기단계에만 확정되지 않는다. 법률 및 컨설팅과 같

은 산업에서는 원가의 확정과 발생은 동시에 일어나기도 한다. 만일 원가가 초기에 확정되지 않으면 원가의 절감은 원가가 발생할 때 성공적으로 수행할 수 있다. 이러한 산업에서는 원가절감의 핵심은 좋은 설계보다는 운영 효율성과 생산성에 있다고 할 수 있다.

라. 단위목표원가의 달성

가치공학은 종종 전략적 의미를 갖는다. 가치공학에 의해 KS컴퓨터(주)는 B200 생산을 중단하고 B200 II를 생산하기로 하였다고 하자. 총괄기능팀은 B200 II를 고객이 원하는 가격을 유지하면서 고품질과 고신뢰도의 제품이 되도록 설계하고자 한다. B200 II는 부품수가 줄어들었고 제조와 검사가 용이하다. 다음 표는 활동중심원가를 활용하여 B200과 B200 II의 원가동인수와 원가동인비율을 보여준다. 2015년에 제조하여 판매된 150,000단위의 B200을 대신하여 KS컴퓨터(주)는 2016년도에는 200,000단위의 B200 II를 제조하여 판매할 것으로 예상하고 있다.

		B200*		B200 II**		
원가범주	원가동인	수량	원가	수량	원가	B200 II의 원가에 대한 설명
직접원가						
직접재료원가	생산수량	150,000	@₩460,000	200,000	@₩385,000	B200 II 설계는 간단한 주회로판과 더 적은 부품을 사용한다
직접노무원가	직접작업시간	480,000	20,000	530,000	20,000	B200 II는 B200의 단위당 3.20 직접작업시간과 비교하여 단위당 2.65 직접작업시간을 요구한다. 총직접작업시간은 530,000시간(2.65작업시간×200,000단위)이다.
직접기계원가	기계시간	300,000	38,000	300,000	38,000	새로운 설계는 B200 각 단위를 생산하는데 기계시간이 요구된데 비해, B200 II의 각 단위당 1.5기계시간을 요구한다. 즉, KS컴퓨터(주)는 B200 II의 200,000단위를 생산하는데 총 300,000기계시간을 사용한다(1.5기계시간×200,000단위=300,000기계시간).

		B200*		B200 II**		
원가범주	원가동인	수량	원가	수량	원가	B200 II의 원가에 대한 설명
제조간접원가						
주문관련	주문횟수	22,500	80,000	21,250	80,000	KS컴퓨터(주)는 B200 II 의 425개의 부품에 대해 각 50회의 주문을 할 것이다. B200 II의 총주문횟수는 21,250(425×50)이다.
검사	검사시간	4,500,000	2,000	3,000,000	2,000	B200 II는 검사하기가 더 용이하며 단위당 15검사시간을 요구한다. B200 II의 총검사시간은 3,000,000시간(15×200,000단위)이다.
재작업	재작업 시간	30,000	40,000	32,500	40,000	B200 II는 제조하기가 더 용이하기 때문에 재작업률이 6.5%로 더 낮다. 재작업 총단위는 13,000단위(6.5%× 200,000단위)이다. 한 단위를 재작업하는데 2.5시간이 걸리며 전체에 대해서는 32,500시간(13,000×2.5시간)이 걸린다.

* 150,000단위에 대한 원가동인량과 원가동인 단위원가
** 200,000단위에 대한 원가동인량과 원가동인 단위원가

가치공학이 부가가치원가(B200 II를 덜 비싼 직접재료를 사용하고 직접노동시간이 감소되도록 설계함)와 비부가가치원가(B200 II의 재작업시간을 줄이기 위해 설계를 단순화함)를 어떻게 감소시키는지 검토해보자. 간단히 말하자면, 가치공학이 주문당 원가(₩80,000), 검사시간당 원가(₩2,000) 혹은 재작업시간당 원가(₩40,000)를 줄일 수 없을 것이라고 가정하자. 이러한 활동들을 더욱 효율적으로 만들면, 가치공학이 이러한 원가동인의 비율의 낮춤으로써 또한 원가를 낮출 수 있다.

가치공학이 감소시킬 수 없는 유일한 총 원가는 총 고정기계원가이다. KS컴퓨터(주)가 B200 II 제조에 활용할 수 있는 가용기계작업시간 300,000시간을 전부 쓰든지 안 쓰든지 상관없이 KS컴퓨터(주)는 ₩11,400,000,000(300,000기계시간 × 기계시간당 ₩38,000)의 기계원가가 발생하게 된다. 하지만 KS컴퓨터(주)는 가치공학을 통해 B200 II 제조에 필요한 기계시간을 단위당 1.5시간까지 낮추고 절약된 여유작업시간을 이용하여 더 많은 B200 II를 만들어 판매할 수 있게 된다(B200의 150,000단위에 비해 B200 II 200,000단위 제작 가능).

〈표 2〉 B200 II의 목표제조원가(2015년)

	B200 II		B200
	(1) 200,000단위에 대한 견적제조원가	(2) =(1)/200,000 단위(단위당 견적제조원가)	(3) 단위당 제조원가
직접제조원가			
직접재료원가(200,000단위, @₩385,000)	₩77,000,000,000	@₩385,000	₩460,000
직접노무원가(530,000시간, @20,000)	10,600,000,000	53,000	64,000
직접기계시간(300,000시간, @₩38,000)	11,400,000,000	57,000	76,000
직접제조원가 계	99,000,000,000	495,000	600,000
제조간접원가			
주문관련원가(21,250회, @₩80,000)	1,700,000,000	8,500	12,000
검사원가(3,000,000시간, @₩2,000)	6,000,000,000	30,000	60,000
재작업원가(32,500시간, @₩40,000)	1,300,000,000	6,500	8,000
제조간접원가 계	9,000,000,000	45,000	80,000
총제조원가	₩108,000,000,000	₩540,000	₩680,000

〈표 3〉 B200 II의 제품수익성(2016년도)

	(1) 200,000 단위에 대한 총견적제조원가	(2)=(1)/200,000단위 견적단위당 제조원가
매출액	₩160,000,000,000	₩800,000
매출원가 〈표 2〉		
직접제조원가	77,000,000,000	385,000
직접노무원가	10,600,000,000	53,000
직접기계시간	11,400,000,000	57,000
제조간접원가	9,000,000,000	45,000
매출원가 계	108,000,000,000	540,000
기타원가		
연구개발원가	4,000,000,000	20,000
제품 및 공정설계원가	6,000,000,000	30,000
판매비	18,000,000,000	90,000
물류비	4,400,000,000	22,000
고객서비스원가	3,600,000,000	18,000
기타원가 계	36,000,000,000	180,000
제품의 총원가	144,000,000,000	720,000
영업이익	₩16,000,000,000	₩80,000

〈표 2〉는 이전의 B200 II에 대한 데이터로부터 원가동인의 단위당 원가와 원가동인의 수량에 관한 자료를 이용하여 B200 II의 목표제조원가를 보여준다. 비교를 돕기 위하여 앞의 B200의 단위당 제조원가를 〈표 2〉에 다시 기록하였다. 표에 의하면 새로운 설계로 인해 200,000단위를 판매할 경우 단위당 제조원가가 ₩680,000에서 ₩540,000으로 ₩140,000만큼 감소될 수 있음을 보여주고 있다.

한편 〈표 3〉은 추정된 단위당 제품총원가가 ₩720,000으로 B200 II의 목표원가와 같음을 보여주고 있다. KS컴퓨터(주)의 목표는 목표가격으로 B200 II를 판매하고 목표원가를 달성하며 목표영업이익을 달성하는 것이다.

목표원가를 달성하기 위해서 많은 회사들은 생산성을 제고하고 낭비를 없애는 데 주안점을 둔 카이젠 혹은 지속적인 개선방법(kaizen or continuous improvement methods)들을 가치공학 및 더 나은 설계들과 결합하고 있다. 실제원가를 알게 된 후에 회사들은 후속적인 목표원가계산 노력을 통해 이루어지는 개선에 대한 통찰력을 얻기 위해 실제원가와 목표원가를 비교하고 있다.

적절히 관리되지 않으면 가치공학과 목표원가계산은 다음과 같은 바람직하지 않은 결과를 가져올 수도 있다.

① 총괄기능팀이 팀 구성원의 서로 다른 요구사항을 수용하기 위해 지나치게 많은 특성을 제품에 포함시킬 수도 있다.
② 더 나은 설계를 검토함으로써 오히려 개발소요기간이 길어질 수 있다.
③ 원가절감액의 할당이 조직의 부서별로 불균형하게 배정될 경우 조직 내의 갈등이 발생할 수 있다.

이러한 문제점을 극복하기 위하여 목표원가계산에 기울이는 노력은 항상 ① 고객에 초점을 맞추어야 하고, ② 계획(schedules)에 주의를 기울이며, ③ 사업부서 간의 협력과 팀웍 문화를 이루어야한다.

(2) 원가기준 접근법 : 원가가산 가격결정

가. 원가기준 가격결정 모형

위에서 설명한 외부의 시장기준 접근법을 이용하는 대신 경영자들은 가끔 장기가격결정을 위해 원가기준 접근법을 사용한다. 원가기준 가격결정법에서는 가격을 결정하기 위한 일반적인 공식으로서 원가에 일정한 이윤[(%), 마진, markup]을 더하여 결정한다.

판매가격 = 원가 + 일정한 이윤(%)

원가기준	₩	X
이윤(%)		Y
판매가격	₩	X+Y

경영자들은 가격결정의 출발점으로서 원가가산 가격결정공식을 사용한다. 여기서 이윤(%) 부분은 단지 하나의 경직된 숫자이다. 하지만 고객과 경쟁회사의 행태에 따라 변할 수 있는 유동적인 숫자이기도 하다. 이 이윤(%)은 궁극적으로 시장에 의해 결정된다[6].

나. 원가가산 가격결정의 유형

가) 원가가산 목표투자이익률에 의한 방법

KS컴퓨터(주)가 적용할 수 있는 원가기준 가격결정공식을 검토해 보자. KS컴퓨터(주)의 기술자들은 앞에서 설명한 바와 같이 B200을 B200 II로 다시 설계하였고, KS컴퓨터(주)는 판매가격을 책정함에 있어 단위당 제품총원가에 그 원가의 12%의 이윤을 가산한 금액을 사용하고자 한다.

원가기준(단위당 제품총원가)	₩720,000
이윤(12%×₩720,000)	86,400
판매가격	₩806,400

이 경우 12%의 이윤은 어떻게 결정되는가? 한 가지 접근법은 목표투자이익률을 실현하기 위해 하나의 이윤폭(markup or margin)을 선택하는 것이다. **목표투자이익률(target rate of return on investment)**이란 연간 조직이 원하는 목표영업이익을 투자된 자본으로 나눈 것이다. 물론 투자자본은 여러 방식으로 정의될 수 있다. 본 장에서는 유동자산과 비유동자산을 포함한 총자산으로 정의하고자 한다. 회사들은 보통 목표투자이익률을 정한다. KS컴퓨터(주)의 세전 목표투자이익률이 18%라고 가정하자. 이 경우 KS컴퓨터(주)가 B200 II로부터 희망하는 연간 목표영업이익은 다음과 같이 계산될 수 있다.

6) 많은 나라에서 전기나 천연가스의 가격은 원가에 투하자본 이익률을 더하여 결정한다. 물론 이 경우도 원가가산가격결정법의 하나라고 할 수 있다.

투자자본	₩96,000,000,000
목표투자이익률	18%
연간 목표영업이익(₩96,000,000,000×18%)	₩17,280,000,000
B200Ⅱ 단위당 목표영업이익 (₩17,280,000,000÷200,000단위)	₩86,400

이 계산은 KS컴퓨터(주)가 B200 Ⅱ 한 단위당 ₩86,400의 목표영업이익을 벌어야 한다는 것을 말해준다. 그러면 이 ₩86,400은 무엇을 의미하는가? 제품의 단위당 총원가 ₩720,000에 대한 비율로 나타내면 이윤은 12%(₩86,400÷₩720,000)가 된다.

여기서 중요한 것은 18%의 목표투자이익률과 12%의 이윤율을 혼동하지 말아야 한다.

① 18%의 투자이익률은 KS컴퓨터(주)의 연간 기대영업이익을 투자액에 대한 비율로 표시한 것이다.

② 12%의 이윤은 단위당 영업이익을 단위당 제품총원가의 비율로 나타낸 것이다.

그러므로 경영자들은 우선 목표투자이익률을 계산하고, 나중에 단위당 영업이익률을 계산해볼 필요가 있다.

나) 기타의 원가가산 가격결정 방법

기업들은 가끔 투자된 자본을 파악하는 것이 쉽지 않다는 것을 발견한다. 왜냐하면 투자자본을 계산하는 것은 개별제품의 생산에 소요되는 설비나 건물에 투자된 자본을 배분해야 하는데, 이것은 다소 어렵고 애매한 작업이다. 따라서 어떤 기업들은 여전히 투자자본이익률을 달성할 수 있는 대체적인 원가기준과 이윤율을 선호한다.

이런 대체안들에 대해서 KS컴퓨터(주)의 예로 설명해보자. 〈표 4〉는 각 가치사슬 사업기능별 단위당 원가를 변동원가부분과 고정원가부분으로 분리하여 나타낸 것이다.

〈표 4〉 B200 II의 견적원가구조(2016년도)

가치사슬 사업기능	추정단위당 변동원가	추정단위당 고정원가	단위원가 합계
연구개발	₩8,000	₩12,000	₩20,000
제품이나 공정의 설계	10,000	20,000	30,000
제조	483,000	57,000	540,000
판매	25,000	65,000	90,000
물류	15,000	7,000	22,000
고객서비스	6,000	12,000	18,000
합계	₩547,000	₩173,000	₩720,000

위 표에 의하면 제품 단위당 변동원가는 ₩547,000, 제품단위당 고정원가는 ₩173,000, 그 결과 제품 단위당 총원가는 ₩720,000임을 알 수 있다.

한편 다음의 표는 이윤율을 가정한 B200 II의 대체적 원가기준을 예시하고 있다.

〈표 5〉 B200 II의 목표판매가격

원가기준	B200 II 의 단위당 추정원가 (1)	이윤율 (2)	B200 II 의 이윤 (3)=(1)×(2)	B200 II 의 목표판매가격 (4)=(1)+(3)
변동제조원가	₩483,000	65%	₩313,950	₩796,950
변동제품원가	547,000	45	246,150	793,150
전부제조원가	540,000	50	270,000	810,000
제품 총원가	720,000	12	86,400	806,400

위 표에서는 여러 원가기준과 이윤율을 사용하여 서로 비슷한 목표판매가격을 제시하였다. 실무적으로 회사들은 원가를 회수하고 원하는 투자이익율을 얻기 위한 제품가격을 결정함에 있어서 신뢰성이 있다고 생각하는 원가기준과 경험에 기초한 이익률을 선택한다. 예를 들면, 어떤 기업은 변동원가와 고정원가를 구분하기 어려우면 제품총원가를 선택할 것이다.

위 표의 이윤율은 변동제조원가에 대한 65%에서부터 제품 총원가에 대한 12%까지 다양하다. 그 이유는 원가를 적게 포함하는 원가기준은 그 기준에서 제외된 원가를 보상하기 위하여 더 높은 이윤율을 갖기 때문이다. 정확한 이윤율은 또한 시장에서의 경쟁에 따라 다르다. 즉 경쟁이 심한 시장일수록 이윤율은 낮아지는 경향이 있다.

(가) 전부원가 접근법

조사에 의하면 상당수의 경영자들은 원가기준 가격결정에 제품의 전부원가를 이용한다.

〈표 6〉 전부원가 접근법(1)에 의한 원가가산 가격결정

직접재료원가		×××
직접노무원가		×××
제조간접원가		
변동제조간접원가	×××	
고정제조간접원가	×××	×××
전부제조원가 계		×××
이윤(가산)		×××
목표판매가격		×××

전부원가 접근법에서는 특정제품 한 단위를 제조하는데 발생하는 전부원가, 즉 변동원가는 물론 고정원가도 포함한 모든 원가에 일정한 이윤을 가산하여 판매가격을 결정한다. 이 전부원가 접근법은 크게 두 가지로 나눌 수 있다. 〈표 6〉과 같이 제품의 전부제조원가에 이윤을 가산하여 단위당 판매가격을 결정하는 원가기준 가격결정법[이하에서는 이것을 **전부원가 접근법(1)**이라 한다.]과 <표 7>과 같이 제품의 총원가에 이윤을 가산하여 단위당 판매가격을 결정하는 원가기준 가격결정법[이하에서는 이것을 **전부원가 접근법(2)**]라 한다[7].]이 있다.

즉 위 〈표 5〉에 의하면 세번째 란의 전부제조원가에 이윤을 가산하여 단위당 판매가격을 결정하는 원가기준 가격결정법이 전자에 해당한다. 위 〈표 5〉를 다시 정리하여 전부원가 접근법(1)에 의한 판매가격을 나타내면 다음과 같다.

단위당 판매가격 = 전부원가(전부제조원가) + 이윤
= ₩540,000 + ₩270,000
= ₩810,000

이 전부원가를 기초로 가격을 결정하는 전부원가 접근법(1)에서의 이윤은 모든 판매비와 관리비의 단위당 배분액을 회수하고, 더 나아가 적정이윤을 획득할 수 있는 정도의 크기가 되어야 할 것이다[8].

7) 이 방법은 일반적으로 "총원가 접근법"이라고도 부른다. 이 방법에 의하면 원가를 제품의 전부제조원가 뿐만 아니라 판매비와 관리비 등도 포함된 "총원가"를 기초로 판매가격을 결정하는 방법이다.

8) 일반적으로 전부원가 접근법(1)에서의 이윤의 크기(%)는 다음과 같이 계산한다.

〈표 7〉 전부원가 접근법(2)에 의한 원가가산가격결정

직접재료원가		×××
직접노무원가		×××
제조간접원가		
변동제조간접원가	×××	
고정제조간접원가	×××	×××
전부 제조원가 계		×××
판매비와 관리비		
변동판매비와 관리비	×××	
고정판매비와 관리비	×××	×××
총원가		×××
이윤(가산)		×××
목표판매가격		×××

KS컴퓨터(주)의 B200 II의 경우 그 이윤 ₩270,000은 제품 전부제조원가 ₩540,000의 50%로 설정하였다. 한편 전부원가 접근법(2)는 제품의 총원가에 이윤을 가산하여 단위당 판매가격을 결정하는 원가기준 가격결정법으로 제품의 전부원가에 이윤을 가산하여 제품의 판매가격을 결정하는 하나의 방법이지만, 이것은 제품의 "전부원가"를 제품의 전부 제조원가가 아닌 "총원가" 개념으로 보는 경우이다. 그러므로 이 전부원가 접근법(2)에 의하면 원가를 제품의 전부제조원가 뿐만 아니라 판매비와 관리비 등도 포함된 총원가를 기초로 판매가격을 결정하는 방법이다. 이와 같이 전부제조원가 대신 총원가를 사용하게 되면 위의 KS컴퓨터(주)의 경우 다음과 같이 제품의 판매가격을 결정하게 된다. 즉 총원가에 일정한 이윤을 가산하여 제품의 판매가격을 결정하는 전부원가 접근법(2)는 위 〈표 5〉에 의하면 맨 마지막 란의 제품 총원가에 이윤을 가산하여 단위당 판매가격으로 결정하는 원가기준 가격결정이 이것에 해당한다. 위 〈표 5〉를 다시 정리하여 전부원가 접근법(2)에 의한 판매가격을 나타내면 다음과 같다.

$$\text{이윤}(\%) = \frac{\text{목표이익} + \text{판매비와 관리비}}{\text{전부원가*}}$$

* 판매량×단위당 전부원가

이 계산식은 다음과 같은 계산으로부터 유도된 것이다.

매출액 = 전부원가[1 + 이윤(%)] =전부원가 + 판매비와 관리비 + 목표이익
전부원가 + 전부원가 × 이윤(%) = 전부원가 + 판매비와 관리비 + 목표이익
전부원가 × 이윤% = 판매비와 관리비 + 목표이익
따라서

$$\text{이윤}(\%) = \frac{\text{판매비와 관리비} + \text{목표이익}}{\text{전부원가}}$$

$$
\begin{aligned}
\text{단위당 판매가격} &= \text{제품 총원가} + \text{이윤} \\
&= ₩720{,}000 \quad + ₩86{,}400 \\
&= ₩806{,}400
\end{aligned}
$$

이 전부원가를 기초로 가격을 결정하는 전부원가 접근법(2)에서의 이윤은 적정이윤, 즉 회사가 달성하고자 하는 투자이익률에 의한 목표이익을 획득할 수 있는 정도의 크기가 되어야 할 것이다. KS컴퓨터(주)의 B200 II의 경우 그 이윤 ₩86,400은 제품 총원가 ₩720,000의 12%로 설정하였다.

일반적으로 경영자들은 가격결정을 위한 원가기준에 고정원가를 포함시키는 이유를 다음과 같이 설명하고 있다.

① 제품전부원가 회복

장기 가격결정에 있어서 제품전부원가는 경영자들에게 영업을 중단하는 대신 계속하기 위하여 회수할 필요가 있는 최소한의 원가를 제시한다. 변동원가를 기준으로 하면 이러한 정보를 얻을 수 없다. 가격이 공헌이익을 내는 한 장기적으로 가격을 낮추려는 과다한 충동을 가질지 모른다. 그러나 장기적인 가격을 너무 낮추면 장기적인 수익이 장기적인 원가, 즉 제품전부원가에 못 미칠 경우 손실을 입을 수 있다.

② 가격안정성

경영자들은 전부원가기준 가격결정이 가격안정성을 촉진시킨다고 믿는다. 왜냐하면 영업사원이 가격을 너무 낮출 수 없기 때문이다. 경영자들은 가격안정성이 예측이나 계획수립을 용이하게 하므로 가격안정성을 선호한다.

③ 단순성

가격결정에서 전부원가공식은 원가행태를 세밀하게 분석하여 각 제품의 고정원가와 변동원가를 구분할 필요가 없다. 그리고 대부분의 원가, 예컨대 검사원가나 작업준비원가 등 변동원가와 고정원가 요소를 모두 갖고 있으며, 각 제품이나 활동의 변동원가를 계산하는 것은 비용이 많이 들며 오류가 발생하기 쉽다. 이러한 이유로 인하여 많은 경영자들은 전부원가공식에 의한 가격결정이 효과성 측면에서 바람직하다고 믿는다.

가격을 결정하기 위한 원가기준에 단위당 고정원가를 포함시키는 것이 문제가 없는 것은 아니다. 또한, 단위당 고정원가를 계산하기 위해서는 분모, 즉 예상 조업도나 판매량에 대한 추정이 필요하므로 제품에 고정원가를 배분하는 것 자체가 어느 정도 임의적이다. 만약 이러한 추정들을 잘못하면 실제 제품전부원가는 견적 제품전부원가와 다를 수 있다.

(나) 공헌이익 접근법

일부의 경영자들은 원가기준 가격결정에 그 원가기준으로서 제품의 변동원가를 이용하기도 한다. 즉, 이 경우 단위당 원가를 계산할 때 변동원가만을 기초로 하는데, 이 변동원가에는 변동제조원가뿐만 아니라 변동판매비와 관리비도 포함된다.

〈표 8〉 공헌이익 접근법에 의한 원가가산 가격결정

직접재료원가	×××
직접노무원가	×××
변동제조간접원가	×××
변동판매비와 관리비	×××
변동원가 계	×××
이윤(가산)	×××
목표판매가격	×××

공헌이익 접근법에서는 특정제품 한 단위를 제조하는데 발생하는 변동제조원가와 변동판매비와 관리비에 일정한 이윤을 가산하여 판매가격을 결정한다. 위 〈표 5〉에 의하면 위에서 두 번째 란의 변동제품원가에 이윤을 더해 단위당 판매가격으로 결정하는 원가기준 가격결정이 이것에 해당한다. 그러므로 〈표 5〉의 첫 번째 란의 변동제조원가에 이윤을 더해 단위당 판매가격으로 결정하는 원가기준 가격결정과는 다르다는 것을 이해하지 않으면 안 된다. 다시 말해서 공헌이익 접근법은 원가기준으로서 "변동제조원가"가 아닌 변동판매비와 관리비가 포함된 "변동제품원가"를 사용한다.

위 〈표 5〉를 다시 정리하여 공헌이익 접근법에 의한 판매가격을 나타내면 다음과 같다.

단위당 판매가격 = 변동제품원가 + 이윤
= ₩547,000 + ₩246,150
= ₩793,150

이 변동제품원가를 기초로 가격을 결정하는 공헌이익 접근법에서의 이윤은 고정제조간접원가와 고정판매비와 관리비의 단위당 배분액을 회수하고, 더 나아가 적정 이윤을 획득할 수 있는 정도의 크기가 되어야 할 것이다[9]. 즉 공헌이익 접근법에서는 고정제조간접원가가 원가기준으로서의 원가부분의 크기를 결정할 때 반영하지 않고 이윤의 크기를 결정할 때 반영된다.

KS컴퓨터(주)의 B200 II의 경우 그 이윤 ₩246,150은 변동제품원가 ₩547,000의 45%로 설정하였다.

(다) 양 방법의 비교

어떤 경영자들은 공헌이익 접근법이 변동제조원가와 변동판매비와 관리비를 포함한 변동제품원가만을 기초로 하므로 가격이 너무 낮게 결정될 수 있으므로, 장기적인 관점에서는 전부원가 접근법에 의한 가격결정이 이루어져야 한다고 주장한다. 물론 공헌이익 접근법을 주장하는 경영자들은 전부원가 접근법(1)도 판매비와 관리비는 고려하지 않고 제품원가만을 고려하여 가격결정을 행하므로 이것 역시 가격이 낮게 결정될 수 있다고 주장한다.

그러나 어느 방법을 선택하더라도 원가부분에서 고려하지 않았던 요인들을 이윤결정시 반영하면 가격을 낮게 결정할 염려는 없다. 그러므로 가격결정에 있어서는 원가부분에서 고려하지 않았던 요인들, 즉 전부원가 접근법(1)의 경우는 판매비와 관리비, 공헌이익 접근법의 경우는 고정제조간접원가, 고정판매비와 관리비를 얼마나 이윤결정에 고려하느냐가 중요하다.

다) 원가가산 가격결정과 목표가격결정

원가가산 가격결정에서 계산된 판매가격은 미래의 목표가격이다. 예를 들면 KS

---

9) 일반적으로 공헌이익 접근법에서의 이윤의 크기(%)는 다음과 같이 계산한다.

$$\text{이윤}(\%) = \frac{\text{목표이익} + \text{고정원가}}{\text{변동원가}^{*}}$$

* 판매량 × 단위당 변동원가, 즉 판매량 × (단위당 변동제조원가 + 단위당 변동판매비와 관리비)

이 계산식은 다음과 같은 계산으로부터 유도된 것이다.

매출액 = 변동원가[1 + 이윤(%)] = 변동원가 + 고정원가** + 목표이익
변동원가 + 변동원가 × 이윤(%) = 변동원가 + 고정원가** + 목표이익
변동원가 × 이윤% = 고정원가** + 목표이익

따라서

$$\text{이윤}(\%) = \frac{\text{고정원가}^{**} + \text{목표이익}}{\text{변동원가}}$$

** 고정제조원가 + 고정판매비와 관리비

컴퓨터(주)의 최초의 제품설계에 의하면 B200 Ⅱ의 원가는 ₩750,000이었다. 12%의 이윤율을 가정하여 KS컴퓨터(주)의 목표가격을 ₩840,000[₩750,000 + (₩750,000 × 12%)]으로 결정하였었다. KS컴퓨터(주)는 개인용 컴퓨터시장이 경쟁적이기 때문에 이 가격에 대한 고객과 경쟁자의 반응을 고려하면 이윤을 낮추고 가격을 ₩800,000으로 낮출 필요가 있었다.

기업 실무조사 : 각국의 가격결정 실무와 원가관리기법

각국 대기업의 재무담당자들에 대한 실태조사 결과 가격결정실무에 있어서의 유사점과 차이점이 발견되었다. 원가기준 가격결정 접근법은 아일랜드나 일본, 영국보다는 미국에서 더 많이 사용되고 있는 것으로 나타났다.

어떤 일본의 조사자료에 의하면 시장기준 가격결정은 산업별로 현저한 차이를 보이고 있다. 예를 들면 조립형 산업(전자와 자동차 등)에 속하는 일본의 대다수 회사들은 가격결정을 위해 목표원가계산을 사용하는 반면, 공정형태의 산업(화학, 석유, 철강 등)에서는 그것을 별로 사용하지 않고 있다.

[제품 가격결정의 출발점으로서 주로 사용되는 요인의 순위(1이 가장 중요)]

	미국	일본	아일랜드	영국
시장기준	2	1	1	1
원가기준	1	2	2	2

일본회사들은 원가를 추정할 때 가치공학을 더 자주 사용하고 설계자들을 더 많이 참여시킨다.

[원가관리에서 가치공학의 이용과 설계자 참여]

	호주	일본	영국
원가절감을 위해 가치공학이나 분석을 사용한 회사의 비율	24%	58%	29%
원가추정에 설계자를 포함시킨 회사의 비율	25%	46%	32%

원가를 가격결정을 위해 사용할 때 사용방식에 일관성이 있으며, 특히 전 세계적 회사들은 변동원가보다는 전부원가를 더 많이 사용한다.

[가격결정에 사용한 원가방법의 순위(1이 가장 중요)]

	미국	영국	아일랜드
제품전부원가기준	1	1	1
제품변동원가기준	2	2	2

따라서 앞의 예에서 처럼 KS컴퓨터(주)는 B200 Ⅱ를 다시 설계하여 원가를 ₩720,000으로 줄이고 결국 단위당 판매가격을 ₩800,000으로 유지하고자 한 것이다. 최종적인 설계와 선택한 원가가산가격이 원가, 이윤, 고객반응 사이의 균형을 유지해 주어야 한다.

목표가격결정 접근법은 (목표원가가산)가격, 고객의 반응, 설계의 변경 사이에서 우왕좌왕할 필요를 없애준다. 그 대신, 목표가격결정 접근법은 우선 소비자의 취향과 경쟁자의 예상반응에 따라 제품의 특성과 목표가격을 결정한다. 시장에 대한 고려와 목표가격은 원가를 절감시켜 목표원가와 목표영업이익을 얻는데 초점을 맞추도록 경영자를 독려한다. 때때로 목표원가를 달성할 수 없는데, 그럴 경우 경영자는 제품을 다시 설계하거나 이윤을 줄여야 한다.

상대적으로 독특한 제품과 용역(서비스)을 제공하는 공급자(예를 들면, 공인회계사와 경영 자문가 등)들은 흔히 원가가산 가격결정법을 사용한다. 전문적인 용역(서비스)회사는 시간당 원가가산 청구요금을 기초로 가격을 결정한다. 그러나 이 가격은 경쟁적인 상황에서는 낮아진다. 전문용역(서비스)회사는 가격을 선택할 때 장기적인 관계도 고려한다. 예를 들면, 공인회계사는 고객에게 처음에는 낮은 가격을, 나중에는 높은 가격을 청구하기도 한다.

사례 3

KS제조(주)는 구리로 만든 고급품질의 주방기구를 제조하고 있다. 내년도에 이 회사는 10,000단위의 주방기구를 생산하여 판매할 계획이다. KS제조(주)의 내년도 10,000단위 생산과 관련한 원가관련 자료는 다음과 같다.

단위당 직접재료원가.	₩60,000
단위당 직접노무원가(2시간, @₩10,000)	₩20,000
시간당 변동제조간접원가율	@₩8,000
시간당 고정제조간접원가율	@₩12,000
단위당 변동판매비	₩5,000
총고정관리비	₩20,000,000

요구사항

1. 이상의 자료로 KS제조(주)의 단위당 변동제조원가, 단위당 변동원가, 단위당 전부제조원가, 단위당 총원가를 계산하시오.

2. KS제조(주)는 내년도 ₩317,500,000(세전)의 목표이익을 달성하고자 한다. 이 목표이익을 달성하기 위한 총원가에 기초한 이윤율(markup %)을 구하시오. 그리고 이 이윤율을 반영한 총원가법에 의한 판매가격을 계산하시오.

해설

1.

단위당 직접재료원가	₩60,000
단위당 직접노무원가	20,000
단위당 변동제조간접원가	16,000*
단위당 변동제조원가	₩96,000
단위당 변동판매비	5,000
단위당 변동원가	₩101,000

단위당 변동제조원가	₩96,000
단위당 고정제조간접원가	24,000**
단위당 전부(제조)원가	₩120,000
단위당 변동판매비	5,000
단위당 고정관리비	2,000***
단위당 총원가	₩127,000

* @₩8,000×2시간, ** @₩12,000×2시간, *** ₩20,000,000/10,000단위

2. 이윤율 = ₩317,500,000/(10,000단위×@₩127,000)
= 25%

판매가격 = 총원가+이윤율
= ₩127,000+@₩127,000×25%
= ₩158,750

검증

매출액(10,000단위, @₩158,750)		₩1,587,500,000
변동원가 :		
직접재료원가	₩600,000,000	
직접노무원가	200,000,000	
변동제조간접원가	160,000,000	
변동판매비	50,000,000	1,010,000,000
공헌이익		577,500,000
고정원가 :		
고정제조간접원가	240,000,000	
고정판매비	20,000,000	260,000,000
영업이익		₩317,500,000

사례 4

KS제조(주)는 한 가지 제품을 생산하고 있으며 제품 50,000단위의 생산에 대한 2015년도의 총원가자료는 다음과 같다.

변동제조원가	₩800,000,000
고정제조원가	600,000,000
변동판매관리비	300,000,000
고정판매관리비	200,000,000

KS제조(주)의 총투자액은 ₩3,000,000,000이며, 법인세율은 40%이다. 2016년도에는 단위당 변동원가가 10% 증가하고, 총고정원가는 20% 증가할 것으로 예상하고 있다. KS제조(주)는 2016년도에는 60,000단위를 생산하여 판매할 예정이다. 이상의 자료로 다음의 요구사항에 답하시오.

요구사항

1. 세전 투자수익률이 15%가 되도록 2016년도의 단위당 판매가격을 결정하시오.
2. 세후 투자수익률이 15%가 되도록 2016년도의 단위당 판매가격을 결정하시오.

해설

1.

2015년도의 단위당 변동원가 = (₩800,000,000 +₩300,000,000)/50,000단위 = @₩22,000
2016년도의 단위당 변동원가 = @₩22,000×(1+0.1) = @₩24,200
2015년도의 총고정원가 = (₩600,000,000+₩200,000,0000)×(1+0.2) = ₩960,000,000

[P × 60,000단위−(@₩24,200×60,000단위)−₩960,000,000] = ₩3,000,000,000×15%

따라서 단위당 판매가격(P)은 ₩47,700이다.

검증

매출액(60,000단위, @₩47,700)		2,862,000,000
변동원가 :		
변동제조간접원가(60,000단위, @₩17,600*)	1,056,000,000	
변동판매비(60,000단위, @₩6,600)**	396,000,000	1,452,000,000
공헌이익		1,410,000,000
고정원가 :		
고정제조간접원가	720,000,000#	
고정판매비	240,000,000	960,000,000
영업이익		450,000,000##

* (₩800,000,000/50,000단위)×1.1, ** (₩300,000,000/50,000단위)×1.1
\# ₩600,000,000×1.2, ## ₩450,000,000/₩3,000,000,000×100% = 15%

2.

[P × 60,000단위 − (@₩24,200 × 60,000단위) − ₩960,000,000)] × (1−0.4)]
= ₩3,000,000,000×15%

따라서 단위당 판매가격(P)은 ₩52,700이다.

검증

매출액(60,000단위, @₩52,700)		₩3,162,000,000
변동원가 :		
변동제조간접원가(60,000단위, @₩17,600*)	1,056,000,000	
변동판매비(60,000단위, @₩6,600)**	396,000,000	1,452,000,000
공헌이익		1,710,000,000
고정원가 :		
고정제조간접원가	720,000,000#	
고정판매비	240,000,000	960,000,000
영업이익		750,000,000
법인세(40%)		300,000,000
순이익		₩450,000,000##

* (₩800,000,000/50,000단위)×1.1, ** (₩300,000,000/50,000단위)×1.1
\# ₩600,000,000×1.2, ## ₩450,000,000/₩3,000,000,000×100% = 15%

사례 5

KS제조(주)는 신제품을 생산하기 위하여 ₩10,000,000을 투자하였다. 목표투자이익률은 10%이며, 신제품과 관련한 원가자료는 다음과 같다.

단위당 변동제조원가	₩180
고정제조간접원가	₩3,000,000
단위당 변동판매비	₩20
고정판매비와 관리비	₩1,000,000

KS제조(주)는 매년 20,000단위를 생산하여 판매할 것으로 예상하고 있다.

요구사항

이상의 자료로 다음의 원가가산가격결정방법으로 제품의 판매가격 및 원가에 가산할 이윤

(%)을 계산하시오.

1. 공헌이익 접근법
2. 전부원가 접근법(1)
3. 전부원가 접근법(2)
4. 위 1., 2., 3.에 의해 계산된 제품의 판매가격을 비교하여 논평하시오.

해설

1. 공헌이익 접근법

단위당 변동원가 = 단위당 변동제조원가 + 단위당 변동판매비
= ₩180 + ₩20
= ₩200

회수하여야 할 이익 = 고정제조간접원가 + 고정판매비와 관리비 + 이윤(순이익)
= ₩3,000,000 + ₩1,000,000 + ₩10,000,000 × 10%
= ₩5,000,000

단위당 이윤 = ₩5,000,000/20,000단위 = ₩250

원가에 가산할 이윤(%) = 단위당 이윤/단위당 변동원가
= ₩250/₩200 × 100%
= 125%

판매가격 = 단위당 변동원가 + 원가에 가산할 이윤
= ₩200 + ₩250
= ₩450

2. 전부원가 접근법(1)

① 단위당 전부원가 = 단위당 변동제조원가 + 단위당 고정제조간접원가
= ₩180 + ₩3,000,000/20,000단위
= ₩330

② 회수하여야 할 이익 = 변동판매비 + 고정판매비와 관리비 + 이윤(순이익)
= (₩20 × 20,000단위) + ₩1,000,000 + ₩10,000,000 × 10%
= ₩2,400,000

③ 단위당 이윤 = ₩2,400,000/20,000단위 = ₩120

원가에 가산할 이윤(%) = 단위당 이윤/단위당 전부원가
= ₩120/₩330 × 100%
= 36.36%

판매가격 = 단위당 전부원가 + 원가에 가산할 이윤
= ₩330 + ₩120
= ₩450

3. 전부원가 접근법(2)

이 방법은 단위당 총원가를 기초로 가격을 결정하는 것이므로, 흔히 총원가 접근법이라고도 부른다.

① 단위당 총원가 = 단위당 전부원가 + 단위당 판매비와 관리비
= ₩330 + (₩20 × 20,000단위 + ₩1,000,000)/20,000단위
= ₩400

② 회수하여야 할 이익 = 순이익
= ₩10,000,000 × 10%
= ₩1,000,000

③ 단위당 이윤 = ₩1,000,000/20,000단위 = ₩50

원가에 가산할 이윤(%) = 단위당 이윤/단위당 총원가 = ₩50/₩400 × 100%
= 12.50%

판매가격 = 단위당 총원가 + 원가에 가산할 이윤
= ₩400 + ₩50
= ₩450

4. 원가에 가산할 이윤 및 이윤율(%)은 다르나, 단위당 판매가격은 동일하다. 따라서 어떤 방법으로 판매가격을 결정하느냐 하는 것은 경영자의 선호에 달려있다.

제3절 가격결정 시 원가 이외의 고려사항

1. 가격차별화와 가격정책

경우에 따라서는 원가만이 가격결정에 있어서 주요 요인이 아니다. San Francisco에서 Chicago까지 왕복항공에 부과하는 항공사의 항공요금을 생각해 보자. 보통석 좌석요금은 여행자가 Chicago에서 주말을 보내는 경우 ₩350,000이며, 그렇지 않고 곧바로 돌아오는 경우는 ₩1,600,000이다. 이 가격의 차이가 왕복운항에 대한 비행기의 원가의 차이로 설명이 되는가? 그렇지 않다. 여행자가 Chicago에서 주말을 지내든 여행자를 San Francisco에서 Chicago까지 나르는 원가는 같을 것이다. 이 경우 우리는 이러한 가격의 차이를 설명하기 위해 가격차별화의 잠재요인을 인식하여야 한다.

가격차별화(price discrimination)는 동일한 제품이나 용역(서비스)에 대해 상

이한 고객에게 상이한 가격을 부과하는 방법을 말한다. 어떻게 가격차별화가 항공사의 예에서 성립할 수 있는가? 항공권 수요의 두 가지 주요 원천으로 사업여행자들과 관광여행자들을 들 수 있다. 사업여행자들은 회사의 영업을 위해 여행을 하므로, 보통 그들은 목적지까지 여행하고 일을 마친 후에 주중에 집으로 돌아간다. 결과적으로 사업여행자 수요는 가격에 별로 민감하지 않다. 가격변화에 수요가 민감하지 않은 것을 수요의 비탄력성(demand inelasticity)이라고 한다. 항공사는 사업여행자에게는 비싼 요금을 물리는데, 그 이유는 높은 가격임에도 수요에 미치는 영향이 적고, 그 결과 영업이익은 커지기 때문이다.

한편 관광여행자들은 그 주(week)에 집에 돌아올 필요성을 별로 느끼지 못할 뿐만 아니라 사실 그들은 주말에 목적지에서 시간을 보내려 할 것이다. 그들은 스스로 항공료를 부담하기 때문에 사업여행자들에 비하여 가격에 매우 민감하므로 그들의 수요는 더욱 가격탄력적이다. 관광여행자들의 수요를 창출하기 위해 항공회사들은 가격을 낮게 결정하는 것이 수익성이 있다.

그러면 항공사들은 관광여행자들에게는 낮은 요금을 부과하면서 동시에 어떻게 사업여행자들에게는 높은 요금을 유지할 수 있는가? 주말에 머무르도록 하는 것이 두 고객을 차별화하는 것이다. 항공회사는 시장을 둘로 구분하여 가격을 차별화하여 사업여행자들과 관광여행자들에 따라 가격에 다르게 반응하는 점을 이용한다. 가격의 차이는 비록 두 집단에 대한 서비스원가가 같은 경우에도 존재한다. 물론 사업여행자들이 가격에 민감하게 반응하는 경우에는 그들에게 낮은 가격을 부과하게 된다. 일부 항공사의 경우 사업여행을 촉진하기 위해 특정노선에 대해 가격을 인하하고 있는데 그 경우가 이것에 해당한다.

가격차별화에 디하여 가격결징에 있어서는 생산(또는 용역세공)능력 **세약요인 (capacity constraints)**과 같은 원가 이외의 요소를 고려하여야 한다. **고가격결정 (peak-load pricing, 고부하가격결정)**이란 수요가 물리적인 생산한계에 도달했을 때 동일한 제품이나 용역(서비스)에 대하여 더 높은 가격을 부과하는 실무를 말한다. 즉, 바쁜 기간(생산능력에 비해 수요의 부하가 높을 때)에 결정된 가격은 고객이 다급할 때 지급하고자 하는 가격이며, 한가하거나 유휴시설이 존재할 때 부과된 가격보다 더 높다. 고가격결정은 전화, 전신, 호텔, 자동차 임대업 등에서 볼 수 있다.

다음은 2015년 11월 인천공항에서 임대하는 중형차에 대한 자동차 임대회사의 자동차 임대료이다.

주중(월요일에서 목요일)	하루에 ₩69,000
주말(금요일에서 일요일)	하루에 ₩22,000

자동차를 주중에 임대하든 주말에 임대하든 자동차 임대회사의 실제원가는 같다. 그렇다면 이 차이를 어떻게 설명할 수 있는가? 여기서는 두 가지 별도의 설명을 제시하기로 한다. 우선 하나의 설명은 사업활동으로 인하여 주중에는 수요가 많다는 것이다. 임대능력의 한계로 인하여 자동차 임대회사는 시장이 요구하는 수준까지 높은 임대료를 받는다. 두 번째 설명은 임대료가 가격차별화의 한 형태라는 것이다. 주중의 차의 수요는 사업을 하기 위해 주로 사업여행자들이 차를 빌리는데, 이들은 가격에 별로 민감하지 않다. 주중의 높은 임대료는 수요에 별로 영향을 주지 않으므로 수익성이 좋다. 반대로 주말의 수요는 주로 관광여행자들이 차를 빌리는데, 그들은 가격에 민감하다. 낮은 임대료는 이들로부터 수요를 촉진시켜, 결과적으로 자동차 임대회사의 영업이익을 증대시킨다. 위의 두 가지 설명 모두 가격결정은 원가요인에 의하여 이루어지는 것이 아니다. 이상에서 본 바와 같이 가격차별과 고가격결정 하에서 가격은 비록 제품이나 용역(서비스)을 제공하는 원가가 거의 동일하다 해도 시장에 따라 달라질 수 있다.

이 밖에도 원가 이외의 고려사항이 가격에 미치는 영향이 큰 또 다른 예는 동일한 제품이 서로 다른 나라에서 팔리는 경우이다. 예를 들어 한 나라에서 생산되어 전 세계에 판매되는 소프트웨어, 책 또는 의약품 같은 제품을 생각해 보자. 각 나라에서 부과되는 가격은 각 나라에 제품을 운송하는 데 소요되는 원가 이상으로 차이가 있다. 이러한 가격의 차이는 나라별로 소비자의 구매력이 다르고 판매가격을 제한하는 정부의 제약이 다르기 때문이다. 따라서 다른 정부에서 부과하는 제약한계 내에서 회사는 다른 나라들의 구매자들이 지급할 수 있는 최대수준까지 가격을 결정한다.

2. 가격결정에 있어서 독점금지법의 영향

가격결정에 있어서 법률적인 고려는 중요하다. 회사들이 항상 그들이 원하는 가격을 부과할 수 있는 것이 아니다. 예를 들어 미국의 Robinson-Patman법 하에서 제조업자는 경쟁을 줄이거나 방지하고자 하는 의도라면 고객 간의 가격차별은 금지되어 있다.

미국의 가격차별화법(price-discrimination laws)의 세 가지 주요 특징은 다음과 같다.

① 제조회사에만 적용되며 용역(서비스)회사에는 적용되지 않는다.
② 가격차별이 원가의 차이에 의해 정당화될 수 있으면 허용한다.
③ 경쟁을 없애기 위한 가격차별화는 법률을 위반하는 것이다.

앞에서 설명한 항공사와 자동차 임대회사의 예는 합법적인데, 그 이유는 이들 회사는 모두 용역(서비스)회사이며, 그들의 실무는 경쟁을 저해하는 것이 아니기 때문이다. 미국에서 Sherman법, Clayton법, 연방거래위원회법, Robinson-Patman법과 같은 독점금지법을 준수하기 위해서는 가격결정이 약탈적이어서는 안 된다.

수요를 확대시키는 것이 아니라 공급을 제한하고 가격을 올리며, 경쟁자를 몰아낼 목적으로 원가보다 가격을 낮게 결정할 때 그 기업은 **약탈적 가격결정(predatory pricing)**을 하는 것이 된다.

미국의 대법원은 약탈적 가격결정이 발생하였다는 증명을 하기 위한 조건을 다음과 같이 판단하고 있다.

① 약탈적 회사는 적절한 원가측정치보다 낮은 가격을 부과한다.
② 약탈적 회사는 원가보다 낮은 가격으로 손해 본 부분을 높은 시장점유율 또는 높은 가격에 의하여 미래에 만회할 수 있다고 예측하고 있다.

그러나 대법원은 "적절한 원가측정치"가 무엇인지는 명시하고 있지 않으나, 대부분의 미국법정은 "적절한 원가측정치"를 단기적인 한계 혹은 평균변동원가로 정의하고 있다[10].

독점금지법을 준수하려는 회사는 다음의 절차를 통합하는 시스템을 갖는 것이 보다 만전을 기하는 것이다.

① 모든 가치사슬 기능에 대한 변동원가의 자료를 수집하고 자세한 기록을 유지한다.
② 약탈적 의도가 있다고 간주될 수 있는 변동원가 이하의 가격을 먼저 검토한다.

Brooke Group 대(對) Brown & Williamson Tobacco(BWT) 사건에서 대법원의

10) Adjustor사의 Feplace-a-Car 對 Agency사의 Rent-a-Car 사건에서 Adjustor(원고)는 Agency사가 약탈적 가격결정을 하였으므로 Texas의 Austin과 San Antonio의 시장에서 축출되어야만 한다고 주장했다. 약탈적 가격결정을 증명하기 위하여 Adjustor사는 Agency사의 손익계산서에서 Agency 본사의 간접원가를 배분한 후의 '순영업손실'을 지적하였다. 그러나 판사는 Agency사가 렌트카에 부과하였던 가격이 평균변동원가 아래로 떨어진 적이 없다는 이유로 Agency사는 약탈적 가격책정을 하지 않았다고 판결하였다.

판결은 약탈적 가격결정을 증명하는 어려움을 가중시켰다. 회사가 평균변동원가 이하의 가격을 책정하는 것은 이후에 손실을 만회할 만큼의 높은 가격이나 시장점유율을 높일 합리적인 기회를 가지고 있지 않다면 '약탈적 가격결정을 한 것이 아니다' 라고 결정하였다. 담배제조회사인 피고 BWT는 잘 알려진 상표의 담배를 팔고 있었으며, 시장점유율은 12%였다. 상표등록이 되어 있지 않은 담배가 출시되면서 BWT의 시장점유율을 위협하였다. BWT도 이에 맞서 자신의 상표등록이 안 된 담배를 평균변동원가 이하로 출시하여 비상표등록 담배제조업자가 영업을 계속하기 어렵게 하였다. 대법원은 BWT의 행위가 경쟁적인 대응이며, 약탈적 가격결정이 아니라고 판결했다. 그 이유는 BWT의 적은 12%의 시장점유율과 담배산업의 경쟁을 고려하면 이후에 손실을 만회할만한 독점가격을 부과할 수 없기 때문이었다.

약탈적 가격결정과 밀접하게 관련된 것이 **덤핑(dumping)**이다. 미국의 법률하에서 덤핑은 외국회사가 그 제품이 생산된 국가의 시장가치보다 낮은 가격으로 미국 내에서 제품을 판매할 때 일어나며, 이러한 행위는 미국 내 산업을 중대하게 위협하는 것으로 간주한다. 만약 덤핑으로 판명되면 미국관세법에 따라 외국가격이 미국가격을 초과하는 금액만큼 반덤핑세금이 부과될 수 있다. 덤핑과 관련한 사례는 그동안 시멘트, 컴퓨터, 철강, 반도체, 스웨터 산업에서 발생하여 왔다.

독점금지법 위반의 또 다른 형태는 담합가격이다. **담합가격결정(collusive pricing)**은 한 산업내의 회사들이 경쟁가격보다 가격을 인상하기 위해 가격결정과 생산량 결정을 공모할 때 일어난다. 담합가격결정은 그것이 거래를 제한하기 때문에 미국의 독점금지법을 위반하는 것이다. 예를 들면 1999년 법무성은 담합가격을 결정하였다는 이유로 비타민 제조업체 다섯 회사에 대해 8억 6천 2백만 달러의 벌금을 부과하였다.

이상과 같이 독점금지법을 따르기 위해서는 약탈적 가격결정, 덤핑 또는 담합가격결정을 해서는 안 된다. 왜냐하면 그것들은 경쟁을 약화시키고 다른 회사로 하여금 경쟁적 불이익에 처하도록 하기 때문이다.

제4절 수명주기 예산편성과 가격결정

회사들은 가끔 다년간에 걸친 수명주기 제품의 원가를 계산하고 가격을 결정하고자 한다. **제품수명주기(product life cycle)는** 최초의 연구개발로부터 시작하여 그 제품에 대한 고객서비스가 더 이상 제공되지 않을 때까지이다. 자동차의 경우 보통 이 기간은 5년에서 7년 정도이며, 어떤 의약품의 경우에는 7년에서 10년 정도가 되기도 한다.

수명주기 예산편성(life-cycle budgeting)은 최초의 연구개발로부터 최종적으로 고객에게 서비스를 제공하고 수명을 다 할 때까지 제품별로 수익과 원가를 추정하는 것이며, **수명주기 원가계산**(life-cycle costing)은 시작부터 끝까지 각 제품의 실제로 발생한 원가를 추적하고 집계하는 것이다. 흔히 "요람에서 무덤까지" 원가계산을 한다는 말은 그 제품에 관련된 모든 원가들을 빠짐없이 측정하려는 노력을 말한다.

1. 수명주기 예산편성과 가격결정

수명주기 예산원가(budgeted life-cycle costs)는 가격결정에 중요한 정보를 제공할 수 있다. 새로운 회계처리 소프트웨어인 GL을 개발 중인 컴퓨터 소프트웨어 회사인 KS사를 고려해 보자. GL 소프트웨어의 6년간의 수명주기에 대한 예산액을 다음과 같이 가정해보자.

1, 2차 연도

연구개발원가	₩240,000,000
설계원가	160,000,000

3-6차 연도

	1회 작업준비원가(고정원가)	단위당 원가(변동원가)
제조원가	₩100,000,000	₩25,000
판매비	70,000,000	24,000
물류비	50,000,000	16,000
고객서비스원가	80,000,000	30,000

KS사가 수익을 얻기 위해서는 여섯 가지 범주의 모든 영업기능에서 원가, 특히 높은 비제조원가를 회수하기 위해 수익을 창출해야 한다. 〈표 9〉는 GL이라는 소프트웨어에 대한 세 가지의 판매가격과 판매량에 대한 수명주기예산이다.

〈표 9〉 KS사의 GL 소프트웨어 수명주기예산(수익, 원가)

(단위 : ₩1,000)

판매가격	₩400	₩480	₩600
판매량	5,000단위	4,000단위	2,500단위
수명주기수익	₩2,000,000	₩1,920,000	₩1,500,000
수명주기원가			
연구개발원가	240,000	240,000	240,000
제품 및 공정의 설계원가	160,000	160,000	160,000
제조원가	225,000*	200,000	162,500
판매비	190,000**	166,000	130,000
물류비	130,000***	114,000	90,000
고객서비스원가	230,000****	200,000	155,000
총수명주기원가	1,175,000	1,080,000	937,500
수명주기 영업이익	₩825,000	₩840,000	₩562,500

* ₩100,000 + @₩25 × 5,000단위, ** ₩70,000 + @₩24 × 5,000단위
*** ₩50,000 + @₩16 × 5,000단위, **** ₩80,000 + @₩30 × 5,000단위

다음의 몇 가지 특성들 때문에 수명주기 예산편성이 중요하게 되었다.

① 비제조원가의 규모가 크다.

제조원가는 대부분의 회계시스템에서 제품별로 파악이 가능하지만 연구개발, 설계, 판매, 물류, 고객서비스에 관련된 원가들은 제품별로 파악하는 것이 쉽지 않다. 비제조원가가 클 때는 GL의 예에서 처럼 그와 같은 원가들을 제품별로 파악하는 것이 목표가격결정, 목표원가계산, 가치공학, 원가관리에 필수적이다.

② 연구개발과 설계에 소요되는 기간은 길고, 비용이 많이 소모된다.

GL의 예에서 연구개발과 설계는 2년이 소요되고, 그 원가가 판매가격과 예상판매량의 세 가지 조합에 대하여 총원가의 30% 이상을 차지하고 있다. 따라서 총수명주기원가 중 생산이 시작되거나 수익을 얻기 전에 발생한 원가의 비율이 높은 상황하에서 KS사는 가능한 한 그 제품에 대한 정확한 수익과 비용의 예측이 필요하다. 이것은 회사가 비용이 많이 소요되는 연구개발과 설계활동을 착수할 것인지 여부를 결정하는 데 중요한 정보가 된다.

③ 연구개발 및 설계단계에서 많은 원가가 확정된다.

GL의 예에서 설치와 사용이 까다로운 잘못 설계된 프로그램은 판매, 물류, 고객서비스원가를 상승시키게 된다. 만일 제품이 요구되는 품질과 성능 수준에 도달하지 못하면 이들 원가는 더욱 더 높아질 것이다. 수명주기에 의한 수익 및 원가예산은 사업기능별 원가들 간에 존재하는 이러한 인과관계가 의사결정과정에서 간과되는 것을 예방해 준다. 수명주기 예산편성은 제품의 수명주기에 따른 원가를 밝혀주며, 원가가 확정되기 전에 설계단계에서의 가치공학을 쉽게 해준다. 〈표 9〉에 나타난 금액들은 가치공학에 의한 결과이다.

이상과 같이 수명주기 예산편성과 원가계산은 특히 다음 세 가지 경우에 중요하다. ① 비제조원가가 클 때, ② 총수명주기원가의 상당 부분이 제조 전에, 그리고 수익을 실현하기 전에 발생할 때, ③ 수명주기원가의 대부분이 연구개발 및 설계단계에 확정될 때이다.

그러므로 회사들은 제품의 수명주기에 걸쳐서 획득되는 영업이익을 최대화할 수 있는 가격을 선택하여야 한다. 예로서, KS사는 단위당 ₩480,000에 판매하는 것이 수명주기 영업이익을 최대화할 수 있으므로 GL 단위당 그 가격으로 판매하기로 하였다. 〈표 9〉는 단위당 판매가격이 전체 수명주기 동안 변하지 않는다는 것을 가정하고 있다. 하지만 전략상 처음 출시되어서 고객들에게 인기가 있을 때 제품을 고가로 팔고 나중에는 저가로 파는 전략을 채택할 수도 있다.

일반적으로 인정되는 회계원칙에 의해 공시되는 재무제표를 포함한 대부분의 회계시스템은 월별, 분기별, 연도별로 보고한다. 이와는 대조적으로 제품수명주기 보고는 제품의 수명주기가 수년에 걸치는 경우가 많으므로 이러한 월별, 분기별, 연도별 보고를 강조하지 않는다. 따라서 제품수명주기 보고는 수년 동안 제품별로 수익과 원가를 추적한다. 예를 들면, 수명주기 원가보고에 포함된 연구개발원가는 흔히 서로 다른 회계연도에 걸쳐 발생한다. 연구개발 및 다른 사업사슬 기능 원가들을 전체 수명주기에 걸쳐 추적할 때는 개별제품별 원가의 총규모를 계산하고 분석한다.

2. 수명주기 예산편성 및 원가계산의 활용

수명주기 예산편성은 목표가격결정 및 목표원가계산과 밀접하게 관련되어 있다. 예로서 자동차산업을 고려해 보자. 제품의 수명주기는 장기적이고, 총수명주기원가의 대부분이 설계단계에서 실제로 확정된다. 또한 설계결정은 수년간에 걸쳐 원가에 영향을 미친다. Daimler-Chrysler, Ford, GM, Nissan, Toyota와 같은 회사들은 수년간에 걸쳐 원가와 수익을 추정하는 수명주기 예산편성을 이용하여 그들 회사의 제품 모델에 대한 목표가격과 목표원가를 결정한다.

환경원가(environmental costs) 관리는 수명주기 원가계산과 가치공학의 다른 예를 보여준다. 강력한 환경법의 시행으로 엄격한 환경기준을 도입하였고 대기오염, 토질오염, 수질오염 등에 대한 처벌을 강화하였다. 환경원가는 흔히 제품과 공정의 설계단계에서 확정된다. 이러한 환경적 부담(부채)을 회피하기 위하여 정유회사나 화학공정처리를 하는 회사들은 가치공학을 활용하고 제품 및 공정을 설계함으로써 수명주기 동안의 오염발생을 예방하고 줄여나간다. Compaq사와 Apple사 등의 컴퓨터제조회사는 배터리가 제품수명이 다할 때 환경적으로 안전한 방법으로 처리되도록 비싼 재활용프로그램을 도입하고 있다.

수명주기원가의 다른 관점이 고객수명주기원가이다. 이 **고객수명주기원가(customer life-cycle costs)**는 제품을 획득하여 사용한 후 그것을 교체할 때까지 고객이 발생시키는 총원가에 초점을 둔다. 자동차의 예를 들면 고객수명주기원가는 자동차 자체의 구매원가에 운영 및 유지원가를 더하고 처분가치를 차감한 원가를 말한다. 고객수명주기원가는 가격결정시 중요한 고려사항이 될 수 있다. 예를 들면, Ford사의 목표는 최소 100,000마일을 주행할 수 있는 차를 설계하는 것이기 때문에 비싼 가격에 판매하고, 그 자동차 판매를 통한 시장점유율이 높아지길 기대한다. 이와 유사하게 청소기, 드라이어, 식기세척기를 제조하는 회사들도 전기소요량을 줄이고 유지비가 적게 드는 모델에 높은 가격을 설정하고자 할 것이다.

제9장

품질원가계산

전 세계적으로 많은 기업들은 품질을 중요한 전략적 요소로서 강조하고 있다. 이들 기업들이 품질을 전략적 경쟁수단으로서 강조하는 이유는 원가를 절감시키고 고객의 만족을 증대시키기 때문이다. 본 장에서는 품질의 중요성과 품질원가의 분류, 품질원가보고서를 통한 품질원가 관리, 활동중심원가계산을 활용한 품질원가계산, 품질원가의 성과평가 등을 학습한다.

제1절 품질과 품질원가

1. 전략적 경쟁수단으로서의 품질

오늘날 소비자들은 더 이상 저급 품질의 제품과 납기를 준수하지 못하는 서비스에 대해 관대하지 않고 있다. 소비자들에게 품질과 인도시간을 준수하지 못하는 회사들은 높은 원가를 부담하게 되고 사업상 중대한 위험에 처할 수도 있다. 소비자들을 만족시키고 경쟁력을 갖기 위해서 경영자들은 지속적으로 제품의 품질을 개선하고 인도시간을 단축시킬 수 있는 효과적인 방법을 강구하지 않으면 안 된다.

전 세계적으로 많은 기업들, 예컨대 미국의 Hewlett-Packard, Ford 자동차, 영국의 British Telecom, 일본의 Fujitsu와 Toyota 자동차, 한국의 삼성 등에서는 품질을 중요한 전략적 요소로서 강조하고 있다. 이들 기업들이 품질을 전략적 경쟁수단으로서 강조하는 이유는 원가를 절감시키고 고객의 만족을 증대시키기 때문이다. 이에 따라 각 국가에서는 품질향상을 유도하고, 탁월한 품질을 인정하는 상들을 제정하여 높은 품질의 제품을 생산하는 기업들에게 수여하고 있다. 미국의 Malcolm Baldridge Quality Award, 일본의 Deming Prize 등이 이것에 해당한다.

또한 국제품질표준(international quality standard)도 출현하였다. 예컨대, 국제표준기구(International Organization for Standardization; ISO)에 의해 개발된 ISO 9000은 5개 영역의 국제품질관리표준으로 이미 85개국 이상에서 채택하고 있다. 이 ISO 9000은 기업들로 하여금 그들 기업에서의 품질향상 과정의 요소들을 효과적으로 문서화하고 인증할 수 있게 한다. DuPont이나 GE와 같은 기업들은 그들의 공급자들이 경쟁적인 원가로 고급 품질의 제품을 공급할 수 있도록 ISO 9000을 획득하도록 요구하고 있다. 이와 같이 품질에 대한 인증과 강조는 전 세계적 시장에서 경쟁력을 얻기 위한 전제조건이 되고 있다.

이상에서 서술한 바와 같이 제품이나 서비스를 구입하는 소비자들의 품질에 대한 요구는 최근 급격히 높아지고 있다. 특히, 기술의 발달, 고객욕구의 다양화, 품질수준에 대한 소비자들의 기대 상승 및 ISO 9000 제도의 실시 등으로 품질은 기업에서 가격-원가와 함께 매우 중요한 경쟁수단으로 되었다.

미국 기업의 실증에 따르면 품질원가가 총제조원가의 30%에 이르고 있으며, 매출액의 15~20%를 차지하고 있다고 보고되고 있다. 일본기업의 연구에 따르면 적정한 품질원가는 매출액의 2~4%이어야 한다는 측면에서 볼 때 미국 기업의 품질원가는 너무 과다하며, 기업에서는 반드시 관심을 가져야 할 분야이다.

실제로 기업에서는 품질개선 노력을 통하여 수익을 증가시키고 비용을 감소시키며, 소비자들을 만족시키고 있다. 이에 따라 각 기업들은 품질개선 프로그램을 통하여 실질적인 원가절감과 고수익을 창출하고 있다. 예컨대, Dell 컴퓨터사의 경우 품질개선 프로그램을 통하여 고객의 만족을 증가시켰으며, 더 나아가 매출액의 증가, 이익의 증가, 그리고 주가의 상승을 기록한 바 있다.

한 외국 컨설팅 회사의 한 보고서에 의하면 한국의 8개 산업을 분석한 결과 "한국에는 경영이 없다"고 결론을 내리고, 우리나라 자동차산업의 경우 자본생산성이 미국의 48%, 노동생산성이 일본의 62%에 해당하는데 이것의 상당부분은 불필요한 낭비, 품질원가 개념의 미도입 등으로 인한 것이라고 밝히고 있다. 이에 따라 우리의 경우도 품질관리 프로그램의 개발 및 운영이 절대적으로 필요한 실정이다.

물론 어떤 경우에는 품질개선 프로그램을 도입하여도 고수익이 창출되지 않을 수도 있으나, 이와 같은 경우에도 현재의 수익은 유지시킬 수 있을 것이다. 그러나 경쟁업체가 품질을 향상시키는 경우 품질개선 노력을 하지 않는 기업들은 시장점유율, 매출액, 이익이 격감할 가능성이 있다.

또한 최근 환경에 대한 기업들의 책임이 증대되고 있으므로 경영자들은 대기오염, 폐수, 기름 및 화학물질의 유출, 폐기물 등의 환경원가 및 경제적 원가를 절감하기 위한 효과적인 방안을 강구하기 위해 품질관리 사고를 적용하고 있다.

2. 품질실패 및 품질원가

1) 품질과 품질실패의 개념

일반적으로 **품질(quality)**은 여러 가지로 정의할 수 있다. 미국품질관리협회는 품질을 "구입시점과 사용기간 동안 고객을 만족시키기 위하여 세부사양에 따라 수행된 서비스나 제품의 형태와 특성의 총체"라고 정의하고 있다. 품질은 사용용도의 적합성, 고객만족, 설계사양과 공학적 요구에 대한 제품의 일치성 정도와 같은 광범위하고 다양한 요인을 의미한다. 여기서는 품질을 "고객의 요구(욕구)를 충족시키는 수준 또는 정도"로 정의하고, 품질의 두 가지 측면인 설계품질과 부합품질(일치성품질)로 나누어 설명하고자 한다.

설계품질(quality of design)이란 제품이나 서비스에 대한 설계특성이 고객을 만족시키는 정도를 말한다. 따라서 제품이나 서비스의 속성이 고객의 필요와 요구(욕구)에 얼마나 충족하는가를 말한다. 예컨대, 복사기를 사용하고자 하는 고객이 복사, 팩스, 스캐닝, 그리고 전자출판이 통합된 성능의 복사기를 원하는 경우 이 고객의 필요와 요구를 충족시키지 못하면 그 복사기는 설계품질이 실패한 것이다. 이와 마찬가지로 은행의 고객이 온라인 뱅킹서비스를 원하는 경우 이러한 서비스를 제공하지 못하면 설계품질이 실패한 것이다. 따라서 설계품질 실패(quality of design failure)는 제품이나 서비스의 설계가 고객이 원하는 요구를 충족하지 못할 때 발생한다.

한편 **부합품질(일치성품질, conformance quality)**이란 실제의 제품이나 서비스가 설계특성을 만족시키고 외관이나 성능상의 결함이 없는 정도를 말한다. 따라서 실제 생산 또는 제공된 제품이나 서비스가 원래 설계된 것과 다르면 부합품질 실패(conformance quality failure)가 발생한다. 예컨대, 복사기가 설계대로 복사를 하지 못하거나 고장이 난다면 부합품질을 만족시키지 못하는 것이 된다. 제품이 설계사양과 일치하지 않는 제품은 추가적인 원가를 투입하여 보완, 재작업 또는 폐기하여야 한다. 은행에서 고객의 예금이 다른 고객의 계좌로 입금되는 경우 부합품질 실패의 한 예이다.

그러므로 실제성과가 고객에게 만족을 주기 위해서는 회사는 먼저 설계품질을 통해 고객을 만족시키는 제품이나 서비스를 설계하고, 그 다음에 부합품질을 통해 설계사양을 충족시켜야 한다. [그림 1]은 실제성과와 고객만족의 차이를 품질실패(quality failure)로 보고, 그 품질실패를 설계품질 실패와 부합품질 실패로 보여주고 있다.

[그림 1] 품질과 품질실패

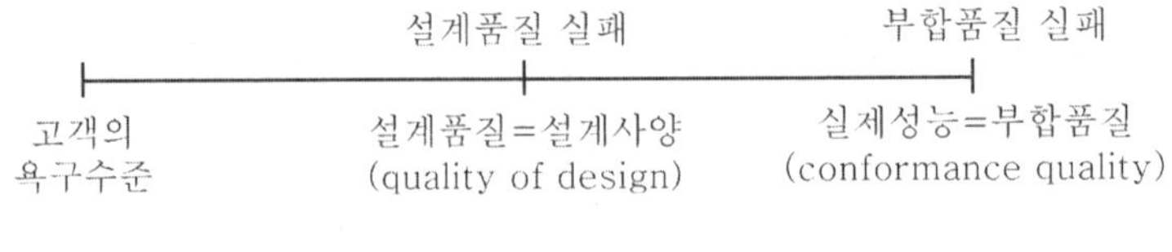

위 그림에서 보는 바와 같이 생산된 제품 또는 제공된 서비스의 실제성능(actual performance)과 고객의 욕구 또는 만족(customer needs or satisfaction)이 일치하지 않는 것은 그 제품 또는 서비스의 품질문제이며, 이 차이를 **품질실패(quality failure)**라고 한다. 이 품질실패, 즉 설계품질 실패와 부합품질 실패가 발생하면 품

질원가(재무적 비용과 비재무적 비용)가 발생한다. 모든 품질원가를 재무적으로 측정하는 것은 곤란하므로 고객 불만족 신고건수, 불량품수, 불량률 등의 비재무적 측정치도 고려하여야 보다 의미있는 품질원가 정보를 얻을 수 있을 것이다.

2) 품질원가

(1) 품질원가의 개념

품질원가(cost of quality; COQ)란 저급 품질의 제품을 생산함으로써 야기되는 원가 또는 이것을 예방하는데 발생하는 원가로서, 고객이 요구하는 품질을 실현시키기 위해 발생하는 모든 원가를 말한다. 이 품질원가에는 품질실패의 예방 및 품질실패의 결과 발생하는 모든 원가가 포함된다. 품질원가는 일반적으로 다음과 같이 네 가지로 분류한다.

① 예방원가(prevention costs) : 설계사양(설계명세서)과 일치하지 않는 제품의 생산을 예방하기 위해 발생하는 원가
② 평가원가(appraisal costs) : 설계사양(설계명세서)과 일치하지 않는 제품을 적발하기 위해 발생하는 원가
③ 내부실패원가(internal failure costs) : 고객에게 제품을 인도하기 전에 불량품에 의해 발생하는 원가
④ 외부실패원가(external failure costs) : 고객에게 제품을 인도한 후에 불량품에 의해 발생하는 원가

위 품질원가 중 ①과 ②를 **통제원가(costs of control)** 또는 **부합원가(conformance costs)**라고 부른다. 이 원가들은 품질수준을 높이는데 소요되는 원가로서 품질수준과 양(+)의 관계를 갖는다. 반면, ③과 ④를 실패원가(costs of failure) 또는 불부합원가(불일치원가, nonconformance costs)라고 부르며, 이들의 원가들은 품질수준과 음(-)의 관계를 갖는다. 물론 위의 모든 원가의 합이 총품질원가이다.

(2) 품질원가의 유형

〈표 1〉은 품질원가 보고서에 보고되는 네 가지 범주의 품질원가 항목들을 보여주고 있다.

〈표 1〉 품질원가의 유형

예방원가 : (prevention costs)	품질관리시스템의 디자인과 유지, 종업원 교육훈련 제품・공정의 리엔지리어링에 대한 원가 예방활동의 감독, 품질자료의 수집, 분석, 보고 협력업체에 제공한 기술과 자원, 품질시스템의 효과성 감사 품질동아리 운영, 통계적 공정통제활동, 품질증진 프로젝트
평가원가 : (appraisal costs)	반입제품의 검사와 조사, 재공품의 검사와 조사 최종제품의 시험과 조사, 검사와 조사활동의 감독 검사설비의 유지 및 감가상각, 검사준비 현장조사와 고객의 평가조사
내부실패원가 : (internal failure costs)	제품폐기원가, 순감모원가 파손품 재작업비(투입된 노무 및 제조간접원가 등) 재작업제품의 재조사, 결함 및 기타의 품질문제로 인한 작업중단 결함제품의 처리, 생산결함의 오류분석, 오류로 인한 컴퓨터프로그램의 재작성
외부실패원가 : (external failure costs)	현장조사와 불만처리원가, 수선보증, 교환보증 책임보상비(제품 대체, 소환), 품질로 인한 에누리와 환입 품질관련 소송의 패소*, 매출상실 또는 판매감소(기회원가)

* 미국의 경우 많은 사상자를 낸 교통사고의 원인이 타이어 제품의 품질불량으로 인한 것으로 판명되어 750만개의 타이어 제품을 회수, 대체함. 이 제품소환에 따른 원가는 $8,100억에 달하였음.

(3) 품질원가의 특징

품질원가는 일반적으로 다음과 같은 특징을 갖고 있다.

① 품질원가는 제조활동뿐만 아니라 가치사슬 초기의 연구개발활동으로부터 판매 후 서비스활동에 이르는 모든 활동에서 발생한다.

② 품질원가는 다양하게 발생하므로 특별한 통제를 하지 않으면 그 총액은 상당하게 증가하는 특징이 있다. 예컨대, 예방원가는 사전에 품질문제가 발생하지 않도록 하는 것이 경제적이다. Hewlett-Packard의 경우 2센트 저항기를 컴퓨터 부착 후 판매한 경우 판매 후 그 결함을 발견하여 사후 수선해주었는데 그 경우 $10의 원가가 발생하였다. 또한 경우에 따라서는 수백 달러 혹은 그 제품의 제조원가를 초과하는 경우도 발생할 수 있다고 경고하고 있다.

③ 품질원가는 네 가지 원가유형 간에 그 발생형태 등 상이한 차이점을 보여주고 있으므로, 그 유형에 맞는 관리를 하지 않으면 안 된다.

(4) 품질원가와 품질원가 보고서

[그림 2] 품질수준과 총품질원가

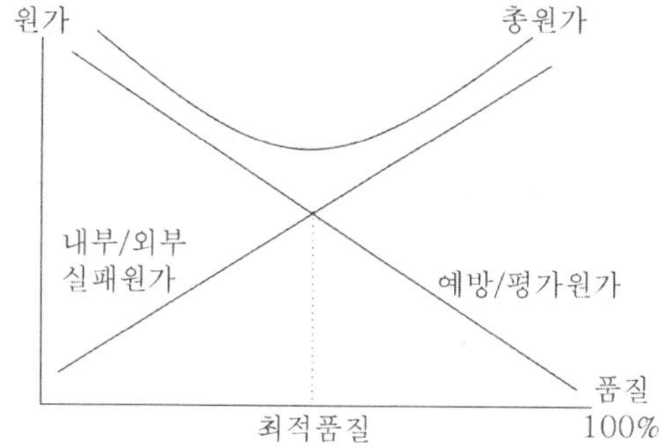

위 [그림 2] 및 〈표 2〉에서 볼 수 있는 바와 같이 부합품질의 정도와 품질원가의 발생액은 반비례하며, 품질원가의 대부분은 내부실패원가와 외부실패원가로 이루어진다는 것을 알 수 있다. 회사의 경영자들은 품질원가의 발생을 줄이면서 높은 부합품질을 유지하는 것이다.

이를 위해서는 〈표 2〉와 같이 발생한 품질원가를 유형별로 집계하여 **품질원가 보고서(quality cost report)**를 작성하는 것이다. 따라서 품질관리 프로그램의 목표는 품질원가가 최소화되는 최적의 품질수준을 찾아 이를 달성하는 것이라 할 수 있다.

〈표 2〉 품질원가 보고서

품질원가 보고서

(단위 : ₩1,000)

	2015년		2014년	
	금액	%*	금액	%*
예방원가 :				
시스템개발	₩240,000	0.80	₩162,000	0.54
품질훈련	126,000	0.42	78,000	0.26
예방활동의 감독	42,000	0.14	24,000	0.08
품질증진 프로젝트	192,000	0.64	126,000	0.42
합 계	600,000	2.00	390,000	1.30
평가원가 :				
조사	360,000	1.20	336,000	1.12
신뢰도검사	348,000	1.16	252,000	0.84

조사와 검사의 감독	72,000	0.24	48,000	0.16
검사설비의 감가상각	120,000	0.40	84,000	0.28
합 계	900,000	3.00	720,000	2.40
내부실패원가 :				
제품폐기원가	540,000	1.80	450,000	1.50
파손품 재작업비	858,000	2.86	486,000	1.62
품질결함 작업중단	102,000	0.34	60,000	0.20
결함제품의 처리	300,000	1.00	204,000	0.68
합 계	1,800,000	6.00	1,200,000	4.00
외부실패원가 :				
수선보증	240,000	0.80	540,000	1.80
교환보증	522,000	1.74	1,380,000	4.60
품질로 인한 에누리 등	78,000	0.26	378,000	1.26
현장서비스원가	360,000	1.20	792,000	2.64
합 계	1,200,000	4.00	3,090,000	10.30
품질원가 총액	₩4,500,000	15.00	₩5,400,000	18.00

* 각 연도의 총매출액은 ₩30,000,000,000라고 가정함.

위와 같은 품질원가 보고서를 통해 다음과 같은 시사점을 얻을 수 있다.

① 총품질원가 중 실패원가(내부실패원가, 외부실패원가)가 차지하는 비중이 크다는 것이다. 이것을 통해 품질원가의 유형별 발생액이 적절하지 못하다는 것을 알 수 있다. 특히, 2014년의 경우 다른 품질원가에 비해 외부실패원가가 너무 많이 발생하고 있다는 것을 알 수 있다. 따라서 회사로서는 예방활동과 평가활동을 강화함으로써 실패원가를 절감할 필요가 있으며, 특히 내부실패원가를 증가시킴으로써 외부실패원가를 줄일 필요가 있다. Harrington의 미국의 실무조사에 의하면 통제원가(예방원가 10%, 평가원가 35%)와 실패원가(내부실패원가 48%, 외부실패원가 7%)의 비율은 45 : 55로 나타났으며, 일본의 품질원가 통계에 의하면 예방원가 40%~50%, 평가원가 20%, 실패원가 30~40%로 나타났다.

② 2015년에 통제원가(예방원가와 평가원가)가 증대함에 따라, 즉 예방활동과 평가활동이 증대됨에 따라 내부실패원가도 증대되었다. 그러나 그 결과 외부실패원가는 크게 감소하였음을 알 수 있다. 이것은 평가활동의 증대를 통해 제품의 인도 이전에 결함을 발견하여 재작업하였으므로 재작업원가 등은 더 부담하였으나 그로 인해 외부실패원가는 크게 감소하였음을 알 수 있다.

③ 예방활동 및 평가활동을 증대시킨 결과 품질원가 총액이 감소(2015년)하였음을 알 수 있다. 후속연도에도 계속적으로 예방활동 및 평가활동을 강조하면 품질원가 총액이 감소하는 위 [그림 2]의 형태에 접근할 수 있을 것이다.
④ 총매출액 대비 품질원가 총액의 비율이 감소하였다(18% → 15%). 그러나 아직 품질원가의 비중이 높기 때문에 품질원가를 적정 품질원가 수준인 총매출액 대비 2~4% 정도로 감소시키는 노력이 필요하다.
⑤ 품질원가 보고서를 통해 고객만족도도 측정할 수 있다. 예컨대, 외부실패원가(기회원가 포함)를 고객만족의 재무적 측정치(financial measures of consumer satisfaction)로 활용할 수 있다[1].

이상과 같이 품질원가 보고서를 통해 경영자는 품질이 갖는 재무적 중요성을 인식하게 되며, 품질원가를 절감하기 위한 품질원가 예산편성에도 활용하는 등 품질원가 정보를 여러 가지로 이용할 수 있다. 그러나 품질원가 보고서를 작성하는 것 자체로 품질문제가 해결되는 것이 아니므로 품질원가 보고서를 통해 얻은 이점을 품질개선 프로그램에 적극적으로 반영하도록 노력하여야 할 것이다.

제2절 품질관리 분석기법

품질문제를 분석하는 기법으로는 일반적으로 통제 도표(control charts), 파레토 도표(Pareto diagrams), 원인-결과 도표(cause-and-effect diagrams) 등이 활용된다.

1. 통제 도표

통계적 품질통제(statistical quality control : SQL) 혹은 통계적 공정통제(statistical process control : SPC)는 작업공정의 무작위적 변동(편차)과 비무작위적 변동(편차)을 구별하는 공식적 방법이다. 통제 도표(control charts)는 통계적

1) 그러나 고객만족은 다음과 같은 비재무적 측정치(nonfinancial measures)도 많이 사용한다. ① 고객에게 판매한 불량품의 수(the number of defective units shipped to customers), ② 고객불평건수(the number of customer complaints), ③ 고객반응에 대한 초과시간(excessive customer-response time), ④ 즉시 인도(on-time delivery) 횟수나 비율

품질관리의 핵심도구이다. 통제 도표는 일정기간 동안 특정 단계, 절차 혹은 작업공정에 대한 일련의 연속적인 관찰치의 그래프이다. 각 관찰치는 기대 통계적 분포를 나타내는 해당 구간에 따라 산포도로 작성된다. 이렇게 작성된 통제 도표에서 특정 상한선과 하한선을 벗어난 관찰치가 있을 경우, 통상 이 경우만 정밀조사할 가치가 있는 비무작위적 변동으로 간주한다.

[그림 3]은 대한사무기기(주)의 세 가지 제품에서 관찰한 일별 불량률의 통제 도표이다. 각 공장에서 종전 60일 동안의 불량률이 일별 불량률 분포를 계산하기에 적합한 기준이라고 가정한다. 산술평균과 표준편차는 도표의 통제 도표에 사용되는 분포의 두 가지 매개변수이다. 기업에서는 경험에 의하여 ±2σ 범위를 벗어난 관찰치를 모두 정밀조사하는 것으로 결정하였다.

그림에서 제품 A의 경우 모든 관찰치는 평균으로부터 ±2σ의 범위 안에 있기 때문에 경영자는 조사할 필요가 없다고 믿는다. 제품 B의 경우 마지막 두 개의 관찰치가 비정상적일 가능성이 매우 높다는 신호가 된다. ±2σ의 규칙 하에서 두개의 관찰치는 정밀조사가 이루어지도록 한다. 제품 C의 경우 ±2σ의 규칙 하에서는 즉시 조사하지 않겠지만, 비정상적일 가능성이 있음을 보여주고 있다. 마지막 여덟 개의 관찰치가 명백한 방향을 보여주고 있으며, 마지막 6개는 평균으로부터 벗어나고 있다. 통계적 절차는 추세와 편차를 활용하여 생산공정이 비정상적인지를 평가하도록 개발되고 있다.

[그림 3] 통계적 품질관리 도표

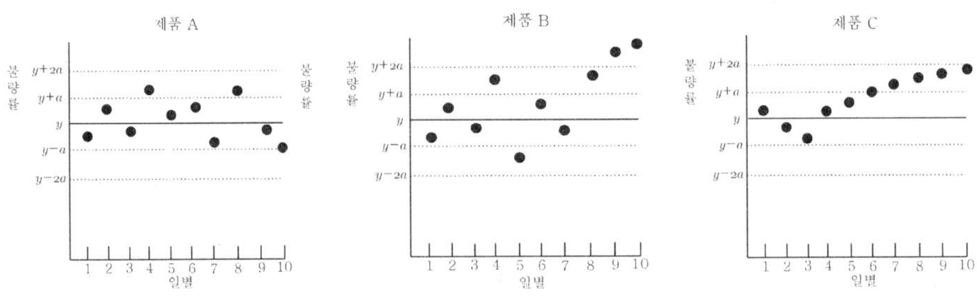

2. 파레토 도표

상한선과 하한선을 이탈한 관찰치는 파레토 도표의 입력자료가 된다. 파레토 도표(Pareto diagram)는 각 유형의 실패(결함)가 얼마나 자주 발생하는지를 보여준다. [그림 4]는 복사기의 품질문제에 대한 대한사무기기(주)의 파레토 도표이다. 선명성이 가장 빈번하게 발생하는 품질문제이다.

선명성 문제는 많은 경우 복사기가 생산된 후에야 이 회사가 이 문제를 발견하기 때문에 재작업원가가 많이 발생한다. 이따금 선명성 문제는 사용현장에서 나타나는데 이로 인하여 보증비용과 수선비용이 많이 발생

한다.

[그림 4] 파레토 도표

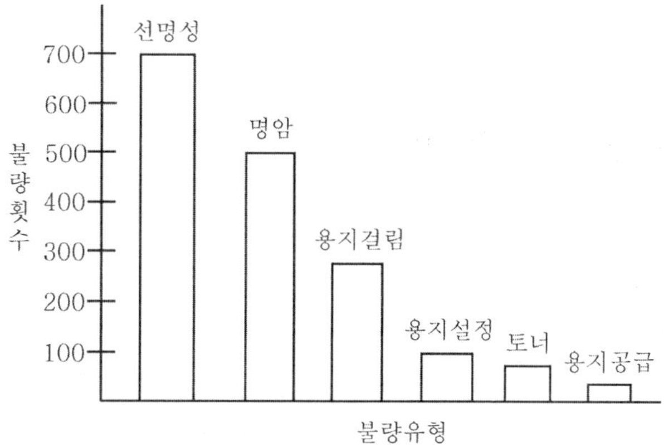

3. 원인-결과 도표

파레토 도표에 의해 가장 빈번하고 반복적으로 나타나며 원가가 높은 문제들은 원인-결과 도표를 활용하여 분석한다. 원인-결과 도표는 실패 또는 불량의 잠재적 원인을 식별해 준다. 대한사무기기(주)는 첫 단계로 가장 빈번하게 발생하는 품질실패인 선명성을 분석하였다.

[그림 5]는 이 문제에 관한 원인-결과 도표를 보여주고 있다. 이 그림에서는 품질실패의 잠재적 원인을 네 가지 범주, 즉 인적 요인, 방법 및 설계 요인, 기계관련 요인, 원재료와 부품 요인으로 파악하고 있다. 그리고 여기에 화살표를 추가하면, 이 도표의 일반적인 외형이 생선뼈 형태를 닮게 되는데, 이러한 이유로 이 도표를 **생선뼈 도표(fishbone diagram)**라고도 부른다. 자동화 설비와 컴퓨터는 불량품이 발생하는 시점의 운영여건, 불량품수, 불량유형을 기록으로 보관하기 때문에 품질문제의 분석을 용이하게 한다. 컴퓨터 프로그램은 이 입력자료를 활용하여 통제 도표, 파레토 도표 및 생선뼈 도표를 동시에 작성한다.

[그림 5] 원인-결과 도표

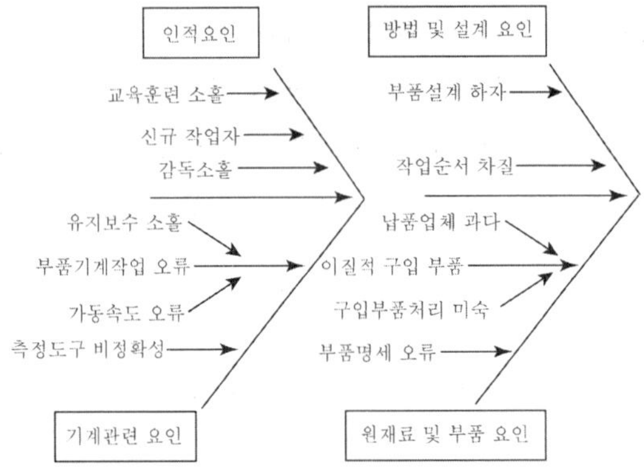

4. 품질향상의 관련원가 및 효익

대한사무기기(주)의 원인-결과 도표를 주의깊게 분석하여 복사기의 프레임이 납품업체의 창고에서 대한사무기기(주)의 공장으로 운송되는 동안 종종 잘못 취급된다는 점을 밝혀냈다. 이 프레임은 매우 정교한 명세서의 요건과 내구성을 충족해야 한다. 그렇지 않으면, 프레임에 부착되는 다양한 복사기 부품(예컨대, 드럼, 반사경, 렌즈)들이 잘못 배치된다. 이로 인해 프레임이 명세서와 다르게 되었고, 결과적으로 선명성의 문제를 초래하게 되었다.

선명성문제를 해결하기 위해 엔지니어링 팀이 다음의 두 가지 해결방안, 즉 (1) 프레임 검수를 개선하기 위해 납품을 즉시 검수하는 방안, (2) 운송중의 오류를 개선하기 위해 프레임과 이의 운송에 사용할 컨테이너를 튼튼하게 재설계하는 방안을 제시했다고 가정하자. 현대 상태와 대비하여 각 대체안을 평가하기 위해 경영자는 각 대체안의 총관련원가와 관련수익을 측정해야 한다. 관련원가와 관련수익 분석에서는 배분된 금액을 무시한다. 문제의 핵심은 각 대체안 간에 변동되는 총원가와 총수익이다.

경영자는 추가적인 검사원가가 ₩400,000, 재설계원가가 추가적으로 ₩460,000이 될 것으로 추정했다. 재설계의 증분원가가 검사의 증분원가를 초과하고 있다. 그러나 경영자는 의사결정을 하기 전에 먼저 각 대체안의 증분원가를 증분효익과 비교해야 한다. 증분효익은 절감된 내부 및 외부 실패원가와 미래의 매출수량 증가로 인한 공헌이익 증가액이 된다.

이 회사는 이 의사결정을 분석하는데 오직 1년만 고려했다. 이유는 기말시점에 완전히 새로운 신제품의 복사기종을 도입할 계획이었기 때문이다. 이 회사는 이 신제품라인이 완전히 다른 기종이기 때문에 검사 또는 재설계 방안 중 어떤 것을 선택하든 미래 연도의 복사기 매출에는 영향을 미치지 않는다고 믿는다.

이 회사는 어떤 방안이든 품질을 향상시킴으로 인해 내부 및 외부실패 시의 변동원가만 절감시킬 뿐, 공정원가는 절감시킬 수 없다고 인식하고 있다. 관련원가 절감액을 파악하기 위해 이 회사는 유형별 실패원가를 각 항목별로 세분하고, 항목별 원가유발요인에 따라 공정원가와 변동원가로 분류하였다.

〈표 3〉은 각 대체안의 관련원가와 관련효익을 보여주고 있다. 예컨대, 시간당 100인 재작업의 내부실패원가를 검토하기로 하자. (〈표 3〉의 배분율 참고)

이 회사는 다음과 같이 재작업시간당 고정원가와 변동원가를 결정했다.

변동원가	₩40
고정원가 배분액	60
총원가	100

〈표 3〉 품질향상방안이 복사기의 품질원가에 미치는 효과 추정

항목	관련원가와 효익	
	정밀검수	프레임 재설계
	(1)	(2)
품질원가		
설계 엔지니어링 추가원가	–	₩160,000
공정 엔지니어링 추가원가	–	300,000
검수 및 검수 추가원가	₩400,000	
재작업원가 절감액		
(₩40 × 24,000 재작업시간)	(960,000)	
(₩40 × 32,000 재작업시간)		(1,280,000)
고객지원 절감액		
(₩20 × 2,000 고객지원시간)	(40,000)	
(₩20 × 2,800 고객지원시간)		(56,000)
수선부품 운송원가절감액		
(₩180 × 500 운송수량)	(90,000)	
(₩180 × 700 운송수량)		(126,000)
보증수선원가 절감액		
(₩45 × 20,000 재수선시간)	(900,000)	
(₩45 × 28,000 재수선시간)		(1,260,000)

매출증가시의 공헌이익		
250 추가판매량	(1,500,000)	
300 추가판매량	–	(1,800,000)
순 원가절감액 및 추가 공헌이익	₩(3,090,000)	₩(4,062,000)
프레임 재설계방안의 유리한 차액	₩972,000	

만약 대한사무기기(주)가 프레임을 정밀검수하는 방안을 선택한다면, 복사기 재작업량이 감소되어 24,000 재작업시간이 제거되어 ₩960,000(₩40×24,000)의 변동원가가 절감되지만, 고정원가는 전혀 절감되지 않을 것이다. 표의 (1)열을 보라. 표의 (2)열과 같이 만약 이 회사가 재설계방안을 선택한다면 32,000시간(재작업시간)이 제거되고, 이로 인해 ₩1,280,000(₩40×32,000)이 절감될 것으로 기대된다. 재작업시간당 ₩고정원가는 표의 계산과정에서 제외되었다. 왜냐하면 이는 회사가 현재 방법을 지속하는지, 그렇지 않으면 프레임의 정밀검수 또는 프레임재설계, 어떤 방안을 선택하는지에 관계없이 변동하지 않기 때문이다. 그러나 이 원가는 표의 품질원가계산에는 포함되었다. 왜냐하면 활동중심원가에는 활동의 고정원가와 변동원가를 동시에 포함하기 때문이다.

또한 위 표는 품질향상으로 인한 외부실패원가 예상절감액을 보여주고 있다. 외부실패원가의 예상절감액은 절감될 것으로 예상되는 고객지원시간, 재작업수량, 재작업시간에 고객지원시간당 변동원가(₩20), 재작업수량당 변동원가(₩180), 재작업 시간당 변동원가(₩45)를 곱하여 계산한다. 고객지원, 운송 및 보증수선의 고정원가는 회사가 현행 방법을 고수하든, 그렇지 않고 정밀검수 또는 재설계 방안을 선택하든 관련성이 없기 때문에 이 분석에서 제외된다.

프레임 정밀검수 또는 재설계를 통해 내부 및 외부 실패가 절감되면 이 회사의 품질과 성과에 대한 평판이 높아진다. 이 회사는 정밀검수를 통해 품질이 향상되면 250대의 복사기가 추가적으로 판매되고, 재설계를 통한 품질향상의 경우에는 300대가 추가판매될 것으로 추정하고 있다. 표에는 판매수량의 증가로 인한 공헌이익액의 증가액, 즉 250대의 경우에는 ₩1,500,000, 300대의 경우에는 ₩1,800,000이 효익에 포함되어 있다. 이 효익은 중요하다. 품질향상이 항상 원가절감을 가져오는 것은 아니기 때문이다. 예컨대, 원가를 절감하기 위해 종업원을 해고하는 것은 종업원의 사기에 부정적으로 영향을 미치고, 이는 추가적인 품질향상을 저해한다. 경영자는 항상 품질향상이 고수익의 창출로 이어질 수 있는 기회를 검토해야 한다.

위 표는 정밀검수와 재설계방안이 모두 현재 상태보다 순효익을 창출함을 보여주고 있다. 그러나 재설계방안을 통한 추정 순효익은 정밀검수방안을 통한 추정순효익보다 ₩972,000 정도 더 많다. 이에 따라 이 회사의 경영자는 프레임을 재설계하기로 결정했다. 프레임 설계불량의 원가는 내부 및 외부실패원가가 증가함에 따라 고액의 제조, 마케팅, 유통 및 고객지원원가의 형태로 나타난다. 그러나 이 원가는 프레임이 설계되는 시점에 이미 확정된 상태이다. 따라서 재설계방안의 원가절감액이 상당히 크다는 것이 그리 놀랄 만한 일도 아니다.

위 예에서 이 회사가 반복된 외부실패가 품질에 대한 평판을 악화시키고, 이로 인해 판매기회가 상실됨으로 인해 공헌이익을 잃고 있다. 회사는 또한 내부실패로 인해 공헌이익을 상실하고 있다. 이 회사의 생산설비가 완전히 가동되고 있다고 가정하자. 이 경우에 불량품을 재작업하면 값비싼 생산설비를 사용해야 하는데, 이로 인해 추가적인 복사기의 생산과 판매로부터 획득할 수 있는 공헌이익을 포기해야만 한다. 이 회사는 품질을 향상시켜 재작업품을 제거하면 600대의 복사기를 추가적으로 생산할 수 있다고 가정하자. 이 경우에 내부실패원가는 600대에 대한 공헌이익 상실액 ₩3,600,000을 포함한다. 이 ₩3,600,000은 품질불량의 기회원가이다.

대한사무기기(주)는 품질원가 보고서를 이용하여 네 가지 범주의 품질관련원가 상호간의 관련성을 조사할 수 있다. 이 예에서 프레임 재설계는 예방활동원가(설계 및 공정엔지니어링)를 증가시키고, 내부실패원가(재작업)를 감소시키며, 외부실패원가(보증수선)를 감소시킨다. 경영자가 기간별로 추세를 비교하면, 품질원가 보고서는 깊은 통찰력을 제시한다. 성공적인 품질프로그램에서는 매출액 대비 품질원가와 총품질원가 대비 내부 및 외부실패원가 비율이 시간이 경과함에 따라 감소한다. 예컨대, Compaq, Toyota 등의 많은 회사는 실패원가를 완전히 제거하고, 불량률을 0으로 만들어야 한다고 믿고 있다.

5. 설계품질원가

지금까지는 부합품질원가의 측정과 회사가 이 원가를 절감하는데 활용하는 방법에 초점을 두었다. 부합품질에 추가하여 회사는 또한 고객요구를 만족시키는 제품을 설계하도록 설계품질에 관심을 기울여야 한다. **설계품질원가(costs of design quality)**는 불량설계품질의 결과로 인해 초래되는 원가 또는 이를 방지하기 위해 발생하는 원가를 의미한다. 이 원가는 제품설계원가와 불량설계제품을 지원하는데 소비된 생산, 마케팅, 유통 및 고객서비스 원가를 포함한다. 이 원가의 상당부분은 고객이 원하는 제품을 생산하지 못함으로 인해 상실된 판매수량의 기회원가이다. 이 원가의 많은 부분은 정밀하게 측정하기가 매우 어렵다. 이러한 이유로 많은 기업에서는 설계품질의 재무적원가를 측정하지 않는다.

제3절 활동중심원가계산을 활용한 품질원가계산

앞에서는 품질원가(cost of quality; COQ)를 "저급 품질의 제품을 생산함으로써 야기되는 원가 또는 이것을 예방하는데 발생하는 원가로서, 고객이 요구하는 품질을 실현시키기 위해 발생하는 모든 원가"로 정의하고, 이 품질원가를 ① 예방원가(prevention costs), ② 평가원가(appraisal costs), ③ 내부실패원가(internal failure costs), ④ 외부실패원가(external failure costs)로 분류하였다. 그리고 이 품질원가를 단지 유형별로 집계하여 품질원가 보고서(quality cost report)를 작성하고, 품질원가 보고서를 통해 얻을 수 있는 이점 등을 설명하였다. 이하에서는 대한사무기기(주)의 예를 통해 품질과 관련한 주요 문제, 즉 품질원가계산, 품질문제의 파악, 품질향상을 위한 방안 등을 설명하고자 한다.

사례 1

대한사무기기(주)는 여러 가지 제품을 생산하고 있으나, 여기서는 복사기 부문의 품질원가를 활동중심원가계산 접근법(activity-based costing approach)을 활용하여 산출하고자 한다. 대한사무기기(주)는 복사기 부문에서 복사기 20,000단위를 생산 및 판매하여 2015년도에 ₩24,000,000의 영업이익과 ₩300,000,000의 매출액을 올렸다. 〈표 4〉는 품질원가 보고서와 기회원가분석을 보여주고 있다

〈표 4〉 활동중심 품질원가 분석

품질원가 A : 품질원가 보고서

품질원가 및 가치사슬 범주	배분기준(원가동인)	
	배분율	수량
(1)	(2)	(3)
예방원가		

설계엔지니어링(연구개발/설계)	80/시간	40,000시간
공정엔지니어링(연구개발/설계)	60/시간	45,000시간
평가원가		
검사(제조)	40/시간	240,000시간
내부실패원가		
재작업(제조)	100/시간	100,000시간
외부실패원가		
고객지원(마케팅)	50/시간	12,000시간
운송(유통)	240/회	3,000회
보증수선(고객서비스)	110/시간	120,000시간

요구사항

1. 위 대한사무기기(주)의 자료로 품질원가 보고서를 작성하고, 각 범주별 품질원가와 매출액대비 품질원가의 비율을 나타내시오.

2. 대한사무기기(주)는 외부실패로 인해 2015년도에 2,000단위의 복사기 판매기회를 상실한 것으로 추정하고 있다. 그로 인해 ₩12,000,000의 공헌이익 및 영업이익의 상실액이 예상된다. 이를 포함한 외부실패원가(기회원가)도 나타내시오.

3. 대한사무기기(주)의 품질원가 보고서를 토대로 이 회사의 품질원가 개선노력에 대해 평가하시오.

해설

1. 및 2.

〈표 5〉는 품질원가 보고서와 기회원가분석을 보여주고 있다. 즉 〈표 5〉에서는 품질원가를 품질원가 A(observable quality costs; 관찰가능 품질원가)와 품질원가 B(hidden quality costs; 관찰불능 품질원가)로 구분하였다. 품질원가 A는 품질원가 보고서에 일반적으로 보고되는 항목들이며, 품질원가 B는 상실된 판매 및 낮은 품질에 따른 저가 판매로 인한 매출액 감소분과 공헌이익 감소분의 기회원가를 나타낸다[2].

이와 같은 기회원가를 파악하는 것은 쉬운 일이 아니나 다음과 같은 이유로 품질원가를 계산

2) 일반적으로 품질원가 A는 관찰가능 품질원가(observable quality costs)로, 품질원가 B는 관찰불능 품질원가(hidden quality costs)라고 부르기도 한다. 후자의 기회원가인 품질원가 B는 외부실패원가의 범주에 포함되며, 반드시 추정하여야 한다. 이 기회원가인 관찰불능 품질원가를 추정하는 것은 쉬운 일이 아니나, 승수법(multiplier method), 시장조사법(market research method), 다꾸지 품질손실함수(Taguchi quality loss functions) 등의 방법으로 추정할 수 있다.

할 때는 고려하여야 한다. 불량품을 시장에 판매하게 되면 고객들을 만족시키지 못한다. 그들의 불만족은 곧 판매의 감소로 이어지며 회사의 명예에도 나쁜 영향을 미친다. 이 경우 회사는 불량품에 대한 판매손실을 초래할 뿐만 아니라 다른 제품에도 영향을 미친다. 이러한 판매손실 및 그에 따른 시장점유율의 감소에 대한 기회원가가 관찰불능 품질원가로 나타난다.

〈표 5〉 활동중심 품질원가 분석

품질원가 A : 품질원가 보고서

품질원가 및 가치사슬 범주	배분기준(원가동인)		총원가	매출액비율
	배분율	수량		
(1)	(2)	(3)	(4)=(2)×(3)	(5)=(4)÷(매출액*)
예방원가				
설계엔지니어링(연구개발/설계)	₩80/시간	40,000시간	₩3,200,000	1.07%
공정엔지니어링(연구개발/설계)	60/시간	45,000시간	2,700,000	0.90
예방원가 합계			5,900,000	1.97
평가원가				
검사(제조)	40/시간	240,000시간	9,600,000	3.20
평가원가 합계			9,600,000	3.20
내부실패원가				
재작업(제조)	100/시간	100,000시간	100,000시간	3.33
내부실패원가 합계			10,000,000	3.33
외부실패원가				
고객지원(마케팅)	50/시간	12,000시간	600,000	0.20
운송(유통)	240/회	3,000회	720,000	0.24
보증수선(고객서비스)	110/시간	120,000시간	13,200,000	4.40
외부실패원가 합계			14,520,000	4.80
품질원가 총계			₩40,020,000	13.34%

품질원가 B : 기회원가분석

외부실패원가		
판매상실에 따른 추정공헌이익 및 영업이익 감소분	₩12,000,000**	4.00%
외부실패원가 총계	₩12,000,000**	4.00%

* ₩300,000,000

** 2015년도 판매상실에 따른 총매출액에서 총변동원가(단위수준원가, 묶음수준원가, 제품유지원가 또는 설비유지원가)를 차감하여 계산함.

〈표 5〉의 품질원가 A에서는 복사기에 대한 대한사무기기(주)의 품질원가 총계는 ₩40,020,000이며, 이 중 가장 큰 품질원가는 외부실패원가로서 ₩14,520,000이고, 내부실패원가는 ₩10,000,000으로 품질실패원가는 모두 ₩24,520,000이 된다. 그리고 보고된 품질원가 총계는 매출액 대비 13.34%에 해당한다. 물론 품질원가 A, 즉 품질원가 보고서에 나타난 품질원가 총계는 모든 중요한 품질원가 항목을 포함하고 있다고 할 수 없다.

3. 위 표에서 보는 바와 같이 품질원가 A의 품질원가 보고서에는 품질문제로 인한 판매기회와 생산기회가 상실한 경우, 또는 낮은 품질로 인해 판매가격을 인하할 경우 이로 인해 상실되는 공헌이익과 영업이익 등의 기회원가를 고려하지 않고 있다. 물론 이 기회원가는 일반적으로 회계시스템에 기록되지 않기 때문이지만, 이 기회원가는 품질개선 프로그램을 추진하는데 매우 중요하다.

위 표의 하단부에서 볼 수 있는 바와 같이 대한사무기기(주)는 외부실패로 인해 2015년도에 2,000단위의 복사기 판매기회를 상실한 것으로 추정하고 있다. 그로 인해 ₩12,000,000의 공헌이익 및 영업이익의 상실액은 품질문제로 인해 판매기회 상실액을 재무적 수치로 나타낸 것이다. 이러한 기회원가를 포함한 품질원가 총계는 ₩52,020,000(즉, ₩40,020,000 + ₩12,000,000)이며, 이것은 매출액 대비 17.34%나 된다. 그리고 기회원가는 품질원가 총계 대비 23%(₩12,000,000÷52,020,000)를 차지하고 있다.

위 표를 통해 우선 대한사무기기(주)는 내부실패 및 외부실패 품질원가가 높다는 것을 알 수 있다. 이것은 우선 품질원가를 절감하기 위해서는 대한사무기기(주)의 경우 품질문제로 인해 야기되는 실패분야를 식별하고 그것을 제거할 필요성을 제공하고 있다.

제4절 품질원가 분석과 성과평가

1. 품질원가 분석

1) 품질원가 함수 : 최적품질수준 견해

품질을 중요시하고 높은 품질을 확보하기 위한 현대 기업의 총체적 자세와 노력을 **전사적 품질관리(total quality control : TQC)**라고 한다. 지금까지 원가/관리회계에서는 품질원가를 저급 품질의 제품을 생산함으로써 야기되는 원가로 정의하여, 이 품질과 관련하여 발생하는 기회원가를 포함한 품질원가를 낮추는데 초점을 맞추었다.

실제로 품질원가 중 예방원가와 평가원가인 통제원가들은 품질수순을 높이는데 소요되는 원가로서 품질수준과 양(+)의 관계를 갖는다. 그러므로 예방원가와 평가원가를 증가시키면 불량품이 발생할 가능성이 낮아진다. 이와는 반대로 실패원가(내부실패원가, 외부실패원가)들은 품질수준과 음(-)의 관계를 갖는다. 그러므로 실패원가는 불량품의 발생에 따라 증가한다.

전통적으로 이러한 통제원가와 실패원가와의 사이에는 최적의 균형점이 존재한다고 가정하였다. 즉, 불량품의 발생과 역의 함수관계인 통제원가와 불량품의 증가에 따라 증가하는 함수인 실패원가의 합계가 최저수준에 도달하는 최저점이 바로 **허용가능한 불량품 수준(acceptable quality level : AQL)**이라는 견해가 그것이다. 이 전통적인 견해를 나타낸 것이 앞의 [그림 2]이다. 그림에서 보는 바와 같이 품질원가 함수는 통제원가와 실패원가로 구성되며, 예방활동과 평가활동에 대한 지출이 감소하면 불량률이 증가한다. 한편, 불량률이 증가하면 실패원가는 증가한다.

이 통제원가와 실패원가의 합계가 최저인 점이 존재하게 되는데 이 점이 최적의 품질수준이며, 회사는 이 수준을 달성하도록 노력하여야 한다는 것이다. 이 최적의 품질수준이 바로 허용가능한 불량품 수준(AQL)인 것이다.

2) 품질원가 함수 : 무결점 견해

허용가능한 불량품 수준 견해는 전통적인 불량품의 정의에 근거한 것이다. 전통적으로 제품특성의 허용범위를 벗어난 것은 불량품으로 분류된다. 이 견해에 따르면 제품이 설계사양(명세서)과 부합하지 않거나 실패원가와 통제원가 사이에 최적 균형을 이루지 못하는 경우만 실패원가가 발생한다. 이 허용가능한 불량품 수준 견해에 따르면 일정한 불량품(불량율)이 허용된다. 이 모형은 1970년 말 **무결점 모형(zero-defects model)**이 등장할 때까지 품질관리에 이용되었다.

한편 현대적인 관점인 무결점 모형에 따르면 총품질원가의 지출과 불량률을 동시에 감소시킬 수 있다는 것이다. 이러한 주장을 전사적 품질관리(total quality control : TQC)라고 하며, 여기서는 품질원가의 최적수준이란 불량품이 존재하지 않는 무결점상태를 의미한다. 즉 현대적인 관점에서는 [그림 6]에서 보는 바와 같이 불량률이 증가할수록 실패원가(내부실패원가, 외부실패원가)가 증가하는 반면, 통제원가(예방원가, 평가원가)는 조금 증가하였다가 다시 감소한다. 따라서 실패원가와 통제원가의 합계인 품질원가의 총액은 불량률이 0일 때 최소화된다는 것이다.

[그림 6] 무결점 품질원가 함수

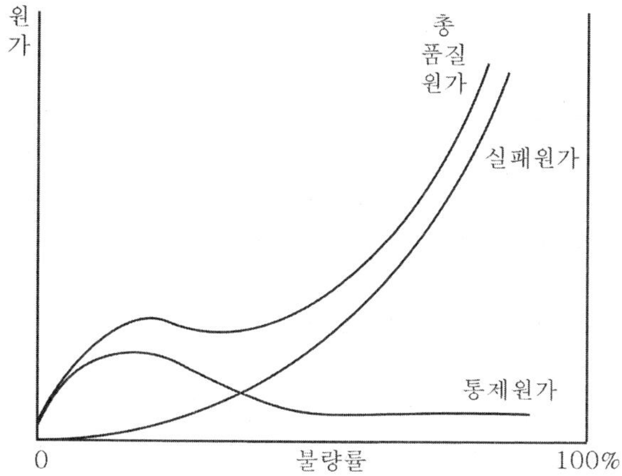

물론 최적품질에 대해서 전통적 관점과 현대적인 관점 중 어느 것이 정확한가에 대해서는 아직도 논쟁 중에 있으며, 품질원가 함수는 산업 및 제품의 유형에 따라 다를 수 있다. 그러나 한 가지 중요한 것은 오늘날 세계시장에서 경쟁하기 위해서는 어느 회사든 높은 품질의 제품을 생산하지 않으면 안 된다는 것이다.

2. 품질원가 성과평가

1) 품질원가 추세분석

품질원가 보고서를 작성하면 품질원가의 규모는 물론 각 품질원가 범주별 상대적 크기 등을 파악할 수 있다. 그러나 품질개선 프로그램을 도입한 경우 품질원가가 계획대로 절감되고 있는가를 파악하는 것도 중요하다. 특히 수년간에 걸쳐 행해지는 경우 품질원가의 변화를 추적하는 것이 필요하다. 이를 위해서는 일반적으로 품질성과 보고서(quality performance reports)의 하나인 장기 품질추세 보고서(multiple-period quality trend report)를 작성할 필요가 있다. 이 보고서는 장기에 걸쳐 매출액대비 품질원가를 [그림 7]과 같이 도표화하면 된다.

예를 들어 [그림 7]은 XYZ사의 매출액 및 품질원가가 다음과 같다고 할 때 이를 토대로 장기 품질추세 보고서를 나타낸 것이다. 이 경우 2010년을 기준연도로 하여 5년간에 걸친 품질원가의 변화를 나타낸 것이다. 이 그림에 의하면 품질원가는 매출액대비 매년 조금씩 감소하고 있는 것을 보여주고 있다. 이 그림은 또한 장기 목표율(3%) 쪽으로 개선되어 가고 있으며, 또한 품질개선의 여지가 있다는 것도 보여주고 있다.

연도	품질원가	매출액	매출액 대비 품질 원가율
2010	₩440,000,000	₩2,200,000,000	20%
2011	423,000,000	2,350,000,000	18
2012	412,500,000	2,750,000,000	15
2013	392,000,000	2,800,000,000	14
2014	280,000,000	2,800,000,000	10

한편 품질원가를 [그림 8]과 같이 각 범주별로 추세를 나타낼 수도 있다. [그림 8]은 앞의 XYZ사의 품질원가를 매출액대비 각 범주별추세를 나타낸다. 이 그림을 통해 우리는 XYZ사가 내부실패원가와 외부실패원가를 상당히 절감하였음을 알 수 있다. 이것은 예방원가의 거의 두 배에 가까운 지출(비율로 볼 때)을 함으로써 가능하였다고 할 수 있으며, 평가원가는 처음에는 증가하였으나, 그 후에는 감소하였다는 것도 알 수 있다.

[그림 7] 장기 품질추세 보고서 : 총액

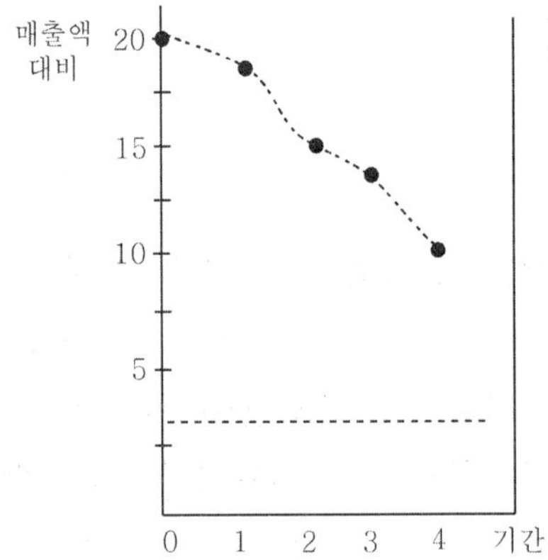

연도	예방원가	평가원가	내부실패원가	외부실패원가
2010	2.0%	2.0%	6.0%	10.0%
2011	3.0	2.4	4.0	8.6
2012	3.0	3.0	3.0	6.0
2013	4.0	3.0	2.5	4.5
2014	4.1	2.4	2.0	1.5

[그림 8] 장기 품질추세 보고서 : 범주별

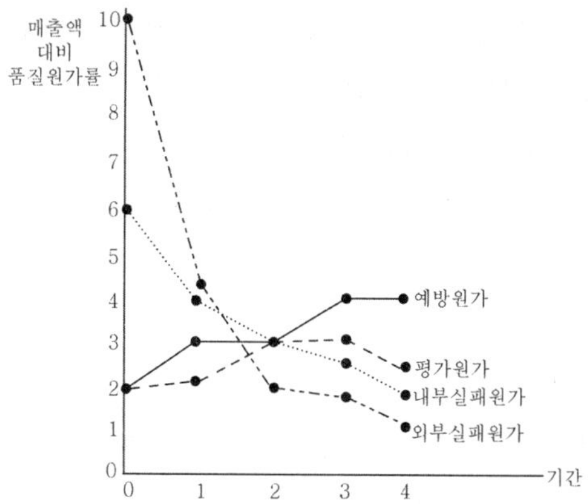

또한 품질원가의 상대적 분포도 상당히 변하였다는 것도 알 수 있다. 예컨대, 2010년의 경우 실패원가가 품질원가 총액의 80%(16%/20%)이었으나, 2014년의 경우는 실패원가가 품질원가 총액의 35%(3.5%/10%)를 차지하게 되었다. 또한 품질원가를 줄일 수 있는 잠재가능성은 의사결정이 행해지는 방법에 영향을 미칠 수 있으므로, 의사결정 및 계획수립에 대한 품질원가 정보의 유용성을 과소평가해서는 안될 것이다.

2) 품질원가 비율분석

이미 앞에서 우리는 품질원가의 연도별 전체규모, 매출액대비 품질원가의 범주별 비율과 그 추세 등에 대해 살펴보았다. 이와 같이 품질원가의 크기나 매출액에서 차지하는 비율과 그 추세 등을 통해 품질원가 중 어느 범주의 품질원가를 절감할 수 있으며, 전략적 차원에서 어느 범주의 품질원가를 증대 또는 감소시킴으로써 비부가가치원가인 품질원가 총액을 감소시킬 수 있는가를 결정하여야 한다. 이를 위해 품질원가에 대한 비율분석이 필요하다.

품질원가 비율분석은 크게 ① 매출액대비 품질원가 비율, ② 제조원가대비 품질원가의 비율, ③ 직접작업시간대비 품질원가의 비율 등을 통해 행한다.

① 매출액대비 품질원가의 비율 :

이것은 품질원가 총액과 매출액을 대비(품질원가 / 매출액)하여, 각 범주별 품질원가와 매출액을 대비(예방원가 / 매출액, 평가원가 / 매출액, 내부실패원가 / 내출액, 외부실패원가 / 매출액)하여 계산한다.

② 제조원가(또는 매출원가)대비 품질원가의 비율 :

이것은 품질원가 총액과 제조원가(또는 매출원가) 총액을 대비(품질원가 / 제조원가 또는 매출원가)하여 계산한다.

③ 직접작업시간대비 품질원가의 비율

이것은 품질원가 총액을 직접작업시간에 대비(품질원가 / 직접작업시간)하여 계산한다.

3) 품질원가 예산편성

품질원가를 통제하기 위해서는 먼저 품질에 대한 표준(quality standard)을 설정하여야 한다. 품질에 대한 표준설정은 물리적 표준(physical standard) 개념이 사용된다. 예컨대, 제품단위당 불량품율, 반품율 등이 그것이며, 품질관리를 위한 목표로서 이해하기 쉽다는 장점이 있다. 그러나 이 물리적 표준만을 사용하면 품질원가에 대한 수익성 등을 분석하는 것이 쉽지 않아 품질원가를 매출액이나 매출원가 등과 대비하는 방법 등을 흔히 사용한다.

이 경우 품질원가를 매출액이나 매출원가와 관계없이 일정하게 발생하는 고정품질원가(fixed quality costs)와 매출액이나 매출원가에 대해 변동적으로 발생하는 변동품질원가(variable quality costs)로 구분하여 고정품질원가의 통제는 예산과 실적을 비교하고, 변동품질원가의 통제는 허용표준치와 실적을 비교하거나 매출액 또는 매출원가와 대비한 상대적 크기로 분석하게 된다.

품질원가 성과평가를 위해서는 품질성과 보고서를 작성하여야 한다. 품질성과 보고서는 ① 일반적으로 당해 연도의 성과를 평가하기 위해 당해 연도의 목표와 개선정도를 나타내는 성과보고서, ② 전년도와 당해 연도를 비교하여 그 성과를 파악하는 성과보고서, ③ 품질개선 프로그램이 시작된 연도부터 현재까지의 개선정도를 파악하기 위한 장기추세 성과보고서, ④ 당해 연도의 실적과 장기 목표를 비교하기 위해 회사가 통제하고자 하는 항목을 나타내는 성과보고서 등으로 구분할 수 있다.

사례 2

KS제조(주)는 2010년부터 품질개선 프로그램을 도입하였다. 이 프로그램을 통해 목표 품질원가는 2014년까지 매출액대비 10%로 낮추고자 한다. 다음은 KS제조(주)의 관련자료이다.

1) 매출액 및 품질원가

연도	매출액	품질원가
2010	₩600,000,000	₩120,000,000
2011	600,000,000	108,000,000
2012	660,000,000	108,900,000
2013	720,000,000	100,800,000
2014	720,000,000	83,940,000

2) 2013년 및 2014년 품질원가

	2013년 실적	2014년 실적	2014년 예산
예방원가	₩17,520,000	₩16,920,000	₩15,600,000
평가원가	39,600,000	34,800,000	33,000,000
내부실패원가	26,700,000	18,840,000	18,300,000
외부실패원가	16,980,000	13,380,000	12,300,000
합계	₩100,800,000	₩83,940,000	₩79,200,000

요구사항

1. 2014년도의 품질성과 보고서(예산과 실적 비교)를 작성하시오.

2. 2013년도의 품질실적과 2014년도의 품질실적을 비교하는 성과보고서를 작성하시오.

3. 다음은 KS제조(주)의 2010년부터 2012년까지의 매출액대비 범주별 품질원가 비율이다. 이 자료를 포함하여 2014년까지의 추세보고서를 작성하시오.

연도	예방원가	평가원가	내부실패원가	외부실패원가	총계
2010	1.0%	3.0%	7.0%	9.0%	20.0%
2011	2.0	4.0	6.0	6.0	18.0
2012	2.5	4.0	5.0	5.0	16.5

4. 범주별 추세보고서를 작성하시오.

해설

1.

<표 1> 2014년의 품질성과 보고서

	2014년 실적	2014년 예산	차이
예방원가	₩16,920,000	₩15,600,000	₩1,320,000(불리)
평가원가	34,800,000	33,000,000	1,800,000(불리)
내부실패원가	18,840,000	18,300,000	540,000(불리)
외부실패원가	13,380,000	12,300,000	1,080,000(불리)
합 계	₩83,940,000	₩79,200,000	₩4,740,000(불리)

2.

<표 2> 2013년과 2014년의 성과보고서

	2013년 실적	2014년 실적	차이
예방원가	₩17,520,000	₩16,920,000	₩600,000(유리)
평가원가	39,600,000	34,800,000	4,800,000(유리)
내부실패원가	26,700,000	18,840,000	7,860,000(유리)
외부실패원가	16,980,000	13,380,000	3,600,000(유리)
합 계	₩100,800,000	₩83,940,000	₩16,860,000(유리)

3.

<표 3> 추세보고서

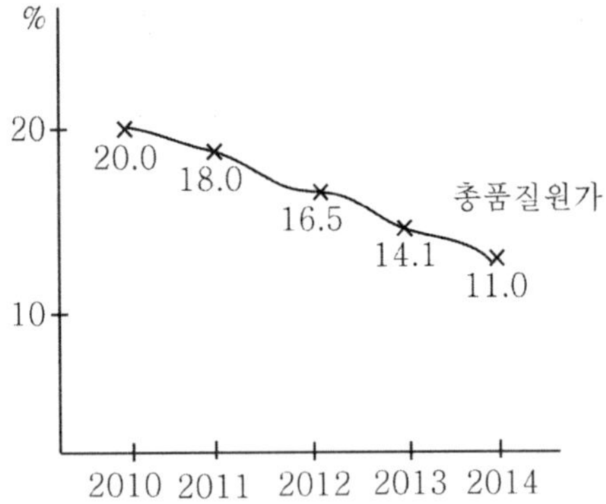

4.

<표 4> 범주별 추세보고서

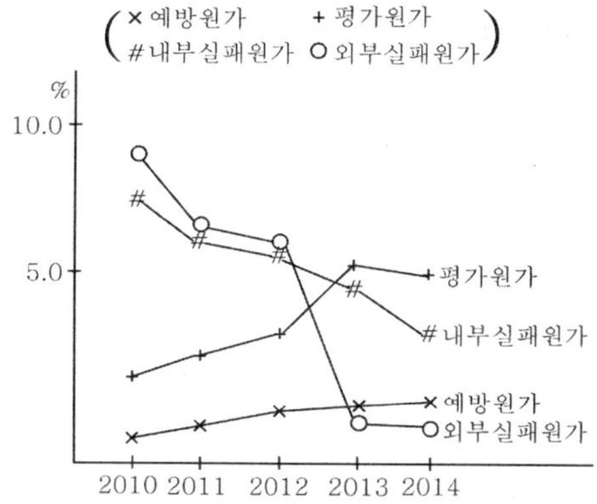

4) 품질원가 성과측정

(1) 품질 및 고객만족의 비재무적 측정치

실제성과가 고객의 욕구를 얼마나 충족시키는지를 평가하기 위해 회사에서는 설계품질과 부합품질의 비재무적 측정치를 이용하여 활용가능한 재무적 측정치를 보완한다. 비재무적 측정치는 고객의 선호와 미래의 요구를 밝히고, 개선할 필요가 있는 특정영역을 파악하는데 도움을 준다. 따라서 재무적 품질측정치가 단기적 품질에 중점을 두는 반면, 비재무적 품질측정치는 유용한 미래의 장기적 성과지표이다. 관리회계 담당자는 흔히 이러한 비재무적 측정치를 유지하고 제시할 책임이 있다. 여기에서는 먼저 고객 만족의 비재무적 측정치(설계품질과 외부실패의 비재무적 측정치를 포함하여)에 초점을 두고, 다음에는 내부성과측정치(예방, 평가 및 내부실패의 비재무적 측정치를 포함한)를 설명하기로 한다.

가. 고객만족의 비재무적 측정치

얼마나 잘 하고 있는지를 평가하기 위해 Compaq, Federal Express, GE, Motorola 등의 기업은 오랫동안 고객만족 측정치를 추적하고 있다. 이 측정치 중 몇 가지는 다음과 같다.

① 특정 제품특성에 대한 고객선호도와 고객만족에 대한 시장조사정보

② 고객에 대한 총선적물량 대비 불량품 선적물량 비율

③ 고객 불만족건수(기업은 실제로 불평하는 고객 1명에 비하여, 제품에 대해 나쁜 경험이 있지만 불평하지 않은 고객이 추가적으로 10 - 20명이 더 있다고 추정함)

④ 조기 또는 사후 실패를 경험한 제품비율

⑤ 납기지연(예정납기일과 고객의 요청일자와의 차이)

⑥ 적시납품률(예정납품일 전후에 이루어진 납품비율)

경영자는 이 수치들이 시간의 경과에 따라 악화되는지를 조사해야 한다. 만일 이 수치가 개선된다면, 장래에는 영업이익이 좋아질 것이라는 확신을 가질 수 있다. 이러한 정규적인 비재무적 측정치 이외에 Xerox와 같은 많은 회사는 고객 만족을 측정하기 위해 실태조사를 실시한다. 실태조사의 목적은 두 가지이다. 첫째는 고객경험과 선호를 심층 파악하고, 둘째는 고객이 구매하기를 원하는 미래의 제품에 대한 세부 특성의 개략적 윤곽을 파악하는 것이다.

나. 비재무적 내부성과 측정치

고객을 만족시키기 위해 회사는 기업내부에서 이루어지는 작업품질을 지속적으로 개선할 필요가 있다. 기업은 회사내부의 품질성과를 재무적 용어로 측정하기 위해 예방원가, 평가원가 및 내부실패원가를 활용할 수 있다. 그러나 많은 회사에서는 이러한 내부품질의 재무적 측정치를 비재무적 측정치로 보완한다. 예컨대, 반도체 회사인 Analog Devices는 다음의 품질측정치 추세를 활용하고 있다.

① 각 제품라인별 불량품건수

② 공정수율(총산출물 대비 합격품 비율)

③ 종업원 이직률(총종업원수 대비 이직종업원수 비율)

많은 기업들은 더 나아가 내부품질의 개선을 유도하는 요인을 이해하려고 노력한다. 예컨대, 몇몇 기업은 종업원 권한위양(empowerment)과 종업원만족을 측정한다. 왜냐하면, 이 회사의 경영자는 이 측정치가 품질의 중요한 결정요인이라고 믿기 때문이다.

① 종업원 권한위양 측정치는 종업원 업무처리 건수에 대해 상급자와 상의없이 종업원이 의사결정할 수 있는 권한을 가진 업무처리건수의 비율이다.

② 종업원 만족 측정치는 조사대상 종업원 총인원 대비 만족도가 높은 종업원 인

원 비율이다.

일정기간의 비재무적 품질측정치는 그 특성상 제한된 의미를 갖는다. 경영자가 시간의 경과에 따른 추세를 분석하면, 비재무적 측정치로부터 더 많은 정보를 얻을 수 있다. 이러한 보고서를 명백하게 제공하기 위해, 관리회계 담당자는 비재무적 측정치를 정확하고 일관적으로 검토해야 한다. 따라서 관리회계 담당자는 품질원가계산, 품질문제해결을 위한 경제적 해결방안 개발의 지원, 품질향상에 관한 피드백 자료 제공 등의 다양한 방법으로 회사가 품질을 향상시키는 데 도움이 되어야 한다.

(2) 품질성과 측정치의 이점

품질의 재무적 원가와 품질의 비재무적 측면을 측정하는 것은 분명 다음과 같은 이점이 있다.

가. 품질원가 성과측정치의 이점

① 원가/관리회계의 주의환기 기능과 동일한 맥락에서 품질원가는 저급 품질이 얼마나 값비싼 비용을 치를 수 있는지에 대해 관심을 집중시킨다.

② 재무적 품질원가 측정치는 상이한 품질향상 프로그램을 비교하고, 최대한의 원가절감을 실현하도록 우선순위를 설정함으로써 문제를 해결하는데 도움을 준다.

③ 재무적 품질원가 측정치는 예방원가와 실패원가 간의 상충관계를 평가하기 위한 공통분모가 된다. 품질원가는 품질성과의 단일 요약측정치를 제공한다.

나. 비재무적 품질측정치의 이점

① 비재무적 품질측정치는 계량화하거나 이해하기 쉽다

② 비재무적 측정치는 실물공정에 주목하여 개선이 요청되는 세부적 분야에 대해 관심을 집중시킨다.

③ 비재무적 측정치는 품질향상 노력이 실제로 품질향상에 기여했는지의 여부에 대해 즉각적이고 단기적인 피드백을 제공한다.

④ 비재무적 측정치는 미래의 장기적 성과에 대한 유용한 지표가 된다.

· 품질원가 측정치와 비재무적 측정치는 상호 보완적이다. 많은 조직은 재무적 및 비재무적 품질측정치를 동시에 사용하여 품질성과를 측정한다. 예컨대, McDonald와 같은 몇몇 기업은 다수의 품질 및 고객만족 측정치를 토대로 종업원과 가맹점을 평가한다. McDonald는 외부기관과 계약하여 점포를 방문하는

정체불명의 고객이 각 점포의 품질, 청결도 및 서비스를 평가한다. 그리고 각 점포의 성과를 기간별로, 그리고 다른 점포와 대비하여 평가한다.

사례 3

다음은 KS제조(주)의 2014년 및 2015년의 품질관련 원가자료이다.

	2014년	2015년
매출액	₩10,000,000	₩12,500,000
제품검사	110,000	85,000
작업폐물	250,000	200,000
설계엔지니어링	100,000	240,000
반품	60,000	145,000
시험설비	50,000	50,000
고객지원	40,000	30,000
재작업	160,000	135,000
예방설비유지	35,000	90,000
제품손해배상	200,000	100,000
원재료검사	20,000	40,000
기계고장	90,000	40,000
제품시험	220,000	75,000
교육훈련	45,000	120,000
보증수선	300,000	200,000
협력업체평가	20,000	50,000

요구사항

1. 위의 품질원가항목을 예방원가, 평가원가, 내부실패원가, 외부실패원가로 분류하시오.

2. 2014년 및 2015년의 품질원가를 각 범주별로 매출액 대비 비율을 구하고, 그 추세에 대해 설명하시오.

3. 전사적 품질관리 노력의 일환으로 KS제조(주)가 관찰할 수 있는 비재무적 품질 측정치의 예를 두 가지만 제시하시오.

해설

1. 및 2.

	2014년		2015년	
매출액		₩10,000,000		₩12,500,000
품질원가	금액	%	금액	%
예방원가				
설계엔지니어링	₩100,000		₩240,000	
예방설비유지	35,000		90,000	
교육훈련	45,000		120,000	
협력업체평가	20,000		50,000	
예방원가 계	200,000	2.0%	500,000	4.0%
평가원가				
제품검사	110,000		85,000	
시험설비	50,000		50,000	
원재료검사	20,000		40,000	
제품시험	220,000		75,000	
평가원가 계	400,000	4.0%	250,000	2.0%
내부실패원가				
작업폐물	250,000		200,000	
재작업	160,000		135,000	
기계고장	90,000		40,000	
내부실패원가 계	500,000	5.0%	375,000	3.0%
외부실패원가				
반품	60,000		145,000	
고객지원	40,000		30,000	
제품손해배상	200,000		100,000	
보증수선	300,000		200,000	
외부실패원가 계	600,000	6.0%	475,000	3.8%
품질원가 총계	₩1,700,000	17.0%	₩1,600,000	12.8%

2014년 및 2015년 사이 KS제조(주)의 품질원가는 매출액 대비 17%에서 12.8%로 감소하였다. 품질원가를 각 범주별로 분석해보면 이 회사는 2014년에 비해 2015년에 예방활동에 많은 자원을 배분하였다. 그 결과로서 매출액 대비 평가원가는 4%에서 2%로, 내부실패원가는 5%에서 3%로, 외부실패원가는 6%에서 3.8%로 감소하였다. 여기서의 관심은 비록 외부실패원가가 감소하였음에도 불구하고 반품원가는 증가하였다는 것이다. KS제조(주)의 경영자는 이것에 대한 이유를 조사하여 그것에 대한 시정조치를 하여야 한다.

3. 전사적 품질관리 노력의 일환으로 KS제조(주)가 관찰할 수 있는 비재무적 품질 측정치의 예로서는 ① 고객에게 배달된 불량품의 수, ② 각 제조공정에서 총생산량에 대한 불량품의 비율, ③ 종업원의 이직률 등을 들 수 있다.

사례 4

KS제조(주)는 두 가지의 냉장고 A형과 B형을 생산하고 있다. 다음은 각 냉장고에 대한 원가 자료이다.

	A형	B형
생산 및 판매량	10,000단위	5,000단위
판매가격	₩2,000,000	₩1,500,000
변동원가/단위	1,200,000	800,000
설계시간	6,000시간	1,000시간
시험 및 검사시간/단위	1시간	0.5시간
재작업제품비율	5%	10%
단위당 재작업원가	₩500,000	₩400,000
판매 후 재작업제품비율	4%	8%
수선비용/단위	₩600,000	₩450,000
품질불량에 따른 예상판매감소량	–	300단위
활동별 시간당 임률		
설계활동	₩75,000/시간	
시험 및 검사활동	₩40,000/시간	

요구사항

1. 각 유형의 품질원가를 예방원가, 평가원가, 내부실패원가, 외부실패원가로 분류하여 계산하시오.

2. 각 유형별 품질원가를 각 범주별로 매출액 대비 비율을 구하고, 각 유형의 품질원가를 비교하여 설명하시오.
3. 전사적 품질관리 노력의 일환으로 KS제조(주)가 관찰할 수 있는 비재무적 품질 측정치의 예를 두 가지만 제시하시오.

해설

1. 및 2.

냉장고 A형에 대한 매출액, 품질원가, 매출액 대비 품질원가의 비율을 나타내면 다음과 같다.

품질원가	금액	매출액대비 비율
예방원가		
설계엔지니어링(₩75,000, 6,000시간)	₩450,000,000	2.25%
평가원가		
시험 및 검사(₩40,000, 1시간, 10,000단위)	400,000,000	2.00
내부실패원가		
재작업(₩500,000, 5%, 10,000단위)	250,000,000	1.25
외부실패원가		
수선(₩600,000, 4%, 10,000단위)	240,000,000	1.20
품질원가 총계	₩1,340,000,000	6.70%

냉장고 B형에 대한 매출액, 품질원가, 매출액 대비 품질원가의 비율을 나타내면 다음과 같다.

매출액 = ₩1,500,000 × 5,000단위 = ₩7,500,000,000

품질원가	금액	매출액대비 비율
예방원가		
설계엔지니어링(₩75,000, 1,000시간)	₩75,000,000	1.00%
평가원가		
시험 및 검사(₩40,000, 0.5시간, 5,000단위)	100,000,000	1.33
내부실패원가		
재작업(₩400,000, 10%, 5,000단위)	200,000,000	2.67
외부실패원가		
수선(₩450,000, 8%, 5,000단위)	180,000,000	2.40
판매손실 공헌이익손실액	210,000,000	2.80
[(₩1,500,000−₩800,000)×300단위]		
품질원가 총계	₩765,000,000	10.20%

매출액 대비 품질원가는 A형(6.7%)과 B형(10.20%)이 차이가 있다. KS제조(주)는 냉장고 B형의 경우 통제활동(예방활동와 평가활동)에 적게 소비하여, 그 결과 내부 및 외부실패원가가 많이 발생하였다. 반면, 냉장고 A형에 대해서는 상이한 전략을 구사하였다. 즉 통제활동(예방활동와 평가활동)에 많이 소비하여, 그 결과 내부 및 외부실패원가가 적게 발생하였다.

3. 전사적 품질관리 노력의 일환으로 KS제조(주)가 관찰할 수 있는 비재무적 품질 측정치의 예로서는 ① 각 제품별 불량률, ② 각 제품별 반품율, ③ 정시배달율, ④ 종업원의 이직률 등을 들 수 있다.

제10장

시간관리와 제약이론

본 장에서는 시간관리와 제약이론에 관해 학습한다. 우선 기업은 효과적인 경영을 위하여 시간관리에 관심을 갖지 않으면 안 된다. 시간과 관련한 두 가지의 보편적인 운영관리 시간측정치는 고객대응시간과 정시인도성과이다.

또한 제약이론은 기업경영의 장애요인으로 작용하는 제약요소(constraints)를 식별하고 이를 집중관리함으로써 기업이 추구하는 이익을 최대화함을 목적으로 한다. 제약이론의 목적은 재료처리량 공헌이익을 증가시키고, 투자 및 운영원가를 감소시키는 데 있다.

제1절 시간관리의 의의

1. 시간관리의 중요성

기업들은 점차 시간을 핵심 성공요인의 하나로 이해하게 되었다. 업무를 빨리 수행하면 수익을 증가시키고, 원가를 감소시키는 데 도움이 된다. 예컨대, 이사전문 업체들은 운송물을 한 지역에서 다른 지역으로 훨씬 신속하고 정시에 운송할 수 있다면 더 많은 수익을 창출할 수 있을 것이다. 수익의 창출 이외에도 예컨대, AT&T와 General Electric, Wal-Mart 등은 시간준수를 강조함으로써 원가를 절감하였다고 보고하고 있다. 이 회사들은 고객주문에 대한 신속한 대응능력 때문에 재고를 거의 유지할 필요가 없음을 언급하였다.

기업경영에의 **시간관리(time management)**의 도입은 그 역사가 오래 전으로 거슬러 올라갈 수 있다. 포드자동차의 창업자인 Henry Ford는 컨베이어벨트를 이용한 대량 생산시스템을 고안한 경영인으로 잘 알려져 있으나 시간관리를 기업경영 및 제품생산에서 중요시하는 대표적인 경영인이었다. 또한 도요타 자동차의 경우 적시생산방식 역시 재고관리뿐만 아니라 시간관리의 중요성도 강조한다. 시스템 전반에 걸친 수요정보를 전달하기 위한 수단인 간반(kanban)시스템은 유연한 생산을 이끌었고 이러한 생산공정의 유연성으로 재무적 성과를 개선하였으며, 제품의 다양성, 저원가, 고품질이라는 목표를 동시에 달성할 수 있었다. 도요타의 경우 JIT가 성공할 수 있었던 것은 준비시간의 단축과 인도시간을 줄일 수 있었기 때문이다.

시간관리는 경영활동에서의 낭비시간을 없애는 것을 주요 목표로 한다. 그러므로 시간관리는 제품과 관련한 낭비시간의 제거에 초점을 둔다. 물론 시간관리는 제품의 생산에 한정된 개념은 아니다. 제품개발 및 생산 등 기업내부의 가치사슬뿐만 아니라 공급사슬 등의 시간관리 또한 중요시된다. 즉, 시간관리는 기업경영과 관련된 모든 분야에 적용되는 것이다.

시간관리가 중요시되는 이유는 강조되는 분야(또는 기대효익)와 관련하여 두 가지로 구분할 수 있다. 하나는 전략으로서의 시간이고, 다른 하나는 경영도구로서의 시간인데 양자는 모두 기업의 경쟁우위를 높이는 데 기여한다. 따라서 기업은 효과적인 경영을 위하여 시간관리에 관심을 갖지 않으면 안 된다. 이하에서는 운영관리 시간측정치(operational measures of time), 즉 회사의 제품과 서비스 등 고객주문에 기업이 얼마나 신속하게 대응하는지, 회사가 약속한 납기일을 얼마나 준수하였는지 등에 대한 신뢰성에 초점을 두고 설명하고자 한다. 우선 시간과 관련한 두 가지의 보편적인 운영관리 시간측정치는 고객대응시간(customer-response time)과 정시인도품성과(on-time performance)를 들 수 있다.

2. 고객대응시간

고객대응시간(customer-response time)이란 고객이 제품을 주문하거나 서비스를 요청하는 시간부터 제품과 서비스를 고객에게 인도하는 데 소요되는 시간이다. 고객주문에 신속하게 대응하는 것이야말로 많은 기업에서 핵심 경쟁요인이다. 특히 건설, 금융, 자동차 렌트, 패스트푸드 등 서비스업종의 경우에는 더욱 그렇다. Boeing사와 같은 몇몇 기업은 비행기를 제때에 납품하지 못해 발생하는 고객의 손해를 보상하기 위해 고객에게 위약금을 제공하고 있다.

[그림 1]은 고객대응시간의 상이한 구성요소를 나타낸 것이다. Boeing사의 경우, **주문접수시간(receipt time)**은 마케팅부서가 생산부서에게 고객주문서상의 구체적 요구사항을 명시하여 전달하는 데 소요되는 시간이다. **생산소요시간(manufacturing lead time)** 또는 **생산순환시간(manufacturing cycle time)**은 생산부서가 주문을 접수한 시간부터 완성품을 생산할 때까지 소요된 시간을 말한다. 생산소요시간은 주문품의 **생산시간(manufacturing time)**과 생산을 위한 **준비(대기)시간(waiting time)**의 합계이다. Boeing사가 접수한 생산주문은 주문을 처리하는 설비가 먼저 도착한 주문을 처리하느라 바쁘기 때문에 대기할 필요가 있을 것이다. 인도시간(delivery time)은 완성된 주문품을 고객에게 인도하는 데 소요된 시간이다.

[그림 1] 고객대응시간의 구성요소

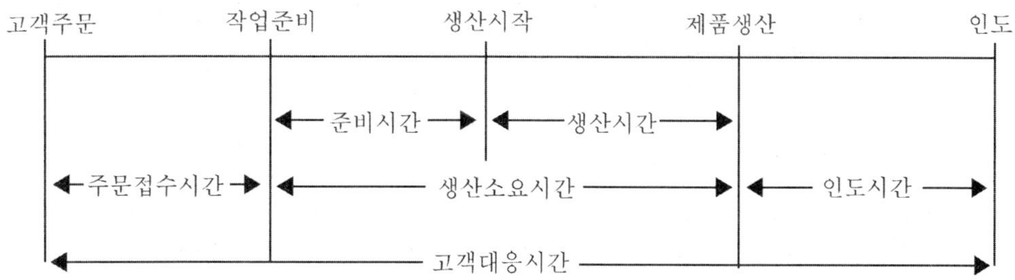

많은 기업들은 제조간접원가를 제품에 배분하는 기준으로 생산소요시간을 사용한다. 컴퓨터부품 생산업체인 Zytec사는 생산소요시간을 배분기준으로 사용하면

경영자가 제품을 생산하는 데 소요되는 시간을 단축시킬 수 있다고 믿고 있다. 이것은 총간접원가를 감소시키고, 영업이익을 증가시킨다.

3. 정시인도성과

정시인도성과(on-time performance)는 인도(납품)하기로 계획된 시간에 제품이나 서비스를 실제로 인도(납품)한 결과를 의미한다. Federal Express가 심야 운송서비스에 대하여 포장단위당 가격과 다음날 인도시간을 오전 10:30으로 규정했다고 하자. Federal Express는 약속한 인도시간인 오전 10:30을 얼마나 잘 지켰는지의 여부로 정시인도성과를 측정한다. 고객은 정시인도를 원하고 기대하기 때문에 정시인도성과는 중요한 고객만족요인 중의 하나이다.

예컨대, 항공회사는 일관된 정시서비스로부터 고급 탑승객을 유치한다. 그러나 고객반응시간과 정시인도성과는 상충관계에 있다. 예컨대, Federal Express가 인도시간을 오전 10:30이 아니고 오후 1:00로 약속한 경우와 같이, 단순하게 고객대응시간을 길게 약속하면, 비록 이러한 전략은 고객을 만족스럽지 못하게 하나 정시인도성과를 쉽게 달성할 수 있을 것이다.

기업 실무조사 : 시간관리와 스피드 경영

시간관리를 도입하여 성공한 기업의 예로는 Federal Express, Domino's Pizza, Southwest Airlines 등을 들 수 있다. Federal Express는 항공화물산업에서의 야간수송을 개척했으며, Domino's Pizza는 피자를 30분 이내에 배달함으로써 미국에서 두 번째로 큰 피자 체인점이 될 수 있었다. Southwest Airlines사는 부가가치가 없는 활동을 제거하기 위한 일환으로 항공기의 회송시간(airplane turnaround time)을 감소시켜 결과적으로 주어진 시간당 항공기 탑승인원수를 증가시킬 수 있었다. 이로 인해서 탑승객 1인당의 비용을 절감할 수 있었고 가격도 인하할 수 있는 경쟁우위를 가지게 되었다.

삼성그룹의 경우도 시간관리를 경영에 도입하여 1997년 기업의 새로운 생존전략으로 '스피드 경영'을 주창했다. 스피드 경영은 삼성이 1993년부터 실천해온 '질 경영'의 뒤를 잇는 전략이다. 실제 조사 결과에서 삼성의 스피드는 선진국의 대기업에 비해 많이 뒤떨어지는 것으로 나타났다. 삼성의 주요 계열사와 선진기업들의 경영지표를 비교해 본 결과 삼성의 상품이나 서비스의 질은 선진기업의 90% 수준인데 비해 스피드는 50%에도 미치지 못했다. 연구개발에 걸리는 시간과 주문에서부터 상품을 배달하기까지 걸리는 시간, 납기준수율 등이 선진기업에 비해 2배 정도 느렸다. 구체적으로 연구개발에 걸리는 시간은 삼성전관의 경우 일본 도시바의 3배, 삼성전기는 일본 마쓰시타의 2.5배에 달했다. 또 삼성카메라는 주문에서부터 제품출하까지 걸리는 시간이 일본 도요타보다 10배 정도 오래 걸렸다.

삼성은 '먼저, 빨리, 제때, 자주'라는 스피드 경영의 속성을 확보하기 위해 19가지 구체적인 과제를 선정했다. 이건희 회장도 신년사에서 '스톡(비유동자산)보다는 회전속도가 중요하다며 '돈, 상품, 기계, 사람, 정보를 빨리 돌리는 것이 효율이고 생산성'이라고 지적했다. 스피드 경영에 대한 19가지 지침이 나온 이후 각 계열사는 나름대로 스피드 경영을 실천해가고 있다.

물론 삼성은 이전에도 부분적으로 스피드 경영이라 할 만한 시책들을 추진해 왔던 게 사실이다. 대표적인 예가 삼성물산 물류부문에 48시간 배달서비스와 즉시반응시스템(quick response system)이다. 48시간 배달서비스란 고객이 찾는 '상품이 매장에 없을 경우 48시간 내에 전국 매장을 샅샅이 뒤져 고객의 집까지 배달해주는 서비스이다. 즉시반응시스템은 고객이 원하는 상품이 전국 어느 매장에도 없을 경우 7일 이내에 새로 생산해주는 시스템을 말한다.

제2절 시간동인과 시간원가

상품매매업, 제조업, 서비스업에서 고객대응시간과 정시인도성과를 관리하기 위해서는 시간지연의 원인과 이로 인한 원가를 분석하여야 한다. 예컨대, 시간지연은 생산 공정상의 기계와 관련하여, 그리고 은행의 담당자나 점포의 현금계산 담당자와 관련하여 발생한다. 여기서는 먼저 시간지연의 이유에 초점을 맞춰 설명하고자 한다.

1. 시간동인으로서의 불확실성과 병목요인

시간동인(time driver)이란 그 요인을 변화시키면 활동을 수행하는 데 걸리는 속도의 변화를 유발하는 요인이다. 두 가지 중요한 시간동인은 다음과 같다.

◆ 고객이 언제 제품 또는 서비스를 주문할 것인지의 시점에 대한 불확실성

- 예컨대, Boeing사가 생산에 대한 주문을 무작위로 받을수록, 대기행렬이 형성되고 시간지연이 발생할 가능성이 크다.

◆ 제한된 생산설비로 인한 병목공정

- **병목공정(bottleneck)**은 하거나 또는 이를 초과하는 공정을 말한다. 예컨대, 특정 기계에서 처리해야 할 제품이 도착했는데, 그 기계는 이미 다른 제품을 처리하는 데 사용되고 있을 때 병목공정과 시간지연이 발생한다.

사례 1

F사는 회전기계를 이용하여 강철 막대기를 가공한 후 펌프용 특수기어인 특수부품을 만들고 있다. F사는 고객이 이 부품을 주문한 후에만 생산한다. 생산소요시간에 초점을 맞추기 위해 여기서는 F사의 주문접수시간과 인도시간은 거의 없다고 가정한다.

F사는 30건의 주문을 접수할 것으로 예상한다. 그러나 실제로는 기어의 주문건수는 10, 30 또는 50건이 될 수도 있다. 1건의 주문량은 1,000단위이다. 주문 1건당 생산시간은 100시간(기계작업준비시간 8시간과 작업처리시간 92시간)이다. 기계의 연간 생산능력은 4,000시간이다. 만일 F사가 예상대로 주문량을 접수받을 경우에 총기계가동시간은 3,000시간(100시간×30건)으로 이는 기계가용시간 4,000시간 범위 이내이다. 기계가동시간이 가용시간보다 여유가 있을 경우라도 작업대기 물량과 작업지체 현상은 여전히 발생한다. 왜 그런가? 그것은 고객주문시점상의 불확실성으로 인해 기계가 다른 주문을 처리하는 동안 대기해야 하기 때문이다.

단일제품의 경우, 고객주문의 패턴과 주문처리에 대한 일정한 가정 하에서 주문물량이 작업준비 및 생산처리를 위해 대기해야 하는 시간, 즉 평균대기시간은 다음과 같다.

$$\frac{\text{기어의 평균주문 횟수} \times (\text{기어의 제조시간})^2}{2 \times [\text{연간 기계가동시간} - (\text{기어의 연평균주문건수}) \times (\text{기어의 주문당 제조시간})]}$$

$$= \frac{30 \times (100)^2}{2 \times [4{,}000 - (30 \times 100)]} = \frac{30 \times 10{,}000}{2 \times (4{,}000 - 3{,}000)} = \frac{300{,}000}{2 \times 1{,}000} = \frac{300{,}000}{2{,}000}$$

$$= 150\text{시간}$$

위 공식에서 분자에는 제조시간 또는 작업처리시간의 제곱이 곱해진다. 제조시간이 길수록 어떤 주문물량이 접수되었을 때 기계가 이미 작업 중일 가능성이 높고, 이로 인해 지체시간이 길어진다. 이 공식에서 분모는 여유생산설비 또는 완충설비를 나타낸다. 여유생산설비가 적을수록 지체시간은 길어진다.

위의 공식에서는 평균대기시간만을 설명하였는데, 기계가 쉬고 있을 때 특정 주문량이 도착하면 이 경우에는 즉각 생산을 시작할 수 있다. 또 다른 경우로 F사는 다른 두 단위의 주문량이 작업대기하고 있는 동안 새로운 주문물량을 접수할 수도 있다. 이러한 경우에 지체시간은 150시간 이상이 될 것이다. 주문의 평균생산처리시간은 250시간(평균 대기시간 150시간 + 제조시간 100시간)이다.

F사는 펌프에 사용될 특수 형태의 피스톤 신제품의 도입여부를 검토 중이다. 이 회사는 다음해에 피스톤에 대한 주문물량(1회 주문량은 800단위)이 10회일 것으로 예상하고 있다. 1회 주문량은 50시간(작업준비시간 3시간과 생산소요시간 47시간)의 제조시간이 소요된다. 기어에 대한 예상수요는 신제품의 도입여부에 영향을 받지 않는다고 판단한다. 작업준비 및 생산처리 이전의 평균대기시간은 아래의 공식과 같다. 이것은 앞에서 서술한 단일제품에 대한 공식을 확장한 것이다.

$$\frac{[\text{기어의 평균주문횟수}\times(\text{기어의 제조시간})^2]+[\text{피스톤의 평균주문횟수}\times(\text{피스톤의 주문당 제조시간})^2]}{2\times[\text{연간 기계가동시간}-(\text{기어 연평균주문건수}\times\text{주문당 제조시간})-(\text{피스톤 연평균주문횟수}\times\text{주문당 제조시간})]}$$

$$=\frac{30\times(100)^2+10\times(50)^2}{2\times[4{,}000-(30\times100)-(10\times50)]}=\frac{(30\times10{,}000)+(10\times2{,}500)}{2\times(4{,}000-3{,}000=500)}$$

$$=\frac{300{,}000+25{,}000}{2\times500}=\frac{325{,}000}{1{,}000}=325\text{시간/주문}$$

피스톤을 도입하면 주문당 평균대기시간이 종전의 150시간에서 325시간으로 두 배 이상 증가한다. 왜 평균대기시간이 크게 증가하는가? 피스톤을 도입하면 미활용 생산능력이 축소되고, 기존 주문이 제조되고 있는 도중에 새로운 주문이 도달할 가능성이 증가하기 때문이다. 평균대기시간은 미활용 생산능력의 축소에 매우 민감하다.

주문당 평균생산소요시간은 425시간(즉, 평균대기시간 325시간+생산시간 100시간)이고, 피스톤은 375시간(즉, 평균대기시간 325시간+생산시간 50시간)이다. 여기서 주목해야 할 것은 피스톤 주문시 생산소요시간 중 작업대기시간이 86.67%(325÷375)을 소비한다는 점이다. 추가적 피스톤이 위와 같은 영향을 생산소요시간에 미칠 경우에 F사는 피스톤을 도입해야 하는가? 관리회계 담당자는 흔히 생산설비제약 하에서 신제품의 수익성을 평가하라는 요청을 받는다. 이러한 의사결정을 하기 위하여 F사의 관리회계담당자는 피스톤제품의 추가로 인한 관련수익과 관련원가를 파악하여 분석할 필요가 있다. 특히 이로 인해 모든 제품의 시간지연원가를 평가해야 한다.

2. 시간의 관련수익과 관련원가

피스톤 추가의 관련수익과 관련원가를 결정하기 위하여 다음의 추가적 자료를 검토하기로 하자.

주문건당 평균판매가격

제품	평균 주문건수	평균생산소요시간		주문당 직접재료원가	주문당/시간당 재고유지원가
		300시간 이내	300시간 초과		
기어	30	₩22,000	₩21,500	₩16,000	₩1.00
피스톤	10	10,000	9,600	8,000	0.50

이 예에서 주목해야 할 것은 생산소요시간이 수익과 비용에 모두 영향을 미친다

는 점이다. 고객은 인도가 빠른 경우에 대금을 약간 더 지급할 용의가 있기 때문에 수익이 영향을 받는다. 원가측면에서는 직접재료원가와 재고유지원가가 피스톤의 도입여부에 의해서만 영향을 받는다.

재고유지원가는 보통 재고에 묶인 투자액의 기회원가, 건물임차료, 파손, 진부화, 그리고 원재료취급원가 등의 관련 보관원가로 구성된다. 기업은 재고유지원가를 보통 연간 주문물량단위로 계산한다. 계산을 단순화시키기 위해 여기에서는 재고유지원가를 시간당·주문건당 기준으로 나타낸다. 다른 회사처럼 F사에서도 주문품에 대한 작업준비가 완료되었을 때 직접원재료를 구입하기 때문에, 생산소요시간(준비시간과 생산시간) 동안에도 계속해서 재고유지원가가 발생하고 있다.

<표 1>은 피스톤의 도입안과 도입하지 않는 안에 대한 각 대체안의 관련수익과 관련원가를 나타내고 있다. 바람직한 대체안은 피스톤을 도입하지 않는 것이다. 주목해야 할 점은 피스톤이 주문당 ₩1,600(₩9,600−₩8,000)의 공헌이익을 창출하고 있고, 또한 F사의 기계는 피스톤을 처리할 수 있는 생산능력을 가지고 있다는 점이다. 만일 피스톤을 도입한다면, F사는 평균적으로 기계의 4,000시간의 활용가동능력 중에서 3,500시간만을 활용하게 된다. 왜 F사는 피스톤을 생산 및 판매하지 않는 것이 오히려 바람직할까? 핵심은 피스톤의 생산이 기존 제품인 기어에 미치는 부정적 영향 때문이다.

〈표 1〉피스톤의 도입결정에 관한 F사의 관련기대수익, 기대원가의 결정

관련 항목	방안1 피스톤 도입 (1)	방안2 피스톤 미도입 (2)	차액 (3)=(1)−(2)
기대수익	₩741,000a	₩660,000b	₩81,000
기대변동원가	560,000c	480,000d	(80,000)
기대재고유지원가	14,625e	7,500f	(7,125)
기대총원가	₩574,925	487,500	(87,125)
기대수익−기대원가	₩166,375	₩172,500	₩(6,125)

a (₩21,500×30)+(₩9,600×10) = ₩741,000; 평균제조시간은 300시간 이상임

b (₩22,000×30) = ₩660,000; 평균제조시간은 300시간 이하임

c (₩16,000×30) + (₩8,000×10) = ₩560,000

d ₩16,000×30 = ₩480,000

e (기어의 평균생산소요시간×기어의 단위당 재고유지원가×기어의 예상주문건수)+(피스톤의 평균생산소요시간×피스톤의 단위당 재고유지원가×피스톤의 예상주문건수) = (425×₩1×30)+(375×₩0.5×10) = ₩12,750+₩1,875 = ₩14,625

f 기어의 평균생산소요시간×기어의 단위당 재고유지원가×기어의 예상주문건수 = 250×₩1×30 = ₩7,500

다음의 표에서는 시간원가, 즉 기계의 생산능력을 피스톤 생산에 돌렸을 때 야기되는 시간지연으로 인한 기대수익의 손실 및 기대원가의 증가액을 보여주고 있다.

평균생산소요시간 증가효과

제품	기어의 기대수익 손실 (1)	전제품의 재고유지원가 기대증가액 (2)	피스톤 도입의 기대수익 손실과 기대비용증가액 합계 (3) = (1) + (2)
기어	₩15,000[a]	₩5,250[b]	₩20,250
피스톤	–	1,875[c]	1,875
합계	₩15,000	₩7,125	₩22,125

a (₩22,000−₩21,500)/주문×기대주문 건수 30 = ₩15,000
b (424시간−250시간)×₩1/시간×기대주문 건수 30 = ₩5,250
c (375시간−0시간)/주문×₩0.5/시간×기대주문 건수 10 = ₩1,875

피스톤을 도입하면 기어의 평균생산소요시간이 250시간에서 425시간으로 증가된다. 생산소요시간이 길어짐으로 인한 원가는 재고유지원가의 증가와 기어수익의 감소액(기어의 평균생산소요시간이 300시간을 초과함으로 인해 야기된)이다. 피스톤 도입으로 장기화된 기대생산소요원가 ₩22,125는 피스톤 판매로 인한 기대공헌이익 ₩16,000(주문당 ₩1,600×기대주문 건수 10건)보다 ₩6,125이 초과한다(차액의 계산과정은 <표 1>에 제시).

여기에서는 간단한 상황을 이용하여 수요의 불확실성이 높고, 약간의 비활용 생산설비가 바람직한 경우를 설명하였다. 병목자원의 생산능력을 확장시키면 생산소요시간과 시간지체를 줄일 수 있다. 생산능력을 확장시키는 방법 중 하나는 활동을 효율적으로 수행하여 작업준비와 생산처리에 소요되는 시간을 단축시키는 것이다. 또 다른 방법은 유연생산시스템, 즉 일정규모의 유사한 작업을 함께 처리하도록 하여 한 제품의 생산에서 다른 제품 생산으로 신속하게 전환하도록 프로그램화할 수 있는 생산시스템 등의 신규설비에 투자하는 것이다.

시간지연의 성과를 감시하기 위해 많은 기업은 비재무적 측정치를 활용한다. 고객대응시간과 정시인도성과 등의 몇몇 측정치는 고객만족에 초점을 둔다. 생산시간, 대기시간 등의 다른 측정치는 내부성과를 강조한다. 비재무적 시간측정치는 개선을 요하는 특정 분야를 기업이 식별하는 데 도움을 준다.

제3절 제약이론과 재료처리량 공헌이익분석

본 절에서는 다양한 부품과 다른 기계를 사용하여 생산되는 제품을 검토하기로 한다. 다수부품과 다수기계의 상황인 경우에는 생산공정 간 상호의존관계가 발생한다. 즉, 어떤 생산공정은 이전 생산공정에서 부품이 완성된 후에야 제조를 시작할 수 있다.

1. 제약이론의 개념

제약이론(theory of constraints : TOC)은 1980년대에 Goldratt과 Fox 등이 중심이 되어 전개한 경영이론이다. 이것은 그 동안 생산관리에서 적용되어 오던 최적생산기술(optimized production technology : OPT)에서 강조하는 일치화된 제조(synchronized manufacturing)라는 개념을 기업경영 전반에까지 확장하여 적용한 것이다.

일치화된(즉, 전체적인 조화)이라는 말이 시사하는 바와 같이 제조활동에서 최대의 성과를 거두기 위해서는 원재료의 구입에서부터 고객에의 배달까지 모든 과정이 물 흐르듯 이루어져야 한다. 이것을 위해서는 공정중단을 초래하거나 지체시키는 제약요소(constraints)를 식별하고 이것을 제거해야만 한다. 마치 조직을 여러 개의 고리로 연결된 사슬(chain)로 가정할 때 전체사슬의 힘은 사슬을 구성하는 고리들 중 가장 취약한 고리의 힘 만큼에 불과한 것처럼 제조공정에서 특정 공정에 장애요인(bottleneck)이 존재할 경우 이 장애요인 때문에 전체성과는 낮아지게 된다.

『The Goal』의 저자인 Goldratt은 제약이론을 통해 다음의 두 가지를 강조하고 있다.

첫째, 전사적 최적화의 추구이다. 제약이론은 기업경영의 장애요인으로 작용하는 제약요소(constraints)를 식별하고 이를 집중 관리함으로써 기업이 추구하는 이익을 최대화함을 목적으로 한다. 제한된 자원을 배분함에 있어서 상대적으로 강하고 여유있는 부문에 투자하는 우를 범하는 대신 전체 성과개선에 걸림돌이 되는 부문에 집중 투자할 것을 강조한다. 장애요인(bottleneck)이 될 수 있는 제약요소는 존재하는 장소에 따라 내부제약요소(예컨대, 기계 보유대수)와 외부제약요소(예컨대, 시장 수요)로, 그리고 장애요인으로서의 작용여부에 따라 장애요소(bottleneck constraints)와 비장애요소(non-bottleneck constraints)로 구분된다. 제약이론은 산출물(output)의 생산속도를 지연시키는 제조공정의 장애제약요소를 제거하거나 감소시킴으로써 재료처리량 공헌이익(throughput contribution)의 개선을 강조한다. 따라서 이것에 영향을 미치지 않는 제조공정과 유통활동은 관리대상 밖이다.

둘째, 성과평가의 왜곡을 수정하는 것이다. 제약이론에서는 산출물이란 용어 대신에 재료처리량 공헌이익이란 용어를 사용한다. 그 이유는 전통적인 성과평가에서는 생산량을 기준으로 한 효율성을 강조하기 때문에 기업 전체적으로 볼 때 비부가가치적인 재고보유가 권장되는 단점을 갖기 때문이다. 가령, 특정 공정의 경우 후속공정에 장애요인이 생겨 자신들이 가공한 제품이 마무리되지 못할 것을 알면서도(단지 단위시간당 생산량을 늘려 효율성을 높이겠다고) 밀어내기식 생산을 하는 경우이다. 이 경우 기업 전체적으로는 마이너스(-)를 초래하게 된다.

제약이론과 비교될 수 있는 대표적인 원가관리기법으로 목표원가계산(target costing)을 들 수 있다. 이들 모두 원가관리에 초점을 두는 것은 유사하나, 일반적으로 목표원가계산은 원가관리의 초점을 제품수명주기의 초기단계인 연구개발 및 설계단계에 두는 반면, 제약이론은 제조활동에 초점을 두고 한다. 즉, 제약이론은 [그림 2]와 같이 생산 및 유통에 초점을 맞추고 있다.

[그림 2] 제품수명주기와 제약이론의 관계

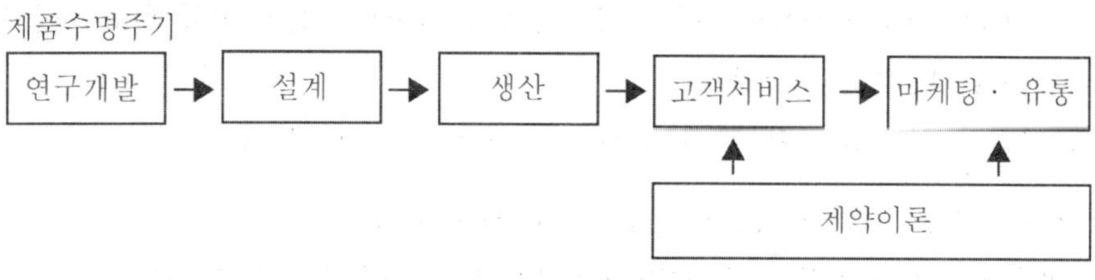

2. 제약이론의 구성요소

제약이론의 목적은 재료처리량 공헌이익을 증가시키고, 투자 및 운영원가를 감소시키는 데 있다(제약이론은 단기간을 고려하며, 기타 당기의 운영원가는 고정원가로 가정한다). 즉 제약이론에서는 매출액에서 직접재료원가(구매부품과 재료처리원가를 포함)를 차감한 수치를 재료처리량 공헌이익으로 정의내리고 이것의 극대화를 강조한다.

이처럼 제약이론에서는 전통적인 방식과는 달리 직접재료원가와 운영원가라는 2분법체계를 이용하여 영업이익을 계산한다. 여기서 **운영원가(operating costs)**란 영업이익 계산 시 매출액에서 차감될 직접재료원가를 제외한 다른 비용, 즉 직접노무원가, 제조간접원가 및 판매비와 관리비를 말한다. 이러한 2분법체계는 직접노무원가를 종전과는 달리 취급한다.

즉, 총원가 중 직접재료원가만을 순수한 변동원가로 간주하고 나머지 원가는 모두 고정원가로 간주하는 것이다. 단기간의 경우 직접노무원가는 조업도의 증감에 따라 쉽게 변동하지 않는 고정원가의 성격을 가지는 것에 착안한 것이다. 이러한 사고는 변동원가계산의 사고를 확대하여 순수변동원가를 직접재료원가만으로 좁게 정의내리는 것과 일치한다. 또한 직접재료원가를 제외한 나머지 원가는 원재료를 가공하여 기업에 부가가치를 창출함에 소요되는 원가라는 점에서 공통적이다.

따라서 제약이론에서는 재료처리량 공헌이익, 투자, 운영원가의 세 가지를 핵심으로 삼아 투자와 운영원가를 억제하는 가운데 재료처리량 공헌이익을 최대화하고자 하는 것이다. 이들 세 가지 개념을 통해 제약이론에서 추구하는 것은 현금창출이다. 기업에 유입되는 현금을 늘리려면 재료처리량 공헌이익을 최대한 증가시키는 동시에 투자를 줄이고 운영원가를 낮추어야 한다.

이 때 투자는 기업이 판매를 위해 원재료, 재공품 및 제품에 투자한 금액과 연구개발원가, 설비자산 및 건물원가를 말하는데 결국 기업 내부에 묶인 현금을 의미한다. 그리고 운영원가는 투자를 재료처리량 공헌이익으로 변환시키기 위한 지출액을 말한다. 이와 같이 제약이론에서는 병목공정과 비병목공정인 상황에서 영업이익을 극대화시키는 방법을 설명한다.

제약이론에 사용되는 세 가지 측정치는 다음과 같이 정의한다.

1) 재료처리량 공헌이익(throughput contribution) :
   매출액에서 매출원가 중 직접재료원가를 차감한 금액을 말한다.
2) 투자(investment) :
   원재료재고, 재공품재고, 완성품재고의 재료원가 합계, 연구개발원가, 설비자산 및 건물원가를 말한다.
3) 운영원가(operating costs) :
   재료처리량 공헌이익을 창출하기 위해 발생한 모든 운영원가(직접재료원가는 제외)를 말한다. 즉, 운영원가에는 직접재료원가를 제외한 다른 원가인 직접노무원가와 제조간접원가, 판매비와 관리비(예, 급여 및 임금, 임차료, 수도광열비, 그리고 감가상각비 등) 등이 포함된다.

3. 제약이론의 분석단계

제약이론에서는 **병목공정(bottleneck operations)**을 다음과 같은 단계를 거쳐 분석하게 된다.

제1단계 : 병목공정이 공장전체 시스템의 재료처리량 공헌이익을 결정한다는 사실을 인식한다.

제2단계 : 많은 물량의 재고가 작업대기 중인 공정을 파악하여 병목공정을 발견한다.

제3단계 : 병목공정을 계속 가동하고, 모든 비병목공정을 병목공정에 종속시킨다. 즉, 병목공정의 수요량이 비병목공정의 생산일정을 결정하게 한다. 바로 이 제3단계가 회사 전체의 영업이익을 극대화시키기 위해 공장은 제약 또는 병목자원의 공헌이익(이 예에서는 재료처리량 공헌이익)을 극대화시켜야 한다는 내용이 핵심개념이다. 이런 이유 때문에 제3단계에서는 병목기계가 작업물량을 기다리지 않고 항상 가동되어야 함을 제시하고 있다. 이렇게 하기 위해 회사는 병목기계의 경우에 소량의 재고작업물량을 완충대기 재고물량으로 유지해야 한다. 병목기계는 비병목기계의 작업속도를 결정한다. 예컨대, 비병목기계의 작업자는 병목기계에서 처리할 수 있는 물량 이상을 생산하지 못하도록 지침을 받아야 한다. 비병목공정의 산출물을 더 생산할수록 과잉재고는 더 쌓이는 반면, 재료처리량 공헌이익은 증가하지 않는다.

제4단계 : 병목자원의 효율성 및 생산능력을 증가시키기 위한 조치를 취한다. 목표는 이 조치로 인한 추가적 재료처리량 공헌이익에서 추가적 원가와의 차액을 증가시키는 것이다. 관리회계 담당자는 바로 이 제4단계에서 재료처리량 공헌이익계산, 관련원가와 비관련원가의 식별, 대체안의 효익성분석 등을 통해 핵심적인 역할을 수행한다. 이하에서는 C사의 예를 이용하여 위 제4단계를 설명하기로 한다.

사례 2

C사는 스탬프공정과 프레스공정의 두 공정에서 자동차 문을 제조한다. 원가관련정보는 다음

과 같다.

(단위 : ₩1,000)

	스탬프공정	프레스공정
시간당 생산능력	20단위	15단위
연간 생산능력(각 공정당 6,000시간)	120,000단위	90,000단위
연간 생산 및 판매량	90,000단위	90,000단위
기타 고정운영원가(직접재료원가 제외)	₩720,000	₩1,080,000
생산단위당 기타 고정운영원가	단위당 ₩8	단위당 ₩12

자동차 문의 단위당 판매가격은 ₩100,000이고, 직접재료원가는 ₩40,000이다. 자동차 문 생산에 관련된 가치사슬상의 다른 기능인 예컨대, 연구개발, 제품 및 공정의 설계, 마케팅 및 유통, 그리고 고객서비스 등의 변동원가는 무시할 정도이다. C사의 산출량은 프레스공정의 생산능력 90,000단위에 의해 제약을 받는다. C사는 프레스공정의 병목자원 제약을 해결하기 위해 무엇을 할 수 있는가? 바람직한 조치로 다음을 들 수 있다.

a. 병목공정의 유휴시간(즉, 프레스기계가 부품처리를 위해 작업준비 또는 실제 생산하지 않고 있는 시간)을 제거한다.

C사는 프레스공정에 두 명의 작업자를 고정배치 시킬 것을 고려중이다. 이들의 업무는 일정량의 부품을 처리하는 즉시 부품을 실어내고 다음 묶음작업을 하기 위하여 기계를 준비하는 것이다. 이러한 조치의 연간 비용이 ₩48,000,000인 반면, 병목현상을 일으키는 공정의 산출량을 연간 1,000단위 증가시키는 것이라고 가정하자. C사는 이러한 조치에 대해 추가적 비용이 발생하는가? 그렇다. 그 이유는 C사의 관련 재료처리량 공헌이익은 ₩60,000,000[1,000단위×(판매가격₩100,000-직접재료원가₩40,000)]이 증가하고, 이 금액은 추가적 비용 ₩48,000,000을 초과하는 것이기 때문이다. 기타 다른 원가는 관련성이 없다.

b. 재료처리량 공헌이익을 증가시키는 부품 또는 제품만을 생산하고, 완성품 재고 또는 부품 재고로 남게 되는 부품 또는 제품은 생산하지 않는다.

재고로 남게 될 제품을 생산하는 것은 재료처리량 공헌이익을 증가시키지 못한다.

c. 병목기계에서 만들 필요가 없는 제품의 생산을 비병목기계 또는 외부설비로 이전시킨다.

예컨대, 외부업체인 S사는 C사가 직접재료를 공급하는 조건으로 자동차 문을 단위당 ₩15,000의 가격으로 1,500단위를 프레스 가공해 주기로 제안하였다고 가정하자. S사가 제시한 가격은 C사의 프레스공정 내부 운영원가인 단위당 ₩12,000 보다 높다. C사는 이 제의를 수락해야 하는가? 이 경우 그렇게 해야 한다. 왜냐하면 프레스공정은 병목공정이기 때문이다. 자동차 문의 프레스공정을 외주할 경우에는 재료처리량 공헌이익이 ₩90,000,000[(₩100,000-₩40,000)×1,500단위]만큼 증가한다. 그러나 한편, 관련원가는 ₩22,500,000(₩15,000×1,500단위)

만큼만 증가한다. C사의 단위원가가 S사의 제시가격 보다 낮다는 사실은 이 상황과 관련성이 없다.

한편, 다른 외주업체인 G사가 C사에게 직접재료를 단위당 ₩6,000에 2,000단위를 스탬프 처리해주겠다고 제의하였다고 가정하자. G사의 외주가격은 C사의 프레스공정의 단위당 운영원가인 ₩8,000 보다 낮다. C사는 이 제의를 수락해야 하는가? 다른 운영원가는 고정원가이기 때문에 C사가 프레스공정을 하청을 준다고 해도 다른 원가는 절감할 수 없는 상황이다. 따라서 외부하청의 경우에 총원가는 ₩12,000,000(₩6,000×2,000단위)만큼 더 커진다. 그러나 더 많은 자동차 문을 스탬프처리 한다고 하여도 재료처리량 공헌이익은 증가하지 않는다. 그 이유는 프레스 생산능력에 의해 제약을 받기 때문이다. 따라서 C사는 G사의 제안을 수락해서는 안 된다.

d. 병목공정의 작업준비시간과 처리시간을 단축시킨다(예컨대, 제품설계의 단순화 또는 제품의 사용부품 수 감소를 통해).

C사는 연간 ₩55,000,000의 추가 비용을 투입하면 프레스공정의 작업준비시간을 단축시킬 수 있고, 작업시간 단축으로 인해 연간 2,500단위를 추가로 프레스처리 할 수 있다고 가정하자. C사는 작업시간 단축을 위해 이 비용을 지출해야 하는가? 이 경우 이것은 가능하다. 왜냐하면 재료처리량 공헌이익 증가액 ₩150,000,000[(₩100,000-₩40,000)×2,500단위]은 추가적인 원가발생액 ₩55,000,000을 초과하기 때문이다. C사는 원가를 지출시켜서 스탬프공정의 기계작업시간 단축을 위한 가치 있는 방안을 발견할 수 있는가? 그렇지 않다. 이 경우에 다른 운영원가는 증가하는 반면, 재료처리량 공헌이익은 영향을 받지 않기 때문이다. 재료처리량 공헌이익은 병목자원의 산출량 증가에 의해서만 증가하지, 비병목자원의 산출량 증가는 영향을 미치지 않는다.

e. 병목공정에서 제조된 부품 또는 제품의 품질을 향상시킨다.

불량품질은 비병목공정보다 병목공정에서 더 비싼 대가를 치른다. 비병목공정에서 불량 품질원가는 낭비된 재료의 원가이다. C사가 비병목공정인 스템프공정에서 1,000단위의 결함있는 자동차 문을 생산한다면 불량 품실원가는 ₩40,000,000(단위당 직접재료원가 ₩40,000×1,000단위)이다. 스탬프공정은 유휴생산능력을 갖고 있기 때문에 이 경우에도 재료처리량 공헌이익이 희생되지는 않는다. 생산상의 하자에도 불구하고 스탬프공정은 90,000단위의 문을 생산하여 프레스공정으로 대체시킬 수 있다.

그러나 병목공정에서의 불량 품질원가는 낭비된 재료원가에 희생된 재료처리량 공헌이익의 기회원가를 합산한 금액이다. 만일 병목설비가 결함있는 부품을 생산하는 데 사용되지 않았다면, 그것은 추가적으로 판매와 재료처리량 공헌이익을 창출하는 데 사용되었을 것이다. 만약 C사가 프레스공정에서 1,000단위의 불량부품을 생산한다면 불량 품질원가는 ₩100,000,000, 즉 ₩40,000,000의 직접재료원가(단위당 직접재료원가 ₩40,000×1,000단위)와 ₩60,000,000의 포기된 재료처리량 공헌이익[(₩100,000-₩40,000)×1,000단위]이 된다.

병목공정에서 불량 품질원가가 높다는 것은 병목설비의 시간이 불량부품을 처리하기 위해 낭비되어서는 안 된다는 것을 의미한다. 즉, 합격품만 병목공정에 투입되도록 병목공정에서 처리되기 이전에 품질검사가 실시되어야 한다. 또한, 품질향상제도는 병목공정이 최소한의 불량품만 생산한다는 점을 확신하는데 초점을 두어야 한다.

만일 위 4단계의 조치가 성공적으로 수행된다면 프레스공정의 생산능력은 증가하여 마침내 스탬프공정의 생산능력을 초과할 것이다. 그러면 병목공정은 스탬프공정으로 옮겨진다. 이에 따라 C사는 스탬프공정의 효율성과 생산능력 증대를 위한 지속적 개선조치를 취해야 한다. 예컨대, C사로부터 직접재료를 공급받고 문짝 당 ₩6,000의 금액으로 2,000단위를 스탬프 하도록 G사와 계약을 체결하는 것은 이제는 매력적인 방안이 된다. 왜냐하면 재료처리량 공헌이익은 ₩120,000,000([₩100,000-₩40,000]×2,000단위 즉, ₩60,000×2,000단위)이 증가하는 반면, 원가는 ₩12,000,000(₩6,000×2,000단위)만 증가하기 때문이다.

제약이론은 병목자원 관리가 제조공정의 성과를 개선하는 데 핵심이라는 점을 강조한다. 이것은 단기적인 재료처리량 공헌이익, 즉 매출액에서 직접재료원가의 차감액을 최대화시키는 데 초점을 둔다. 제약자원이론은 운영원가를 단기적으로 변동되지 않는 원가라고 간주하기 때문에 이에 대한 개별 활동 및 원가동인을 파악하지 않는다. 따라서 제약자원이론은 장기적 원가관리에는 유용성이 떨어진다.

한편 활동중심원가 회계시스템은 비부가가치활동의 제거, 부가가치활동의 원가절감 등을 통해 장기적 관점에서 공정을 개선시키는 데 초점을 둔다. 따라서 활동중심원가계산은 장기적 가격결정, 장기적 원가통제, 이익계획, 생산능력관리에 더 유용하다. 병목공정을 관리하여 재료처리량 공헌이익을 최대화시키고자 하는 단기적 측면을 강조하는 제약자원이론은 장기적・전략적 원가관리에 초점을 둔 활동중심원가계산을 보완한다.

기업 실무조사 : 영국 Allied-Signal Skelmersdale 공장의 재료처리량 회계

영국의 Allied-Signal Skelmersdale 공장은 자동차산업의 터보충전기제조업체이다. 지난 1990년대 경쟁이 치열한 시장상황에서 Skelmersdale 공장은 소품종 대량생산을 다품종 소량생산으로 바꾸지 않을 수 없었고, 또한 빈번한 매출배합의 변경에 직면하게 되었다. 이 공장은 자동차회사가 긴급하게 요구하는 부품의 납기를 맞추지 못하는 경우가 많아 이 부품들을 항공기로 운반함으로써 높은 수송비용이 초래되었다. Skelmersdale 공장의 회계책임자, 즉, 컨트롤러인 John Darlington은 이런 상황에서 재무관리와 회계가 중요한 역할을 할 수 있다는 것을 인식하였지만 "우리는 재료처리량 공헌이익을 강조하기 전까지만 해도 현장관리를 지원하지도 현장과 의사소통하지도, 보완하지도 못했다."고 말했다.

Allies-Signal의 회계담당자가 입안한 재료처리량 공헌이익기준 손익계산서 양식은 다음과 같다.

재료처리량 손익계산서(단위 : 천)	
매출액	£50,000
직접재료원가	28,000
재료처리량 공헌이익	22,000
운영원가(직접노무원가, 엔지니어링원가, 마케팅원가 등)	19,500
영업이익	£2,500

재료처리량 공헌이익을 극대화시키기 위해 경영진은 규모와 묶음주문량을 최적화시키고, 작업물량을 다른 기계로 변경시켜 병목기계의 작업량을 줄였다. 그리고 병목생산능력을 확대시키기 위해 추가적인 투자를 실시하였다. 작업자들이 재료처리량 공헌이익을 향상시키도록 동기부여하기 위해, Allied-Signal의 경영진은 핵심 성과측정치로 종전의 효율성 측정치 대신에 '납기엄수'측정치를 도입했다. 그리고 비병목공정의 작업자는 병목공정 생산일정에 따라 요구되는 것 이상은 생산하지 말도록 요구하였다. 이 부문작업자들은 남는 시간에 전사적 품질관리 실습훈련이나 전문기술을 훈련받았다.

이 Skelmersdale 공장은 또한 서로 다른 네 가지 성과측정치, 즉 품질원가, 고객약속일 납품, 보유재고량, 생산소요시간을 도입했다. 이들은 모두 고객만족과 재료처리량 공헌이익을 최대화하는 목적과 관련있는 측정치이다. 이러한 조치를 취한 후 4년 동안 Skelmersdale 공장은 성과측정치와 수익성, 현금흐름, 투자이익률(ROI)이 극적으로 증가하였다.

사례 3

KS사는 이사전문 업체로 이삿짐을 미국 내 한 도시에서 다른 도시로 운송한다. 이 회사는 서비스 품질을 (1) 이삿짐 운송시간, (2) 정시운송(약속한 날짜의 2일 이내), (3) 분실 또는 파손 수로 측정한다. KS사는 연간 ₩160,000,000이 소요되는 신형일정계획 및 운송시스템에 투자할지 여부를 검토 중에 있다. 이 시스템은 (2), (3)에 관련된 성과를 향상시키는 데 도움이 될 것이다. 다음의 자료는 KS사의 현재성과와 신형시스템을 도입할 경우의 예상성과이다.

	현재성과	미래기대성과
정시운송성과	85%	95%
분실 또는 파손 이삿짐당 변동원가	₩60,000	₩60,000
분실 또는 파손 이삿짐당 고정원가	₩40,000	₩40,000
연간 분실 또는 파손 이삿짐 수	3,000단위	1,000단위

KS사는 정시운송성과가 1% 증가할 때마다 연간 ₩20,000,000의 수익이 증가할 것으로 예상한다. KS사의 공헌이익률은 45%이다.

요구사항

1. KS사는 이 신형 시스템을 도입해야 하는가?

2. 신형 시스템의 도입으로 인한 효익이 원가와 같아지기 위해서는 최소한 얼마의 수익이 증가될 필요가 있는가?

해설

1. 신형 시스템의 추가적 원가는 연간 ₩160,000,000이다. 반면 신형 시스템의 추가적 수익은 다음과 같다.

(단위 : ₩1,000)

정시운송 10% 향상으로 인한 추가적 연간 수익[₩20,000/1%×(95%−85%)]	₩200,000
추가적 연간 수익으로 인한 공헌이익[45%×₩200,000]	₩90,000
분실 또는 파손 이삿짐 감소로 인한 연간 원가감소액(변동원가만)	
[₩60×(3,000단위−1,000단위)]	120,000
추가적 효익 합계	₩210,000

기대효익 ₩210,000,000이 원가 ₩160,000,000을 초과하기 때문에 KS사는 신형 시스템에 투자해야 한다.

2. KS사가 추가적 연간 매출액으로부터 ₩40,000,000의 공헌이익(₩160,000,000의 증분원가와 ₩120,000,000의 관련 변동원가 절감액과의 차액을 회수하기 위한)을 창출하는 한, 신형 시스템은 효익이 있다. 이 공헌이익에 대응되는 추가적 매출액은 ₩88,889,000(₩40,000,000÷0.45)이다.

사례 4

KS제조(주)는 통신기기를 생산한다. 사장은 품질향상이 경쟁우위를 획득하는 관건이라고 믿고 있다. 그는 고객만족에 중점을 둔 전사적 품질관리 프로그램을 추진하였다. 다음의 자료는 전사적 품질관리를 시행한 첫해인 2015년과 전년도를 비교한 것이다.

	2014년	2015년
생산 및 판매수량	10,000개	11,000개
약정 납기일 이전 인도물량	8,500	9,900
불량품 인도물량	400	330

불량품 이외 기타 고객불평건수	500	517
고객주문 이후 제품인도소요시간	30일	25일
생산 중 재작업물량수	600	627
생산소요시간	20일	16일
직접 및 간접 생산노동시간	90,000	110,000

요구사항

1. 2014년과 2015년도에 대해 각각 다음을 계산하시오.

① 불량품 인도비율
② 판매수량 대비 고객불평건수 비율
③ 정시인도(납품)율
④ 생산 중 재작업한 제품비율

2. 위 (요구사항 1)의 계산을 토대로 할 때, 이 회사의 품질 및 정시인도(납품)성과는 향상되었는가?

3. 이 회사의 K이사는 품질향상 프로그램이 품질에 어떤 영향을 미쳤는가와 관계없이 노동시간당 생산량은 2014년도와 2015년도 사이에 감소했다고 논평하였다. K이사는 노동시간당 생산량이 하락하면 원가의 상승과 영업이익의 하락을 초래한다고 믿고 있다.

① K이사는 노동시간당 생산량이 2014년도에 비해 2015년에 하락하였음을 어떻게 결론 내렸는가?
② 2015년의 노동시간당 생산량은 왜 하락하였는가?
③ 노동시간당 생산량이 감소하면 2015년도의 영업이익을 감소시킬 것으로 생각하는가? 간단히 설명하시오.

해설

1.

	2014년	2015년
1) **불량품 인도비율**	400/10,000=4%	330/11,000=3%
2) **판매수량 대비 고객불평건수 비율**	500/10,000=5%	517/11,000=4.7%
3) **정시인도(납품)율**	8,500/10,000=85%	9,900/11,000=90%
4) **생산 중 재작업한 제품비율**	600/10,000=6%	627/11,000=5.7%

2. 1.의 계산은 KS제조(주)의 품질과 시간에 대한 성과가 개선되었음을 나타낸다. 불량품 인도비율이 4%에서 3%로, 고객불평건수 비율이 5%에서 4.7%로, 생산 중 재작업한 제품의 비율

이 6%에서 5.7%로 품질이 개선되었다. 그리고 정시인도(납품)율이 85%에서 90%로 적시성(timeliness)도 개선되었다. 물론 품질과 적시성의 개선은 서로 관련이 있다. 보다 나은 품질과 재작업의 감소는 생산에서의 지연을 줄이고 고객에게 보다 빨리, 그리고 정시인도(납품)를 가능하게 한다.

3.

①

	2014년	2015년
노동시간당 생산량	10,000/90,000=0.11	11,000/110,000=0.10

② 노동시간당 생산량이 하락한 것은 근로자의 생산성이 감소하였거나 또는 품질 프로그램의 초기 실행에서 생산 품질문제를 해결하기 위해 종업원을 보다 숙련되게 교육시킨 것이 생산시간을 보다 소비한 결과를 낳았기 때문일지 모른다. 좋은 품질에 대한 실습과 점차 불량품, 재작업을 줄이는 것은 품질과 생산성(노동시간당 생산량)을 증가시킬 것이다.

③ 노동시간당 생산량의 감소로 2015년도의 영업이익이 감소될 것이라는 것은 확실하지 않다. 2015년의 높은 인건비는 다양한 방법으로 성과를 올릴 것이다. 높은 품질과 낮은 불량품은 재작업의 감소 때문에 결과적으로 낮은 재료원가를 발생시킬 것이다. 또한 내부 및 외부실패원가는 감소할 것이며, 그 결과 고객의 반품과 품질보증원가가 감소할 것이다. 고객의 만족은 증가할 것이며, 그 결과 높은 매출액과 높은 가격, 높은 공헌이익을 발생시킬 것이다. 2015년도의 생산 및 판매량의 10% 증가는 품질개선에 따른 것일지도 모른다. 전체적으로 2015년도의 높은 품질의 효익은 생산단위당 높은 인건비를 초과할지 모른다.

사례 5

KS제조(주)는 기계공정과 마무리공정에서 사무용 캐비넷을 제조하고 있다. 이것과 관련된 자료는 아래와 같다.

	기계공정	마무리공정
연간 생산능력	100,000단위	80,000단위
연간 생산수량	80,000단위	80,000단위
고정운영원가(직접재료원가 제외)	₩640,000,000	₩400,000,000
단위당 고정운영원가	₩8,000	₩5,000

캐비넷은 단위당 ₩72,000에 판매하며, 기계공정 초기에 ₩32,000의 직접재료원가가 발생한다. KS제조(주)는 이외에 다른 변동원가가 발생하지 않는다. 이 회사는 각 공정에서 생산된 제품은 어떤 것이나 판매할 수 있다. 아래의 각 요구사항은 연관성이 없다.

요구사항

1. KS제조(주)는 마무리공정의 산출물을 1,000단위 증가시킬 수 있는 첨단설비를 마무리공정에서 사용할 것을 검토하고 있다. 이 첨단설비의 연간 원가는 ₩30,000,000이다. 이 회사는 이 설비를 취득해야 하는가? 계산과정을 설명하시오.

2. 기계공정의 생산관리자는 작업준비를 신속하게 하는 새로운 방안을 제안하였다. 이 방안에 의하면 기계공정의 연간 생산능력은 10,000단위가 더 증가하는 반면, 연간 ₩5,000,000의 원가가 발생한다. 이 회사는 이 방안을 실행하여야 하는가? 계산과정을 제시하시오.

3. 외부납품업체는 KS제조(주)가 내부에서 마무리공정을 실시할 때 발생하는 원가인 ₩5,000의 두 배인 단위당 ₩10,000에 12,000단위를 마무리공정에 납품하겠다는 제안을 하였다. 이 회사는 납품업체의 이 제안을 수락해야 하는가?

4. H사는 KS제조(주)가 내부에서 기계공정을 실시할 때 발생하는 원가인 ₩8,000의 절반가격인 ₩4,000에 4,000단위를 기계공정에 납품하겠다는 제안을 하였다. 이 회사는 납품업체의 이 제안을 수락해야 하는가?

5. KS제조(주)는 기계공정에서 2,000단위의 불량품을 생산하였다. 이 회사가 생산한 불량품의 원가는 얼마인가? 계산과정을 간단히 설명하시오.

6. KS제조(주)는 마무리공정에서 2,000단위의 불량품을 생산하였다. 이 회사가 생산한 불량품의 원가는 얼마인가? 계산과정을 간단히 설명하시오.

해설

1. 마무리공정이 병목공정이다. 따라서 1,000단위 생산을 증가시키면 추가적인 재료처리량 공헌이익과 영업이익을 발생시킬 것이다.

재료처리량 공헌이익의 증가(₩72,000−₩32,000)×1,000단위	₩40,000,000
첨단설비 도입에 따른 증분원가	30,000,000
첨단 설비투자에 따른 순이익	₩10,000,000

KS제조(주)는 첨단설비 도입에 따른 원가(₩30,000,000)보다 재료처리량 공헌이익(₩40,000,000)이 더 크므로 투자해야 한다.

2. 기계공정은 초과적인 생산능력을 가지고 있고 병목공정이 아니다. 기계공정 생산능력의 증

가는 재료처리량 공헌이익을 증가시키지 않을 것이다. 그러므로 기계공정의 생산능력을 10,000단위 증가시키기 위해 연간 ₩5,000,000의 원가를 발생시키는 것은 의미가 없다. KS제조(주)는 작업준비를 신속하게 하는 방안을 실행할 필요가 없다.

3. 마무리공정은 병목공정이다. 따라서 외부납품업체에게 12,000단위를 생산하도록 하는 것은 재료처리량 공헌이익을 증가시킬 것이다.

재료처리량 공헌이익의 증가(₩72,000−₩32,000)×12,000단위	₩480,000,000
증분 외부납품 계약원가(₩10,000×12,000단위)	120,000,000
마무리공정의 12,000단위 외부납품의 순이익	₩360,000,000

KS제조(주)는 외부납품 시 원가보다 재료처리량 공헌이익이 더 크므로 이 제안을 수락해야 한다. 외부납품원가가 KS제조(주)의 마무리공정의 단위당 원가의 두 배라는 사실은 의사결정과 관련이 없다.

4. 기계공정에서의 운영원가는 ₩640,000,000 또는 단위당 ₩8,000이며, 고정원가이다. KS제조(주)는 ₩4,000에 4,000단위를 H사에 생산을 의뢰해도 원가는 절감되지 않는다. 총원가는 외부 생산 시에 ₩16,000,000(₩4,000/단위×4,000단위)이 증가할 것이다. 기계공정을 ₩4,000에 4,000단위를 외부 생산 시에 마무리공정의 생산능력의 제약 때문에 공헌이익은 증가하지 않을 것이다. KS제조(주)는 H사의 제안을 받아들일 필요가 없다. H사의 단위원가가 KS제조(주)의 절반이라는 사실은 의사결정과 관련이 없다.

5. 병목공정이 아닌 기계공정에서의 불량품원가는 단위당 ₩32,000의 직접재료원가(변동원가)의 손실이다. 2,000단위의 불량품 생산은 재료처리량 공헌이익의 손실이 아니다. 불량품 생산에도 불구하고 기계공정은 마무리공정에 80,000단위를 생산하여 이전할 수 있다. 따라서 기계공정에서의 2,000단위의 불량품원가는 ₩64,000,000이다(₩32,000×2,000단위).

6. 병목공정인 마무리공정에서 생산되는 불량품원가는 KS제조(주) 재료원가에 상실된 재료처리량 공헌이익의 기회원가를 더한 것이다. 불량품을 생산할 때에 소비되지 않는 병목 생산능력은 추가 판매와 재료 처리량 공헌이익을 창출하기 위해 사용될 수 있다.

직접재료의 손실(₩32,000×2,000단위)	₩640,000,000
재료처리량 공헌이익의 손실(₩72,000−₩32,000)×2,000단위	80,000,000
2,000단위 불량품의 총원가	₩144,000,000

다른 방법으로 마무리공정에서의 2,000단위 불량품의 원가는 상실된 수익 ₩72,000×2,000단위 = ₩144,000,000으로 계산할 수 있다.

저자약력

◆ 윤금상

경영학박사

(현) 인하대학교 경영대학 경영학과 교수

인 지

전략적 원가관리

초 판 1쇄 인쇄 —— 2016년 2월 20일

초 판 1쇄 발행 —— 2016년 2월 24일

지은이 —— 윤 금 상

펴낸이 —— 전 두 표

펴낸곳 —— 도서출판 두남

서울시 강동구 성내로6길 34-16 두남빌딩

신 고 : 제25100-1988-9호

TEL : 02) 478-2065, 2066, 2067, 2311

FAX : 02) 478-2068

E-mail : dunam1@unitel.co.kr

http://www.dunam.co.kr

정가 24,000원

ISBN 978-89-6414-657-6 93320